교육의 발견

敎育의 發見

교유의 발견

나의 자전적 수상록

권재중 權在重

열화당 영혼도서관

교육을 생각하는 간절한 마음

우리나라 교육이 위기를 맞고 있다. 얼마 전에는 학생들의 지나친 욕설과 비속어가 논란의 대상이 되더니, 이번에는 학교 폭력과 집단 따돌림에 견디지 못한 중학생이 자살하는 사건이 일어나 교육계 안팎에 큰 충격을 주고 있다. 어쩌면 내 자녀와 내 손자 손녀가 바로 가해자이거나 아니면 피해자가 될 수도 있다는 절박감이 우리 모두를 불안케 하고 있다.

일이 이 지경에 이르게 된 것은 이 시대에 살고 있는 우리 모두의 책임이다. 현대문명이 다양성과 융통성과 편리성을 추구하는 가운데 서서히 드리워진 복잡성과 불확실성과 모호성의 그림자 탓이다. 특히 핵가족화와 맞벌이 부부의 증가로 인한 가정교육의 부실, 인터넷과 스마트폰 같은 정보통신기술의 역기능적인 폐해, 과도한 교육열과 경쟁이 부른 교육의 과부하過負荷 현상, 교육의 자주성과 중립성을 침해하는 정치적인 간여와 무관하지 않다고 보기 때문이다.

그러나 그 주된 책임은 어디까지나 교육에 있다. 날씨가 춥다고 해서 모두가 다 감기에 걸리지 않는 것처럼, 교육의 내재적 병리현상에 따른 교육의 위기는 교육의 자생적 자구自救 노력으로 극복해야 한다.

내가 이 책의 출판에 남다른 관심을 갖는 이유가 여기에 있다.

저자 권재중權在重 선생은 초·중·고교 교사를 거쳐 고등학교 교장
으로 퇴직하기까지 거의 반세기를 교육에 헌신해 왔고, 그 반 이상의
기간을 장학사, 장학관, 교장으로서 넓은 시야와 바른 시각을 가지고
학교 현장의 교육문제 해결에 기여한, 명실상부한 교육행정가요 실천
가다. 한편, 네 자녀를 훌륭하게 키워 낸 가장家長이기도 하다. 저자는,
교직에 있는 동안 정해진 교육과정教育課程에 충실한 나머지 제자와
자녀에게 인성교육을 좀 더 깊이 있게 하지 못한 아쉬움을 느끼고, 자
신의 경험을 바탕으로 거기에서 우러난 지혜를 짧은 글 형식으로 엮
어 자전적自傳的 수상록隨想錄을 집필했다.

나는 이 원고를 읽는 동안 나도 모르게 그 내용에 빠져들고 말았다.
그리고 이 책의 제목을 '교육의 발견'으로 하는 것이 좋겠다는 생각을
했는데, 내가 이십대 무렵부터 애독했던 린위탕林語堂의 유명한 수상
집『생활의 발견Importance of Living』이 떠올랐기 때문이다. 중국의 작
가이자 문명비평가인 린위탕의 이 책은 동서양의 문화를 비교하면서,
일상의 삶에서 우러나는 지혜와 사유를 특유의 필체로 서술해 독자를
감동시킨다. 권재중 선생의 글 역시 지금까지 견뎌 온 삶의 역경과 교
육의 현장에서 자연스레 깨닫게 된, 잔잔하지만 중요한 가르침을 담
고 있기 때문이다. 비록 세련된 문장은 아니지만, 교육자 특유의 설명
조로 차분하게 서술되어 있는 내용은 누구든 쉽게 이해할 수 있으리
라 생각된다.

자신이 스스로 공부를 시작하게 된 학습 동기를 비롯하여, 고졸 학
력으로 독학獨學을 하면서 시련과 역경을 이겨낸 이야기, 어렸을 때
가정교육을 통해 익힐 수 있었던 기본적인 생활 습관, 사람이 사람답
게 살기 위해 갖춰야 할 여러 가지 도덕적 품성과 자질, 가정교육의

중요성과 구체적인 교육방법, 학교 공부만으로 성적을 올릴 수 있는 방법, 교육자로서의 자세를 갖추기 위한 제안, 제자의 미래를 생각하며 제자들에게 보낸 간절한 소망 등이 잔잔한 감동을 자아낸다. 거기에는 교육원리, 교육철학, 교육심리, 교육방법이 자연스럽게 용해되어 있어 이론과 실제의 장벽을 전혀 느낄 수가 없다. 더욱이 자신이 직접 경험하고 깨닫게 된 사실, 어른들에게서 받은 교훈, 이웃이나 가족에게서 듣고 느낀 일, 자신의 실수담이나 굴욕과 수치심 등을 진솔하게 표현한 점에서 나는 교육자적인 양심을 읽을 수도 있었다.

나는 이 책을 통하여 교육의 성과는 하루아침에 거둘 수 없으며, 학생들의 거칠어진 마음을 씻어내려면 알묘조장揠苗助長이나 쾌도난마快刀亂麻와 같은 성급한 해법이 통하지 않는다는 사실을 새삼 깨닫게 되었다. 그리고 교육의 바탕은 건실한 가정교육에 있고, 아이들은 부모의 솔선수범과 관심 속에서 올바르게 자라난다는 사실도 거듭 확신하게 되었다.

더불어, 지금과 같은 교육의 난국을 수습하려면, 잃은 양을 찾기 위해 여러 갈래의 길을 다 헤맬 것이 아니라 그 맥락을 짚는 지혜가 필요하며, 한편으로는 교육에 자생력을 키워 주고, 교권을 존중하고, 교사의 사기를 적극 진작하는 대증요법對症療法이 강구되어야 한다고 나름대로의 해법도 생각해 보았다.

저자의 일관된 교육 신념에서 우러나온 '교육을 생각하는 간절한 마음'을 담은 이 책을 희망찬 미래를 향해 나아가는 청소년, 자녀를 올바르게 키워 내려는 학부모와 할아버지 할머니, 교육 현장에서 애쓰시는 교직자와 교육행정가, 그리고 교육에 관심 있는 모든 분들이 많이 읽었으면 하는 바람을 가져 본다.

끝으로, 나는 이 소중한 책을 '열화당 영혼도서관'의 장서로 오래오래 보존할 준비를 하고 있음을 밝힌다. 영혼도서관은 파주출판도시에 자리할 특별한 도서관으로, 평생 동안 자서전 쓰기를 독려하고 출판함으로써 한 개인의 지나온 삶을 성찰하고 이를 통해 생의 아름다운 마감을 할 수 있게 하는 영적인 공간이다. 권재중 선생의 이 저서는 그 내용뿐 아니라 개인 가정사를 비롯하여 지난 근현대사의 일면을 가감 없이 정확히 소개한 그 기록성에서도 매우 훌륭한 자서전적 저술이기 때문에 영혼도서관의 장서로서 전혀 손색이 없을 것으로 판단하고 있다. 앞으로 영혼도서관이 개관하여 본격적인 자서전 쓰기 프로그램이 진행될 경우, 이 책은 이미 열화당에서 출간된 『민영완 회고록』이나 『김익권 장군 자서전』(전3권) 등과 함께 자서전 내지 회고록 출판의 한 시범적 저서가 될 것으로 기대하고 있다.

2012년 3월
이기웅 李起雄

Thinking about True Education

Korean education is facing the crisis. Not long before, the excessively abused and vulgar language have been the issues in controversy, and this time, the related departments in charge of education have been struck inside and out by the suicidal incident of a junior high school student caused by the school violence and collective bullying. Maybe, a pressing thought, that my children or my grandson and granddaughter could have been an assaulter or victim, makes us all under uneasiness.

As a contemporary, we could not avoid our responsibility for the situation. It is due to the shadow of the complexity and uncertainty, which has been hanging down slowly while modern civilization is pursuing the diversity and flexibility and convenience.

Especially, it is related to the lack of home education caused by being a nuclear family and the increase of the couples working together, reversed and factional abuse of communication technology like the Internet and smart-phone, overload of educational phenomenon caused by excessive educational passion and competition, and political interference which infringes the independence and neutrality of the education.

However, main responsibility is due to the education thoroughly. As not everyone gets a cold whenever the weather is cold, the educational crisis caused by internally pathological symptoms of the education should be overcome by the spontaneous and self-rescuing efforts of the education.

That is one of the reasons why I am unusually interested in the publishing of this book.

The author has dedicated to the education for almost half a century until the retirement as a principal of the high school after going through a teacher of elementary, junior high and senior high school, and has been a educational administrator and practitioner in the upper part both nominally and virtually who has contributed over his half of those time to solve the educational problems at the scene with a broad and right view of school inspector, commissioner and principal. In addition to that, he is a father who has brought up four children excellently. With feeling the missing of the education of humanism for the pupil and the children due to the faithfulness to the settled educational curriculum, he wrote the autobiographical, occasional essays based on his own vivid experiences with combining the wisdom from it in the form of short writing.

While reading this manuscript, I could not help absorbing in its content unconsciously. Because, though it is not that polished, I, an outsider of the education, could understand the education easily owing to the way of the educator's unique and narrative description in calmness.

Beginning with the learning motivation for his starting of spontaneous study, the story how he overcame a trial and adversity while self-instructing as a high school graduate, basic lifestyle acquired from the home education in youth, a variety of moral character and nature deserved for a human being, the importance of the home education and its concrete educational method, the method to raise a record through only school study, the proposal for preparing right attitude of an educator, and an earnest hope to the pupils while thinking of their future is drawing out the still impression.

On to it is melting naturally the educational principle, educational philosophy, educational psychology and educational method. I could not feel a barrier between the theory and practice at all. Moreover, I could read the conscience as a educator through the sincere and unreserved way of expressions about the fact from his direct experience and understanding, the lesson from the adult, the feeling after hearing from the family, the story of his mistakes or humiliation and shameful feeling, etc.

Through this book, I once again comprehend the fact that the fruit of education couldn't be reaped overnight, and to wash out the student's rougher mind, the impetuous method, such as impatient way for the quick result or readily solving the problem for easiness, could not work. In addition, I am convinced once again that the education is based on the healthy home education, and the children grow up rightly under parent's taking the lead and being an example, and their attention.

Along with this, to settle the educational crises down, we need a wisdom to find a key point instead of going to the various ways to find the lost sheep, and on the other hand, I have thought the solution in my own way that symptomatic treatment should be considered for enlarging the spontaneous power of the education, respecting the educational privilege, and promoting the educator's morale.

I wish this book, which is filled with a earnest mind to think for the sake of the education arisen from the consistent educational belief, is to be read broadly by the youth going to the hopeful future, parents and grand-father and grand-mother who want to bring up their children correctly, teacher and educational administrator making efforts in the field of education, and everyone concerning about education.

Finally, I make it clear that I am preparing to preserve this precious book in the list of "soul library." Soul library, located at Paju publishing city, is a special library and spiritual space which encourages the writing of biography and publishes it makes the individual reflect the past personal life, through it and finishes the end of life beautifully. This book, written by Mr. Kwon Jae Joong, is reckoned to be more than qualified to be in the list of a soul library, because, besides its content, it introduces one aspect of last recent and modern history exactly without adding or subtracting as well as personal family history, so, it is a tremendous biographical narrative essays in its documentary feature. Forwardly, when the soul library opens and the writing biography program is running, this book is expected to be a model of the publishing of biography or memoirs for others including *Min Young-Wan's Memoirs* and *The Autobiography of Kim Ik-Kwon* (3 volumes) etc. which have already been published in Youlhwadang Publishers.

March 2012
Ki-ung Yi

차례

발행인의 서문
교육을 생각하는 간절한 마음 이기웅 5

Publisher's Preface
Thinking about True Education Ki-ung Yi 9

프롤로그 19

제1장 널브러진 고난을 헤치고

내 삶의 조각보 45
관망동자觀望童子의 변신 48
효孝 불효不孝 51
인사는 내가 먼저 해야 54
역발상으로 울린 승전고 57
우리 집에서 사라진 마지막 비속어 60
큰사람 아래서 큰사람 난다 63
성공과 실패의 갈림길 66
신실信實이 이룩한 보람 69
'현하지변懸河之辯'보다 신뢰가 앞서야 72

우리, 밥 한번 같이 먹어요 76

아내 율리아나의 편지 79

둘째 사위가 스페인 국왕 훈장 받던 날 82

내게 애환을 미리 알려 준 꿈 이야기 85

민사조정 십일 년의 보람 89

새 아파트에 입주하는 이들을 보면… 93

물 주는 사람, 물을 붓는 사람 96

십시일반十匙一飯 99

양심을 지켜 낸 아주머니 102

덕불고德不孤 필유린必有隣 105

재능보다 앞선 노력에 보내는 찬사 108

'졸드루'를 지나 '너덜겅'에 앉아서 111

선견지명이 꽃핀 '매화마을'을 가다 114

뉴질랜드에서 만난 기러기아빠 117

여로旅路에서 발견한 '미국을 떠받치는 힘' 120

두견주杜鵑酒 담그는 법 123

웰빙well being, 웰다잉well dying 128

오서오기鼯鼠五技 131

제2장 바른 삶을 위한 지향志向

낙엽을 관상觀想하며 137

너 자신을 알라 140

어처구니없는 세상 144

사람의 그릇 크기 148

세상을 제대로 보려면 151

개성 상실의 상징, '역보역추亦步亦趨' 154

살기 좋은 나라를 이룩하려면 157

휴대전화 소동, 언제나 그칠까 160

칭찬과 격려가 인생을 바꾼다 163

어리석은 선비 이야기 166

불효 169

능소능대能小能大 172

외유내강外柔內剛 175

지 대체하는 사람 178

행세하는 사람 181

다 저 하기 나름이다 184

부끄럽지 않게 사는 길 187

자신을 거울에 비추어 보라 190

호사다마好事多魔와 화불단행禍不單行 193

이웃 사랑의 불씨 찾아주기 196

기회를 놓치지 않으려면 199

문화 창달의 온상, 부전자전父傳子傳 202

알아 두면 편리한 것들 205

관용과 아량 208

변화와 성공의 원리 211

자신의 건강은 자신이 챙겨야 한다 214

한 집안을 일으켜 세우려면 217

제사는 조상에 바치는 정성 220

제상 위 과실에 담긴 조상의 염원 225

제3장 인생살이 고달파도…

옛날이야기를 들으며 싹튼 내 재능   231

속설로 내 버릇을 다듬어 주신 할머니   239

말, 말, 말   245

행동을 보면 그 사람을 안다   259

근엄함과 인자로움의 차이   268

자세와 인격   277

지혜를 더하는 길   286

참된 친구 사귀기   296

신뢰는 사회생활의 자본   304

진로의 선택   313

그렇게 서두는 게 아니었는데…   321

배우자의 선택   333

효도하고 우애하는 길   344

부모는 자녀의 거울   358

알뜰살뜰 살던 시절의 이야기   371

칠십 노동老童의 『천자문』 공부   379

나의 신앙생활 고백   388

제4장 교육은 감동이다

물음표와 느낌표   403

자성예언自成豫言   406

교육 내실화의 의미   409

나의 학교 경영관   412

내가 다시 교사가 된다면 415

교사의 자세 418

학교 선생님의 근성 살리기 422

효과적인 강의법 425

아직도 생생한 그날의 환성 428

학교 성적을 올리는 방법 435

공인중개사 시험에 합격하기까지 441

가정교육의 기능 회복 444

방송 매체를 활용하는 개별화 교육의 현장에 가다 447

청출어람青出於藍의 자리에 앉아서 451

내가 만난 장관의 기량 454

그윽한 묵향墨香 속에서 뜻을 펼친 훈정薰庭 458

능소능대한 교육자 낭청浪淸 박재규朴在奎 총장 461

교지校誌에 실어 보낸 제자 사랑 464

에필로그 — 나의 회한悔恨 499

발문

스승은 내 마음의 등대 이인제 503

교직 퇴임 직전의 저자.

프롤로그

나의 이력서

팔십이 다 되어 문득 되돌아본 내 삶의 조각들….

흐트러져 있는 크고 작은, 그리고 진하고 연한 형형색색의 조각들을 한 평면에 놓고 보다가 나도 모르게 "고맙습니다" 소리가 저절로 나왔다.

이어진 조각들 가운데 현란하게 튀어나거나, 심하게 빛이 바래거나, 구겨진 데가 별로 없이 그런대로 평탄했다. 그렇게 살 수 있도록 이끌어 주고 밀어 준 사람들의 면면이 겹치면서 가슴이 훈훈해졌다. 참으로 험한 세상을 살면서 힘겨운 고비가 무척 많았었는데….

나는 일제강점기인 1934년에 태어나 여덟 살 때 충북 옥천에서 초등학교에 입학했다. 성씨를 일본식으로 고치고 일본말 교과서로 배웠다. 아침마다 일본 쪽을 향해 허리를 굽혀 큰절을 하고 일본 왕의 분부(그들은 이를 칙어勅語라고 했다)를 받들어 외우면서 자랐다. 태평양전쟁이 막판에 가까웠던 3학년에서 5학년 때 광복을 맞기까지 전쟁 물자를 조달하는 데 힘을 보태느라 공부라고 제대로 한 적이 별로 없었다. 근로 봉사란 이름으로 전쟁에 필요한 솔뿌리를 캐고, 말에게

먹일 풀을 베어 말리고, 논밭의 일손을 돕는 일터에 동원되었다. 전쟁 터로 가는 장정들을 보낼 때마다 기차역에 나가 일장기를 흔들며 "이 겼다, 일본!" 군가를 목이 터지도록 불렀다.

그러다가 광복을 맞은 기쁨에 삼천리강산이 태극기로 물결치던 날. '압박과 설움에서 해방'된 감격의 도가니에서 우리는 환호하고 또 환 호했다. 우리 성과 이름을 도로 찾고, 한글을 배우고 우리 국사를 배 웠다.

광복된 지 이 년 뒤인 열네 살 때 중등 과정인 6년제 사범학교에 입 학했다. 교재도 엉성하고 또 선생님도 엉성했다. 그래도 열심히 공부 했다. 옥천에서 대전까지 기차를 타고 대전역에서 대전사범학교까지 십 리 가까운 거리를 걷느라 하루 왕복 여섯 시간을 길에다 버려야만 했다. 학제가 바뀌어 부설중학교를 졸업하고 사범학교(본과)로 입학 한 지 며칠 안 되어 육이오 전쟁이 일어나 피란을 갔다. 수복 후 이듬 해 복교하여 한두 달 다니다가 진급을 했다. 다시 학제가 바뀌어 1953 년 봄. 전쟁의 와중에 사범학교를 졸업하고 '스승의 길'에 들어섰다.

육이오 전쟁은 내게 모진 고난과 시련을 고스란히 안겨 주었다. 나 는 이 전쟁 중에 우리 집안의 기둥이셨던 아버지를 잃고, 나이 열일곱 살에 어머니와 다섯 동생을 부양해야 하는 '소년가장'이 되었기 때문 이었다. 할아버지와 삼촌이 세 분 계셨지만, 일곱이나 되는 우리 식구 가 의탁할 만큼 넉넉한 처지가 아니었다. 나는 장남으로서 이 고난苦 難의 길을 헤쳐 나갈 수밖에 없었다.

나는 스무 살에서 예순여섯 살에 이르기까지 사십육 년 동안 오직 교단을 지키며 살아왔다. 그동안 나를 아는 사람들은 "깐깐한 선생", "제법 교육을 아는 장학사", "학교 경영을 빈틈없이 하려고 애쓰는 교장” 정도로 기억하고 있을 것이다.

　이제 와서 곰곰이 생각해 보면, 사람의 일생은 자기 의지대로만 되는 게 아니었다. 그렇다고 남의 뜻대로 되는 건 더더구나 아니었다. 뜻이 있는 곳에 길이 있고, 옳은 생각, 옳은 일은 당장은 외로워도 반드시 이해하고 따르는 사람이 있었다. 그리고 일의 결과에 우연은 없었다. 자기도 모르는 사이에 형성된 바탕 위에 이루어지고 있었다. 옛날 어른들이 후손에게 전하신 간절한 생각은, 가풍을 타고 알게 모르게 다시 후손에게 전해진다는 것도 나이 들어서야 겨우 깨달았다. 내가 어려운 고비를 넘기고 나면 늘 생각나는 것이 ‘그때 그 말씀이 내게 약이 되고 힘이 되었구나’ 하는 생활의 재발견이었다.

　그러나 나는 내 후손들에게 옛날 어른들처럼 그런 얘기를 하거나 행동으로 모범을 보여 주지 못했다. 시대의 변화에 따른 사회 환경이 옛날과는 딴판이기 때문에 쉽지 않았다고 변명해 봤자 소용없는 일이다. 뒤늦게나마 내 삶의 조각들을 모아 후손이나 젊은이들에게 전하고 싶어 힘에 겨운 줄 알면서도 반세기에 가까운 교직 생활이 남긴 삶의 조각들을 여기에 담아 보았다.

　나는 충남 금산군 금성면 두곡리杜谷里(둑실)에서 아버지 권희대權熙大와 어머니 이경승李敬承 사이의 육남매 중 장남으로 태어났다.

　우리 집안은 할아버지 할머니, 증조할아버지 증조할머니, 그리고…. 대대로 글 읽는 선비 집안이었다. 그러다가 구한말 시골에 은거하고 있던 집안은 퇴락하여 살림살이가 어렵게 될 수밖에 없었다. 내 증조曾祖(휘 헌濃)께서는 대단한 명필이셨다. 당신의 손자를 가르치려고 쓰셨다는 천자문千字文을 보고 어린 마음에 받은 감동도 컸지만, 내

10대조 정간공靖簡公 묘비를 쓰신 필체는 언제 보아도 기운이 생동하다. 증조할아버지께서는 약관弱冠에 몰래 가출해서 정부에서 양반 자제를 모아 가르치려고 설립한 외국어통역학교에 입학하셨는데, 내 고조께서 찾아 집에 데려오셨다는 이야기가 전해진다.

주경야독하시며 농사를 지으셨던 할아버지께서는 어린 나를 앉혀놓고 늘 훌륭한 선조들에 대한 말씀을 하셨다. "안동권씨, 구계자손"이라는 것을 잊어서는 안 된다는 말씀을 귀가 아프게 하셨다. 조선시대에 대과급제자大科及第者를 가장 많이 냈다는 안동권씨! 그 숱한 명상名相 현신賢臣 중에 청백리로 뽑힌 분이 세 분뿐인데, 그 중 한 분이 내게 10대조이신 정간공이라는 자랑도 잊지 않으셨다. 이런 속에서 나는 나도 모르게 집안에 대한 긍지를 가지게 되었다.

멀리 올라가 시조始祖 태사공太師公 이후 10세조 무렵에 안동권씨는 15개 파로 나뉘는데, 나는 시중공파侍中公派에 속한다. 시중공파의 후손으로 역사에 이름을 남기신 분은 20세조(내 18대조)이신 좌리공신佐理功臣 숭정대부崇政大夫 화천군花川君(휘 감瑊)이시다. 조선 성종 때 이조판서, 병조판서, 의정부 좌찬성을 지내시며 나라에 공이 크셨으므로 양평공襄平公의 시호를 받으셨다. 우리 집안에서는 이 할아버지를 중시조中始祖로 모신다.

시대의 흐름에 따라 다시 지파가 갈리면서 우리 소문중에서는 구계癯溪 할아버지를 중시조로 모신다. 구계는 내 11대조 정헌공正獻公(휘 상유尙游. 이조판서)의 아호雅號이시다. 10대조 정간공(휘 혁爀. 이조판서)은 정헌공의 아드님으로 금산으로 입향入鄕한 어른이시다.

할아버지께서 자주 말씀하시던 직계 조상에 대해서 기록들을 찾다가, 조선왕조실록에 색인이 정헌공 215건, 정간공 111건에 이르고 있음을 보고 나는 다시 놀랐다. 두 분 할아버지께서 조정 대소사에 그만큼 많이 간여하셨다는 것을 의미한다. 더구나 정조 임금의 "중신重臣 권상유權尙游와 권혁權爀이 두 대에 걸쳐 이조판서를 지내면서 신임을 받은 것이 어떠하였던가. 그런데도 그 집안이 근래에는 벼슬하는 사람이 없다. 나이 찬 사람이 있거든 오늘 안으로 구전口傳하여 녹용錄用하라"(『정조실록正祖實錄』, 정조 21년, 1797. 11월 6일 두 번째 기사)는 대목에서 할아버지 말씀을 소홀히 들었던 게 새삼 죄송스러웠다.

때때로 '선비집안'임을 강조하시던 할아버지 말씀대로 "24세조부터 33세조에 이르는 10대代에 걸쳐 한 대도 거르지 않고 내리 성균成均 진사進士 아홉과 성균 생원 하나를 배출"한 기록을 족보에서 확인하고서, 나는 '부끄럽지 않은 자손이 되어야겠다'는 다짐을 새롭게 하기도 했다.

문중에 스며 있는 혼사의 전통도 집안을 바로 지키는 중요한 과제였다.

내 아버지 대에 재종(육촌)형제 일곱 분의 배필을 보아도, 연안이씨 월사月沙 집안에서 네 분, 은진송씨 우암尤庵 집안에서 한 분, 안동김씨 한 분, 밀양박씨 한 분을 취娶하였으니 혼인길의 사정을 짐작할만하다. 그 윗대에 원주원씨, 의령남씨, 여흥민씨 등 폭넓게 통혼하던것과 하나의 대비를 이룬다. 그래도 나로서는 그 가난 속에서 선비로서의 길을 꿋꿋이 지키며 양반가와의 연혼連婚으로써 양반 가문의 명맥을 이어온 긍지를 다행스럽게 생각한다. '치마양반'이란 말은 바로 혼인을 통해서 양반가의 가풍과 가품을 수혈輸血함으로써 그 가문의 전통을 이어나가는 것을 말한다. 한 세대世代가 지난 뒷이야기지만, 내가 정간공의 외손인 청송심씨 청헌공淸獻公(심택현沈宅賢)의 후손을 아내로 맞아 가풍 쇄신의 기회로 삼은 것도 이런 맥락이었다.

살림은 넉넉하지 않았지만, 뼛속까지 스며든 양반의 체통을 살리기 위한 행동과 습관은 은연중에 나를 애늙은이로 길들여 나갔다. 나는 이러한 가풍 속에서 어린 시절을 보내며 "뿌리가 든든해야 가지가 무성하다根固枝茂"는 옛말을 염두에 두고, 이른바 "양반의 자제로서 행세하는 법"을 알게 모르게 익혀 나갔다.

내 아버지께서는 유난히 자상하시고 자애가 많으셨다. 낮에는 군청에 출근하셨다가 퇴근 후에는 집안 모든 일을 도맡아 하셨다. 반찬거리 한 가지, 학용품 하나까지 일일이 챙겨서 자전거에 싣고 오시던 모습이 생생하다. 어머니는 월사 집안에서 부덕을 익히신 현모양처로서, 학교 공부는 안 하셨어도 근대문학과 한문에 두루 능통하셨다. 아버지의 든든한 보호막 아래 어머니와 우리 육남매는 마치 온실 속에서 고이 자라나는 식물처럼 세상물정을 모르고 지냈다. 지금 생각해 보면, 그때가 내겐 가장 행복했던 시절로 기억된다.

시대의 격랑 속에서 겪은 나의 학교생활도 불운의 연속이었다.

1941년 4월, 나는 여덟 살(만 여섯 살) 되던 해에 옥천 죽향초등학교 1학년에 입학했다.

1931년 만주사변에 이어 1937년 난징사건을 일으켜 중국대륙 침략의 야욕을 드러낸 일본 군국주의자들은 마침내 1941년 12월 8일 하와이 진주만을 기습 공격함으로써 미국과 영국에 선전포고를 하고 '태평양전쟁'이라고도 하고 '제이차세계대전'이라고도 불리는 전단戰端을 열었다. 학교 교육도 전시체제를 갖추는 한편, 식민지 교육을 강화하여 우리의 말과 글, 우리의 성과 이름, 우리 민족의 정신과 주체성을 아주 말살하려는 노골적인 야욕을 드러내었음은 이 글 앞 부분에서 말한 그대로다.

내가 4학년이 되던 1944년. 학교 운동장의 반은 갈아엎어져 기름의 원료인 아주까리 밭이 되었고, 반은 일본군의 군수품이 가득 쌓인 야적장으로 변해 있었다. 우리는 근로봉사란 미명하에 산에 올라 소나무 관솔을 톱으로 따내고 소나무 뿌리를 캐냈다. 모내기철에는 모심기, 여름에는 풀을 베어다 말려 군마 사료를 만들고, 가을엔 벼 베기에 동원되느라 수업은 거의 뒷전으로 밀렸다.

아이들의 놀이는 그 시대상을 말해 준다. 뛰어놀 장소를 잃은 우리들은 마을 앞산에 올라 병정놀이를 하는 게 일상처럼 되었다. 상급생들은 소대장이 되고, 하급생들은 상등병, 일등병, 이등병 계급장을 달고 총검(?)으로 무장하고선 산등성이를 기어오르며 돌격 명령에 따라 적을 무찌르는 시늉을 하느라 시간 가는 줄을 몰랐다. 나는 워낙 그런 데 끼는 것을 좋아하지 않은 탓에 두어 차례 참가했지만, 너나 할 것 없이 일본군의 흉내를 내느라 전투모자를 쓰고 종아리에 각반脚絆(걸음을 걸 때 가뜬하게 하기 위해 발목에서 무릎 아래까지 감는 헝겊띠)을 두른 꼴은 정말 가관이었다.

그러던 어느 날, 비이십구B29 폭격기가 하연 구름꼬리를 남기고 높은 하늘을 휘젓고 날자 선생님들은 기겁을 하고 "공습경보"를 외치며 우리를 방공호로 대피시켰다. 일본 본토에 신형 폭탄(그들은 원자탄임을 몰랐다)이 떨어져 많은 희생자가 났다는 보도가 있은 지 며칠 뒤, 살아 있는 신이라던 히로히도裕仁 일본 왕이 울먹이며 라디오를 통해 무조건 항복을 선언했다. 1945년 팔월 십오일! 우리 민족은 마침내 해방되었다.

며칠 뒤 개학을 맞아 등교하고 보니 세상이 완전히 달라져 있었다. 일장기가 펄럭이던 국기 게양대엔 태극기가 휘날리고, 일본어를 쓰라고 마구 호통치던 선생님들은 쑥스러운 듯 우리말을 하셨다. 일본 국가인 「기미가요」는 들리지 않고 영국 스코틀랜드 민요 작별(올드랭사인Auld Lang Syne) 곡에 맞춰 부르는 「애국가」가 내 가슴을 뭉클하게 했다. 새로 배우는 한글 "가갸거겨"와 우리나라 국사는 신기한 감동을 주기도 했다.

그러나 일본의 식민지 교육의 해독은 하루아침에 가시지 않고 우리 몸에 씻기 어려운 독소로 남아, 해방된 지 예순일곱 해가 지났는데 아직도 우리가 무심코 쓰는 말 중에는 '나라비(줄서다)', '앗싸리(드러내다)' 같은 일본말의 찌꺼기가 얼마나 많은가. 나 역시 구구단을 외울 때나 급할 때면 우리말보다 일본어가 먼저 튀어나오는 경우가 많다.

사람은 어떤 교육 환경에 놓이느냐에 따라 달라진다. 눈처럼 하얀 화선지 위에 아름다운 그림을 그린다면 한 편의 예술작품이 될 수도 있지만, 잘못해서 먹물 한 방울이 떨어지면 그 종이는 쓸모없는 폐지가 되고 마는 이치와 같다. 사범학교 시절 서양교육사에서 배운 "인간의 마음은 백지와 같다. 그러므로 우리가 가지는 지식과 생각은 인간의 감각적 경험을 통해서 얻어지는 것"이라는 존 로크John Locke의 교육철학인 백지설白紙說이 떠오른다.

1947년 7월에 나는 특차인 대전사범학교에 입학원서를 내고 시험을 쳤다. 경쟁률이 12:1이었다. 결과가 궁금했다. 유선전화조차 아주 드물던 시절이었다. 합격 여부를 빨리 알고 싶어서 대전에 사시던 숙부에게 학교 전화로 알려 달라고 부탁해 놓았다. 내 숙부에게서 시외

전화로 합격 소식을 받은 초등학교 숙직 선생님. 선생님은 너무 반가운 나머지 학교에서 우리 집까지 득달같이 달려와 대문을 두드리며 나를 부르셨다. 나가 보니 선생님이셨다.

"권재중, 너 합격했단다. 전화가 왔어! 전화가!"

이 소리에 식구들이 달려나왔다. 그런데 선생님은 팬티만 입으셨다. 숙직실에서 더운 여름밤을 보내려고 겉옷을 벗고 계시다가 하도 반가운 김에 그만….

사범학교에 입학한 뒤 나는 기차 통학을 하느라 지친 나머지 예습은커녕 복습도 제대로 못했다. 더 큰 애로는 열차가 한두 시간 연착하는 것이 예사라는 것이었다. 학교에 도착하면 오전 수업 네 시간이 끝난 날도 많았다. 영어, 수학, 국어와 같은 교과목은 대부분 오전에 배정되기 때문에, 특히 이들 교과의 학습 결손이 심각했다. 그런데도 나는 그냥 애만 태울 뿐 별 대책을 세우지 못했다. 2학년 때의 일이다. 하루는 열차가 제시간에 도착해서 천만다행이라고 생각하며 기분 좋게 등교를 했더니 "오늘은 예고한 대로 수학 쪽지 시험을 보겠다"는 선생님 말씀과 동시에 칠판에 문제를 쓰셨다. "가는 날이 장날"이었다. 나는 한 문제도 제대로 풀지 못하고 평생 처음 영점을 맞았다. 수학 선생님이 마침 학급담임이라 아버지와 상담하신 끝에 나는 학교 가까운 곳에 하숙을 하고 선배들 틈에 끼어 몇 달 동안 수학을 보충했다.

1950년 6월 5일 본과에 입학한 지 이십일 만에 육이오 전쟁이 터졌다. 며칠 뒤 휴교 조치가 내려졌다. 구이팔 수복, 다시 일사 후퇴, 엎치락덮치락 하는 전황 속에서 내가 다시 복교하게 된 것은 1951년 7월

초였다. 다른 학우들보다 약 삼사 개월이 늦었다. 전쟁 통에 본과 1학년을 사십일 만에 마친 셈이다. 폭격을 맞아 불타 없어진 교사校舍. 그래도 수업을 하기 위해 부속초등학교 건물 사이에 가마니때기를 쳐서 바람막이를 하고 햇볕 가리개도 없는 노천 교실 바닥에 앉아 공부하던 일, 임시 교실을 짓기 위해 흙벽돌을 찍던 일, 그 흙벽돌로 지은 교실에 들어가 공부하던 일이 지금도 잊히지 않는다.

전쟁 통에 초등학교 교사가 부족하던 때라 졸업하자마자 사범대학에 진학하는 사람을 제외하곤 졸업자 전원이 발령을 대기하라는 명령이 떨어졌다.

이렇게 시작된 반세기에 가까운 나의 교직생활은 그야말로 바람 잘날 없는 파란이라 해도 과언이 아니다. 1953년 4월, 충남 논산 부창초등학교에 첫 발령을 받았다. 내가 처음 담임한 반은 4학년 2반 남학생반이었다.

사범학교 수석 졸업자를 대전시 내에 배치하던 행정 선례를 백지화하고 나를 논산읍 내에 보낸 데 대한 불만이 가득했지만, 마치 초등학교 1학년 국어 교과서에 그려진 철수를 닮은 귀엽고 깜찍한 아이들을 대하고 보니 나도 모르게 정열이 솟아 코피를 쏟아 가며 열심히 가르쳤다. 그해 늦은 가을에 열린 학예회에서 내 서툰 오르간 반주에 맞춰 마해송馬海松 작사, 김성태金聖泰 작곡의 「우리 공군 아저씨」를 열심히 부르던 담임 반 어린이들의 천진난만한 모습과, 동화 작가 이원수李元壽 원작을 내가 각색한 아동극 〈달나라의 어머니〉를 연기하던 꼬마들의 깜찍한 모습이 아직도 내 눈에 선하다. 그런 뒤 한 번도 만나거나 소식을 주고받지 못했지만, 오십구 년의 세월이 흘렀으니 이제 그들의 나이를 헤아려 보니 어느덧 칠십이 되었을 것이다. 그들이 일 년간

담임했던 나를 기억할 리 없지만, 그때 초롱초롱한 눈망울로 나를 바라보던 반장 육순재, 부반장 한창우, 그리고 임상길, 이태성, 황찬호, 심대민, 김갑철, 노기정, 음여일, 조성욱 제군諸君의 면면面面이 어제처럼 생생하다.

이듬해 대전에 살고 있는 식구들을 부양하기 위해 전근을 희망했더니, 뒤늦게 대전시 내 서대전초등학교로 뒤늦게 발령이 났다. 이 학교에서 근무하던 이 년 동안 나는 풋내기 교사답지 않게 열심히 일했다. 대부분 사범학교 출신들이 그러하듯이, 팔방미인처럼 못하는 일 없이 이것저것 방과 후 활동을 맡아 열심히 뛰어다녔다. 피구팀을 맡아 대외 경기에서 우승을 했다. 또 존재조차 없던 학교 미술반을 맡아 시교육청 주최 사생대회에서 두세 명의 입상자를 내기도 했다. 대전시교육청 국어과 연구지정학교 발표회에서는 동요童謠, 동시童詩 창작에 관한 수업을 공개하여 호평을 받기도 했다.

이렇듯 바쁜 나날 속에서 틈틈이 독학한 보람이 있어 문교부에서 시행하는 고등학교 교원자격 검정고시 일반사회과에 합격했다. 기울어진 집안을 일으켜 세우려면 내가 노력하는 방법만이 살길이라 생각하고 새벽 세 시까지 공부한 결과였다.

1956년, 강경중학교에 부임했다. 그때만 해도 중등 교장의 인사권을 제대로 인정하던 시절이라, 박재규朴在奎 교장의 내신으로 가게 되었다. 이 학교에서는 내 전공과는 달리 지리를 담당했다. 부담스러웠지만 열심히 교재 연구를 하면서 학생들을 가르쳤다.

같은 해에 나는 또다시 고등학교 교원검정고시 역사과에 합격했다. 연이은 합격 소식에 가족과 친척, 직장 상사, 벗 들이 내게 큰 기대를 걸었다.

이듬해 1957년, 일 년 만에 대전여자중학교로 옮겼다. 내 어려운 가정 형편을 듣고, 강경중학교 황제주黃帝周 교장이 특별 내신을 해 주신 은덕이었다. 새 학교에 부임 인사를 하던 날, 여자 교감선생께서 "결혼했습니까?" 하고 묻기에 "미혼입니다"라고 했더니, 갑자기 화를 내시어 무안했다. 하지만 그건 미혼 남선생을 여학교에 배치한 인사에 대한 불만이라는 사실을 곧 알아차리고, 내가 성실하게 근무해서 교감의 기우杞憂를 덜어 주리라 다짐했다. 후일담이지만, 그 교감은 충남 유수有數의 명문 여고 교장이 되자 나를 그 학교에 스카우트하려고 무던히 애쓰셨다.

대전여중 학생들은 대전뿐만 아니라 충남에서 가장 입학 경쟁이 치열했던 여학교 학생답게 재질이 뛰어났다. 일람첩기一覽輒記(한번 보기만 하면 잊지 않는다. 곧 재주가 썩 좋다는 말)라는 옛말 그대로였다. 요점을 하나하나 짚어 가며 차근차근 설명하는 내 수업에 행여 한 가지라도 놓칠세라 학습 의욕을 불태우던 제자들의 시선을 나는 아직도 잊을 수 없다. "여학교에서는 학생을 쳐다보며 수업하지 말라"는 어느 선배 교사의 조언助言과 금기禁忌를, 나는 특정 학생에게만 시선을 주지 말라는 의미로 해석하고, 모든 학생의 반응을 하나하나 살펴 가며 수업을 했더니 불평불만이나 오해가 전혀 없었다. 당시 중학교 사회과는, 1학년은 지리 부문, 2학년은 역사 부문, 3학년은 공민 부문을 위주로 하는 통합 교과였다. 세 과목에 두루 정통하고 핵심을 분명하게 짚어 가며 시간 가는 줄 모르게 수업하는 나에 대한 학생들의 신뢰와 존경은 대단했다.

그러나 모처럼 내게 다가온 평화는 오래 가지 않았다. 호사다마好事多魔라더니, 어느 날 갑자기 악마의 심술이 내게 닥쳐왔다. 자유당 정권 말기인 1959년, 수북하게 쌓인 교원 희망자의 이력서를 처리할 수 없게 된 도청 인사 담당자들은 입영 통지서도 안 받은 교원들에게 '응소 휴직'이라는 인사 조치를 내렸다. 사실상의 강제 퇴직이었다. 나도 그 안에 끼게 되어 뒤통수를 한 대 얻어 맞은 기분이었지만, 학생들에겐 "훌륭한 선생님을 잃는다"는 충격과 "많은 식구를 부양하느라 어렵게 사는 선생님이 직장을 잃었다"는 동정심이 한데 어우러져 학교가 마치 초상집처럼 되었다. 주섬주섬 봇짐을 챙겨 가지고 떠나는 내 뒤에는 몇백 명인지 헤아릴 수 없는 단발머리 여학생들이 교문에서 대흥동 로터리에 이르는 약 삼백 미터의 큰길을 가득 메우고, 울며불며 작별을 아쉬워했다. 딸에게 이런 사연을 전해 들은 학부모 몇 분이 "입영入營을 돕겠다" "새로운 직장을 주선하겠다"는 제의를 해 왔다. 나는 이 기회를 전화위복의 기회로 삼으려는 생각에서 이를 정중히 사절했다.

그러나 "목구멍이 포도청"이라는 속담대로, 두 달이 지나자 나는 생계에 위협을 느끼기 시작했다. 망지소조罔知所措(어찌할 바를 모름)하던 참에, 우연히 '교사 채용'이란 신문 공고公告가 눈에 띄었다. 서울시 내 모 사립 고등학교에서 역사과 교사 한 명을 초빙한다는 내용이었다. 교장이 직접 면접하며 "대학원, 대학에서 역사를 전공한 백칠십 명이 지원했는데, 선생님의 노력이 돋보였습니다" "수업을 보고 싶습니다"고 하며 교과서를 펴 보였다. 내가 망설이지 않고 교장, 교감, 역사과 교사가 참관하는 가운데 한 시간 수업을 했더니, 바로 그 자리에서 채용하겠다는 결정을 내려 주었다.

팔 개월 뒤 사일구 혁명으로 학교가 어수선해지자 학생들의 시위로 '무능 교사'로 낙인찍힌 교사들이 하루아침에 실직자가 되는 뒤숭숭한 모습을 보며, 신분 보장이 안 되는 이런 분위기가 싫은 참에 뜻밖에 대전여중에 복직이 되었다는 소식이 날아왔다. "도로 시골로 가겠다" 는 나를 만류하던 교장이 '교직원과 학생에게 이임 인사를 하지 않는 다'는 조건으로 동의했다.

그러나 몇 달 뒤, 오일륙으로 말미암아 학교를 떠나 칠 개월간의 단 기 군복무를 마치고, 충남 당진의 면천중학교에서 삼 개월, 홍성중학 교에서 육 개월을 근무하고 있는데, 논산중학교 교장이 직접 찾아와 "이 년만 수고하면 대전에 옮겨주겠다"고 하여 학교를 다시 옮겼다. 내가 가자마자 논산중학교가 충청남도 사회과 연구학교로 지정되는 바람에 나는 어쩔 수 없이 이 일을 맡아, 이듬해 이를 성공적으로 수 행하고 아울러 대한교원총연합회 주최 연구대회에 참가해서 최초의 '푸른 기장'을 받기도 했다. 이 학교에서 이 년 있다가 대전중학교로 전근을 했다.

그때 2학년에 이어 3학년을 담임한 학급 반장이 이인제李仁濟(전 노동부장관, 초대 민선 경기도지사, 제15대 대통령 후보 출마, 제13— 18대 국회의원) 국회의원이다. 이 의원은 해마다 '스승의 날'이면 어 김없이 화분을 보내며 '스승의 은혜'를 기리고 있으니 참 고마운 일 이다.

1965년부터 1969년까지 대전중학교에서 보낸 사 년간은 전에 근 무했던 대전여자중학교와 함께 수재교육의 진미를 체험한 귀중한 기 간이었다. 여기에 교육 경험이 덧쌓이면서 나는 어느 새 중견 교사의 자리를 차지하고 있었다. 그 한 예가 매년 11월 초에서 12월 초에 이 르는 중학교 입학시험 출제 위원으로서의 활약이었다. 연속 삼 년 서 울 모처에서 출제를 하던 일, 네 시간분의 시험 문제지를 내가 직접 궁체宮體 펜글씨로 쓰고 이를 복사해서 오프셋인쇄하던 일, 문제지를 포장해서 각 학교에 배포하던 일이 추억으로 남아 있다.

그때 학급담임을 했던 제자들이 제17회(1966년도) 졸업생인 강태진姜泰晋(현 서울대 공과대학 학장) 교수, 박병석朴炳錫(제16-18대) 국회의원이다. 또 제18회(1967년도) 졸업생은 해마다 '스승의 날'이면 동기생 모임을 가지고 나를 그 자리에 초대해 주고, 강흥식姜興植(전 분당 서울대 병원장) 교수, 노정익盧政翼(전 현대캐피탈 사장) 사장 등이 아직도 사제의 정을 잇고 있다.

서울에서의 첫 직장은 1969년 신설된 용산여자중학교(현 용강중학교)였다. 새 학교를 만드는 일이 쉬울 리 없어, 주임교사로서 일 더미에 묻혀 시간 가는 줄 모르고 사 년을 보냈다. "일 잘한다"는 평판 때문에 또다시 신설된 서울동부교육청에 발탁되어 바쁜 나날을 보냈다.

이후의 내 교직생활은 교단에서 직접 학생을 가르치고, 제자들과 더불어 사제동행師弟同行하는 일에서 한 걸음 물러나, 그동안의 내 교육 경험을 바탕으로 장학사, 장학관으로서 학교교육을 지원支援 조장助長하는 일, 교감, 교장으로서 학교 경영을 하고 학생들의 교육 환경을 개선하는 일에 내 열성을 바쳤다. 나는 전반前半 이십 년의 교사생활 못지않게, 후반後半 이십육 년의 장학 활동과 학교 행정을 통하여 우리나라 교육 발전에 공헌하였다고 자부한다.

모든 일에는 빛과 그림자가 있다. 이 기간 동안 나는 교육자로서의 뿌듯한 보람을 느끼기도 하고, 걷잡을 수 없는 충격에 실망하기도 하면서 교육 경영의 어려움을 실감했다.

그 하나가 광장중학교 교장으로 있던 1985년에서 1991년까지의 오 년 삼 개월간의 진학 지도 실적이었다. 철저한 반복·연습의 학습 원리를 적용하여 하루도 거르지 않고 자습 지도를 실시한 결과, 다른 학교의 열 갑절, 스무 갑절이나 되는 놀라운 성과를 거두어 학생, 학부모, 학교가 함께 환희작약歡喜雀躍(기쁨에 넘쳐 팔딱펄딱 뛰다)하는 기쁨을 누리게 된 것이다. 나는 "하면 된다" "누구나 할 수 있다"는 가능성과 자신감에 미소 짓던 그때를 잊을 수 없다.

또 하나는, 교장과 교직원 간의 불신으로 뒤숭숭하던 잠실중학교의 분위기를 정상화한 일이다. 내가 잠실중학교 교장으로 발령이 나자 "권 교장은 그동안 공적도 큰데, 어쩌다 그런 학교로 가게 되었느냐"는 위로의 전화가 빗발쳤다. 처음 한두 번은 그저 받아넘겼지만, 전화하는 사람마다 같은 말을 반복하는 것을 듣고 나도 슬그머니 화가 나서 담당 국장과 통화를 했다. "그 학교는 권 교장이 가야 수습이 되겠다고 판단해서 발령한 것이니 양해해 달라"는 답변이었다. 그제야 교육감이 교장 회의 때마다 "이 다음 교장 인사는 자신의 의사보다 각 학교가 필요로 하는 교장을 보내는 데 초점을 두겠다"고 하던 말의 의미가 와 닿았다.

학교에 부임하고 보니, 근무 기강이 말이 아니었다. 우선 급한 대로 갈등 요인을 하나씩 없애고 수습 방안을 강구하는 데 꼬박 한 달이 걸렸다. 그동안 교직원들이 나를 대하는 시선이 상당히 우호적이라는 것, 근무 기강이 어느 정도 정상화되어 가고 있다는 것을 감지한 나는 부임 한 달 만에 직원회의를 소집했다. 그동안의 불신 요소와 갈등 요인을 일일이 분석하고, 이를 근거로 신학년도 학교 운영 방침을 밝히면서, 우리 모두 경영에 참여하고 협조하자는 데 공감을 얻어 냈다. 며칠 뒤 교육장은 "불과 한 달 만에 어수선했던 분위기를 바로 잡아주어 고맙다"는 치하와 함께 교육청에서 도와줄 것이 무엇인지 물었다. 그 결과 교내 페인트 도장공사와 둔탁한 목조 책걸상이 신형으로 교체되었다. 교직원회에서 교직원 식당을 자체 운영하기로 의견도 모았다. 1992년 3월 4일, 나는 학교 수업 분위기와 시설·설비 관리 상태를 하나하나 점검하고는, 어디에 내놓아도 손색없는 학교임을 확인하고 안도의 숨을 내쉬었다. 한번 허물어진 분위기를 다잡아 정상화하는 데 꼭 일 년이 걸린 셈이다.

1993년 5월, 나는 서울서부교육청 학무국장으로 전직해서 일 년 삼 개월 근무하다가, 서울학생교육원장으로 옮겼다가 여섯 달 만에 다시 압구정고등학교 교장으로 자리를 옮겼다.

일 년 뒤 나는 고등학교에서의 대학 입시 내신성적 산출방법에 관한 소요사건으로 교직생활 만년晚年에 참담한 수모와 호된 시련을 겪게 되었다. "고3 자연계열 여학생이 한 학급뿐이어서 대학 입시 내신 모집단母集團이 적어 자연계열 남학생에 비해 불리하니, 남녀 성적을 통합 산출해 달라"는 한 반 학생의 요구가 그 발단이었다. 나는 해당 학생들의 고충을 이해하고 다각도로 검토했다. 그러나 남녀 학생 간에 선택과목이 서로 다르다는 점, 이미 고2 성적이 확정된 판에 다른 기준에 의해 다시 성적을 산출하게 되면 전체 학생의 기득권을 흔들게 되어 분란의 소지가 있다는 점을 들어 이를 수용하지 않았다. 그러자 그 반 학생에 학부모까지 가세하여, 가능한 모든 방법을 구사해서 나를 압박했다. 농성과 시위는 물론, 조직적인 언론 조작을 통해 나를 굴복시키려 하는 한편, 서울특별시교육위원회(교육위원으로 구성된 의결기관)에 진정했다. 이를 접수한 교육위원회는 진상조사소위원회를 구성하였으나, 진상을 조사하고 그 대책을 강구하기는커녕 마치

국회청문회를 방불케 하는 힐난과 질문으로 나를 피의자 취급했다. 그것도 학부모들이 방청하는 가운데…. "명백한 교권 침해요, 교장의 리더십 말살"이라고 판단한 나는 이에 강력히 항의하고 "이후 이러한 질문에는 일절 답변을 거부하겠다"고 선언했다. 상황이 뜻대로 되지 않자 학부모들은 청와대에 나를 무고誣告해서 "숙정 차원에서 조사 처리한 후 보고하라"는 지시가 내렸다. 실로 바람 앞에 등불과 같은 위기였다. 철두철미한 회계 감사와 애꿎은 학부모 임원까지 참고인으로 며칠 동안 조사를 받고 나서야 나의 무고無辜함과 청렴결백함이 드러났다. "오히려 표창을 받아야 마땅하다"는 보고가 올라갔다는 말을 누군가 내게 귀띔했다. 이 일이 있은 직후, 어떤 분은 나를 위로하면서 "내 도움이 필요하면 언제든지 연락해 달라"며 자기 신분과 전화번호를 알려 주기도 하고, 또 어떤 분은 "법적 대응을 하라" "맞불작전을 펴라"고도 했지만, 나는 교육자다운 자세를 지키기로 결심하고 자제했다.

분쟁을 원만히 해결하려면, 당사자끼리 서로 양보하고 타협하는 것이 지성을 갖춘 교양인으로서의 자세다. 사태 해결의 관건은 신뢰와 소통, 그리고 협력에 있다. 서로 신뢰하고 문제 해결을 위해 지혜를 모으고 협력하는 것이 바른 길이다. 아무리 자기 자녀의 성적과 직결되는 문제라 해도, 딸과 어머니가 함께 전교생이 보는 앞에서 시위하고 농성하면서 수단 방법을 가리지 않고 교장을 몰아쳐 자기들의 요구를 관철하려는 태도는 온당치 않다. 뿐만 아니라, 설혹 자기들의 의사가 관철된다 해도 거기에는 자녀 교육상 잃는 것이 더 많다는 사실을 알았어야 했다. 나는 광장중학교에서 성취한 놀라운 진학 실적을 이 학교에서 재현해 보려는 의욕을 접고 사태가 어느 정도 진정되자

전보를 희망했다. 그래서 옮겨 간 곳이 금옥여자고등학교였다.

　나처럼 교직생활을 하면서 사십육 년에 스물네 군데 직장을 바람 스치듯, 구름 흐르듯 자주 옮긴 것은 극히 이례적인 일이다. 젊었을 때는 어머니를 모시고 어린 동생들을 부양해야 하는 어려운 가정형편이 참작된 것이 그 주된 이유였다. 그러나 경력이 쌓인 뒤에는 나를 필요로 하는 교장이나 기관장의 강력한 요청 때문에 그렇게 된 경우가 대부분이었다.

　이렇듯 잦은 인사이동人事異動에도 불구하고 나는 옮겨가는 직장마다 상사上司의 남다른 총애를 받아 더욱 성숙되고 성장 발전하는 사다리가 되었으니 나로서는 큰 행운이었다. 나는 이 분들을 거울로 삼아 그 장점을 본받는 한편 때로는 반면교사反面敎師로 삼으며 많은 것을 배웠다. 모든 분이 내게는 상사인 동시에 스승이요 은인이었다. 반면 나는 교직에 있는 동안 정해진 교육과정敎育課程에 충실한 나머지 교과 진도를 나가느라 제자에게 인성교육을 좀 더 깊이 있게 하지 못한 아쉬움이 크다.

　1999년 2월 말, 나는 교장의 임기(2차에 한해서 연임)가 만료된 데다가 교원정년 단축조치에 따라 정년이 여섯 달밖에 남지 않은 점을 감안해서 명예퇴임을 했다.

소홀했던 자녀 교육

누군가가 "그렇다면 그동안 아버지로서 역할은 제대로 다 했느냐"고 내게 묻는다면 나는 할 말이 없다. 나이 여든을 목전에 둔 오늘, 아들

딸에게 세상을 살아온 이야기. 앞으로 세상을 살아갈 이야기. 그 밖에 꼭 들려주고 싶은 이야기가 적지 않았지만 그 기회를 놓치고 웬만한 일은 그냥 침묵한 채 아내에게 떠넘겨 버렸기 때문이다. 다행히 아이들의 천성이 착한 데다가 아내 심우영 안나가 현숙해서 아이들을 올바르게 교육하는 일에 전심전력했기에 망정이지 하마터면 낭패했을지도 모를 일이다.

하는 일이 너무 바빠서….

아직 어려서 말귀를 못 알아들으니까….

열심히 공부하고 있는데 할 말이 더 없어서….

결혼했으니 저희끼리 알아서 잘 할 텐데 일단 맡겨 보아야지….

저희가 다 알아서 잘하고 있는데 내가 굳이 간여할 게 뭐 있겠는가….

이런 말들은 모두가 변명일 뿐이다. 거기에다가 "자애 가득한 제 어머니의 훈육으로 아이들이 올곧게 자라는데 내가 무슨 사족蛇足을 달겠느냐?" "부자父子 간에는 불책선不責善이라"는 전통적인 관념을 내세우고 가정교육에 무관심한 것이 오히려 자녀교육에 도움이 된다는 허울 좋은 변명을 늘어놓는다면 더 할 말이 없다.

이런 생각은 비단 나만이 아니라 자녀를 키운 대부분 아버지의 공통적인 경향이 아닌가 싶다. "어머니의 19%가 자녀들과의 대화가 부족하고, 아버지들은 그 비율이 껑충 뛰어 34%에 이른다"는 여성가족부의 조사결과가 이를 잘 말해 주고 있다(『조선일보』 2011. 5. 11.).

나는 이제야 이것이 잘못이었다는 사실을 깨달았다. 어리면 어린 대로, 철이 들었으면 철이 든 대로, 늙었으면 늙은 대로, 부모로서 그냥 지나치지 않는 것이 진정한 자애요, 자녀교육이라는 엄연한 사실을 그 동안 외면하고 살아온 나 자신의 어리석음을….

핵가족화로 말미암아 할아버지 할머니의 영향력이 거의 미치지 못하고 있는 절박한 요즈음의 실상을 뻔히 알면서도 이를 보전할 생각을 하지 않고 보낸 세월을….

우리나라 속담에 "철들자 망령 난다"는 말이 있다. 이를 바꿔 말하면 "망령 날 만큼 나이가 차야 바른 판단이 선다"는 말이 된다. 사람으로서의 연륜年輪이 그만큼 쌓여야 인생살이의 참맛을 알고 사람답게 사는 길을 헤아릴 수 있다는 것을 의미한다. 교직에서 은퇴한 지도 어느덧 십여 년! 좀 더 높은 곳에서, 좀 더 떨어진 위치에서, 교육을 되돌아보고 또 다시 생각하고 바라보니 이제야 교육의 진면목이 보이는 듯싶다.

예순 넘은 아들이 여든 넘은 아버지께 "아버지. 저 장에 다녀오겠습니다" 하고 여쭈니까, "그래. 차 조심하고, 일찍 돌아오너라. 술 많이 마시지 말고…" 하고 당부하더라는 심경心境을 알 만하다. 그때그때 필요에 따라 짧은 말 한마디라도 좋다. 간단한 옛글 한 토막이라도 좋다. 자기 경험에서 우러난 지혜 한 가지라도 좋다. 자녀가 알아듣도록 차분히 이야기해 주는 것이 부모로서의 도리라고 생각한다. 자녀들이야 이 말을 잔소리로 생각하든 말든, 귀에 담고 마음에 새기든 말든, 내 할 도리는 다해야 한다.

자녀들이야 사랑이 넘치는 노부모의 잔소리를 지겹다고 하겠지만, 그래도 부모가 되풀이하고 또 되풀이하는 말의 진정성眞正性은 가랑비처럼 자녀들의 심리心裏에 촉촉이 스며들게 마련이다. 자녀들은 양친의 잔소리를 들으며 자신도 모르는 사이에 그 마음속에서 바른 인성人性과 정체감正體感이 우러나고, 저마다의 당찬 꿈을 잉태하고, 공부하려는 의욕과 창의력과 상상력이 샘솟고, 도전정신이 꿈틀거리고, 사람답게 사는 길을 깨닫게 될 것이기 때문이다. 이런 일은 아무나 할 수 있는 일이 아니라 오직 부모만이 할 수 있는 일이다.

나는 뒤늦게나마 이를 실천하고 싶었지만 이내 뜻만 가지고 되는 일이 아니라는 것을 깨닫고 자신自信을 잃고 망설였다. 우선 세상이 달라졌다. 달라져도 너무 달라진 세상을 보며 도무지 내일을 예측할 수 없는 이 판국에 '무엇을 어떻게 하라'는 말이 선뜻 나오지 않았다. 또 나이 들어 점점 흐려지는 기억력과 분별력도 장애가 되었다. 혹 조언한다고 하다가 횡설수설하거나, 지나치게 고루固陋하다고 외면당하지나 않을까하는 걱정도 앞섰다.

가정교육이 이만큼 어렵다는 이야기다. 하지만 결코 포기할 수 없는 것이 또한 가정교육이다. 가정교육이야말로 모든 교육의 바탕이기 때문이다. 특히 요즈음과 같이 교육의 중심이 흔들리는 사회에서는 가정교육이 차지하는 비중이 더욱 커질 수밖에 없다.

"지금 일에 의아함이 있으면 옛일을 살피고, 훗날을 모르겠거든 지난날을 돌아보라疑今者察之古 不知來者視之往." 『관자管子』라는 책에 나오는 말이다.

"옛것을 익히고 새것을 알면 남의 스승이 될 수 있다溫故而知新 可以爲師矣." 『논어論語』 「위정爲政」 편의 글이다.

"경험이란 헤아릴 수 없는 값을 치른 보물이다." 문호文豪 셰익스피어의 말이다.

『채근담菜根譚』과 함께 일본에 많은 영향을 미친 중국 명나라 여곤

呂坤의 『신음어呻吟語』라는 책에 "세상 사람들은 늙음을 천시하지만 성인만은 이를 높인다世人賤老而聖人尊之"는 글도 있다.

모두가 다 하나같이 옳은 말이다. 옛것을 교훈 삼아 그 속에서 새것을 창조하는 온고지신溫故知新의 정신이야말로 산전수전 다 겪으며 이 세상을 살아온 숱한 경험과 그 속에 깃든 삶의 지혜가 우리 사회의 버팀목이 되고 새것을 일으켜 세우는 역사 창조의 밑거름이 된다. 우리가 역사를 공부하는 목적이 여기에 있고, 고전을 외면하지 않고 되새기는 것도 이 때문이다. 14–16세기 유럽사회의 르네상스가 이러한 사실史實을 입증한다.

사람으로서의 마음씀씀이가 바르고 분명하다면 아무리 세상이 달라졌고 또 앞으로 걷잡을 수 없을 만큼 달라진다 해도 두려울 게 없다. 자녀들과 더불어 마음을 공유共有하면서 어제의 일을 거울삼아 내일의 희망을 이야기하다 보면 그 대화 속에서 참 지혜가 우러나오고 앞으로 살아가는 데 어떠한 어려움이 닥쳐도 이를 극복해 나아갈 용기와 자신감이 생기게 된다. 이것이 바로 사람으로서 세상을 바르게 살아가는 정도正道로 나아가는 길이다.

현대사회에서 사람이 살아가는 삶의 형태와 방법은 각양각색이다. 그러기에 "반드시 이렇게 살아야 한다"고 정해 놓은 정도定道는 있을 수 없다. 그렇지만 나는 이성과 양심의 주체로서 하늘을 우러러 한 점 부끄럼 없이 살아가야 할 바른 길, 곧 정도正道는 있다고 믿는다. 이 길을 벗어나는 것은 인간성의 상실이요 타락이라는 생각을 바탕에 깔고 그저 올바르고 착하고 어질게 사는 것이 사람답게 사는 길이란 신념에서 이 글을 엮어 나갔다.

이 글을 읽으며 "내가 만약 이런 일에 부딪힌다면 그 안에서 나는 어떤 희망과 용기를 가지고 헤쳐 나갈까?" 하고 역지사지易地思之하는 가운데 자신의 경험과 지혜를 더욱 넓히고 깊게 하는 계기로 삼는다면 더 바랄 나위가 없겠다.

이 책을 사랑하는 딸 종숙鍾淑, 종인鍾仁과 아들 종호鍾浩, 종우鍾宇에게 전하며, 삼십삼 년 삼 개월간 고락을 함께하다가 먼저 하늘나라에 간 아내 심우영沈雨暎 안나의 영전에 바친다.

그동안 원고를 교정해 주느라 애쓴 아내 김명자金明子 율리아나에게도 이 글을 통하여 거듭 고마움을 표한다.

끝으로 보잘 것 없는 이 책을 출판해 주시고 '영혼도서관'의 장서 목록에까지 올려주시는 열화당 이기웅李起雄 사장님의 후의와 조윤형趙尹衡 편집실장님, 백태남白泰男 편집위원님의 노고에 깊은 감사를 드린다.

제1장
널브러진 고난을 헤치고

내 삶의 조각보

내게는 주부主婦의 알뜰한 정성이 담뿍 담겨 있는 조각보에 대한 추억이 아직도 남아 있다.

우리에게는 가난을 숙명처럼 대물림하면서 살던 시절이 있었다. 그 어렵던 시절에도 웬만한 여염집 안방 한구석에는 아직 집에 돌아오지 않은 식구를 위해 차려 놓은 조촐한 밥상이 있었다. 그 밥상은 채색 형겊조각을 이어 붙여 만든 조각보로 덮여 있었다. 그 정경情景이야말로 그 집 안주인의 푸근하고 아름답고 넉넉한 가족 사랑의 상징이었다.

아까워서 차마 버리지 못하고 모아 둔 보잘것없는 알록달록한 색깔의 조각들을 모아 삼각형, 사각형의 천 조각을 요모조모로 이어 붙여 뛰어난 미적 감각을 살려 규방 예술품으로 만들어 낸 조각보.

얇은 사紗, 라羅 같은 비단과 모시로는 여름철 홑보를 만들고, 단緞, 명주明紬 같은 비단에는 보를 씌워 겨울철 겹보로 만들어, 때로는 정갈한 밥상 보자기로, 때로는 선물용 술병 보자기로. 때로는 깨끗한 베갯모로 쓰면서 알뜰한 주부의 살림 규모를 드러낸 조각보.

장롱 속에 소중히 간직해 두었다가 손녀의 혼수 속에 넣어 주거나, 귀여운 손부에게 물려주어 집안에 복을 불러들이려 한 할머니의 치성이 가득 담긴 조각보.

이렇듯 조각보에는 알뜰한 절용節用과 이용利用 후생厚生의 정신, 모양이 다르고 모가 났어도 어우러지고 서로 감싸 주는 화합의 정신, 소박한 마음에서 시작해서 조화와 균형을 이루어 마침내 예술의 경지에까지 나아가는 심미안審美眼과 창의력, 자나 깨나 오로지 자손의 복락福樂만을 생각하는 지극한 자애와 정성, 이 모든 것이 그 안에 담겨 있으니 어찌 그 값을 다 헤아릴 수 있겠는가! 이것이야말로 이 땅에 사는 모든 부모 된 사람들의 한결같은 마음이요 은근하고 푸근한 인간미가 아닌가!

나 또한 이러한 정신을 본받아 내가 살아오는 동안에 겪을 수밖에 없었던 이러저러한 경험, 거기에서 우러난 소중한 지혜, 그리고 집안 어른이나 선배로부터 얻어들은 교훈, 책에서 만난 좋은 말들을 모아 '내 삶의 조각보'를 만들어 아들딸에게 마음의 선물로 주고 싶었다.

그래서 아직까지 남아 있는 삶의 흔적에서 쌓인 조각들을 뒤져 보았다. 그때그때 모아 두는 버릇에 익숙하지 못한 아쉬움을 느끼며 흩어지고 묻혀 있는 조각들을 찾아 옛 어른들이 구겨진 돈을 인두질하듯 공들여 하나하나 다려도 보았다. 그러나 내 자신의 내면을 깊숙이 들여다보며 이를 진솔하게 드러내는 일이라 생각처럼 그렇게 쉽지 않았다. 그냥 버릴까 하고 몇 번이나 망설였지만 이 또한 가족들과 몇몇 벗들의 만류가 만만치 않았다. 그러던 중에 신문기사(『조선일보』. 2011. 2. 8.) 한 토막이 내게 자신감과 용기를 불어넣어 주었다.

"노인 없는 마을은 물 없는 마을과 같다."

"젊은이들은 규칙만 알지만, 노인들은 그 예외도 안다."

"젊은이가 더 빨리 걷지만, 그 길은 노인이 더 잘 안다."

그렇다. '나이 많은 사람의 말은 그런대로 값을 더 쳐준다'는 말이 있지 않은가.

한 어버이로서, 이 땅에 **뼈**를 묻을 한 노 교육자로서, 좀 더 깊이 생각하고 정성을 기울여 교과서에서 이루 다 배우지 못할 이야기를 하나하나 엮어 보리라 다짐해 본다.

2011. 4. 8.

관망동자觀望童子의 변신

어렸을 적의 내 기억을 더듬어 보면 마치 장막에 가린 듯이 그 때 무엇을 생각했고, 누구와 어울려 어떻게 놀았는지, 통 생각이 나질 않는다. 고작해야 네다섯 살 때, 마당에서 대굴대굴 굴러 가며 떼를 쓰다가 할아버지께서 달래시는 바람에 울음을 그친 기억이 어렴풋이 난다. "하도 성질이 고약하고 쨍쨍대서 머리를 주먹으로 한 대 쥐어박았는데 그때부터 걷지를 못해서 몇 달 동안 애를 태웠다"는 어머니의 회고담이 내가 꽤 괴팍했음을 일깨워 준다.

한두 해 지난 예닐곱 살 때 고샅길에서 흙장난을 하거나 땅뺏기놀이, 고누 등을 하며 놀던 기억이 나긴 하나 친구들과 어울려 마구 달리고 서로 승부를 겨루는 활발한 놀이를 했던 추억은 애당초 없다. 요즘 말로 표현하자면 친구들에게 '왕따' 당한 것이 아니라 그것은 내 스스로 자초한 것이었다. 친구들의 권유에도 불구하고 놀이에 끼는 것을 싫어했던 내 탓이었다. 또래들이 몇 번 권해도 자기들과 도무지 어우렁더우렁하지 않는 나를 아예 제쳐 놓았던 것이다. 간혹 편을 갈라 놀다가 필요하면 심판이나 보아 달라고 할 정도였다.

원래 흰 바탕의 얼굴이라 창백한 데다가 놀이판에 끼지 못하고 우두커니 서서 바라만 보고 있는 내 모습이 측은해 보였던지 지나가던 도붓장수(이리저리 떠돌아다니며 물건을 파는 장사. 행상) 아줌마가 어머니께 "아드님이 아무래도 큰 병이 있는 것 같다"고 걱정을 하더란다. 제목에 붙여진 '관망동자'란 마치 동자승처럼 까까머리에 또래 아이들 노는 것만 우두커니 서서 바라보던 무기력한 모습을 상상하며 내가 자처한 이름이다.

지금 같으면 나는 자폐아로 낙인찍히기 십상인 그런 아이였다. 왜 그랬느냐고? 다칠까 봐, 실수할까 봐, 나 때문에 우리 편이 질까 봐 겁이 났던 것이다. 나는 그 정도로 소심하고 소극적이고 무기력한 '애늙은이'였다.

그런 내가 초등학교 4학년 때의 한 작은 성공체험이 계기가 되어 자신감이 생기면서 적극적인 아이로 탈바꿈하게 되었다. 제이차세계대전이 한창이던 1944년 봄. 때마침 충북 옥천읍 내에 창궐한 장티부스에 온 가족이 감염되어 죽을 고비를 넘기고(이때 아버지를 제외한 어머니와 우리 4남매 다섯 식구가 법정전염병인 장티부스에 감염되어 우리 집 주변에는 '접근 금지'란 금줄이 쳐지고 결국 막내 누이동생을 잃고 말았다), 육십여 일 만에 학교에 출석하게 된 며칠 뒤의 일이었다. 초등학교 4학년부터 배우는 습자(서예) 시간에 갓 출석한 내가 쓴 붓글씨가 최우수작품으로 뽑혀 교실 후면 작품전시판에 게시된 것이다. 학년이 바뀐 약 팔 주 동안 붓글씨라면 '아무개'라고 여기던 판국을 뒤엎은 내 작품을 놓고 급우들의 칭찬과 부러움은 대단했다. 평생 처음 쓴 붓글씨가 선생님과 친구들에게 칭찬을 받으니 나 또한 자랑스러웠다.

남의 앞에 나서기를 부끄러워하고 매사에 소극적이던 내게 이 작은 사건은 엄청난 충격이었다. 자신감이 생기니까 모든 교과 성적이 쑥쑥 오르기 시작했다. 그동안 잠재해 있던 내 재능에 불이 붙은 것이다.

어릴 때부터 어머니에게 옛날이야기를 들으며 자라난 나의 남다른 집중력은 수업시간에 선생님이 설명해 주시는 학습내용은 물론 다른 학생이 발표한 것, 심지어 그때그때 선생님의 표정과 몸짓까지 모두를 생생하게 기억해 내는 능력을 발휘한 것이다. OX문제와 선다형문제가 아직 보편화되지 않았던 그 시절, "○○○에 대하여 써라" "○○○을 설명하라"는 서술형문제 답안지에 교과서 내용을 그대로 옮겨 놓은 듯 또박또박 쓴 글씨, 거기에다가 내 의견까지 덧붙여 놓았으니 모범 답안이 따로 없었던 같다.

초·중·고등학교를 통하여 시험이 끝난 뒤에 내 답안지가 모범 답안이 된 경우가 한두 번이 아니었다. 시험문제를 설명하시는 선생님이 "이것이 아무개의 답안지"라고 구태여 밝히지 않더라도 나만은 알 수 있었으니까….

2011. 7. 7.

효孝 불효不孝

내가 중학교에 다니던 해방 직후만 해도 우리나라의 주산업은 농업이었다. 그래서 학교에는 벼 모내기와 수확 철이면 으레 일 주간의 '농번기 가정실습'이란 게 있었다.

아버지께서는 그동안 충남 금산엘 다녀오라고 말씀하셨다. 할아버지께 어엿한 중학생으로 자란 큰손자를 보시게 하려는 효심이었으리라.

나는 충북 옥천에서 대전까지 기차 통학을 하던 때라 일찍 일어나는 일, 시간에 맞춰서 기차를 타는 일에 익숙해 있었다. 그런데도 그날 아침, 꾸물대다가 그만 기차를 놓치고 말았다. 할 수 없이 다음 차편을 기다리고 있는데, 공교롭게도 군청에 출근하셨다가 출장 가시려고 옥천역에 나오신 아버지와 마주쳤다.

"아니? 지금쯤 금산에 잘 가고 있으리라고 여겼는데…."

아버지께서는 몹시 곤혹스러워하셨다. 당시의 교통 사정은 지금과는 영 딴판이라, 옥천에서 금산 가는 직행버스는 아예 없었다. 불가피 대전을 경유해야 했는데, 그조차 차가 자주 없던 때였다. 자애가 남다르셨던 아버지께서 "저 어린 게 잘 갈 수 있을까?" 하고 불안해하시는 것이 당연했다. 순간, 나는 아버지의 걱정을 덜어 드리고 싶은 충동을 느낀 나머지 얼떨결에 엉뚱한 거짓말을 하고 말았다. 그래서 멀

리서 무엇인가 골똘히 생각하고 있는 학교 선배를 가리키며

"아버지. 걱정하지 마세요. 저기 있는 선배가 마침 금산엘 간다니까 따라가면 돼요."

"그래? 마침 잘됐구나."

아버지께서는 반색을 하시더니 내가 미처 연통할 틈도 없이 그 상급생에게 다가가셨다. 되돌아오시는 아버지의 표정은 무안함과 노여움으로 벌겋게 상기되셨다. 이어서 "금산에 갈 것 없다. 당장 집에 돌아가 기다려라"는 불호령이 떨어졌다. 그날 밤. 아무리 동기가 순수하다 해도 거짓말을 한 것은 내 잘못이었기에 나는 변명 한마디 없이 아버지의 화가 다 풀리실 때까지 꼿꼿이 선 채 고스란히 매를 맞았다. 평생 처음 맞은 회초리에 내 종아리는 5선인지 혼선混線인지 분간할 수 없도록 피가 맺혔다.

차라리 "안심하십시오. 저도 이제 중학생입니다"라고 당당하게 말씀 드릴 것을 정말 잘못했다고 뉘우치고 또 뉘우쳤지만 이미 엎질러진 물이었다. 내 딴엔 기껏 효도한답시고 거짓말한 것이 아버지께 큰 걱정을 끼쳐 드렸으니 세상에 이런 불효가 없다.

이런 경우에 '효 불효'라는 말을 쓴다. '효 불효'란 자신은 효도한다고 한 일인데, 결과적으로는 불효가 되는 것을 두고 하는 말이기 때문이다. 모처럼 부모님을 기쁘게 해 드리려고 관광 여행에 모셨는데 피로가 쌓여 병환이 났다든지, 좋아하시는 음식을 대접하려고 외식을 했는데 체해서 고생을 하신 경우와 같이 예상치 않게 부모님에게 걱정과 불편을 드렸을 때 흔히 하는 말이다. 그렇지만 '효 불효' 할까 두려워 망설이다간 늙으신 부모님의 내일을 기약할 수 없기 때문에 효도 한번 제대로 하지 못한 것을 후회할 수도 있다.

어쨌든 부모님 살아 계실 때 정성을 다해서 모시고 효도하는 게 옳다. 부모님 뜻을 잘 받들어 드리는 일, 한집에서 함께 모시지 못하는 처지라면 전화라도 자주 드리는 일, 다달이 얼마라도 용돈을 챙겨 드리는 일, 결혼을 늦지 않게 하는 일, 귀여운 손자 손녀를 안아보는 기쁨을 드리는 일 등등 부모의 잔걱정과 노파심을 덜어 드리는 일이 현대판 효도가 아닐까? 비록 작은 일이지만 부모님을 생각하는 정성스런 그 마음 씀씀이가 곧 효도이기 때문이다.

2009. 9. 17.

인사는 내가 먼저 해야

인사란 상대에 대한 공경의 표현이며 우호의 표시다. 이런 마음과 뜻을 표정, 말, 몸짓, 그 밖의 일정한 행동 양식으로 나타내는 예절이 곧 인사다. 인사 예절은 민족이나 사회에 따라 그 형식이 제각기 다르고 또 시대에 따라서도 변한다. 따라서 우리 사회의 인사에 대한 통념과 실제도 지금 적지 않게 변하고 있다.

첫째, 인사는 아는 사람과 나눈다는 것이 이제까지의 통념이지만, 개방화와 세계화의 물결에 따라 생면부지의 사람과도 눈인사나 미소를 주고받는 세상이 되었다.

둘째, 인사는 공경의 표시로 아랫사람이 윗사람에게 먼저 올리는 예절로 인식되고 있으나, 이제는 평등한 인격 상호 간에 나누는 우호와 존경의 표시라는 생각이 상식이 되었다.

셋째, 인사할 때 주고받는 인사말도 다양해져 가고 있다. 경제 발전과 삶의 수준 향상에 따라, 그 옛날 판에 박은 듯이 나누던 "진지 잡수셨습니까?"라는 인사말 대신, 요즈음엔 실제적이고 구체적인 인사말을 나누는 모습을 자주 볼 수 있게 되었다.

넷째, 인사하는 표정에서도 경직성이 크게 완화되어 자신의 정서와 감정을 자연스럽게 드러내면서 스스럼없이 인사하는 정경情景을 흔히 목격할 수 있다.

다섯째, 인사의 격식도 다양해졌다. 때와 장소, 그리고 상대에 따라 큰절, 경례, 목례, 악수, 거수, 미소, 환호, 포옹 등 여러 가지 방식이 자연스럽게 이루어지고 있다.

무릇 인사는 어디까지나 예禮를 바탕으로 삼고 성誠과 경敬과 신信이 그 속에 묻혀 있어야 한다. 지성과 공경과 신의가 결여된 인사는 겉치레일 뿐 진정한 인사가 아니다. 그러므로 무례無禮와 실례失禮와 비례非禮가 되지 않도록 각별히 조심해야 한다.

나는 원래 남의 앞에 나서기를 꺼리는 데다 수줍음을 잘 타서 상대방의 용모를 제대로 눈여겨보지 보지 못하는 흠을 지니고 있다. 게다가 표정이 무뚝뚝하고 음성이 작아서 내가 하는 인사말이 상대방에 제대로 전달되지 못하는 경우가 많다. 이 때문에 내 속마음과는 달리 "도도하다"느니, "인사성이 없다"느니 하는 오해를 자주 받는다. 이런 약점을 내 스스로 잘 알고 있기에 애써 노력하지만 아직도 제대로 인사를 나누지 못해 아쉬워할 때가 많다.

이를 반성하는 의미에서 인사를 제대로 하기 위한 방법 몇 가지를 생각해 보았다.

첫째, 인사는 내가 먼저 한다는 마음을 가져야 하겠다. 아는 사람과 인사를 나누는 것이야 당연하지만, 누구에게나 가벼운 눈인사나 미소를 나누는 열린 마음을 가지기로 했다.

둘째, 상대방과 시선을 마주치며 부드러운 표정과 환한 미소로 명랑하게 인사를 나누는 것은 스스로의 품격을 높이는 일이다. 옛날엔 인사할 때, 어른의 얼굴을 빤히 쳐다보거나 웃는 것은 당돌하고 간사한 행동으로 여겼다. 그러나 지금은 남녀 상하를 불문하고 누구에게나 부드러운 표정과 밝은 미소로 인사하는 게 자연스러운 세상이 되었다.

셋째, 인사할 때에는 인사말을 함께 곁들이기로 했다. 물론 때와 장소, 그리고 상대에 따라 다를 수 있지만, 적절한 인사말을 당당하고 분명하게 전할 때 인사의 효과는 더해진다. 상대가 인사말을 먼저 건네는 경우, 우물쭈물하거나 얼버무리지 말고, 즉시 재치 있고 명랑하게 이에 화답하도록 했다.

이러한 인사 예절은 스스로 익히고 또 습관화해야 하겠지만, 처음부터 인사 예절을 제대로 알고 실천하는 일이 그리 쉬운 일이 아니다. 그러므로 어릴 적부터 바른 인사 예절을 익히게 하고 이를 실천하도록 하는 일이야말로 부모가 자녀에게 베풀 수 있는 인간화, 사회화의 길이라고 생각한다.

2007. 1. 17.

역발상으로 울린 승전고

내가 초등학교 교사 이 년차 되던 1954년 5월 말에 뒤늦은 발령을 받고 서대전초등학교에 부임했다. 1학년을 담임하라고 했다. 갓 부임한 처지에 구구한 사정이 통할 리 없었다. 같은 학년 여선생들이 이모저모로 도와주었지만 내겐 아이들과 함께 노래하고 춤추는 일이 쑥스러워 여간 고역이 아니었다. 사정하고 또 사정해서 2학기에 4학년을 맡기로 했다. 그 조건으로 피구 선수를 훈련하는 과제를 맡았다. 당시 대전시교육청 연례행사로 되어 있는 가을철 초등학교 대항 피구 대회에 출전할 4, 5학년 학생 선수를 훈련하는 일이었다.

피구避球란 터치볼touch ball의 우리말이다. 누구나 한두 번은 다 해본 경기다. 경기 방식은 口에 中을 겹친 형상의 경기장 내부에 양 팀이 각각 스무 명 정도 포진하고, 그 둘레를 상대방 스무 명 정도가 포위해서 필드 안에 있는 상대를 공격하는 경기다. 상대편에서 공을 잡으면 필드 안에 있는 사람은 공에 맞지 않으려고 요리조리 피하게 된다. 그러다 많은 인원이 한쪽으로 우르르 몰리게 되면 한 번 던진 공에 두서넛이 한꺼번에 맞아 동시에 아웃되기도 한다. 나는 선배 교사들의 조언을 듣고 며칠 잠을 설쳐 가며 훈련 계획을 구상했다.

이리저리 공을 피해 다니다가 결국 아웃되고 마는 것이 이제까지의 피구 경기다. 자기를 노리는 공을 적극적으로 받아 낸다면 자신도 구하고, 상대방을 공격할 기회도 얻게 된다. 따라서 자신을 공격하는 공을 피할 게 아니라 이를 받아 내야 한다. 혹 실수해서 공을 놓치더라도 옆에서 받아 주면 저도 살고 이웃도 산다. 필드 안에 있는 선수는 공의 향방을 주시하면서 공을 받을 수 있는 낮은 자세를 취하되, 공격자로부터 멀리 떨어지도록 재빨리 움직이고, 한곳에 몰리지 않도록 해야 한다. 반면에 공격할 때는 공을 다각도로 신속하게 패스하여 상대방을 교란시키는 한편 한군데로 몰아 놓고, 강하고 빠른 공으로 공격해서 한꺼번에 다수를 아웃시키도록 한다. 강하고 빠르게 공을 던질 수 있는 선수는 별도로 선발 훈련한다. 이를 위해서 공 받기, 공 던지기. 공을 받을 때 좌우에 있는 선수가 받을 자세를 함께 취하기, 몸을 돌리지 않고 공격자를 보면서 뒷걸음치는 자세를 철저히 훈련하기로 한다.

당시 서대전초등학교에는 판자촌에 사는 피란민 자녀들이 많았다. 그래서 선수들의 성장과 영양 상태는 비교적 좋지 않은 편이었다. 그런데도 선수들은 내 지도에 잘 따랐다. 약 육십 일에 걸친 맹훈련 끝에 선수들의 기량은 놀랍게 향상되었고, 사기 또한 충천했다.

마침내 경기의 날을 맞았다. 대진對陣은 세 팀만 이기면 우승하는 토너먼트 형식이었다. 우리 팀은 예선과 준결승에서 승승장구하여 결승에 진출했다. 결승전의 상대는 이 대회를 연패連覇한 무적의 대전 원동초등학교였다. 그러나 이 팀 역시 우리 팀의 상대가 되지 못했다. 경기가 시작되자마자 규정된 시간이 다 되기도 전에 필드 안의 선수가 모조리 아웃되는 바람에 우리 팀의 불계승으로 끝나고 말았다. 기발한 전략 전술, 철저한 훈련, 놀라운 팀플레이가 자아낸 신기神技에 모든 관중은 경탄해 마지않았다.

이로 말미암아 나는 혜성처럼 나타난 피구의 명감독으로서 시내 교장들 사이에서 화제의 인물이 되었다.

자기를 겨냥하는 공을 끝까지 피해야 이긴다는 이제까지의 피구 경기 통념을 완전히 뒤엎은 역발상의 전략 전술! "적극적 방어가 최상의 공격"이요, "적극적 공격이 최상의 방어"라는 사실을 직접 체험한 귀중한 기회였다.

2007. 1. 3.

우리 집에서 사라진 마지막 비속어

"어느 성씨인고?"

"예. 안동安東 권가權哥입니다."

"뉘 집 자손인고?"

"예. 구계癯溪 십일세손입니다."

"구계라면…, 뉘신고?"

"예. 휘諱 자가 상尙 자, 유游 자십니다."

"음. 과연 양반집 자손답군. 너는 4대 성종成宗(4세손으로서 종가를 이룬다는 뜻)하는 처지이니 남달라야 하느니라."

"예. 명심하겠습니다."

위의 대화는 내가 어릴 적에 조손간祖孫間에 문답하던 내용이다. 그것도 빤한 말을 지겹도록 되풀이하자니 때로는 짜증스럽기까지 했다. 종손宗孫인 나뿐만이 아니었다. 동생, 사촌 동생에 이르기까지 모두가 이른바 '양반의 후예'로서 행세行世하기 위한 가정교육의 첫 과정課程에서 열외일 수 없었다.

지금 생각해 보면, 그 지루한 문답으로 말미암아 나는 일찌감치 내 정체성正體性에 눈을 뜨게 되었고, '몰락한 양반 집안을 일으켜야 한다'는 하나의 사명감마저 가지게 되었다.

이런 가풍에서 자라났으니 어른들 앞에서 기를 펴고 지낼 만한 그런 분위기가 아니었다. 더구나 '양반의 체통'을 깎는 상스러운 욕설이나 비속어는 쓸 엄두조차도 내지 못했다. 그래서 어려서부터 말을 삼가고 행동을 조심하는 버릇을 가지게 된 것이다. 학교에서 또래끼리 욕설을 하는 것을 보면 나는 내심 놀라워 "쟤는 형편없는 집안 아인가 보다"라고 경멸했다. 그렇게 자라났으니 나뿐만 아니라 동생들도 욕설은커녕 거친 말조차 하지 않았다.

다만, 우리 집에서 쓰는 말 가운데 예외가 하나 있었다. 그것은 남성을 지칭하는 '놈'과 여성을 지칭하는 '년'이란 말을 예사롭게 쓰는 것이었다. 이 말이 우리 집안에 대대로 전래된 것인지, 아니면 진외가陳外家(아버지의 외가)인 은진송씨 우암尤庵(송시열 선생의 아호) 집안의 영향인지, 그것도 아니라면 문형文衡(대제학)으로 널리 알려진 연안이씨 월사月沙(이정귀 선생의 아호) 후예인 외가 탓인지 그 내력은 알 수 없었다. 왜냐하면, 할아버지, 할머니도 예사로 쓰셨고, 아버지, 어머니도 무심히 쓰셨고, 따라서 우리도 거리낌 없이 썼기 때문이다.

'놈'과 '년'이란, 분명히 상대에 대한 멸칭이요, 때로는 욕설이 되기도 한다. 그런데 왜 집안 어른들의 제지를 받지 않았는지 그 연유를 모르겠다. 그때는 미처 생각해 보지 않았지만, 거기에는 우리말의 이중적 의미가 내포되어 "얄밉다!"는 말이 '참, 예쁘다!'는 말과 서로 통하듯, 귀여운 아이에 대한 애칭이나 가까운 이에 대한 친밀감의 표시가 아닌가 싶다.

그러다가 이 말이 큰딸 종숙이가 백일을 갓 넘긴 1962년 봄, 결국 사단事端을 일으켰다. 아이의 둘째 이모가 귀여운 조카를 보려고 서울에서 일삼아 대전에 왔다. 그 자리에 마침 초등학교 6학년생인 막내

동생이 학교에서 갓 돌아오자마자 누워서 방실방실 웃는 조카가 너무 귀여운 나머지 당연한 듯이 그 말을 쓰고 말았다.

"아이고 요년! 웃는 것 좀 봐…."

이 말에 아이의 이모가 기겁을 하며 한마디 했다.

"어머나! 조카를 보고 '요년'이라고 하네?"

동생은 물론 그 자리에 있던 모두가 무안을 당한 셈이다. 속마음이야 어떻든 변명할 여지가 없었다. 이 일이 있고 나서 그동안 예사로 쓰던 '놈'과 '년'이란 말은 우리 집에서 영영 사라졌다.

민족문화가 외래의 다원적 요소를 포용하며 변화 발전하듯이 청송 심씨 청헌공清獻公(심택현沈宅賢) 후손과의 혼인으로 우리 집 가품도 이렇게 세련되어 갔다.

2006. 11. 20.

큰사람 아래서 큰사람 난다

큰 나무 밑에서는 나무는커녕 풀조차 자라지 못한다. 그러나 큰사람 아래서 큰사람이 난다. 성공한 사람 중에는 그의 재능도 훌륭하지만 스승이나 선배 또는 멘토의 도움을 받은 경우가 많다. 그래서 "수장지덕樹長之德은 없어도 인장지덕人長之德은 있다"는 말이 있다. 나를 끔찍이 아끼고 키워 주셨던 김종협金鍾協 교장(서울 용산여중) 선생님이 생전에 자주 쓰시던 말이다. 칠보시七步詩로 유명한 중국 위魏나라의 조식曹植은 "용이 하늘로 오르려면 반드시 구름을 타야 하고 사람이 벼슬길에 오르려면 천거하는 사람이 있어야 한다"는 말로 이를 설명했다.

나는 교직생활 사십육 년 동안, 무려 스물네 곳의 직장을 옮겨 다녔다. 삼 개월 만에 옮긴 직장도 두 곳이나 된다. 심지어 옮긴 지 며칠 만에 내겐 연락도 없이 전출 동의를 요구해 오는 바람에 영문도 모른 채 교장의 오해와 질책을 받은 일까지 있다. 내가 자발없거나 무능하거나 큰 실수를 해서 자주 옮긴 것이 아니라, 성실·유능하다는 인정과 평판 때문에 겪은 파란이었다.

돌이켜 보면, 나는 가는 곳마다 직장 상사의 신뢰와 총애를 무던히 받으면서 인장지덕을 누린 행운아였다. 나는 언제나 새로운 상사를 모실 때면 "이분에게서 배울 점이 무엇인가"를 눈여겨보며 그분의 장점을 본받으려 애를 썼다. 어떤 분에게서는 큰 틀을 잡아 나아가는 대담성을 배웠고, 또 어떤 분에게서는 이것저것 챙기고 다듬는 자상함을 본받기도 했다. 그 과정에서 나는 작은 것을 통합하여 큰 틀을 엮는 경험을 했고, 큰 틀 속에 작은 것을 융합融合시키거나 통섭統攝하는 방법을 체득하기도 했다. 그저 공부하고 생각하고 일하면서 상사의 장점을 교본으로, 단점을 반면교사로 삼으며 묵묵히 내게 주어진 업무에 충실했다.

이러한 내 경험에 따라 직장에서 인정을 받을 수 있는 조건 몇 가지를 들면,

—성실한 근무 자세
—고매한 인품을 바탕으로 한 친화력과 인간관계
—바른 말씨와 행실(언행일치)
—긍정적인 사고와 진취적인 행동
—업무에 관한 전문적 식견
—치밀한 기획과 연구 태도
—적극적으로 업무를 추진하는 자세
—공정성과 청렴성의 유지
—빈틈없고 야무진 뒤처리와 책임 의식
—자기 공을 내세우지 않는 겸손
—시기와 질투를 감내하는 인내력과 아량
—자중자애
—푸근한 인간미와 세련된 매너
—단란한 가정생활

등이 아닌가 싶다.

　주문이 너무 많아 부담스럽겠지만, 하나도 걱정할 게 없다. 아무리 완벽한 사람이라 할지라도 이 모두를 고루 다 갖출 수는 없기 때문이다. 그 중 몇 가지만이라도 자신의 강점으로 인정받을 수 있으면 그것으로 충분하다.

　인생을 살면서 누구나 자신의 꿈과 소망을 다 이루기는 어렵다. 현명하고 성실한 사람이라고 해서 당연히 발탁되는 세상도 아니다. 또 능력과 자질을 다 갖춘 사람이라고 해서 반드시 성공한다는 보장도 없다. 그러나 그 능력이나 강점을 인정받고, 아울러 인간관계가 원만한 사람이라면 아무래도 그에게 좋은 기회가 더 주어지게 마련이다.

　그러므로 큰사람 아래에서 배우고 일할 수 있는 기회를 가진다는 것은 마치 창공을 날고자 하는 새가 튼튼한 날개를 얻는 것과 같은 행운이다. 기회는 자주 오지 않는다. 더구나 가만히 앉아 있는 사람에게 찾아오지는 않는다. 자기 일에 충실하면서 기회를 놓치지 않도록 하고 '이때가 기회다' 싶으면 적극적으로 잡아야 한다. 기회는 용기 있는 사람, 적극적으로 노력하는 사람, 진취적으로 행동하는 사람에게 주어지는 하느님의 특별한 은총이요 축복이기 때문이다.

　청하여라. 너희에게 주실 것이다. 찾아라. 너희가 얻을 것이다. 문을 두드려라. 너희에게 열릴 것이다(「마태복음」 7장 7절, 「루카복음」 10장 9절).

　2007. 1. 26.

성공과 실패의 갈림길

1997년 5월 1일 금옥여자고등학교의 교내 연례행사인 '나리꽃축제'의 일환으로 체육대회가 한창인데, 진행자가 "곧 이어 청군 대표로 교장 선생님이, 백군 대표로는 교감 선생님이 홀라후프 돌리기 시합을 하시겠습니다"라고 방송했다. 순간, 이천여 전교생의 시선이 조회대에 집중되었다. 어쩔 수 없이 전교생 앞에 나섰지만, 참 난감했다.

먼저 교감선생이 홀라후프를 허리에 걸치더니 힘껏 돌렸다. 하지만 한 바퀴 겉돌다가 땅에 떨어지고 말았다. 순간, 학생 쪽에서 아쉬움인지 야유인지 "에에!" 하는 소리가 터졌다. 다음은 내 차례. 자신이 없었다. '그래도 어떻게 되겠지?' 하는 일루의 희망을 가지고 힘껏 돌렸지만 역시 나에게도 기적은 일어나지 않았다. 결과는 "무승부!"

그랬던 내가 요즈음. 약 십 개월 째 아침마다 피트니스fitness 센터에 나가 운동하면서 허리에 군살이 빠지더니 며칠 연습한 결과 홀라후프가 허리에서 맴돌기 시작하는 것이다. 처음엔 잘 되지 않았지만 창피를 무릅쓰고 며칠 연습을 거듭한 끝에 이루어 낸 성공이다. 평생 처음으로 홀라후프를 십, 이십, 백 번을 돌리고 나니 왜 그리도 신기한지! 차츰 익숙해지면서 천 번 돌리는 일도 어렵지 않게 되고, 왼편으로 돌리고 또 오른편으로 돌리기도 하고, 또 아장아장 걸으며 돌리기도 하니 마냥 신바람이 난다.

내게는 도저히 안 될 것 같던 운동을 보기 좋게 해낸 또 하나의 성공 체험이 있다. 이미 천국에 간 아내 심우영 안나와 배드민턴을 처음 치기 시작한 것은 1993년 초가을이었다. 매주 일요일 아침에 능동 어린이대공원에 함께 가서 라켓을 잡았다. 처음엔 정신을 바짝 차리고 쳐도 엉뚱한 곳으로 날아가 버리는 셔틀콕을 줍느라 두 사람 다 숨 가쁘게 뛰어다녀야 했다. 라켓을 잡는 솜씨가 차츰 익숙해지자 우리는 셔틀콕을 떨어뜨리지 않게 치기로 약속을 했다. 상대가 칠 수 없도록 내려치는 배드민턴의 일반 통념과는 정반대의 방식이다.

셔틀콕을 이쪽에서 쳐 주면 저쪽에서 받아쳐 주는 동작을 반복하는 동안, 그 횟수가 차차 늘어나면서 우리는 그 재미에 흠뻑 빠져 들었다. 육십, 백, 칠백, 천…. 배드민턴을 치기 시작한 지 다섯 달 만인 1994년 2월 어느 날. 우리는 마침내 3,487번을 치고받는 신기록을 세웠다. 공원을 산책하던 사람들도 부부가 의좋게 치는 모습이 보기 좋았던지 걸음을 멈춘 채 구경하고 있었다. 우리는 너무 기뻐서 얼싸안고 껑충껑충 뛰었다. 한편에서 아무리 잘 쳐 준다 해도 무시로 높거나 낮게, 길거나 짧게 날아오는 셔틀콕을 실수 없이 각각 1,744번이나 받아치는 일이 어디 그리 쉬운 일인가? 그것은 경쟁 아닌 협동을 통하여 운동 기량이 상향 평준화되었음을 의미하는 것이었기에 감동이 더욱 컸다.

세상에 처음부터 잘할 수 있는 일은 흔치 않다. 누구나 한두 번 실패하고 나면 자신自信과 용기를 잃고 손을 떼기 일쑤다. 그러나 "실패는 성공의 어머니"라는 말이 있듯이, 몇 번의 실패는 당연한 일이다. 잘못한다고 해서 창피할 게 하나도 없다. 실패의 원인을 찾아서 포기하지 않고 계속하면 마침내 성공할 수 있는데, 그동안을 참지 못하고 뜻을 거두는 경우가 많으니 참 안타까운 일이다. 실패와 성공의 갈림길은 포기냐 아니면 계속이냐에 달려 있다.

"성공의 비결은 목적을 향해 시종일관하는 것이다"라는 디즈레일리의 말도 있지만, 제이차세계대전 당시, 영국 수상 윈스턴 처칠 경이 다음과 같은 말로 영국 국민의 전의戰意를 북돋워 전쟁을 승리로 이끈 사실은 교훈으로 삼을 만하다.

돈을 잃는 것은 적게 잃는 것이다. 그러나 명예를 잃는 것은 크게 잃는 것이다. 더더욱 용기를 잃는 것은 전부를 잃는 것이다.

2006. 8. 24.

신실信實이 이룩한 보람

2006년 10월 13일 유엔총회에서 한국의 반기문潘基文 외교통상부장관을 제8대 사무총장으로 선출했다는 보도가 온 국민을 열광케 했다. 세계 각국의 반응도 좋았다. 이 기쁨은 비단 한 개인의 광영일 뿐만 아니라 놀라운 국위 선양이기도 하다. 유엔 안전보장이사회에서 10월 3일 총장 단일 후보로 추천되면서, 도하의 각 신문은 반 장관의 프로필을 비롯한 관련 기사가 넘쳐, 두세 면을 가득 채우고도 남았다. 그 대강을 간추리면 다음과 같다.

그는 중·고교 성적이 항상 뛰어나 한 번도 일등을 놓친 일이 없는 수재였다. 그 중에서도 영어 실력이 출중하였다. 중학교 시절 '그날 배운 영어 문장을 열 번 써라', '영어 문장을 통째로 외워라'는 영어 교사의 숙제를 어김없이 수행한 것이 그 기초였다. 이를 바탕으로 그는 영어 신동으로서의 명성이 자자했다. 우수한 성적으로 외무 고시에 합격하고서도 훌륭한 상사上司를 만나는 행운을 얻으려고 여건이 별로 좋지 않은 인도 총영사관 근무를 자원할 만큼 분별력이 있었다. 그가 근무하는 기관마다 상사의 신임이 두터워 기회만 있으면 이끌어 주었다. 또한 좌절을 오히려 전화위복의 기회로 삼는 남다른 지혜도 있었다.

위 기사 중, 특히 내 관심을 끈 것은 '영어 문장을 통째로 외웠다'는 대목이다. 육십 년 전, 내가 대전사범학교 1학년 때, 충북 옥천에서 대전까지 기차 통학을 하며 유창하게 "Work while you work. Play while you play. That is the way to be cheerful and gay"라고 외우던 나와 내 친구 육종우를 본 이웃 명문 고교 상급생들이 "어쩌면 저럴 수가!" 하고 괄목상대刮目相對(남의 학식이 부쩍 는 것을 보고 놀라워 함)하던 추억이 떠올랐기 때문이다.

내가 서울 석관중학교 초대 교장으로 부임한 1983년, 영어과 담임과 학급 담임 들이 협의해서 1학년 전교생에게 영어 교과서를 외우게 했다. 학생들이 이에 즐겨 호응했고, 학부모들의 반응 또한 좋았다. 그러나 일 년 뒤, 내가 중앙교육연수원 장학관으로 자리를 옮기게 되는 바람에 아쉬움을 남겼다. 1985년에 광장중학교 교장으로 다시 옮겨 전교생을 대상으로 한 '영어 교과서 외우기'를 본격적으로 실시해서 큰 성과를 거두었다.

프로필에서 드러난 반 총장의 특성은 남다른 신실함에 있다는 평판이었다. 그가 오늘 유엔 사무총장이라는 국제기구 수장 자리에 오를 수 있게 된 힘의 원천이 그의 신실함에 있다는 것이다. 사람은 이 세상에 많고 많지만, 정작 믿고 일을 맡길 만한 인재가 과연 몇이나 될까? 외유내강한 성격, 날카로운 예지와 판단력, 탁월한 실력, 철두철미한 책임감에 겸손의 미덕까지 겸비한 사람이 정말로 있다면, 아무리 각박한 세상이라 해도 그를 아끼고 사랑하지 않을 사람이 어디 있으며, 신뢰하고 존경하지 않을 동료와 부하가 어디에 있겠는가?

이런 의미에서 오늘 반 총장의 영광은 자신이 스스로 이룩한 금자탑이요 스스로의 노력으로 차지한 왕좌라 하지 않을 수 없다. 때마침 아시아 지역에서 유엔 사무총장을 선출해야 하는 기회를 놓치지 않은 그의 기지와 용단이 빛을 낸 쾌거이기도 하다.

국제 협력을 통한 세계평화를 실현하기 위해서 5대양과 6대주를 두루 누비며 동분서주할 반기문 유엔 사무총장의 활약에 큰 기대를 걸면서 우리 민족이 갈망하는 남북통일에 많은 기여가 있기를 간절히 염원한다. 아울러 그의 건강과 무궁한 행운을 빈다.

2006. 10. 13.

'현하지변懸河之辯'보다 신뢰가 앞서야

1983년 1월 13일 "동대문여자중학교 교감 권재중. 석관중학교장 사무취급 겸임을 명함"이란 발령을 받았다. 전혀 기대하지 못했던 임용이었다. 교원이면 누구나 동경해 마지않는 교장자리에 삼십 년 만에 오른 것이다.

나는 기뻐할 틈도 없이 그날부터 밤낮을 가리지 않고 새 학교 개설 준비에 몰두했다. 대한민국 연탄 공장이란 공장은 다 모였다고 해도 과언이 아닌 서울 성북구 석관동 저탄장 주변. 무수한 연탄 공장 옆에 덩그렇게 지어 놓은 학교 건물. 그 안에 1학년 남녀 열다섯 학급, 1,160명의 학생을 수용할 시설 및 내용을 채워 사십오 일 만에 교육의 새 터전을 만들어야 하는 과제를 안았다. 우선 착수한 일은 서울북부교육청을 방문하여 학교 개설요원(행정주사, 주임교사)을 확보하고, 이어서 지역 기관장을 찾아 협조를 요청했다. 그 다음날부터 각 교실에 칠판을 걸고, 학생용 책걸상을 주문하고, 교무실을 꾸미고, 진흙탕 같은 운동장을 정리하고, 교훈, 교가, 학교교육 목표, 학교교육발전 중·장기계획, 교직원 조직 등의 체제 정비와 입학식 준비를 하는 일을 짧은 기간에 하느라 새벽부터 밤늦게까지 휴일도 없는 바쁜 나날을 보냈다.

입학식을 하루 앞둔 1983년 3월 2일 오후. "내일 입학식 준비도 이

제 끝났군!" 하고 안도의 숨을 쉬고 있는데 전화벨이 요란하게 울렸다. 김관영 교육장의 다급한 음성이었다.

"내일 입학식에서 신입생 학부모들이 '연탄 더미 위에 학교가 웬 말이냐?'고 시위를 한다는 정보가 교육감실에 입수되었답니다. 우리 교육청 초등교육계 장학사 전원과 인근 초등학교 전前 6학년 담임이 지원할 테니 잘 협조해서 소요가 발생하지 않도록 하세요."

'청천벽력'이란 말은 이런 때 어울리는 말인가? 그동안 얼마나 고생을 했는데, 위로해 주지는 못할지언정 입학식부터 판을 깨다니…. 나는 밥맛도 없어지고 잠도 오지 않았다. 밤새 궁리를 거듭한 끝에 나는 입학식장에서 학교장으로서 당당하게 내 소견을 밝혀 학부모들의 불안감을 해소함으로써 이 사태를 해결하리라 결심하고, 밤새 그 요점을 메모해 두었다.

출근하자마자 나는 전 교직원과 지원 나온 교육청 장학사 및 인근 초등학교 담임 선생들을 한자리에 모았다. "예정대로 입학식은 실내 방송으로 한다. 시위에 대비한 예방 조치로, 학생은 물론 학부모까지 모두 교실에 들어가도록 하고 복도에는 한 사람도 남아 있지 않게 한다. 입학식에 이어 학교 경영에 관한 교장의 포부를 밝힐 터이니 교실에서 끝까지 지도해 달라"고 부탁했다. 전원이 사태의 심각성을 이해하고 일사불란하게 협조해 주었다.

입학식이 끝나자 나는 예정대로 학교 경영에 관한 나의 소신과 포부를 차분히 밝혔다. 원고 없는 즉석 연설이라 그 내용을 여기에 다 옮길 수는 없으나 대충 다음과 같은 요지였다.

오늘, 우리는 여기에 앉아 있는 학생들의 바른 교육을 위해 뜻을 함께하는 교육 가족이 되었습니다. 나는 교장으로서 다음과 같이 학교를 경영하겠습니다. 모든 학생을 내 자녀처럼 아끼고 사랑하겠습니다. 눈 덮인 벌판에 첫 발자취를 남기듯 신중을 기해, 우리 학교 교훈 그대로 '정성을 다하고, 서로 도우며, 나날을 새롭게' 하는 학생으로 이끌어 아름다운 교풍을 진작하겠습니다. 선생님들과 뜻을 모아 어느 학교보다도 학생들의 기본 실력을 다져 나가겠습니다. 특히 '영어 교과서 외우기'를 통하여 영어 기본 문장을 철저히 익히도록 하겠습니다. 교장실은 언제나 열어 놓고 누구하고나 교육 문제를 상담하겠습니다. 석관중학교 교육 가족 여러분! 우리 모두가 하나 되어 새로운 명문 학교를 이룩합시다.

'방송'의 한계성 때문에 내가 학생과 학부모의 반응을 일일이 살펴볼 수는 없었지만, 워낙 절박한 사정을 넘기기 위해서 때로는 톤을 높이고, 때로는 어조를 늦춰 가면서 '현하지변懸河之辯(급한 경사에 매달려 흘러내리는 물과 같이 거침없이 잘하는 말)'을 하듯 열정과 기염을 토했다. 약 이십 분에 걸친 방송이 끝나자 각 교실에서는 우레와 같은 박수와 환성이 터졌다. 그 소리가 교장실까지 들려 왔다. 달변도 아니요 능변도 아니지만 나의 진지하고 자신에 찬 설명이 주효한 것일까? 문득 '중석몰시中石沒矢(자신을 공격하는 호랑이를 막으려고 온 힘을 모아 쏜 화살이 돌에 박혔다)'의 옛이야기가 생각났다. 장학사의 보고를 받은 교육장이 "참! 멋있게 입학식을 마쳤다니 참 다행입니다"라는 격려 전화를 했다.

얼마 뒤, 나는 그날의 분위기가 내 기지機智에 의한 대응만으로 이루어진 단순한 결과가 아니라는 것, 이미 그 이전에 조성된 나에 대한 좋은 평판과 신뢰가 결정적인 요소로 작용했다는 것을 알게 되었다. 역시 책임 있는 자리에 있는 분은 사태를 예측하는 비상한 능력이 있는지? 구본석 당시 서울시 교육감은 석관초등학교 정유진 교장에게 "석관중학교 교장은 서울시내에서 가장 덕망 있고 유능한 사람을 골라 보냈다"고 넌지시 귀띔을 했고, 정 교장이 이 사실을 학부모회 임원들에게 은근히 알렸다는 것. 거기에 어떤 지역 모임에서 이런 이야기가 화제에 오르자 내게 호감을 가지고 있던 동장, 파출소장까지 "그분은 충분히 그럴 만한 분"이라 추켜 세우는 바람에 내 평판이 더욱 치솟게 되었다는 것이다.

그로부터 삼십 년 세월이 흐른 지금. 아무리 급변하는 사회라지만 "내 주장만이 옳다"고 우기며 남의 말에 도무지 귀를 기울이지 않고, 설득하고 또 설득해도 소용이 없는 세상이 되어 버렸다. "위기다! 소통의 위기다!" 처방은 오직 하나. 신뢰를 회복하는 일이다. 개인, 사회, 지방자치단체, 정부를 막론하고 신뢰를 회복함으로써 서로 원활한 의사 소통을 통하여 국민 총화를 이루는 것만이 위기를 극복하는 지름길이라 생각한다.

2010. 12. 1.

우리, 밥 한번 같이 먹어요

아무리 고고孤高한 척해도 남과 어울리고 남과 더불어 살아가야 하는 게 인생이다. 사람을 사회적 동물이라고 일컫는 이유다.

현대사회의 특징의 하나는 서로 어울려서 살아가야 하는 범위와 영역이 점차 늘어가고 있다는 것이다. 얼마 전까지만 해도 기껏해야 이웃, 마을, 지역사회, 국내에 머물고 있던 상종相從 범위가 교통 통신의 발달로 지구가 일일생활권에 놓이면서 '지구촌'이란 말 그대로 세계화시대age of globalization를 맞이하게 되었다. 이에 적응하려면 스스럼없이 이웃과 사귀고 세계인과 어울리는 열린 마음이 필요하다. 그래서 친교와 친선에 대한 관심을 높이고 그 방법을 터득하여 소통 교류할 줄 알아야 한다.

사람을 사귀는 방법과 요령은 사람에 따라 제각기 다르다. 그야말로 천차만별이어서 여기에 굳이 구체적인 방법을 내세울 필요는 없다. 아내 김명자 율리아나는 본시 부잣집 십일 남매 중 다섯째, 딸로는 둘째로 태어나 여러 남매와 어우러져 구김살 없이 자란 탓에 명랑하고 쾌활하여 누구에게나 스스럼없이 대하는 사교형 성격의 소유자다.

이런 아내가 곧잘 쓰는 말 중의 하나가 "우리, 언제 밥 한번 같이 먹어요"라는 말이다. 나는 "너나 할 것 없이 바쁜 판에 어쩌자고 저렇게 속에 없는 말을 할까?" 하고 미심쩍게 생각하다가 얼마 뒤 "아무개와 같이 식사하기로 했다"며 외출하는 아내를 보며 그의 마음 씀씀이를 은근히 부러워할 때가 많다. 이에 비해 나는 하나하나를 촘촘히 재 가며 조금도 실수하지 않으려는 깐깐한 성격이라 좀처럼 시간을 내기도 어렵고, 아무하고나 사귀는 스타일이 아니라 여간 친숙한 사이가 아니면 "밥 함께 먹자"는 말을 하지 못한다.

다른 사람과 친밀한 관계를 유지하려면 자주 만나는 것이 최선의 방법이다. 그래야 서로 마음을 터놓고 서로의 처지를 이해하는 데 도움이 된다. 그 사이에 정도 더 깊어지고…. 만나는 방법이야 일일이 따질 나위가 없다. 각자의 취미와 기호에 따라, 또 상대방과의 친소에 따라 다를 수밖에 없다. 운동을 같이 해도 좋고, 여행을 함께 할 수도 있다. 장기나 바둑을 두거나 커피숍에서 만나 차 한 잔 나누며 담소를 나눌 수도 있다. 요즈음 사람들이 선호하는 골프를 치는 것도 생각할 수 있다,

그 많은 방법 중의 하나가 '밥 한번 같이 먹는 일'이다. 아는 사람끼리 만나 밥 한번 같이 먹는 것이야 그리 어려운 일도 아니고 큰일도 아니다. 그러나 마음이 통하지 않으면 선뜻 내키지 않는 일이다. 상대에 대한 친밀감 없이는 어려운 일이다. 또 서로 부담을 느끼는 자리라면 더욱 찜찜한 일이다. 여기에 날짜, 시간, 장소까지 맞추는 일도 만만치 않다.

식사를 같이 하고 이야기하다 보면 자연스럽게 일치감이 생기고 상대방의 어려운 처지를 이해할 수 있어서 좋다. 또 다소 어색했던 사이가 흉허물 없는 사이로 좁혀지기도 해서 좋다. 그러다가 상추쌈을 먹느라 입을 떡 벌리고 입 안에 음식을 가득 넣고 볼이 터질 듯이 우물거리며 한 끼 밥을 먹고 나면 서로 체통을 차리지 않아도 될 정도로

가까워지기도 한다. 여기에 술 한 잔을 곁들이면 더욱 더 기탄없는 친구 사이가 되기도 한다.

물론, 밥 한번 같이 먹는 일이 친교와 친선의 전부는 아니다. 그러나 피차간에 목과 어깨에 들어가 있는 힘을 쑤욱 빼고, 마음의 문을 활짝 열고, 서로 소통하는 계기가 된다는 점은 분명하다.

그런 의미에서 더 친밀해지고 싶은 사람이 있다면 스스럼없이 "우리, 밥 한번 같이 먹어요"라고 제안해 보면 어떨까?

2011. 6. 15.

아내 율리아나의 편지

아내 심우영 안나를 천국에 보내고 난 뒤, 나는 평소의 나답지 않게 평상심平常心을 잃고 방황했다. 안나의 빈자리가 그렇게 클 수 없다. "배우자를 잃는 고통은 당해 본 사람만이 안다"는 말이 절대 빈말이 아니다. 밀물과도 같은 회한과 그리움에 나는 미칠 것만 같았다.

사람들이 건네는 위로의 말이나 연민의 정이 고마우면서도 내심으론 달갑지 않아 퇴근하면 평소처럼 곧장 집으로 향한다. 집에 돌아오면 환한 미소로 맞이해 주던 아내의 모습은 간 곳 없고 손때 묻은 가구만이 덩그렇게 놓여 나를 더욱 슬프게 한다. 날이면 날마다 "참아야지. 암, 참아야 하고말고!"를 다짐하건만 눈물이 절로 난다. 흐르는 눈물은 오열嗚咽이 되고, 오열은 마침내 통곡으로 이어진다. 이웃에 창피하기도 하고 아이들 눈에 띌까 봐 참고 또 참다 보니 가슴만 미어질 것같이 아프다. 직장 사람들이나 친구들이 위로해 준다고 사 주는 술로 고통을 달래 보려 해도 취하면 취할수록 슬픔은 더하고 다음날 숙취로 말미암아 몸만 괴롭다. 아침에 눈을 뜨면 두 아들과 함께 남자 셋이서, 결혼한 두 딸이 정성껏 장만해 온 밑반찬을 밥상에 놓고 마주 앉으면 더욱 서글프고 목이 메어 먹을 수가 없다.

위의 글은 아내를 잃고 헤매던 그때의 내 모습이다. 그리움의 고통을 빨리 벗어나고 싶었다. 여기에 아들 혼처 구하는 데도 어려움이 적지 않았다. 떠난 아내에게 미안하지만 부득이 재혼을 결심하고 아이들에게 동의를 구했다.

상대는 명랑 쾌활한 데다가 심성이 착하고 그릇이 큰 김명자 율리아나. 그는 나보다 이십 년이나 먼저 사별死別의 고통을 겪은 교육 동지(당시 서울교육청 장학사. 뒤에 둔촌고등학교 교장으로 퇴임)이다. 그러기에 서로 마음의 상처를 보듬기에 충분했다.

압구정성당에서 혼배미사를 올린 날 밤, 그는 한 통의 편지를 내 손에 쥐어 주었다.

사랑하는 아오스딩에게

오늘 오후 네 시면 당신과 혼배미사를 올리게 된 율리아나가 새벽에 잠이 깨어 이 편지를 씁니다.

작년 7월 둘이 만나 처음 대화를 시작할 때부터 지극히 솔직하고 자상하며 또 따뜻한 심성을 지닌 분이라는 것을 한눈에 알아차리고 그냥 자연스럽게 당신을 사랑하게 되었지요.

당신도 느끼셨겠지만, 제 영혼은 비교적 자유분방하고 명랑하고 솔직하답니다. 당신에게 순종하고 당신과 호흡을 맞추는 데 기쁨과 행복을 느끼기도 하고요. 다만, 강압에 의한 굴종이나 타협은 어림없겠지만요. 오륙십 년 각자의 삶을 살다가 하나로 엮여 '이인삼각'을 해야 한다는 생각에 조금은 긴장이 됩니다. 하지만 우리에게는 '사랑'이라는 단단한 끈이 있지 않겠어요? 당신과 함께라면 무엇이든 순조롭게 풀어 나갈 수 있으리라는 것을 굳게 믿고 있어요.

오늘 당신과 나를 위해 기도하겠어요. 다음에 우리 아이들을 위해 기도하겠어요. 또 임 라파엘과 심 안나를 위해서도 기도하겠어요.

여보! 좀 전 꿈에서 처음으로 안나 씨를 보았어요. 당신과 일상적인 대화를 주고받기에, 인사를 드리겠다고 청했더니 제게 큰절을 하시겠지요? 서로 맞절을 하고 일어나면서 "이젠 정말 떠나겠어요" 하는 말씀을 하시더군요. 당신을 사랑하기에 안나 씨를 사랑합니다.

앞으로 '당신과 나' 둘만을 위해 제일 신경 쓰렵니다. 아이들은 차츰 독립시켜 떠나보내야지요.

우리 "건강하고 오래오래 행복한 삶을 살도록 허락해 주십사" 하고 하느님께 열심히 기도해요. 그리고 하느님께서 섭리하신 우리의 새 삶을 오롯이 받아 모범적인 성가정을 꾸리도록 노력해요.

사랑하는 당신을 오늘 제 낭군으로 모시게 되어 정말 기쁘고 행복하다는 말씀을 드리며 이만 줄여요.

1995. 10. 30. 새벽 여섯 시 반에 율리아나

2006. 10. 30.

둘째 사위가 스페인 국왕 훈장 받던 날

주한 스페인 대사관에서 보내온 한 통의 초청장에 한글로 된 쪽지가
끼어 있었다. "이인재 국장님 훈장 수여식에 귀하를 초대합니다.
2007. 11. 28. 18시에, 대사관저에서 십자기사 시민훈장Cruz de Oficial
de la Orden del Merito Civil을 수여합니다"라는 내용이었다.

둘째 사위 이인재李麟載가 스페인 카를로스 국왕이 수여하는 훈장
을 받게 되었다니 기뻤다. 하지만 그보다 주한 외교사절 관저에서의
행사 및 칵테일 리셉션에 대한 호기심도 있어서 서두르다 보니 예정
시간보다 삼십 분이나 일찍 도착했다. 잠시 망설이다 현관을 노크했
다. 대기하던 여직원이 친절히 맞이해 주었다. 훈장을 받는 이가 사위
말고도 두 사람이 더 있어서 그런지, 초대받은 가족들과 하객으로 홀
이 가득 찼다. 정해진 시간이 되자 온화한 분위기를 풍기는 델핀 꼴로
메Delfin Colome 대사 부부가 나란히 모습을 드러냈다.

초청받은 사람들이 다 들어서기엔 약간 비좁은 홀에서 거행되는 훈
장수여식은 우리의 상식과 고정관념을 완전히 벗어난 자연스러움 그
대로였다. 국기에 대한 경례나 국가를 부르는 일 없이 통역하는 여직
원의 소개에 따라 대사부부가 환한 미소로 내빈에게 인사하는 것으로
의식은 시작되었다. 이어서 대사가 훈장 받는 세 사람을 소개하고 그
공적을 설명했다.

『동방견문록東方見聞錄』으로 유명한 마르코 폴로가 중국에 갔을 때의 이야기입니다. 그때까지만 해도 종이, 화약, 나침반 등 중국의 문화가 유럽에 훨씬 앞서 있었습니다. 하지만 동양에는 유럽에서 흔히 보는 아치형 다리가 없었습니다. 그 사실을 전한 마르코 폴로에게 원나라 황제는 "그 다리를 한번 그려 보라"고 했습니다. 마르코 폴로는 다리를 열심히 그렸습니다. 그러나 그림 속에는 다리는 없고 각기 모양이 다른 돌만 수두룩하게 그려져 있었습니다. 이 그림을 본 황제는 "이게 무슨 다리냐?"고 화를 냈습니다. 마르코 폴로는 "이러한 다릿돌이 있어야 다리가 놓여집니다"라고 설명했답니다. 오늘 훈장을 드리는 세 분이야말로 한국과 스페인을 잇는 다릿돌과 같은 역할을 한 분들입니다. 얼마 전 스페인을 방문한 한국의 노무현 대통령도 오늘 세 분에게 드리는 이 훈장을 받으셨습니다.

이인재 국장은 스물세 차례에 걸쳐 스페인을 내왕하며 경기도와 바르셀로나의 자매결연을 주선했고, 경기도는 바르셀로나 몬주익 광장에 황영조 선수의 부조浮彫를, 스페인은 고양시 일산호수공원에 '노래하는 분수'를 만들어 양국 간의 우의를 다졌습니다.

대사의 차분한 설명에 홀 안은 기침소리 하나 없이 조용했다. 순간, 나는 훈민정음을 창제할 때 집현전 학사 신숙주가 중국 명나라의 어문학자 황찬을 찾아 열여섯 차례에 걸쳐 요동을 드나들었던 사실을 연상하며 사위의 강한 집념에 새삼 놀랐다.

나는 역사를 공부한 탓으로 비교적 에피소드를 자주 쓰는 편인데도 꼴로메 대사의 적절한 에피소드 구사력에 깊은 감명을 받았다. 에피소드는 말하는 이의 지식을 돋보이게 하고 유머는 쓰는 이의 여유를 드러내는 대화의 기법임을 다시 한번 실감하기도 했다.

하얏트 호텔에서 열린 축하 만찬에서 꼴로메 대사는 피아노를 직접 연주하며 분위기를 한껏 돋우었다. 그는 작곡가로, 지휘자로, 또 피아노 치는 외교관으로 이미 명성이 자자했다. 세계 8위의 경제 대국이며 가톨릭 문화와 이슬람 문화를 조화롭게 포용하고 있는 문화국가. 스페인에는 "참 멋진 외교관도 있구나!"라는 생각과 주한 스페인 대사관의 격조 높은 의식에 오늘따라 스페인 국기가 유난히 돋보였다.

2007. 11. 28.

내게 애환을 미리 알려 준 꿈 이야기

우리말에서 '꿈'처럼 여러 가지 의미로 쓰이는 말도 흔치 않을 성싶다. 꿈이란 잠자는 동안에 생시처럼 체험하는 일련의 시각적 심상心象, 덧없음, 실현하고자 하는 이상, 현실적으로 실현하기 어려운 공상 등을 다 '꿈'이라 표현하기 때문이다. 이 글에서는 잠에서 깨어난 뒤에 그 내용이 또렷이 되살아나는 회상몽回想夢이 현실화된 내 체험을 네 개만 골라 이야기하려 한다.

나는 어려서부터 나이 팔십이 다 된 지금까지 하늘을 훨훨 날아다니는 꿈을 자주 꾸어 왔다. 멀리뛰기 자세로 펄쩍 뛰어올라 허리에 반동을 주면 앞으로 쑥쑥 나아간다. 그럴 때면 '세계 올림픽에 이런 종목이 있다면 틀림없이 내가 우승할 텐데…' 하고 아쉬워한다. 또 높이 날고 싶을 땐 두 팔을 활짝 벌려 새처럼 날갯짓을 하면 거침없이 날아오른다. 때로는 빌딩 사이를 날기도 하고, 때로는 건물 안으로 날아 들어가 그 구조를 살펴보기도 한다. 마치 화가 마르크 샤갈Marc Chagall의 〈도시 위에서〉 작품처럼…. 전문가에 의하면 이러한 꿈은 "창의력이 뛰어난 사람이 자주 꾸는 꿈"이라고 한다. 그러나 얼마 뒤에 직장을 옮기고 보면 꿈속의 그 건물 내부가 그대로 내 눈앞에 실제로 전개되니 참 신기한 일이다.

1994년 2월 25일 새벽

"막내아들 종우의 배가 크게 부어올라 급히 병원에 가서 수술을 했더니, 뱃속에 많은 벌레가 꿈틀거려 도저히 손을 댈 수가 없었다." 악몽이다. 꺼림칙하게 여기며 출근했다. 직장에 도착하자마자 아내가 뇌출혈로 건국대학병원 응급실에 입원했다는 전화를 받았다.

1994년 2월 28일 뇌수술을 받던 날 새벽

"외출했던 아내가 예상보다 일찍 언덕 위에 있는 집에 돌아오는 것이 내려다보였다. 아내는 무척 지친 모습으로 대문을 두드리며 '종호야! 종호야!' 하고 큰아이를 부르는데, 나는 곧장 뛰어나가 문을 열어주지 못하고 조바심만 댔다. 아이들도 제 방에 있는데 누구 하나 대답하거나 나가는 기척이 없다. 하도 답답해서 소리치려 해도 안 되고 몸도 움직여지지 않는다. 아내는 몹시 안타까워하며 쓸쓸히 발길을 돌렸다." 놀라 깨어 보니 꿈이었다. 예감이 좋지 않아 허둥지둥 병원으로 달려갔다. 그날 아내는 뇌 수술 직전에 또다시 뇌출혈을 일으켜 수술에 실패하고 뇌사상태로 있다가 열하루 만에 하늘나라로 갔다.

2010년 2월 초순 어느 날

나는 또 꿈을 꾸었다. "나는 대형 대걸레를 만들고자 나무로 T자 모양을 짜고 여기에 꼰 실과 헝겊을 걸치고 못질을 했다. 그런데 사람들이 모여들어 너도나도 도와주었다. 어떤 이는 천을 보태고, 또 어떤 이는 입었던 바지까지 벗어 걸어 주기도 했다. 순식간에 엄청난 크기의 튼튼한 대걸레가 완성되었다. '이 걸레만 있으면 청소는 제대로 되겠는걸' 하며 나는 만족스러워했다." 이튿날 둘째 딸에게서 사위 이인재가 파주시장에 출마하기로 했다는 전화를 받았다. 나는 꿈 이야기를 하며 "일이 잘될 것 같으니 너무 걱정하지 말라"고 용기를 주었다. T자 모양의 대형 걸레는 승리, 개선, 대성공을 의미하는 트라이엄프 triumph의 이니셜로 해석했기 때문이다. 그런데 뒤 이어 "파주 태생에, 여당 후보가 아니면, 절대로 시장 자리를 넘볼 수 없다"는 말을 듣고 몹시 불안하게 생각했다. 막상 선거운동이 본격화되자 상황은 달라졌다. 꿈에 본 T자 걸레에 많은 사람들이 바지를 걸어 주듯 민심이 우리에게 쏠리는 낌새를 채며 희망을 가지게 되었다.

2010년 6월 2일 지방선거 투표일 새벽

꿈속에 두어 길도 넘는 대형 건조대가 산 위에 설치되어 있다. 그런데 여러 사람이 거기에 대형 수건을 먼저 걸려고 눈독을 들이고 있다. 워낙 감시가 삼엄하여 아무나 수건을 걸 수 있는 그런 분위기가 아니다. 감독관이 잠깐 자리를 비운 사이에 나는 잽싸게 연두색 큰 수건을 걸고는 '이젠 됐다'고 쾌재를 불렀다. 내친김에 산 아래 마을을 한 바퀴 돌아보기 위해 뛰었다. 온통 바위투성이 길인데 그 위에 말발굽 만한 크기의 돌이 징검다리처럼 줄지어 솟아 있는데 끝이 울퉁불퉁하고 W 모양의 날카로운 돌이다. 내가 뛰며 한 발 또 한 발, 그 돌을 밟는 순간마다 징소리가 울려 퍼진다. 꿈을 깬 뒤 곰곰이 생각해 보니 연두색은 민주당 당색이요, 대형 수건은 승전기勝戰旗다. 날카롭고 울퉁불퉁한 돌은 첨예하게 대립하고 있는 각 투표구의 상징이다. 솟은 돌을 밟을 때마다 울리는 징과 같은 쇠북소리는 승전고의 울림이 아닌가? 나는 마구 뛰는 가슴을 진정하면서 오전 아홉 시쯤 둘째 딸과 통화를 했다. 그는 명랑한 목소리로 "네. 지금 이 서방과 함께 투표하러 가고 있어요" 하고 응답했다. 나는 꿈 이야기를 하며 그를 안심시켰다. "오늘 당선은 틀림없을 것 같다. 모든 투표구에서 많은 득표를 할 테니 너무 걱정하지 마라." 불과 몇 시간 뒤 꿈은 현실로 나타났다. 개표 초반인 오후 아홉 시. 천삼백 표를 앞섰다는 외손녀의 전화를 시작으로 삼천 표, 삼천오백 표를 앞서고 있다는 낭보가 속속 전해졌다. 6월 3일 오전 한 시. 55,276표를 얻어 결국 6,226표 차로 당선이 확정되었다는 승전보가 날아왔다.

"장하다! 정말 장해!"

나는 하느님께 감사 기도를 드린 뒤, 오랜만에 다리를 뻗고 누울 수 있었다.

2010. 6. 3.

민사조정 십일 년의 보람

2000년 10월, 나는 서울중앙지방법원장으로부터 "민사조정위원에 위촉한다"는 위촉장을 받았다. 사십육 년 동안의 교직 생활과 동떨어진 이 일을 과연 내가 잘할 수 있을까 하는 걱정이 앞섰다. 그러나 이왕 맡은 일이니 한번 잘해 보리라 다짐했다. 그 뒤, 이 년간의 위촉 기간을 여섯 번 거듭하고 보니 어느덧 십일 년째를 맞는다. 그동안의 경험으로 비록 달인의 경지에 이르지는 못했어도 이젠 "서당할머니 삼년에 풍월을 평한다堂姑三年 評風月"할 정도는 되지 않았나 싶다. 힘들지 않게 소송 당사자의 화해를 이끌어내는 한편, 자신의 법률 소양도 쌓고 있으니 하는 말이다.

민사조정이란, 소송 당사자인 원고와 피고가 분쟁을 자주적으로 해결할 수 있도록 도와줌으로써 상호 양보를 통하여 분쟁을 원만하고도 평화적으로 해결하게 하는 제도이다. 나는 주로 이천만 원 이하의 대여금, 물품 대금, 공사 대금, 임금, 임대차임, 손해배상, 기타 민사 소액사건의 조정에 관여하고 있다.

얼마 되지 않은 돈 때문에 서로 옥신각신하다 당사자의 한쪽이 "정 그렇다면 법대로 할 수밖에…" 하고 내뱉는 말에 상대도 기세가 꺾일세라 "그래? 좋아. 법대로 할 테면 해 봐! 누가 겁날 줄 알고?" 이렇게 해서 시작한 감정싸움이 기어이 지루한 법정싸움으로 번진다. 이 분쟁을 화해로 이끌어 두 사람의 마음속에 응어리진 앙금을 씻어 내는 게 내 일이다.

그러려면 먼저 당사자 간의 쟁점이 무엇인가를 제대로 파악해야 한다. 사건이 조정에 회부되면, 우선 양 당사자의 신분을 확인한 뒤 조정의 취지를 설명하고 "자유롭게 말하되 사건에 관련된 부분만 말할 것. 상대방이 말할 때 끼어들지 말고 자기 순서를 기다릴 것. 욕설 기타 상대방의 인격을 모독하는 말은 삼갈 것" 등 조정 마당에서 주의해야 할 태도에 대해 경고하는 말도 잊지 않는다. 그러고 나서 피고에게 다음과 같은 말로 화두를 연다. "많은 돈도 아닌데 지급하지 않으시고…." 이 말이 떨어지기가 무섭게 피고는 사건의 경위를 열심히 설명한다(사건에 따라서는 순서를 뒤바꾸기도 한다). 그러면 원고가 분통을 터뜨리면서 피고의 주장을 반박한다. 이 과정은 사건 경위와 쟁점을 확인하려는 목적뿐만 아니라 그동안 쌓인 각자의 울분과 감정을 토로하게 하여 스트레스를 해소하려는 의도도 있다.

다음에는 조정을 위한 본격적인 대화 단계로 접어든다. 대화는 조정위원이 주도하되, 양 당사자가 감정을 풀고 소통하는 기회가 허여許與된 분위기를 조성해야 한다. 원활하게 조정이 이루어지게 하려면 소송 당사자가 지나치게 긴장하지 않도록 안정감을 주면서, '지금 나는 공정한 조정을 받고 있다', '이 정도면 구태여 판결을 구할 필요가 없다'는 생각이 들도록 다음 몇 가지 점에 유념하면서 차분하게 이야기를 나누어야 한다.

사건의 쟁점을 거듭 확인하면서 그동안 지나치게 감정에 흐르지는 않았는지, 상식과 법리法理에 어긋난 점은 없었는지, 당사자 각자가 져야 할 책임 한계가 어디까지인지를 차근차근 이야기한다. 그러다 보면 소송 당사자는 스스로 감정에 치우쳐 이성을 잃었던 일을 반성하기도 하고, 자기에게도 어느 정도의 책임이 있음을 깨닫기도 하고, 기세등등하던 자신의 승소 가능성에 회의를 느끼기도 한다. 그래도 잘 이해를 못하는 경우엔 개별 면담을 통하여 이를 깨우쳐 주기도 한다.

소송 당사자는 조정위원의 말과 표정에서 무엇인가 돌파구를 찾으려고 민감하게 반응하는 게 조정 마당의 분위기다. 이럴 때 조정위원이 공정한 입장에서 "그러니 서로 조금만 양보해서 이 사건을 원만하게 해결하면 어떨까요?"라고 화해를 권고하면, 소송 당사자의 심경에 변화가 일어나게 된다. 어떤 당사자는 "사실은 돈이 문제가 아니라 저 사람 하는 일이 하도 괘씸해서…"라고 하면서 양보하기도 하고, 가끔 청구를 포기하거나 취하하는 일도 있다. 상대방이 이에 호응하면 조정은 급물살을 탄다. 이 과정에서 틀에 얽매인 교범敎範이나 원칙보다는 그때그때 조정위원의 기지機智가 필요하다.

끝으로 조정을 마무리하는 단계다. 당사자 중 어느 쪽이라도 조정을 거부하면 "조정 불성립"으로 처리하고, 쌍방이 합의하면 "피고는 얼마를 언제까지 지급한다. 혹은 언제부터 언제까지 몇 회 분할하여 지급하되, 만약 일 회라도 그 지급 기일을 어기면 기한의 이익을 상실하고 연 이십 퍼센트의 지연 손해금을 가산하여 지급한다. 원고는 나머지 청구를 포기한다. 소송비용과 조정비용은 각자 부담한다"는 내용을 분명하게 적고 당사자가 서명한다. 조정장(재판장)이 이를 확인하고 "조정이 원만히 성립되었음"을 선포하면 조정은 일단락된다.

십일 년 동안 삼천 명 내외의 소송 당사자가 나의 조정을 거쳐 화해의 손을 마주 잡은 것으로 추산된다. 조정에 익숙해진 요즈음의 성공

률은 거의 전수全數에 가깝다. 이 또한 크나 큰 보람이 아닐 수 없다. 그 공로로 나는 2009년 말. 대법원에서 감사장을 받기도 했다.

다음 글은 2010년 6월 어느 날 오후. 한창 조정을 하고 있는데 얼마 전 조정을 거친 한 부인이 조정실 문을 노크하고 들어와 공손하게 건네준 쪽지 내용이다.

2009가소ㅇㅇㅇㅇㅇㅇ구상금 피고 ㅇㅇㅇ입니다. 지난 4월 조정 때 '젊은 저'를 이끌어 주시고 좋은 말씀으로 권고해 주셔서 감사 드립니다. 조정위원님들의 훌륭한 '솔로몬의 지혜'에 박수를 쳐 드립니다. 더운 여름 잘 지내시기를 빕니다. 2010. 6. 10. ㅇㅇㅇ 드림.

2010. 7. 6.

새 아파트에 입주하는 이들을 보면…

내가 살고 있는 동아솔레시티아파트 바로 후문 앞에 얼마 전까지 작은 공원이나 하나 들어 앉힐 만한 터가 있었다. 그곳에 마치 엉덩이를 비집고 들어앉기라도 하듯 공무원연금관리공단에서 분양하는 네 개 동의 상록아파트 신축 공사가 한창이었다. 오늘 나들이하다 살펴보니 "입주를 환영합니다"라는 현수막이 바람에 너울거린다.

햇볕이 따가운 8월 중순의 더위쯤은 아무렇지도 않다는 듯 '우리 집이 생겼다'고 기뻐하는 입주자 가족들의 발걸음이 바쁘다. 오늘 새 아파트를 찾는 저 사람들이야말로 얼마나 감격스러울까. 그동안 자나 깨나 "내 집 하나 가졌으면…" 하는 생각에 먹고 싶은 음식, 입고 싶은 옷, 쓰고 싶은 돈, 다 뒤로 미루고 알뜰하게 살아온 인고忍苦의 나날들!

그 일이 어찌 혼자서 할 수 있는 일인가. 부부가 합심하고 아이들까지 한몫 거든 보람이 아닌가?

순간, 북녘에서 부는 바람이 아직도 차던 1994년 2월 초순 어느 날. 아내 심우영 안나와 함께 일산 시범단지에 먼저 입주해 살던 둘째 딸의 안내를 받으며 고대했던 새 아파트의 하자 점검을 하러 가던 때의 일이 떠오른다.

집을 마련해 산 지도 꽤 오래 되었건만, 단독주택이라 집을 비웠다 간 '혹시 도둑이라도 들어 몽땅 털어 가면 어쩌나?' 하는 피해 의식에 사로잡혀 좀처럼 집을 못 비우던 아내! 아파트에 살면 세상 걱정 없이 마음껏 바깥나들이를 할 수 있으리라고 여기고 건영아파트에 입주하고 나면 친정 부모님 자주 찾아 그동안 못 다한 효도를 다하겠다고 벼르던 아내!

아침엔 정발산의 맑은 공기를 가르며 오르내리고, 호수공원을 한 바퀴 돌고, 그동안 틈틈이 익힌 배드민턴도 치면서 "우리 둘이서 건강하게 살자"고 속삭이던 아내!

뒤늦었지만 이젠 성당에 나가며 열심히 기도하며 봉사 활동을 하자고 다짐하던 아내!

그날도 주엽동 강선마을 건영아파트 오백오 동 천이백삼 호의 입주금 영수증을 제시하고 받은 아파트 열쇠를 움켜쥐고 감격에 겨워 현관문을 열고 들어갔다가, 어느새 따라붙은 인테리어 업자에게 적지 않은 돈을 주기로 하고 페인트 덧칠하기, 입주 전 청소하기 등 이사 준비를 위한 일을 맡기고는 마냥 즐거운 표정으로 되돌아 나오던 아내!

무슨 미련이 또 남았는지 정원에 새로 심은 나무 위로 올려다 보이는 12층 3호를 쳐다보며, "뒷면 유리창이 열린 것 같다"고 공연한 걱정을 하고 돌아서던 아내!

이사 준비에 골몰하다가 그만 쓰러져 다시는 그 현관을 밟아 보지도 못하고 홀연히 천국에 간 아내의 모습이 자꾸만 눈앞에 아른거리는 통에 그동안 아주 말라버린 줄 알았던 내 눈물샘에서 기어이 뜨거운 눈물이 왈칵 쏟아져 뺨을 적신다.

그 아내 심우영 안나를 보낸 지도 어언 십이 년! 내 일흔세 번째 생일을 맞아 삼성동에 있는 한 음식점에서 기다리고 있을 아이들을 만나려면 선릉역에서 갈아타야 한다는 생각 때문인지 도곡역을 알리는 차내 방송이 오늘 따라 유난히 귀청을 울린다.

보정역을 출발할 때부터 울적해하는 나를 사십 분 동안 옆자리에서 지켜보다가 기어이 눈물을 쏟는 모습에 어쩔 줄 몰라 하는 아내 김명자 율리아나를 보기가 어쩐지 면구스러워 얼른 고개를 돌린다.

2006. 8. 21. 내 일흔세 번째 생일 밤에

물 주는 사람, 물을 붓는 사람

내가 사는 아파트 옆에 빈터 하나가 있었다. 그 땅을 서로 찢기라도 하듯 한두 평씩 나누어 채소 한 포기라도 가꾸려고 애쓰는 주민들을 보며 도심 속에서나마 전원의 향수를 느끼며 농심을 되살려 보려는 그들의 모습이 부러웠다.

그 척박했던 땅에서 새싹을 본 것이 엊그제 같은데 어느새 배추는 통통하게 알이 차고 무는 그 뿌리가 쑥쑥 솟구쳐 오르며 줄기찬 생명력을 뽐내고 있다.

그런데 이게 웬 일인가? 백 년 만이라는 10월의 이상 고온에 가뭄마저 겹쳐 배추와 무가 시들어 가고 있으니…. 경작자들이 안타까운 나머지 어떤 이는 물지게를 만들고 또 어떤 이는 페트병을 모아서 채소에 물을 주는 모습을 보며 나는 가슴이 뭉클했다.

며칠 뒤, 아내와 함께 서울 삼성역에 가려고 지하철을 타고 출발을 기다리고 있는데,

"어쩌면 저럴 수가? 돈 몇 푼 더 받겠다고…."

눈치 빠른 아내가 벌써 그 사람의 속마음까지 알아차리고 한마디 한다. 무슨 일인가 하고 밖을 내다보았다. 공교롭게도 안내판에 가려 상반신은 보이지 않는데, 그 아래에 검정 바지가 오락가락하며 깔끔하게 묶어 놓은 신문지 더미 위에 페트병으로 연신 물을 붓고 있다.

내가 보기에도 헌 신문지 무게를 올려서 값을 더 받으려는 속셈이 분명했다. 그 사람의 정체가 궁금했다. 이윽고 전동차가 출발하기에 눈여겨보니 차내의 신문지를 거두는 여자다. 며칠 뒤, 아내가 우연히 전철에서 그 여자 옆에 앉게 되어 시치미를 떼고 짐짓 물었단다.

"며칠 전에 저 신문지 더미에 물을 연신 붓던데 왜 그랬어요?"

당혹스런 표정을 짓던 그 여자가 한참 망설이더니

"신문지가 자꾸만 날려서…"

하고 군색한 변명을 하더란다. 단단히 묶어서 쌓아 놓은 신문지가 바람에 왜 날리는지 알 수 없지만, 자기가 한 일이지만 '정말 잘못했다'고 솔직하게 고백했더라면 오죽 좋았을까?

어떤 사람은 목마른 생명에 물을 주는데, 어떤 사람은 자신의 이익을 챙기려고 멀쩡한 신문지에 물을 붓는다? 한쪽은 새 생명의 싱그러움을 가꾸고 수확하는 보람과 기쁨을 누리려 하는데, 또 다른 한쪽은 양심에 가책을 받을 일을 서슴없이 한다? 겉으로 보기에는 비슷한데 채소에 물 주는 사람과 신문지에 물을 붓는 사람의 입장이 이렇게 갈라진다.

작은 일, 하찮은 일이라고 허투루 생각하면 안 된다. "바늘도둑이 소도둑 된다"는 속담은 정녕 빈말이 아니다. 한번 잘못 들어선 길을 벗어나기는 어렵다. 뿐만 아니라, 되돌아 나오려면 상당한 용기가 있어야 한다.

반면 작은 선행이라고 해서 하찮게 생각하고 그냥 지나쳐서도 안된다.

"너희가 내 형제들인 가장 작은이들 가운데 이 한 사람에게 해 준것이 바로 나에게 해 준 것이다(「마태복음」 25장 40절)"라는 성경 말씀을 기억해야 한다. 또 "측은해하는 마음은 인仁의 단서요, 부끄러워하는 마음은 의義의 단서요, 사양하는 마음은 예禮의 단서요, 시비를 가리는 마음은 지知의 단서니라惻隱之心 仁之端也 羞惡之心 義之端也 辭讓之心 禮之端也 是非之心 知之端也"(『맹자孟子』「공손추公孫丑」)"는 글도 되새겨야 한다. 비록 작은 일이지만 그것이 큰 사랑과 선행으로 연결된다는 진리를 전하는 말이기 때문이다.

언제나 선악善惡과 정사正邪와 시비是非와 곡직曲直을 잘 가려서 정도正道를 따라 사는 것이 바로 사람답게 사는 길이다. 성인군자가 따로 없다. 정도를 따라 가는 길이 바로 성인군자가 가던 길이요, 성인군자가 되는 길이기도 하다.

2006. 10. 19.

십시일반十匙一飯

십시일반이란 "열 술이면 한 사람이 먹을 분량의 밥이 된다"는 뜻이다. 곧 여러 사람이 힘을 합치면 한 사람을 수월하게 도울 수 있다는 한자말이다. 웬만한 사람이라면 이 말을 모르는 이가 없다. 하지만 막상 어려운 이웃을 돕기 위해서 힘을 합치려고 하면 생각처럼 쉽게 되지 않은 것도 이 일이다.

십시일반하려면 적어도 다음 세 가지 조건이 맞아떨어져야 한다.

첫째, 돕고자 하는 사람 모두에게 이웃을 생각하고 이웃을 사랑하는 마음이 있어야 한다. 나눔과 봉사의 정신이 여기에서 우러나온다. 둘째, 한 사람의 큰 선심과 성의보다는 많은 사람의 작은 정성이 어우러져야 한다. 많은 사람이 협력하는 데 그 의의가 있기 때문이다. 셋째, 이웃을 도울 수 있는 경제적 여유가 어느 정도 있어야 한다. 우리 속담에도 "광에서 인심난다"는 말이 있거니와, 사마천의 『사기史記』에는 "창고가 가득 차야 예절을 알고, 의식이 넉넉해야 영욕을 안다. 예의는 재산이 있으면 생기고 없으면 사라진다倉廩實而知禮節 衣食足而知榮辱 禮生於有而廢於無"(「화식열전貨殖列傳」 서序)는 말이 나온다.

약관弱冠에 나는 십시일반으로 어려운 고비를 넘긴 일이 있다. 육이오의 소용돌이 속에서 거덜이 난 우리 집 생계는 불가불 장남인 내가 맡을 수밖에 없었다. 당시, 초등학교 교사의 보수라야 그야말로 쥐꼬리만 했다. 한 사람의 용돈도 채 안 되는 박봉에다가 직계가족 수에 따라 안남미와 누른 보리쌀을 매달 지급하는 게 고작이었다. 이를 가지고 일곱 식구의 살림을 꾸려 가려면 턱없이 모자랐다. 다섯 되는 동생들이 학업에 충실한 것만을 다행으로 여기고 큰 빚 없는 살림살이에 자족하면서 살던 판국에 목돈을 쓸 일이 생겼다.

내가 봉급생활을 시작한 지 삼 년 되던 1955년. 세 살 터울인 동생의 대학 입학금을 마련해야 하는 일이었다. '우골탑牛骨塔'이란 말이 상징하듯 농사 밑천인 소를 팔아야 대학에 갈 수 있었던 시절이었다. 모아 놓은 돈도 없고 가진 것 없이 대학에 진학한다는 것은 언감생심 꿈도 못 꾸던 시절이라 동생은 대학 진학을 포기하겠다고 우겼다.

그렇다고 형 된 입장에서 그냥 넘길 수도 없었다. 등록 마감일이 임박해 오자 애가 탄 나는 궁여지책으로 집안 어른들을 찾아뵙고 고충을 말씀드렸다. 그러자 할아버지, 둘째 숙부, 당숙, 재당숙 형제 분이 어려운 형편에 십시일반으로 부족한 등록금을 보태 주셨다. 특히 당숙께서는 실직 중인데도 당신의 아버님께서 거절하신 몫까지 채워 주시며 격려해 주셨다. 그 덕택에 동생은 대학에 진학했다. 나는 동생의 대학진학을 성취한 기쁨과 돈을 보태 주시며 격려해 주는 집안 어른들의 사랑에 아버지에 대한 그리움이 겹쳐 울고 또 울었다.

이를 계기로 나는 여러 차례에 걸쳐 어려운 일가와 이웃을 돕는 일에 앞장섰다. 어려운 이웃을 마음으로 동정하거나 말로써 위로하는 일이야 어려운 일이 아니다. 하지만 자기가 가진 것을 덜어 보태는 일은 여간한 성심 없이는 어렵다.

십시일반이야말로 이웃 사랑인 동시에 한 걸음 나아가 하느님께 바치는 봉헌이라고 나는 생각한다. 이웃과 나누고 이웃에 베푸는 사랑의 실천은 살아 있는 영혼만이 누릴 수 있는 하느님의 특별한 은총이기 때문이다.

'최후의 심판' 때에 임금의 오른쪽에 앉기를 사양하는 의인들에게 하느님께서는 말씀하신다. "너희가 내 형제들인 이 가장 작은이들 가운데 한 사람에게 해 준 것이 바로 나에게 해 준 것이다(「마태복음」 25장 31−46절)"라고…. 하찮은 선행이라고 가볍게 넘겨 버리는 사람들에게 꼭 들려 주고 싶은 말이라 다시 한번 더 인용한다.

2009. 6. 25.

양심을 지켜 낸 아주머니

"날짜가 15일이나 지났는데…. 물건을 습득한 사람의 양심은 도대체 어떻게 생겼을까?" 남달리 눈이 빠른 아내 김명자 율리아나의 말에 나는 두리번거리다가 피트니스 클럽의 여성샤워실 출입문에 붙여 놓은 쪽지에 시선이 멈췄다. "분실물을 찾습니다! 11월 29일 여자탈의실에서 외국인 여성이 결혼반지를 분실하였습니다. 습득하신 분은 카운터에 맡겨 주십시오." 습득한 사람의 양심에 호소하는 간절함이 그 속에 배어 있다.

하느님은 우주 만물 중에 오직 사람에게만 이성과 양심을 주셨다. 그런데도 우리가 살다 보면 부질없는 욕심이 양심을 누르고 이성을 흐리게 하는 경우가 가끔 있다. 이때 하느님의 현존하심을 믿는 그리스도인은 말할 것도 없고, 신앙이 없는 사람까지도 '하늘이 알고 땅이 알고 네가 알고 내가 아는데 내 어찌 이런 일을…' 하는 양심의 가책을 느끼는 것이 일반적인 정서다. 불행히 '뭐 이 정도쯤이야…' 하고 유혹에 빠지면 결국 크고 작은 죄를 짓게 된다. 죄는 사람의 수치심을 마비시키고 악덕의 물결 현상을 일으켜 사회마저 오염시키게 된다. 사람이 사람답게 살려면 양심을 지켜야 한다. 양심은 개인뿐만 아니라 사회정의 실현의 기반이요 보루다. 문득 얼마 전 양심을 지켜 낸 인척 아주머니의 덕행을 아내에게서 들은 기억이 되살아났다.

인척인 신사순申四順 아주머니는 원래 가난한 데다가 여러 자녀를 키우느라 고생을 무척 하셨다. 내외분이 숙의를 거듭한 끝에 작은 사업이라도 하나 해서 가난을 덜어 보기로 했다. 누구나 어려웠던 시절이라 밑천을 마련하기가 쉽지 않았다. 고민 끝에 인척인 김형인金炯仁 선생(뒤에 서울 구의중학교 교장으로 퇴임)에게 사정을 이야기했다. 김 선생은 원래 인정이 많으신 분이라 자신의 어려운 처지를 무릅쓰고 여기저기 주선해서 돈을 마련해 주었다. '이젠 됐다'고 안도하는 사이, 집안에 보관한 돈이 감쪽같이 사라졌다. 낌새를 챈 누군가가 몰래 가져간 것이다. 사업은 착수해 보지도 못한 채 엎친 데 덮친 격으로 얼마 뒤 아저씨마저 돌아가셨다. 여러 자녀를 혼자 맡아 키우느라 살림은 더욱 어려워질 수밖에….

그러나 아들을 사제司祭로 길러 낸 독실한 가톨릭 신자인 아주머니는 그 빚이 마음에 걸려 하루도 마음 편한 날이 없었다. 푼돈을 모으고 또 모아 빌린 원금 오십만 원을 마련하기까지는 정말 오랜 세월이 걸렸다. '그동안의 이야기나 하며 정말 미안하다고 말해야지' 하고 김 선생을 찾았으나 김 선생은 이미 고인이 된 뒤였다. "그렇다면, 그 자녀에게라도 빚을 갚아야겠다"는 아주머니의 간절한 뜻을 거절할 수 없어 나는 자녀들에게 그 뜻을 전했다. 자녀들은 "우리는 아버지 생전에 그러한 이야기를 들은 바도 없고, 설혹 그런 일이 있었더라도 이미 다 끝난 일이니 그냥 두시라"고 극구 사양했다. 아주머니는 "양심상 그럴 수 없다"며 막무가내셨다. 어쩌다 이 일에 간여하게 된 나는 "그 돈을 좋은 데 쓰면 되지 않겠느냐?"며 김 선생의 장남에게 억지로 맡기다시피 했다. 그 돈은 자선사업에 쓴 것으로 알고 있다. 그 아주머니가 바로 천주교 의정부교구 안승관安承寬 신부님의 어머니이시다.

아내는 다시 감격한 나머지 "어려운 살림 속에서 한 푼 두 푼 모은 아주머니의 깨끗한 마음씨와 지극한 정성이 정말 놀랍다. 한편, 어려운 당신에게 큰 빚을 지워 놓고 소식을 끊은 사람을 원망은커녕 내색조차 하지 않은 김 교장의 인품도 새삼 존경스럽다. 그런 부모의 훈도를 받아 올곧게 자란 자녀 또한 대견스럽기 그지없다"며 모두를 칭찬해 마지않는다. 이기심으로 가득 찬 이 세상에서 오랜만에 느끼는 신선한 감동이다. 서로 믿고 정을 나누며 산다는 게 얼마나 큰 행복인가. 이런 분들이 있기에 우리에게는 아직 희망이 있다. 나는 양심을 끝끝내 지켜 낸 아주머니에게 하느님의 축복이 가득 내리기를 빌었다.

2010. 12. 10.

덕불고德不孤 필유린必有隣

덕불고德不孤 필유린必有隣!

"덕은 외롭지 않다. 반드시 이웃이 있게 마련이다"는 뜻이다. 『논어論語』 「이인里仁」 편에 나오는 공자님 말씀이다. 죽마고우 훈정薰庭 장유진張有鎭 교장이 해마다 보내 주는 연하장에 어김없이 쓰는 단골 메뉴다. 먹물을 듬뿍 찍어 화선지에 일필휘지한 친구의 글씨를 대할 때마다 나는 그동안 부덕했던 나를 반성하며 처신할 방향을 새롭게 가늠하곤 한다.

덕이란 무엇인가? 마음이 올바르고 인도人道(사람의 도리)에 합당한 일, 은혜를 베푸는 일이다. 이웃과 정을 나누고, 이웃을 돕는 일이다. 덕과 이웃은 동전의 양면과 같다. 내가 이웃에 덕을 베풀면 이웃도 언젠가는 나를 돕는다. "착한 일을 많이 한 집안에는 반드시 그 자손이 누리게 되는 경사가 있다積善之家 必有餘慶"는 말 그대로다.

어느 부자가 덕을 많이 베푼 탓에 여수·순천사건이나 육이오 전쟁 같은 혼란기에서 그 목숨을 건졌다는 이야기는 이미 세상에 널리 알려진 사실이다. 아내 김명자 율리아나의 친정 할아버지(김용술金瑢述), 내 장조丈祖께서 직접 겪으신 다음과 같은 사연을 듣고 "역시 덕은 외롭지 않구나!" 하는 교훈을 되새길 수 있었다.

일제 치하에 가난한 집안의 장손으로 태어나신 할아버지께서는 신학문을 배우려는 뜻을 품고 군산에 가서 고학하신 끝에 보통문관시험에 합격하셨다. 그러나 관계 진출을 포기하고 정읍농림고등보통학교에서 교편을 잡으셨다. 그러나 그 아버님이 고리채를 쓰신 탓에 교원 봉급으로는 도저히 그 빚을 감당할 수 없어 결국 사직했다. 그 다음에 손을 대신 사업이 도정업搗精業, 곧 정미소 사업이었다. 이 사업은 호남평야의 중심지로서 쌀의 집산지인 정읍의 지역 여건에 안성맞춤이어서 많은 돈을 벌게 되었다. 우선 빚을 갚고 인근의 토지를 사들여 일약 '만석꾼' 소리를 듣게 되었다.

할아버지께서는 알뜰하게 돈을 모아 부자가 되셨지만, 꼭 써야 할 곳에는 아낌없이 쓰셨다. 사비를 들여 정읍농고에 도서관을 지어 주시는가 하면 정읍 읍내로 통하는 강 위에 콘크리트다리를 놓으시는 등 많은 선덕을 베푸셨다. 특히 공부를 포기해야 할 가난한 학생들에게 학비를 대주신 일이 빈번했다.

그러다 팔일오 해방을 맞이하고 또 오 년 뒤에는 육이오 전쟁을 겪게 되었다. 인공 치하에서 대지주인 그 어른도 저들이 말하는 이른바 "악질지주, 반동분자"로 몰려 넓은 강당에 갇힌 몸이 되셨다. 어느 날, 붉은 완장을 두른 공산당 간부(혹은 인민군 장교라고도 함) 한 사람이 들어와 연단 위에 앉아서 둘러보더니 얼른 내려와 할아버지께 허리를 굽혀 인사를 올리며 "김 선생님 아니십니까? 선생님은 여기 오실 분이 아닙니다" 하고는 밖으로 모시고 나오더니 "지금 당장 멀리 피하시라"고 하더란다. 다음날. 그 곳에 있던 사람들은 모조리 참혹한 죽음을 당했다. 평소 많은 덕을 쌓으신 탓에 살아나신 것이다.

그 어른께서는 삼남 사녀를 슬하에 두셨는데, 세 아드님 모두가 대학을 나와 장남은 재무 관료, 차남은 청와대 비서관을 거쳐 체신부 차관, 삼남은 대학교수로서 그 명성을 날렸다. 따님 네 분도 좋은 집안에 출가하여 다복하게 사셨다. 더구나 그 많은 자손 중 육이오 전쟁의 소용돌이 속에서 한 사람의 희생자도 없었기에 '명당 집 자손'으로 인근에 소문이 자자하다. 손자 손녀가 열아홉 명, 외손이 열아홉 명. 모두가 각계각층에서 활약하고 있으니 이 또한 큰 경사다. 그 중 아내의 친정인 큰아드님 댁의 경우, 자녀 열 명 중 여섯 명이 서울대를 거친 영재들이다. 하나의 기적 같은 이 이야기야말로 적선지가에서나 볼 수 있는 여경餘慶이 아닌가! 이 이야기를 들으며 하느님의 크신 섭리를 다시 한번 생각하며 되뇌어 본다.

"덕불고德不孤 필유린必有隣이니라!"

2010. 2. 9.

재능보다 앞선 노력에 보내는 찬사

외손 이동희에게

2006년 한 해가 다 저무는 12월 14일 오후. 나는 지하철 전동차를 타고 집으로 돌아가고 있었다. 이런저런 상념에 잠겨 있는데 전화벨이 울렸다. 네가 서울대학교 경영대학 수시모집에 합격했다는 소식을 전해 주는 네 외조모의 밝은 목소리가 유난히도 크게 들렸다. 내 가슴은 마구 뛰었고, 그 자리에서 벌떡 일어나서 만세라도 부르고 싶었다.

이 감격은 곧바로 이십육 년 전에 네 어미가 서울대학교 가정대학 식품영양학과에 합격한 그날 밤의 감격으로 이어졌다. 한밤중에 '낙방했다'는 소식에 후닥닥 놀라 깨어 보니 다행히도 꿈이었다. 전등을 켜고 시계를 보니 오전 두 시였다. "휴우!" 하고 안도의 숨을 쉬는데, 네 외조모도 깜짝 놀라 깨더구나. 나와 똑같은 낙방 소식에 엉엉 울다가 꿈을 깼다고 했다. 어쩌면 내외가 동시에 같은 꿈을 꾸다니? 어이없어하는 나에게 네 외조모가 "흉몽대길이라잖아요?" 하고 위로해 주는 말이 채 끝나기도 전에 전화벨이 한밤의 정적靜寂을 깨웠다.

"권종숙의 합격을 축하합니다!"

기다리기가 하도 초조해서 입학 사정회가 끝나는 대로 알려 달라고 친지에게 부탁해 놓았던 결과가 전해지는 그 순간을 나는 아직도 잊을 수가 없다. 너무 기뻐서 네 외조모와 함께 껑충껑충 뛰면서 이 방저 방 다니며 식구들을 모조리 깨웠었지….

그 일이 엊그제 같은데 이제 대代를 이어 듣는 네 합격 소식에 어찌 감개가 크지 않겠느냐. 누가 뭐래도 서울대학교는 서울대학교다. 일부 사람들의 의도적인 서울대 폄훼나 비난은 하나의 시샘일 뿐, 서울대학교야말로 누구나 선망하고 동경하는 명문임을 부정할 수는 없거든…. 네 모자母子의 효도에 그저 흐뭇하기만 하다.

돌이켜 보면, 네 어미가 미국에서 유학 중에 너를 낳았고, 다섯 달만에 돌아와 너를 맡기고 간 것이 엊그제 같은데, 이렇듯 장성하여 인생 경쟁의 제1관문을 버젓이 통과하였으니 정말 대견스럽다. 네 부모가 이모저모로 알뜰히 보살피기는 했어도, 맞벌이하느라 바빠서 어딘지 틈새가 있겠거니 하고 내심 걱정을 많이 했는데, "정말 장하다!"

어린 나이에 동생 돌보랴, 네 공부 하랴, 애쓴 보람이 이렇게 크구나!

네 부모의 신실信實함을 그대로 본받고, 본래 타고난 재능에다가 노력을 더해 온갖 어려움을 견디고 기어이 이겨 냈구나! 앞날의 어떠한 고난도 거뜬하게 극복할 자질을 드러낸 쾌거라 하지 않을 수 없다. 또한 서울대학교 경영대를 지망한 네 동기動機가 매우 야심차고 의욕적이어서 장래가 촉망된다. 미국 태생이어서 미국 시민권을 가지고 있기에 얼마든지 병역을 회피할 수도 있으련만, 남들 앞에 더 떳떳하고 당당하게 살기 위해 이를 포기했다고 들었다. 기특한 생각이다!

효자 집안에서 거듭 효자가 나듯이 맏형이 본을 잘 보여야 집안에 우애가 생기는 법이다. 올해 네가 성취한 이 쾌거는 작년 네 이종姨從 이수연이 숙명여자대학교에 합격한 일과 더불어 네 아우 두희는 물론, 이종姨從인 이주연, 종욱 남매와 외종外從인 권정현, 윤한 남매에게도 좋은 본보기가 되리라 믿는다. 배의 항로를 잡아 주는 등대처럼 그들이 지향할 바를 일깨워 주었기 때문이다. 네 노력으로 말미암아 '나도 노력하면 동희 형처럼 할 수 있다'는 꿈을 어린 동생들에게 심고 용기와 신념을 갖게 하였으니 말이다.

아무쪼록 초지일관하여 한국, 아니 세계 경영학계의 큰 별이 되기를 바라며 외조부의 기쁨을 전한다.

2006. 12. 15.

'졸드루'를 지나 '너덜겅'에 앉아서

'졸드루'란 강원도 정선旌善의 한 마을 이름이다. 영동고속도로에서 진부로 나가면 삼십삼번 지방도가 나온다. 이 길을 따라 정선. 동해 방향으로 달리다 정선군 북평면 숙암리를 지나면 42번 국도와 마주친다. 그 4킬로미터 직전에 '졸드루'라는 마을이 있다. 한두 번 그냥 지나쳤지만, 하도 색다른 이름이라 차를 멈추고 길가 가게 주인에게 물었다.

"'졸'이란 '물이 졸아든 것'을 뜻하고, '드루'란 '들'이래요."

고개를 갸웃거리는 내가 안돼 보였는지 가게 주인이 설명을 덧붙인다.

"이 앞쪽 내 건너에 '진드루'란 동네가 있는데 '물이 질척질척한 들'이란 뜻이래요."

그제야 나는 '졸아들다', '졸아붙다'의 자동사가 '들'이란 명사 앞에 붙어 복합명사 '물이 졸아든 들'이 되었음을 알아차렸다. 몇 년 뒤, 나는 제주도 우도牛島에 갔다가 산호사 해수욕장 부근에 'ㅇㅇ드루'란 지명이 있음을 알고 '드루'가 '들'의 원어임을 거듭 확인했다.

'너덜겅'이란 "산비탈에 돌이 많이 흩어져 있는 지대"를 일컫는 말이다. 줄여서 '너덜'이라고도 한다. 이를 지질학에서는 '애추崖錐(talus)'라고 하는데, 풍화작용으로 낭떠러지나 산기슭에 떨어져 쌓인 돌 부스러기 지형을 말한다. 산이 많은 우리나라 어디에서나 볼 수 있지만, 주로 산 높고 경사 급한 강원도 산비탈에서 흔히 볼 수 있다. 내가 정선에 드나들기 전에는 별로 듣지 못했던 생소한 말이라 처음 들었을 땐 퍽 신기하게 들렸다.

내가 여기에서 이렇듯 예스런 우리 지명이나 낱말을 새삼스럽게 들춰내는 건 신기하다는 생각을 넘어서 또 다른 이유가 있다.

말에는 생명력이 있다. 그러기에 말은 세월 따라 끊임없이 생성하기도 하고 소멸하기도 한다. 더욱이 먼 나라도 마치 이웃집 드나들듯 하는 세상이라 그 변화는 더 빠르다. 아무리 사정이 그렇다 해도, 우리 정서가 가득 담긴 고유어가 마구 묻히고, 일상적인 대화조차 영어를 섞어 쓰지 않으면 무식한 사람으로 여기는 우리 현실에는 분명히 문제가 있다. 설상가상으로 인터넷에서 범람하는 기형적인 축약어縮約語와 변형어變形語는 우리말의 어휘와 문법 체계의 근간마저 뒤흔들고 있으니 이만저만 걱정이 아니다. 웬만큼 지각 있는 사람이라면 누구나 다 개탄할 지경이다. 더 늦기 전에 이 난맥을 바로잡아야 한다.

우리 국어, 국문에 대한 근대적인 연구의 기초를 마련한 주시경 선생은 일찍이 "나라를 보존하며 나라를 흥성케 하는 길은 국본國本을 살리는 데 있고, 국본을 살리는 길은 국어와 국문을 숭상하는 데 있다"고 강조한 바 있다. 자랑스러운 우리말과 우리글을 살려야 우리 문화의 기반이 바로 서고 문화민족으로서의 긍지를 선양한다는 사실은 자명하다.

지금 우리나라의 경제발전에 놀란 세계 여러 나라에서는 한식韓食, 한국 드라마와 같은 우리 문화에 뜨거운 관심을 보이고 있다. 이러한 한류韓流 열풍을 타고 한국어와 한글을 배우고자 하는 열의 또한 대단하다. 우리말과 우리글의 체계가 바로 서고 그 순수성이 유지되어야 하는 이유의 하나다.

"가장 한국적인 것이 가장 세계적이다"라는 말이 시사示唆하듯이, 우리의 전통적인 고유문화를 유지 발전시키는 일은 결국 세계 문화의 발전에 기여하는 길이기도 하다. 우리 문화를 이해하는 근본이 되는 순수하고 아름다운 우리말을 살려야 한다. 이제 그동안 가려지고 묻혔던 문화민족으로서의 진면목을 제대로 보여줄 때가 왔다. 그래서 고유한 우리말에 대한 애착이 더욱 간절해지는 것이 나만의 감상感傷은 아니라고 생각한다.

2007. 10. 9.

선견지명이 꽃핀 '매화마을'을 가다

2007년 3월 16일 섬진강변 매화마을에 봄의 전령인 매화가 한창이라고 해서 열 일 제치고 나섰다. 오전 여덟 시, 잠실 롯데월드 호텔 앞을 출발한 관광버스는 경부고속도로를 거침없이 달리더니 대전—통영고속도로로 접어든다. 봄기운이 아스라이 피어오르는 무주 덕유산 자락의 아름다운 경관을 스치며 매끄럽게 달리던 버스는 장수長水로 빠지면서 몸체를 좌우로 마구 흔들어 댄다. 아무래도 요철이 있는 데다가 도로가 굽이도는 탓이리라.

19번 국도를 달리던 버스는 금강과 섬진강을 가르는 수분이재에서 "점심을 먹고 가자"면서 멈춘다. 남원을 지나 구례에 이르는 길은 백두대간의 남악인 지리산 자락의 아련한 봄기운과 통 큰 산허리를 감돌아 흐르는 섬진강변의 봄빛이 서로 어우러지며 나를 황홀경에 빠지게 한다. 화개장터를 스치며 우회전한 버스가 남도대교를 가로질러 861번 지방도로와 마주치며 남쪽으로 좌회전하자 주변이 온통 매화꽃 일색이다. "와!" 하는 탄성이 절로 난다. 여기가 백운산 자락인 광양시 다압면 도사리 일대의 별유천지 매화마을이란다.

길가에 들어찬 차량 사이를 누비던 버스가 가파른 산길을 오르더니 주차장에 멈춰 선다.

"이제 다 왔습니다. 한 시간 삼십 분 동안 마음껏 꽃구경하세요."

항상 서두르기만 하던 안내원의 목소리에서 여유로움이 느껴진다. 눈부신 매화 사이에 난 길을 허덕허덕 오르니 마치 설국雪國에 들어선 듯싶다. "홍쌍리 매실가. 청매실 농원"이란 통나무 간판이 돌담에 높다랗게 가로 매달려 파도처럼 밀려드는 방문객을 맞는다.

농원을 경영하는 홍쌍리 여사를 직접 만날 수는 없었지만, 그의 손길이 닿은 흔적이 여기저기 눈에 띄어 이채롭다. 질서정연한 이천오백 개의 장독! 총면적 십육만 오천 평방미터의 산비탈에 숲을 이룬 오천여 그루의 매화나무! 그 아래에 심은 맥문동·보리·구절초·벌개미취 등 50여 종의 약초의 싱그러움! 모두가 환상세계에 들어선 느낌이다. 활짝 핀 매화에 넋을 잃은 채 산길을 구비 돌아 오르니 왕대 숲이 나를 반긴다. 매화밭에 웬 대나무 숲? 그러나 꽃부리가 땅을 향한 다소곳한 매화의 겸손과 하늘을 찌를 듯 뻗은 대나무 줄기의 당당한 기상이 어쩐지 어색하지 않다. 그래서 이 둘이 사군자의 반열에 나란히 오르게 된 것일까?

매실 농원 전망대 언덕에서 건너다보이는 하동읍 화심리. 그 앞을 감돌아 흐르는 섬진강의 은빛 줄기가 자아내는 풍광이 마치 한 폭의 그림 같다. 아니, 선경인 듯 평화롭다.

안내원의 말에 의하면, 홍쌍리 여사는 경남 밀양에서 태어나 24세 되던 1965년, 이곳에 시집왔다고 한다. 시아버지가 일본에 징용 가서 모은 돈으로 사들인 산비탈에는 밤나무와 매화나무가 드문드문 있었단다. 집안이 어려워 중학교에 진학할 엄두도 못 낸 그였기에 어떻게든 잘 살아 보려는 일념에서 시아버지를 설득한 끝에 삼 년 뒤 밤나무를 베어 내고 매화나무 5000여 그루를 심었단다. 여느 사람이면 새콤한 매실보다는 구수한 밤이 농가 수입에 도움이 되리라는 고정관념에서 벗어나지 못했으련만, 그에게는 미래 사회의 웰빙 붐을 내다보는 혜안이 있었다. 그의 대담성에 혀를 차며 농원을 한 바퀴 돌고 나니 차에 오를 시간이 다 되었다. 영화 〈취화선〉의 촬영지를 급히 둘러보고 서둘러 내려오는 길에 농장 매장에 들렀다. 농원에서 수확한 매실이 매실청, 매실된장, 매실고추장, 매실장아찌로 가공되어 날개 돋친 듯 팔리고 있다. 홍 여사의 영향을 받은 아랫마을조차 이제 '매화마을'로 탈바꿈해서 부농의 꿈을 꽃피우고 있다고 하니 바로 여기가 이웃 사랑과 나눔의 현장이 아닌가!

쓸모없던 산자락을 황금의 땅으로 바꿔놓은 한 여자의 선견지명과 집념에 의해 마침내 활짝 피어난 매화마을을 돌아보며 깊은 감동에 나는 춘곤조차 까맣게 잊었다.

2007. 3. 18.

뉴질랜드에서 만난 기러기아빠

2007년 4월 초, 나는 벼르고 벼르던 호주 여행길에 올랐다. 동서양이야 몇 차례 오고갔지만, 북반구만 맴돌다가 적도너머 남반구에 위치한 오스트레일리아와 뉴질랜드를 섭렵하는 9박 10일의 여정이야말로 여태 체험하지 못한 색다른 감흥을 자아냈다.

'나라를 떠나면 누구나 애국자가 된다'더니 이역만리 관광지 곳곳에서 마주치는 우리나라 관광객이 왜 그리 반가운지! 개인 소득 이만 달러를 실현할 날이 다가왔음을 실감하며, 우리나라의 발전에 뿌듯한 긍지를 새삼 느꼈다.

안내원에 의하면, 거기에도 역시 기회의 땅을 찾아 이민 온 교민이 많다고 했다. 하지만 정작 교민을 만나 이야기를 나눌 기회는 없었다. 뉴질랜드 남단인 밀포드사운드Milford Sound의 절경을 보고 돌아오는 길에 1박한 퀸스타운Queen's Town을 떠날 때, 우리 버스에 현지 교민 송 씨가 편승한 것이 유일했다. 우리는 마침 무료했던 터라 다음 목적지인 크라이스트처치Christ Church까지 가는 여섯 시간 동안 그와 많은 이야기를 나누었다.

화두는 송 씨의 이민생활사였다. 십이 년 전, 뉴질랜드에 이민 온 그는 이것저것 사업을 해 보았지만 신통치 않아 아직도 생활 기반을 잡지 못한 채 방황하고 있는 것 같았다. 그를 더 안타깝게 하는 일은 우리말도 제대로 하지 못하는 아이들의 교육 문제라는 고민도 피력했다. 부득이 아내와 아이들을 다시 한국에 보낼 수밖에 없는 뉴질랜드 판 '기러기아빠'의 신세가 되고 보니 정말 외로워서 견딜 수 없다며 눈물까지 글썽거렸다. 비록 국적은 달라졌지만 뿌리를 잃지 않으려는 그 마음이 대견하다. 이 밖에도 뉴질랜드 교민의 실상, 그리고 많은 한국유학생과 연간 육천 명에 이르는 어학 연수생의 현지 적응 문제도 화제가 되었다. 이런저런 이야기 끝에 그는 다음과 같은 비유를 들며 자기 자리에 앉았다.

동물 농장에 갇혀 살던 닭 한 마리가 어느 날 제 농장을 벗어나 다른 농장엘 갔다가 싸움이 벌어져 큰 상처를 입고 돌아왔습니다. 이를 본 다른 닭들이 감싸 주기는커녕 번갈아가며 계속 상처를 쪼아 대는 바람에 그 닭은 마침내 많은 피를 흘리고 죽었습니다.

얼마 뒤 이 농장의 개 한 마리가 밖에 나갔다가 역시 싸움 끝에 상처투성이가 되어 돌아왔습니다. 이 개의 상처를 다른 개들이 계속 핥아 준 보람이 있어 얼마 뒤 개의 상처는 말끔히 낫게 되었습니다. 여러분! 여러분이 이런 상황에 놓인다면 여러분은 과연 어찌하시겠습니까?

해외 이민으로 그가 겪은 시련과 고뇌를 담은 이 비유에 차내는 한동안 숙연했다.

어찌 이민 사회뿐이랴? 우리사회에도 이런 일은 얼마든지 있다. 남의 약점을 들춰내고 이를 헐뜯는 일에 맛들인 사람이 얼마나 많은데…. 요즘엔 이런 일이 예삿일처럼 되고 있으니 이만저만한 걱정이 아니다. 그 중에도 온 국민이 텔레비전으로 지켜보는 가운데 인사 청문회가 열리는 국회의 모습은 가관이다. 투명한 도덕성 검증도 좋다. 하지만 국정을 제대로 처리할 업무 수행 능력이 그 사람에게 과연 있는가 하는 검증이 더 먼저다. 자기 허물은 전혀 잊고 마구 큰소리치는 국회의원을 보면 정나미가 떨어질 때가 많다.

그러나 우리 사회에는 이웃을 생각하고 온정을 펼치는 따뜻한 독지가, 불우한 청소년과 노인을 보살피는 명실상부한 사회사업가, 제 일제쳐 놓고 남을 돕는 열성적인 자원봉사자, 그밖에 남을 위해서 드러내지 않고 묵묵히 일하는 사람들도 많다. 이런 사랑의 화신이 있기에 우리는 짧은 기간에 경제 번영을 이룬 나라, 따뜻한 정을 나누며 사는 나라, 그래서 살맛 나는 나라로 자리 잡아 가고 있으니 그나마 다행이다.

2007. 4. 15.

여로旅路에서 발견한 '미국을 떠받치는 힘'

몇 해 만에 아내와 함께 다시 미국을 여행하게 되었다. 아내 김명자 율리아나의 막내인 임승주 군의 박사 학위 수여식에 참가하기 위해 애리조나 주립대가 있는 피닉스에 갔다가 '태평양의 정원'이라 불리는 하와이의 오하우 섬과 카우아이 섬을 둘러보는 10박 11일의 여정旅程이었다. 이번 여행은 여행사 기획 여행이 아닌 자유 여행이라는 점에서 기대가 컸다.

그래서 경유하는 공항 안에서 복잡한 게이트를 찾는 일, 공항에 내리자마자 승용차를 렌트하는 일, 예약된 호텔을 찾아가는 일, 식사를 하기 위해 식당을 찾는 일로 한바탕 법석을 떨고 나서야 겨우 눈을 붙일 수 있었다. 이튿날 역시 호텔, 아니면 가까운 식당을 찾아 아침 식사를 한 뒤에 예정된 관광 코스를 찾아 나서는 복잡한 절차와 과정을 반복하면서 하루하루를 보내느라 아주 혼쭐이 났다. 그 난리 통에 정선精選된 관광지, 차질 없이 진행하는 관광 일정, 고객의 안전과 편의를 돌보는 기획 여행에 은근한 향수를 느끼기도 했다.

하지만 자유 여행에는 그런 대로의 맛이 있었다. 우선 짜여진 일정을 소화하느라 무리하지 않고 여유롭게 관광지를 둘러보는 것도 좋았고, 별 관심도 없는 쇼핑 안내에 부담을 느끼지 않는 것도 좋았다. 특히 길을 묻거나 마트를 찾기 위해서 현지인과 접촉하면서 그들의 생활 단면을 자연스럽게 엿볼 수 있는 기회를 가질 수 있었던 것도 좋았다.

그 하나가 미국 사람들의 철저한 질서 의식이었다. 자동차 도로를 달리다 보니 신호등이 없는 길가에 'STOP'이란 입간판 하나가 달랑 놓여 있는데 모든 차량이 그 앞에서 일단 멈췄다가 안전을 확인한 뒤에야 다시 출발하는 것이었다. 밤늦게 호텔 주차장엘 들어서니 주차할 공간이 없었다. 그 안을 맴돌며 주차할 곳을 찾아보니 하도 질서가 정연해서 감히 불법 주차할 엄두가 나질 않는다. 노란색 사선을 친 공간이 있었지만, 그곳에 주차한 차는 한 대도 없었다. 보기에 안됐던지 관리인이 투숙객임을 확인하고 구석진 곳을 안내해 주었다.

또 하나 깊은 인상은, 화장실에 준비된 '손 닦는 휴지'였다. 88세계 올림픽 이후 깨끗한 화장실을 갖춘 나라로 알려진 우리나라도 공항을 벗어나면 손 닦는 휴지가 아예 없거나 세균이 우글거린다는 공기 건조기로 대체하고 있는 것이 실상이다. 손을 자주 씻는 일은 위생의 기본이다. 피닉스와 하와이의 공항은 물론 공중화장실과 식당의 화장실에는 어디나 다 '손 닦는 휴지'가 빠짐없이 준비되어 있어 참 편리했다.

이러한 질서 의식과 시민의 위생을 위한 작은 배려가 쌓이고 쌓여 다인종·다민족 국가이면서도 성조기 아래 하나로 굳게 뭉친 나라, 국민의 자유와 안전을 철저하게 보살피는 나라, 억류된 국민이 하나라도 있으면 신속하게 이를 구출하고, 나라 위해 전몰한 용사의 유해를 끝까지 찾아내어 가족에게 안겨 주는 나라. "법 앞에 누구나 평등하다"는 법치주의와 질서 의식이 확립되고 공권력을 엄정하게 행사하는 나라가 바로 미국이라는 사실을 확인하게 되었다. 이런 시각에서 불법 집회나 시위에 강력하게 대응하는 경찰관의 당당한 모습이 나,

범법자를 가차없이 구속, 수감하는 법원의 단호한 결단이 하나도 이상할 게 없다.

이번 여행길에서 사막 기후의 악조건을 극복하고 미국 5대 도시로 발전한 애리조나 주 피닉스와 명미한 풍광을 자랑하는 하와이를 둘러본 것도 좋은 추억 거리였지만, 국민을 끔찍하게 아끼는 나라에 대한 신뢰와 충성, 준법과 질서를 생활화한 시민의식이 강대한 미국을 떠받치는 힘이라는 사실을 발견하게 된 것이 무엇보다 더 큰 보람이었다.

2011. 5. 25.

두견주杜鵑酒 담그는 법

4월이면 산에 온통 연분홍빛으로 흐드러지게 피어나는 진달래! 일명 두견화杜鵑花라 부르는 진달래를 우리 조상들은 그냥 완상玩賞하는 데 그치지 않고 여러 가지 음식을 만들어 계절의 미각을 돋우기까지 하였다. 진달래 꽃잎을 넣어서 찹쌀로 빚은 두견주杜鵑酒, 진달래꽃을 듬성듬성 박아서 만든 두견전병杜鵑煎餅, 진달래꽃에 찹쌀가루를 묻혀서 끓는 기름에 띄워 지진 두견화전杜鵑花煎, 진달래꽃에 녹말을 씌워 데쳐서 찬물에 넣어 꿀을 탄 두견화채杜鵑花菜. 이 모두가 옛 어른들의 안목과 지혜의 소산이니 참으로 놀랍다.

하지만 이 중의 백미白眉는 단연 두견주가 아닌가 싶다. 두견전병이니, 두견화전이니, 두견화채는 당장에 장만해서 볼품과 맛을 곁들이면 되지만 두견주는 오랜 시간을 두고 공을 들여야 하고, 또 상당한 수준의 양조 기술을 가져야만 빚어낼 수 있기 때문이다.

제대로 빚어낸 두견주를 처음 떠냈을 때의 그 빛깔은 마치 호랑이 눈처럼 샛노랗다. 시간이 지나며 곰삭으면 엷은 갈색으로 변하고 술 향기가 온 방 안에 가득 퍼져, 술맛을 모르는 사람도 누구나 군침이 돌게 한다. 가히 음식 중 일품逸品이며 제주祭酒로도 안성맞춤이다.

전통 민속주로는 충남 당진의 '면천沔川두견주'가 출시되고 있다. 면천의 두견주는 고려 태조 때 재상인 복지겸卜智謙의 가양주家釀酒에서 유래하는 것으로 전해진다. 면천에는 두견주 빚을 때 쓰는 우물이 오직 한 군데 있다. 그 물이라야 두견주가 제 맛을 낸다고 한다. 그만큼 두견주를 빚는 데는 수질이 중요하다는 것을 말해 준다. 얼마 전 오랜만에 찾은 그 우물은 "면천두견주 주조장 전용우물"이란 표지가 붙은 채 뚜껑이 굳게 잠겨 있었다.

두견주는 옛날에 궁중은 물론 웬만한 양반집에서 가양주로 빚었다고 전해진다. 그러나 지금은 그 양조법은 물론, 두견주의 진미를 아는 이조차 드물다. 내가 두견주를 처음 알게 된 것은 1960년대 초, 군에서 막 제대하고 약 삼 개월간 면천중학교에서 근무할 때였다. 여름방학을 맞아 처가에 선물로 가져갔더니 두견주를 맛보신 장인께서 "두견주의 참맛이 아니다"라고 단정하셨다. 장모께서 전통두견주를 빚을 줄 아셨기에 이미 그 참맛을 알고 계셨던 것이다. 광산김씨, 사계沙溪 선생의 후예이신 장모께서는 궁중에서 부원군 댁에 내린 물목物目 홀기笏記를 풀어 두견주 양조법을 혼자서 익히셨다고 했다. 그 뒤에 내 권유를 받아들인 아내가 그 비법을 전수받아 우리 집에서도 해마다 두견주를 담갔다.

1994년, 아내는 내 환갑날(8월 21일)이 너무 더우니, 녹음방초승화시綠陰芳草勝花時인 5월에 날을 잡아 가족 모임을 가질 요량으로 정초부터 호두에 곶감을 말고, 대추에 잣을 박아 마른안주 거리를 장만해 두는 한편, 음력 정월 보름께 두견주를 빚기 위해 밑술을 해 넣었다. 그러고는 두견화가 채 피기 전인 3월 11일. 하느님의 부르심을 받아 천국으로 떠났다.

내 가까운 친구 중에는 그때의 그 기막힌 술맛을 아직도 잊지 못하고 입맛을 다시는 친구가 적지 않은데, 이제는 두견주의 참맛을 다시 볼 수 없게 된 것이다.

그 비법을 전수받은 아내가 간 지도 어느 덧 십이 년!

거기에 조선 반가班家의 전통 음식에 능숙하셨던 장모께서도 백수
白壽(구십구 세) 아닌 백세百歲를 넘기신 2006년 늦은 봄에 돌아가셨
으니, 두견주의 양조 비법마저 행여 묻힐까 걱정이 된다.

그래서 아내가 생전에 남긴 비망기를 찾아내어 거기에 적힌 '두견
주 담그는 법'을 그대로 옮겨 관심 있는 이들에게 전하고자 이 글을
쓴다.

두견주 담그는 법(찹쌀 한 말 거리 기준)

누룩 만들기

복중伏中에 밀가루 소두小斗 한 되 반으로 누룩을 만들어 서늘한 곳에
놓아 띄운다. 이때 반죽이 질면 누룩이 썩기 쉬우므로 '된 반죽'을 해
야 한다.

밑술 만들기

밑술을 해 넣을 때에는 음력 정월 보름 전에 멥쌀 소두 석 되를 물에
불려 살짝 빻아서 되다랗게(되게) 반죽하여 풀대 정도로 반생반숙半生
半熟해서 싸느랗게 식힌 뒤, 빻은 누룩가루의 4분의 3과 밀가루 7홉을
버무려 넣는다. 나머지 마른 누룩가루 4분의 1은 두견주 담글 때 반드
시 필요하니 잘 보관해 두었다가 써야 한다. 밑술 항아리는 끓여 식힌
물로 깨끗이 씻어 엎어 놓았다가 물기가 빠진 뒤, 비스듬히 뉘워서 신

문지를 태워 그 연기와 열로 소독하고 난 뒤에 쓰도록 한다.

두견주 담그기

청명(양력 4월 5, 6일) 전후 활짝 핀 진달래꽃을 따다가 그 꽃술을 빼낸 꽃잎 두 사발을, 끓였다 식힌 물로 깨끗이 씻고 물기를 빼 둔다. 술을 담그는 데 쓸 물은 끓여서 미리 식혀 둔다. 술을 담글 항아리는 끓였다 식힌 물로 미리 씻어 엎어 물기를 뺀 뒤 비스듬히 뉘워서 신문지를 태우면서 그 연기를 쐬어 항아리 속을 소독한다. 모든 그릇과 꽃을 씻을 물, 그리고 술을 빚을 물은 반드시 끓였다 식힌 물로만 쓴다.

　찹쌀을 물에 불려 술밥을 쪄 내고 돗자리에 널어 식힌 뒤, 이미 빚어 놓은 밑술과 밑술 만들 때 남겨 둔 누룩(4분의 1)과 술밥을 넣어 충분히 섞고 또 비벼서 버무린다. 이 혼합물을 술 항아리에 옮겨 담은 뒤, 물을 찹쌀 한 말 기준으로 열 사발 정도 붓는다. 끓이지 않은 물을 쓰면 절대 안 된다. 물은 항아리에 앉힌 뒤 손을 넣어 물이 손목 위에 올라오도록 부어야 적당하다. 마지막으로 씻어 물기를 말린 진달래꽃을 한 줌씩 집어 서너 곳에 나누어 박고 항아리 뚜껑을 잘 덮는다.

익은 술 뜨기

삼칠일(이십일 일)이 지난 뒤 용수를 박아 진국을 떠낸다. 진국을 떠낸 뒤에는 미리 끓여서 식힌 물 다섯 사발을 술항아리 속 둘레에 두르고 다음날 또 떠낸다. 이런 과정을 두세 번 반복하되 술 항아리 둘레에 두르는 물의 양은 점차 줄이도록 한다.

　이상이 비망기에 적힌 그대로의 내용이다. 그때 옆에서 지켜보던 내 경험에 의하면, 진국은 술병을 다 채우지 말고 잘 밀봉해 두어야한다. 후발효後發酵에 의하여 넘치기 때문이다. 서늘한 곳에 일 년 동안 보관해도 변질이 되지 않아 제주祭酒로 요긴하게 쓸 수 있다.

두 번째 떠낸 술은 알코올 도수가 낮아 변질되기 쉬우니, 술맛이 변하기 전에 이웃 또는 친구들과 함께 마시는 것이 좋다.

세 번째 걸러 낸 술은 첫 번째 떠낸 진국과 반반 섞어 마시면 그 맛이 두 번째 떠낸 것과 다르지 않다.

술잔에 손이 쩍쩍 붙는 순 곡주의 향과 맛을 친구들과 함께 즐기며 마치 옛날 선비나 된 것처럼 주흥에 도도했던 지난날이 마냥 그립다.

2006. 4. 20. 용인 보정에서 진달래 만발한 뒷동산을 보며.

웰빙well being, 웰다잉well dying

천수天壽를 다하다가 평안하게 세상을 마치는 것은 모든 사람의 한결같은 소망이다. 그래서 예로부터 고종명考終命을 오복五福의 하나로 꼽는다. 수명이 짧았던 옛날에도 "사십에 위사계爲死計라" 하여 나이 사십이면 죽음에 대비하는 것을 지각 있는 선비가 할 일로 여겼다. 이제 장수시대를 맞아 웰빙well being 못지않게 웰다잉well dying이 많은 사람의 관심거리가 되는 이유가 여기에 있다. 오죽하면 "구십구 세까지 팔팔하게 살다가 이틀 앓고 사흘 만에 병원에서 죽으면 좋겠다"는 염원을 담은 '9988234'란 말이 유행하게 되었을까?

1970년대 말. 나는 장조丈祖(심재극沈載克)의 장례를 보면서 숭모의 정을 더하게 되었다. 평생을 선비로 사시며 많은 제자를 기르시고, 자손은 물론 많은 사람들의 존경을 받으셨던 분이시다. 90을 훨씬 넘기신 고령에 경향 각지에 살고 있는 자손과 친지를 두루 찾아보시고 나서 귀가하신 지 사흘 만에 돌아가셨다. 임종이 가까움을 아시고 고별 나들이를 하신 것이다. 장례행렬에는 수많은 만장輓章이 나부끼는 가운데 유복지친과 제자들이 뒤를 따랐다. 뒷동산 장지에 이르는 길 좌우에는 때마침 당신께서 손수 심고 가꾸신 국화가 만발하여 가실 때를 미리 아시고 길을 꾸며 놓으셨음을 알게 하셨다.

얼마 전 94세를 일기로 깨끗하게 선종하신 한상렬韓相烈 마티아 님의 연도煉禱와 장례미사에 참례하게 되었다. 그 어른의 무남독녀요, 보정동성당 사회봉사활동의 기수旗手인 한성희 데레사 자매가 들려주는 임종 경위에 더욱 감동을 받았다.

아버지께서는 젊은 시절부터 인자하셔서 아무리 좋은 옷도 남의 것이었어요. 값비싼 옷을 입고 외출하셨다가도 헐벗은 이가 있으면 그냥 벗어 주고 오시는 거예요. 어머니께서 말리셔도 소용이 없었어요. 아버지께서는 일본에 오래 사시다가 얼마 전에 귀국하셔서 좋은 일을 더 하시려고 많은 돈을 은행에서 직접 찾아오시다가 뒤따른 강도의 습격을 받으셨어요. 그 후유증으로 저의 집에서 요양하고 계셨지요. 돌아가시기 며칠 전. 그토록 권해도 막무가내시던 분이 스스로 하느님의 자녀가 되겠다고 자청해서 대세를 받으셨어요. 그러고는 옷장 문을 열라 하시더니 "그 옷, 세탁해서 수의로 써라" 하시고, "시신 기증서를 잃어버렸으니 서울대병원에 연락하여 재발급 받아 두어라", "문상객에게는 계피 떡을 대접하라"고 하나하나 일러 주셨어요. 세탁물이 배달되고 시신 기증서가 우편으로 배달되던 날 아침. "내가 오늘 밤 열두 시에 예약했다"며 "몸을 씻고 싶다"고 하셔서 목욕을 시켜 드렸더니 아주 기분 좋아 하셨어요. 시간이 가까워지자 "답답하다. 창문을 열어라"고 하셔서 문을 활짝 열어 드리고 느낌이 이상해서 아버지 표정을 살펴보았더니 살짝 미소를 짓고 계시지 않겠어요? 손가락을 코에 대보니 이미 선종하셨지 뭐예요. 그 시간이 밤 열한 시 이십일 분이었어요.

얼마나 평화로운 임종인가? 성당에서 장례식을 마친 마티아 님의 유해는 깨끗이 세탁한 평상복 차림으로 캐딜락에 실려 시신을 기증한 서울대병원을 향해 떠났다.

　두 어른께서는 어떻게 자신의 운명殞命을 훤히 내다보실 수 있었을 까? 맑은 영혼을 가진 분, 마음을 깨끗이 비운 분들은 자신이 가실 길을 미리 알아차리고 부활의 희망 속에 평화롭게 선종善終하시는 게 아닐까? 그동안 고승高僧, 거유巨儒, 종교지도자가 생애 마지막에 드러낸 법어, 유언, 그리고 이적異蹟이 화제가 된 일이 있었다. 최근에 성철, 법정 스님이 그랬고, 김수환 추기경님이 그랬다. 깨끗한 삶을 사시다 평화롭게 가신 두 분의 모습을 가까이서 보며, "행복하여라. 마음이 가난한 사람들! 하늘나라가 그들의 것이다"(「마태복음」 5장 3절, 「루카복음」 6장 20절)라는 복음 말씀이 새삼스럽게 가슴에 와 닿는다.

　2010. 6. 25.

오서오기鼯鼠五技

이몸이 텬디간天地間의 태창제미太倉稊米 굣것마는

고금古今을 혜여보니 해온 일도 긔특홀샤

두어라 쥐ㄱ튼 인간人間이야 닐러 무슴ㅎ리

윗글은 나의 10대 방조傍祖이신 옥소玉所 권섭權燮(1671-1759) 할아
버지의 16영詠(군자의 풍모인 소나무·국화·매화·대나무, 도道와 이
법理法의 표상인 산·계곡·강·바다, 관료의 직분인 신선·용·호랑이·
학, 화자話者의 꿈과 열망을 나타낸 사람·잉어·말·매의 열여섯 가지
를 노래한 가곡) 중 '사람'에 관한 가사歌辭다. 자신의 모습이 '태창제
미', 곧 큰 창고의 돌피 같은 초라한 존재임을 탄식하면서(초장), 과거
를 돌아보니 남과 다르다는 사실을 문득 깨닫고(중장), 아무 것도 제
대로 할 줄 모르는 자신을 '쥐 같은 인간'으로 자책한다(종장)는 내용
이다.

　여기에서 '쥐 같은 인간'이란 '오서鼯鼠의 다섯 가지 재주'를 비유한
말이다. 오鼯 자는 '날다람쥐 오', 서鼠 자는 '쥐 서'이니 곧 날다람쥐
같은 인간으로 당신을 자처하신 것이다.

　날다람쥐의 다섯 가지 재주란

첫째, 날 수는 있지만 지붕 위까지 오르지는 못하며,

둘째, 나무에 기어오를 수는 있지만 나무꼭대기에는 이르지 못하며,

셋째, 헤엄을 칠 수는 있지만 골짜기를 건너지는 못하며,

넷째, 구멍을 팔 수는 있지만 제 몸을 숨기지는 못하며,

다섯째, 달릴 수는 있지만 사람보다 빠르지는 못하다.

는 것이다. 『순자荀子』의 「권학勸學」 편에 나오는 글을 풀이한 '날다람
쥐의 재주'라는 말은 이를 오서오능鼯鼠五能, 오서오기鼯鼠五技, 오서지
기鼯鼠之技, 오서기궁鼯鼠技窮이라고도 표현한다. 재주는 많으나 변변
한 재주가 하나도 없어서 도움이 되지 않는다는 것을 비유하면서 아
무쪼록 군자의 한결같은 마음으로 오로지 학문에 정진해야 한다는 뜻
의 고사성어다.

예로부터 "한 가지 재주만 제대로 가지면, 열 재주 가진 사람 부럽
지 않다" "열 가지 재주 가진 사람 빌어먹기 십상이다"라는 우리나라
속담이 있다. 섣부른 재능을 많이 가진 것보다는 한 가지 전문적인 재
능과 기술을 가진 사람이 세상 사는 데 도움이 된다는 말이다.

현대사회는 첨단 과학기술의 발달에 따라 직업의 종류도 하루가 다
르게 증가하고 있다. 현재 정확한 직업의 종류를 헤아릴 수 없으나 대
강 이만 내지 삼만 개로 추산하고 있다. 바야흐로 직업의 다양화, 전
문화, 세분화 시대로 접어들고 있다. 그만큼 각자가 계발할 재능의 여
지가 많고 개개인의 탁월성이 요구되는 사회에 우리는 살고 있다. 전
문적인 재능의 계발과 직업 선택의 문제는 이제 누구나 다 깊이 고민
해야 하는 세상이 된 것이다.

각자가 재능을 길러 전문적인 경지에 이르려면,

—서두르지 말고 차분하게 생각하면서 즐겁고 재미있게 할 수 있는 자기 일이 무엇인지 스스로 찾아내야 한다.

—다가오는 미래사회에 대한 전망과 예측도 필요하다. 그러려면 식견 있는 분과 충분히 상담하는 게 좋다.

—일단 자기 재능이나 강점을 발견하고 그 길로 가기를 결심했으면 꾸준히 한길을 가야 한다. 성공하려면 그 일에 몰두해야 한다. 소신 없이 방황하다가는 아무 것도 이룰 수 없다.

—쌓인 스트레스를 무시로 해소하고 새로운 활력을 충전하기 위해 개인 생활에 여유를 즐기는 일도 잊지 않아야 한다.

2010. 11. 5.

제2장
바른 삶을 위한 지향志向

낙엽을 관상觀想하며

오늘이 입동立冬(11. 7.). 새벽 운동하러 나선 뒷동산 오솔길에 낙엽이 온통 쌓였다. 올여름 불어닥친 태풍 '곤파스'에 몸통이 뒤틀리고 가지가 찢기면서도 푸르기만 하던 핀오크pin oak(대왕참나무) 잎이 계절의 변화에는 어쩔 수 없이 떨어진 것이다. 아침 이슬에 젖어 "바스락" 소리조차 내지 못하는 그 모습이 더욱 애처로워 나도 모르게 "너나 나나 쓰레기 신세가 되었구나!" 하는 어줍은 독백을 하다 이내 입을 다물었다. 마음속 깊은 곳에서 자존심이 꿈틀하는 바람에 얼른 말을 거둔 것이다.

봄이면 연녹색 빛깔로 온 누리에 희망을 안겨 주고, 여름이면 진초록 무성한 잎 그늘에 우리를 쉬게 하고, 가을이면 비바람 모진 세월을 억척같이 견뎌 낸 보람을 자랑하듯 아름다운 단풍 물결을 이루다가 혹독한 겨울 추위가 오기 전에 이 모든 것을 미련 없이 버리고 가장 낮은 데로 내려앉는 낙엽. 이 낙엽에서 우리는 겸손과 지분知分의 미덕을 배우게 된다.

낙엽은 자연의 섭리에 따라 뿌리로 돌아가 자신이 썩음으로써 그 모체의 잎과 줄기에 활력을 더해 주는 밑거름이 되니 여기에 또 하나의 자기희생을 보게 된다. 하나의 밀알이 떨어져 자신이 썩지 않고는 싹트고 열매 맺을 수 없다는 진리를 그대로 보여 주는 생생한 삶의 현장을 보면서, 부모의 애틋한 자애와 한통속인 자기희생의 원형을 생각하게 된다. 자기희생의 극치는 인간 구원을 위한 예수 그리스도의 숭고한 십자가 수난이다. 이렇듯 일일이 헤아릴 수 없는 많은 자기희생의 바탕 위에서 우리는 평화를 누리며 살고 있다.

낙엽은 그가 머물던 자리에 눈을 남기고 떠난다. 그 눈은 새봄에 새잎을 돋게 하는 생명이요 희망이다. 나이 들면 이런저런 추억을 되새기다가 마침내 낙엽처럼 지는 게 인생이다. 성당의 장례미사에 참예하면 "그리스도인에게는 죽음은 삶의 끝이 아니라 영원한 생명의 시작이므로 주님 안에서 다시 만나리라는 희망을 가집니다"라는 신부님의 조사弔辭에서 슬픔에 빠진 유가족이나 연도하려 모여든 조문객은 크나큰 위안과 용기를 얻게 된다.

그동안 많은 철학자, 종교인, 정치가, 예술가 들이 고된 삶에서의 희망을 예찬했다. "삶이 있는 한 희망은 있다"는 키케로의 말에서, "내일 지구의 종말이 올지라도 나는 한 그루의 사과나무를 심겠다"던 스피노자의 말에서, 절망의 순간에도 "비장의 무기가 아직 내 손에 있다. 그것은 희망이다"라고 외친 보나파르트 나폴레옹의 말에서, "정녕 마지막인 것만 같은 순간에 새로운 희망이 움튼다. 삶이란 그런 것이다. 태양이 어김없이 솟듯이 참고 견디면 보상은 반드시 있다"고 말한 앤드류 매튜스의 말에서 우리는 무한한 용기를 얻는다(앤드류 매튜스Andrew Matthews는 호주의 만화예술가로, 행복을 그리는 철학자, 세계적 동기 부여 전문가로 『지금 행복하라』 『마음 가는 대로 하라』 『관계의 달인』 『기대하는 대로 얻는다』 등의 저서가 육십여 개국에서 서른세 개 언어로 출판되고, 최근 우리나라에서도 170만 부가 팔린 베스트셀러 작가이다). 사람이 한평생을 살다 보면 기쁨보다 시련과 고통이 따른다. 그럴 때마다 "인생살이 고달파도 희망은 있다", "이 고비만 넘기면 된다"는 말로 서로 격려하며 고통을 참고 살아야 하는 게 인생이다.

역사는 어제와 오늘의 끊임없는 연결 속에서 발전하면서 내일의 희망으로 이어질 때, 비로소 생명력을 가지게 된다. 삶 속에 담긴 경험과 지혜를 밑거름으로 삼아 다음 세대에 물려주는 문화 전승, 곧 교육이 있었기에 마침내 인류 문화가 꽃을 피우게 된 것이다.

자연의 섭리에 순응하는 겸손, 후손을 위해서 뿌리로 돌아가 밑거름이 되는 자기희생, 그러면서도 새로운 생명을 잉태하고 떠나는 낙엽을 보며 나는 "오늘의 내가 있게 해 주신 조상의 은덕을 기리고 내일을 살아갈 자손의 행복을 위해 내가 무엇을, 어떻게 할 것인가?"를 다시 한번 생각하게 된다.

2010. 11. 7.

너 자신을 알라

"너 자신을 알라"는 말은 그리스의 유명한 격언이다. 고대 그리스 델포이의 아폴로 신전 프로나오스(앞마당)에 새겨졌다고 전해지는 이 격언을 처음 주창한 사람이 누구인가에 대해서는 아직 정설定說이 없다. 다만 탈레스, 킬론, 피타고라스, 솔론, 소크라테스, 헤라크레이토스 등 그리스의 학자들의 이름만이 거론될 뿐이다.

그러나 문답을 통해 자신의 무지無知를 이끌어 내는 '산파술 교수법'의 창시자로 알려진 소크라테스가 이 격언을 원용하였다는 주장에는 다툼이 없다.

사람을 놓고 이러쿵저러쿵 평가하며 사는 것에 익숙한 것이 우리의 일상日常이다. 하지만 그 평가라는 것이 자기 나름의 잣대에 맞춰 입방아를 찧는 데 불과하기 때문에 어느 누구도 사람을 제대로 안다고 장담하기는 어렵다. 하물며 자기 자신의 겉모습조차 제대로 보지 못하는 사람이 자신의 속마음까지 다 알아낸다는 것이 어디 그리 쉬운 일이겠는가.

중국 명말 청초의 성행했던 문학 형태에 '청언淸言'이란 게 있다. 짧고 간결한 문장 속에 삶의 철리哲理를 담은 잠언箴言 형식의 문학이다. 이를 간추려 번역한 정민鄭珉 교수의 저서 『마음을 비우는 지혜』(솔 출판사, 1997)에 다음과 같은 글이 있기에 그대로 인용한다.

사람이 살피지 않을 수 없는 것이 있으니, 부드럽게 처신하는 것과 나약하게 구는 것, 굳세게 행동함과 사납게 구는 것, 검약하게 구는 것과 인색한 것, 후하게 하는 것과 어리석은 것, 분명하게 하는 것과 각박한 것, 스스로 무겁게 하는 것과 자신을 뽐내는 것, 스스로 겸손한 것과 스스로 천하게 하는 것이 그것이다. 서로 비슷한 듯해도 같지 않으니, 차이는 조금인데 결과는 천리이다 爲人不可辨者 柔之與弱也 剛之與暴也 儉之與嗇也 厚之與昏也 明之與刻也 自重之與自大也 自謙之與自賤也 似是而非 差之毫釐 失以千里"(원매袁枚, 『수원시화隨園詩話』).

이 글『수원시화隨園詩話』를 쓴 중국 청나라 원매袁枚는 "세상을 살다 보면 실천할 덕행이 있고 삼가야할 실덕失德이 있다. 그런데 그 한계가 애매모호하여 혼돈을 일으키기 쉽다. 이 두 가지는 비슷한 것 같아도 내용은 서로 다르다. 그러므로 이를 잘 가릴 줄 알아야 한다. 그 차이는 아주 작지만 선을 제대로 긋지 못하면 크게 낭패하게 된다"는 사실을 설명하고자 한 것이다.

아전인수我田引水 격으로 모든 것을 판단하려 드는 자기중심적 사고방식이 세상에 넘쳐흐르기 때문에 가치관에 차이가 나타나는 것은 어쩔 수 없는 현상이 아닌가 싶다. 가치관의 차이는 개인은 물론 남녀, 세대, 사회계층, 국가 간에 언제 어디서나 나타나는 것이지만, 최근의 우리 현실은 그 갈등의 정도가 지나쳐 자못 걱정스러운 상태다.

노인들은 젊은이들이 "버릇없다"고 꾸짖고, 젊은이들은 노인들이 "고루하다"고 비방한다. 아니, "보수 꼴통"이라고까지 매도한다. 빈부 간의 반목도 예사롭지 않다. 보수와 진보 간의 대립도 심각하다. 인터넷으로 이를 부추기는 일부 네티즌의 행태는 더욱 한심하다. 가치관의 차이를 줄이고 국민 간에 일치를 이루는 일이 국가의 정치적, 경제적, 사회적 과제가 된 지도 오래다. 하지만 갈등 해소의 기미가 전혀 보이지 않으니 참으로 안타까운 일이다.

이를 극복하는 길은 그 독자성을 살려 가며 각자가 맡은 역할에 최선을 다하는 데 있다고 본다. 젊은이는 활기차고 패기가 있어 믿음직하다. 노인은 노인대로 그 경륜 속에 깃든 삶의 지혜와 신중함을 살려 사회와 국가의 버팀목이 되니 든든하다. 남성은 남성으로서, 여성은 여성으로서, 기업가는 기업가로서, 노동자는 노동자로서 사회와 국가 발전에 기여하려는 정신 자세를 확고하게 해야 한다. 국민 모두가 대승적 견지에서 조화와 일치를 이루기 위해서로 이해하고 협력해야 한다. 그 근본이 바로 '사람다운 사람'으로 거듭나는 일이다. 그리고 건전한 상식을 바탕으로 삼아 시각視角을 맞추도록 서로 노력해야 한다.

— 각자의 특성을 인정하면서 화합하는 화이부동和而不同의 정신.

— 서로 이해하고 양보하면서 문제를 풀어 나가는 협동의 정신.

— 너무 지나치거나 뒤떨어지지 않고, 한쪽으로 치우치지도 않는 중용中庸의 정신을 가져야 한다. 이를 위해 끊임없이 스스로 수양하고 성찰하는 사회기풍도 진작되어야 한다.

우리 모두 "너 자신을 알라"는 그리스 격언의 고전적 가치를 재음미하면서, 자신이 지녀야 할 올바른 자세가 무엇인가를 다시 한번 생각해 보아야 할 때라고 생각한다.

지금 우리나라에는 삶의 질을 높이려는 복지福祉의 바람이 거세게 불고 있다. 이 바람이 복지의 단비를 누구에게나 골고루 내릴 수 있게 한다면 오죽이나 좋겠는가. 그러나 다음 세대의 것을 훔치는 결과는 가져오지 말아야 한다. 그 바람이 지나쳐 자칫 국가에 재난을 부를까 우려하는 목소리도 적지 않다.

　국민 모두가 참된 나눔의 가치를 알고 기쁜 마음으로 복지 혜택을 누리며 평화롭게 살기를 진정 바란다면 '복지의 바람'을 일으키기에 앞서 우리의 처지를 냉철하게 헤아려 보는 '이성의 바람'과 '소통의 바람'이 먼저 불어야 하지 않을까?

　2011. 2. 11.

어처구니없는 세상

오랜만에 찾은 제주안내도에서 '제주돌 문화공원'을 보고 눈이 번쩍 떠졌다. 제주에 들를 때마다 아름답고 싱그러운 풍광의 매력 뒤에 잠겨 있을 섬나라 탐라국 문화에 대한 호기심을 메워 줄 '무엇이 없을까?' 하는 아쉬움이 늘 남아 있었는데….

2006년 6월에 개관했다는 이 박물관은 내게 많은 제주의 변모를 보여 주었다. 탐라문화에 대한 이해를 깊게 하는 '문화공원 제주'가 지향하는 문화 관광의 진면목을 보여 주는 것 같아 흐뭇했다. 조천읍 교래리. 삼백삼십만 평방미터의 넓은 터에 자리 잡은 이 도립공원은 규모도 크거니와 구석구석에 제주도민의 정성이 가득 담겨 있어 더욱 눈길을 끌었다.

제1코스는 한라산 영실의 설문대 할망과 오백장군을 주제로 한 '전설의 통로'를 지나 지하층의 '제주의 형성 과정과 화산활동', 진귀한 자연석을 전시한 '제주돌박물관'으로 이어진다. 제2코스는 선사시대부터 조선시대에 이르는 제주 사람들의 애환을 담은 생활상과 토속신앙을 내용으로 하는 야외 '돌문화전시관'이고, 이제 거의 사라진 '제주의 전통 초가'를 재현해 놓은 곳이 제3코스다.

'제주돌박물관' 제1코스 전시실. 돌이 가득 전시된 부스 앞에 이르렀을 때 관람객 하나가

"어어! 이 맷돌에는 어처구니가 없네?"

라고 소리친다. 하도 어처구니가 없어서 돌아보니 그 관람객은 전시해 놓은 여러 개의 맷돌 가운데 맷손이 없는 것 하나를 가리키며 어리둥절해하는 내게 맷손이 곧 '어처구니'라는 해설자의 설명을 들었노라고 알려 주었다.

"어처구니 없는 맷돌이라? 허허, 어처구니 없이 무거운 맷돌을 돌린다?"

"그야말로 어처구니없는 일이로군."

박물관을 나와서도 나는 내내 입속으로 중얼거렸다.

집에 돌아오자마자 당장 국어사전을 뒤적였다. '어처구니'란 명사로 '상상 밖으로 큰 물건이나 사람을 이르는 말'이고, '어처구니없다'는 형용사로 '어이없다'의 속어라 되어 있다. 그렇다면 맷손이 어처구니란 말도 일리가 있는 게 아닌가 하고 생각을 정리했다.

그러고 며칠을 지내는데 우연히 "어처구니없다고? 요기 있잖아!"라는 신문기사(『조선일보』 2006. 10. 21.)가 눈에 띄었다. 『어처구니 이야기』(박연철 지음)란 책을 소개하는 기사였다.

또다시 "나 참! 어처구니없네" 하면서 읽은 글의 내용은 대충 다음과 같다.

'어처구니'란 숭례문이나 경복궁 같은 옛 건물 추녀마루 끝에 익살맞게 흙으로 조각하여 올려놓은 잡상雜像을 말한다. 중국의 당 태종이 꿈속에 나타나는 귀신을 쫓으려고 병사를 지붕 위에 올린 데서 유래했다고 한다. 어처구니란 중국 소설 「서유기」에 등장하는 거짓말쟁이 이구룡, 술주정뱅이 저팔계, 장난꾸러기 손오공, 사오정, 삼장법사를 일컫는 말이다. 이 어처구니들 때문에 하늘나라는 하루도 조용한 날이 없었다고 한다. 화가 난 하늘나라 임금은 어처구니들을 잡아들인 뒤에 명령하기를, 못된 귀신인 '손'을 잡아들인다면 그들의 죄를 용서하겠노라고 했다. 이들은 손오공이 그물뜨기를 실수하는 바람에 '손'을 잡는 데는 실패했지만 악귀를 물리치는 상징물로서 존귀한 큰 건물 위에서 언제나 눈을 부릅뜬 채 지금도 사악한 무리가 범접하지 못하게 감시의 눈을 번뜩이고 있다. '어처구니없다'는 말은 기와장이들이 궁궐을 지을 때 어처구니들을 깜빡 잊고 안 올린 데서 생긴 말이라고 한다.

어쨌거나 위의 두 이야기에 나타나 있듯이 '어처구니없다'는 말에는 꼭 있어야 할 것이 빠져 있는 것에 대한 아쉬움이 담겨 있다.

우리는 건국 육십 년 동안 우여곡절을 겪으며 민주화를 이룩하고 놀라운 경제 발전으로 선진국의 문턱에 바짝 다가선 '한강의 기적'을 이루었다. 그러나 그 이면의 우리 사회는 선진화의 길목을 가로막는 '어처구니없는 일'들로 여전히 답답한 혼미의 늪에서 허둥대고 있다. 대다수가 틀렸다는 결론을 내려 뻔히 틀린 줄 알면서도 자기만이 옳다고 억지 생떼를 쓰는가하면, 못된 짓을 하다가 들통이 나면 '그건 내 탓이 아니라 네 탓이라'며 남에게 뒤집어씌우려 한다. 합리와 상식이 무색해지고 억지와 생떼가 마구 횡행하는 세상이 된 것이다.

"참으로 어처구니없는 세상이 되었구나" 하는 탄식 소리가 절로 나온다. 맷돌에 어처구니(맷손)가 빠지고, 궁궐 건물에 어처구니(잡상)가 빠지듯이, 우리 사회 곳곳에 어처구니가 빠졌기 때문에 이런 억지 생떼의 혼미가 계속되는 것이 아닐까?

우리 사회에 꼭 있어야 할 '어처구니'는 바로 법과 질서다. 법과 질서가 실종되어 기강이 무너진 사회는 제아무리 민주화가 앞서 있고 경제적으로 풍요하다 해도 '어처구니없는 세상'일 수밖에 없다. 눈을 크게 뜨고 살펴보면, 꼭 있어야 하는데 빠뜨린 어처구니가 우리 사회의 곳곳에서 눈에 띈다. 가정, 학교, 직장…. 정계, 관계, 재계, 학계, 교육계, 법조계…. 그 모두가 실종된 어처구니를 찾아 바로 세우는 일을 서둘러야 한다.

오늘도 나는 이 어지러운 '어처구니없는 세상'을 힘겹게 살면서 머지않아 구석구석 골고루 어처구니가 바로 서는 날 펼쳐질 환한 대한민국의 미래에 희망을 건다.

『조정마당 열린대화』 제6호, 서울중앙지방법원 조정위원협의회, 2008.

사람의 그릇 크기

언젠가 서울시 내 초등학교 교장 십여 명이 동시에 징계 해임된 충격적인 일이 있었다. 과학 기자재 납품과 관련, 금품을 받은 혐의였다. 때마침 "학교에 촌지 수수가 성행한다"는 언론 보도가 있은 뒤라 교육청으로서는 일벌백계한다는 뜻에서 내린 처분이겠지만, 받은 금액이 십만 원대의 소액이라 그 징계 수위가 지나치다는 평이었다. 당사자들은 응당 처분 상급 관청인 교육부 장관에게 소청을 제기했고 그 결과 해임 처분만은 면하게 되었다. 그러자 교육감이 관계관을 불러 "그것도 방어하지 못했느냐?"고 마구 호통을 쳤단다. 이 말을 전해 듣고 나는 "수도 교육을 책임지는 사람의 금도襟度가 이래 가지고서야, 원" 하며 아쉬워했다. "그래요? 읍참마속泣斬馬謖하는 심정에서 내린 처분이었지만, 영 마음이 개운치 않았는데 잘됐군요. 그동안 수고하셨습니다"라고 관계관들에게 위로의 말 한마디라도 했더라면….

속 좁은 사람을 두고 흔히 "밴댕이 속 같다"느니 "좁쌀영감"이니 하고 비웃고, 속이 넓고 깊은 사람을 "통이 크다", "마음이 하해와 같다"고 칭송한다.

『천자문千字文』에는 "기량을 헤아리기 어렵게 크고 넓게 가지고 싶다器欲難量"는 글이 있다. 기량器量이란 사람의 그릇 크기를 말하며, 이를 기국器局, 국량局量, 도량度量, 아량雅量, 덕량德量이라고도 한다.

옥돌을 다듬고 갈아야 훌륭한 옥이 되듯이 사람의 그릇도 갈고 닦을수록 넓어지고 커진다. 교육학에서는 이를 인간의 가변성可變性, 또는 가소성可塑性으로 설명한다.

사람의 그릇 크기는 그야말로 백인백색이요 또 천차만별이다. 그러나 이를 크게 둘로 나누면, 그릇이 크고 넓은 사람과 그릇이 좁고 작은 사람이 있다. 둘 다 일장일단이 있다. 전자(그릇이 크고 넓은 사람)에는 '짧고 굵게 살려는 이'가 많고 그 기상이 호방하고 적극적인 반면, 깊은 생각 없이 일을 대강 해치우는 허점이 있다. 후자(그릇이 작고 좁은 사람)에는 '가늘고 길게' 살려는 경향이 있고, 일을 꼼꼼히 처리하는 믿음직한 면이 있으나 소극적이고 편협한 것이 흠이다.

이상을 추구하고 참된 가치를 지향하는 존재로서의 사람은 당연히 이 두 가지 성격을 조화시켜 그 그릇의 크기를 더 크고 넓고 깊게 하려고 노력한다. 그러나 그것이 생각처럼 쉽게 되지 않는 데에 인간으로서의 모순과 한계가 있다.

크고 넓고 깊은 그릇이 되려면

— 야망과 당찬 포부
— 더 높게, 더 넓게, 더 깊게 보는 혜안
— 사물을 똑바로 보고 사리를 객관적으로 판단하고 그 해법을 찾는 합리적인 자세
— 복잡한 것을 생략할 줄 아는 지혜
— 서로 이웃을 배려하고 포용하는 너그러움

이 있어야 한다.

이성과 양심, 성찰과 수양, 사랑과 나눔은 인간을 창조하신 하느님의 고귀한 은총이기에 우리 모두 크고 넓고 깊은 그릇으로 거듭 나서 참된 평화를 가득 담을 수 있는 그릇이 되면 정말 좋겠다.

그대는 어느 정도 크기의 그릇을 내밀 수 있으신지요

선한 일을 많이 한 사람일수록
사랑을 받는 그릇이 큽니다.
따라서 큰 사랑을 할 수가 있습니다.
그러나 작은 그릇을 가진 사람은
큰사랑을 주어도 받을 수가 없습니다.
그릇의 크기만큼만 받고
나머지는 그릇 밖으로 모두 흘려 버리죠.
그리고 그릇 속에 담겨 있는 사랑만
사랑이라고 생각하게 되죠.
신적인 사랑,
완전한 사랑,
영원불변한 사랑을 그대에게 드린다면
그대는 어느 정도 크기의 그릇을
내밀 수 있으신지요.
(『서울주보』, 천주교서울대교구, 2009. 7. 18.)

2009. 8. 4.

세상을 제대로 보려면

'우물 안 개구리'는 세상 넓은 줄을 모른다. "아는 것만큼 보인다"는 말은 이런 때 쓰인다.

농사 짓기나 여행과 같은 직접 경험이든, 독서·영화 같은 간접 경험이든, 또는 서로가 힘을 함께 모아 어떤 일을 성취하는 공동 경험이든, 가릴 것 없이 많은 경험을 쌓고 지혜를 모으고 또 공부도 많이 해야 하는 까닭이 여기에 있다.

그러나 막상 우리가 세상을 살다 보면 아는 것만큼 보지 못하는 경우가 생긴다. 때로는 장막을 드리운 듯 시야視野가 가려지고, 때로는 안개 속을 보는 것처럼 시계視界가 흐려지고, 때로는 배율이 맞지 않은 돋보기처럼 시각視角이 일그러지고, 때로는 색안경을 쓴 것처럼 윤색되어 그 본색을 전혀 알 수 없는 처지에 빠지게 된다. 그야말로 "가랑잎이 눈을 가리면 높고 큰 산도 볼 수 없고, 콩알이 두 귀를 막으면 우렛소리도 못 듣는다一葉蔽目 不見太山 兩豆塞耳 不聞雷霆"는 옛말 그대로의 상황이 벌어지는 것이다.

이처럼 사람의 눈을 가려 진실을 덮고 판단을 흐리게 하는 것이 도대체 무엇인가?

첫째, 관심이 없으면 그렇게 된다. "마음이 없으면 보아도 보이지 않고, 들어도 들리지 않고, 먹어도 그 맛을 알지 못한다心不在焉 視而不

見 聽而不聞 食而不知其味"(『대학大學』)는 옛글대로다. 남의 일에 지나친 관심을 가지고 이러쿵저러쿵할 게 아니라, 자신의 업무에 관련된 일이나 국가 사회의 발전에 도움이 되는 일에 적극적인 관심을 가져야 한다.

둘째, 욕심이 눈을 가리면 제대로 보지 못한다. 자기 논에 물을 대려는 사람의 눈에 다른 사람의 갈라진 논바닥이 보일 리 없다. 사사로운 욕심을 버리고 객관적, 합리적으로 상황을 판단해야 한다. 공정 무사와 청렴은 남의 앞에 서는 사람이 갖추어야 할 최우선의 덕목이다.

셋째, 시각의 차가 오해와 편견을 낳는다. 산 위에서 보는 경치 다르고, 산 아래에서 보는 경치는 다르다. 처지를 바꾸어 생각해야 한다易地思之. 중국 송나라 주자朱子가 "자기의 심정으로 남의 마음을 헤아리라以己之心 度人之心"고 한 말은 과연 성리학의 원조다운 명언이다. 서로 화합하되, 개성과 의견이 각기 다름을 인정하는 화이부동和而不同의 정신으로 넓은 아량을 지닐 때 서로 한마음이 될 수 있다.

넷째, 편향된 의식이 진실을 왜곡하고 혼란을 부추긴다. 빨간색 안경을 쓰고 보면 세상이 온통 빨갛게 보이고, 까만색 안경을 쓰고 보면 세상이 다 까맣게 보이는 법이다. 개인이든, 집단이든, 이념이 다르면 서로 갈등과 분열을 일으킬 수밖에 없다.

이런 함정에서 벗어나려면, 사실을 바르게 보고 그 의미를 제대로 인식하려고 스스로 노력하고, 홍보와 계몽, 참여와 토론을 통하여 원활한 소통을 해야 한다.

지금 우리 사회에는 민주화, 개방화의 물결이 밀물처럼 밀려오면서 "다양한 가치와 개성을 존중하라", "언론·양심·학문의 자유와 국민의 알 권리를 보장하라"는 요구가 그 어느 때보다 거세다. 그 여파로 정직성, 투명성, 청렴성, 공정성과 같은 사회정의가 특히 강조되고 있다. 자기의 과오나 실책을 은근슬쩍 넘기거나 호도糊塗하려 할 게 아니라, 진실을 제대로 명명백백하게 밝혀야 한다. 그래야 뒤탈이 없다.

나는 누구인가? 지금 내가 하고 있는 일이 과연 나의 자존自存을 위한 길인가? 이러한 문제를 더 깊이 고민하고 성찰해야 한다. 이를 위해

—자기의 정체성을 살리고,

—긍정적 자아개념을 확립하고,

—고상한 품성을 갖추고,

—합리적인 생활을 영위하고,

—이분법적 흑백논리에서 벗어나 지혜로써 당면 문제를 해결하고,

—자아 혁신과 사회적 화합의 분위기를 조성하는

일이 무엇보다 시급하다.

2007. 5. 1.

개성 상실의 상징, '역보역추亦步亦趨'

1960년대만 해도 우리나라의 철도 사정은 지금과 딴판이었다. 열차도 부족했지만 이등실을 제외하고는 '지정석'이란 게 아예 없었다. 그래서 서울역에서 개찰하면 좌석을 먼저 차지하려는 사람들로 말미암아 한바탕 북새통을 치러야만 했다. 보따리를 어깨에 멘 남자도, 보퉁이를 이거나 안은 여자도 자리를 차지하려고 모두가 층계를 뛰어내려가 맨 앞 칸을 향해 쏜살같이 달렸다. 그야말로 치열한 생존경쟁의 현장이었다. 어느 눈 내린 섣달그믐날엔 층계를 급히 내려가던 귀성객 하나가 미끄러져 넘어지는 바람에 그 위에 사람들이 엎치고 덮쳐 압사 사고가 나기도 했다. 대전에 살던 나도 어쩌다 서울 나들이를 하게되면 이 경쟁 대열에 끼지 않을 수 없었다. 젊은 때라 다른 승객 틈에 끼어 힘껏 달려 보았지만, 좌석을 차지하기가 여간 어렵지 않았다. 이런 일을 몇 번 겪고 나자 나는 '무턱대고 남을 따라 달릴 게 아니라'는 생각이 들었다. 그래서 한 가지 꾀를 냈다. 모두 앞만 보고 달려가는 사이, 나는 층계를 내려서자마자 살짝 뒤로 돌아 타기로 한 것이다. 과연 뒤 칸에는 빈 좌석이 많았다. 회심의 미소를 짓고 채 오 분쯤 지났을까? 앞으로 무작정 뛰어갔다가 허탕 친 사람들이 숨 가쁘게 뒤로, 뒤로 밀려오는 것을 보며 나는 내심 그들의 미망迷妄이 안쓰러웠다.

북한의 2차 핵실험을 제재하기 위한 유엔 안전보장이사회 결의가 있던 다음날, 우리나라 각 신문마다 주목할 만한 기사가 실렸다. 중국 『신민만보』(2006. 10. 15.)가 "일본은 견벽청야, 한국은 역보역추"라는 제목으로 양국 정부의 상반된 북핵北核 대응 태도를 지적한 글이다. 견벽청야堅壁淸野란 "성을 굳게 지키려고 들판의 곡식이나 가축이나 재물 등을 없애거나 태워 적의 공격 거점을 없애다"란 뜻이고, 역보역추亦步亦趨란 "남이 걸으면 같이 걷고 남이 뛰면 같이 뛴다"는 의미이다. 우리가 흔히 쓰는 '부화뇌동'이란 말과 서로 통하는 말이다.

아닌 게 아니라, 우리에게는 이런 경향이 고질화된 지 오래다. 그래서 "남이 장에 가니까 씨오쟁이 들고 나선다", "누구 마누라가 죽어서 우는지도 모르고 덩달아 운다", "맨 앞에 서도 안 되고 맨 뒤에 서도 안 된다", "내 마음대로 살 수 있나? 남의 눈치도 봐야지…"라는 생각이 우리 사회 구석구석에 팽배하다. 이 모두가 개성을 상실한 사고방식에서 우러난 행태다. 거기에는 자존自存도 없고 이성理性도 없다. 주관도 없고 목적의식도 없다. 그러니 가치와 비전이 있을 리 만무하다. 민주국가에서 가장 경계해야 할 선동 정치가 판치기 딱 좋은 풍토다. 반도라는 지리적 위치에서 역사상 천 번이 넘게 외침을 겪으며 기 한 번 제대로 펴 보지 못하고 살아온 우리 백의민족의 암울한 과거가 빚어낸 상흔傷痕이다.

하지만 육이오의 폐허 더미 위에서 기적같이 이루어 낸 경제 발전에 힘입어 이제 우리의 국제적 지위가 크게 향상되었다. 얼마 전 내가 터키에 여행 갔더니 이스탄불 그랜드바자의 상인들이 "대~한민국! 짜짜짝, 짝, 짝", "오! 필승 코리아"를 연호하면서 우리 일행을 반갑게 맞아 주었다. 2002년 월드컵 때 '붉은악마'가 두 주먹을 불끈 쥐고 외치던 그 모습 그대로다. 물건을 하나라도 더 팔려는 속셈도 있겠지만, 한국의 놀라운 약진을 부러워하며 그때 그들에게 보여 준 우리의 우의에 진심으로 감사한다고 말했다.

이제 우리도 당당하게 살아야 한다. 어떤 난관과 시련이 닥칠지라도 문화민족으로서의 긍지를 살려 다시는 부끄러운 역사를 남기는 일이 없도록 해야 한다. 더 높은 곳에서, 더 멀리 내다보고, 더 깊이 생각하는 성숙된 지혜를 보여 줄 때가 되었다.

2006. 10. 18.

살기 좋은 나라를 이룩하려면

할아버지께서는 '위방불입'이란 말을 자주 쓰셨다. 철모르던 어린 시절이라 그저 집안 어른으로서 자손의 안전을 걱정하신 나머지 "위태로운 곳에 들어가면 안 된다危方不入"는 뜻으로만 지레 짐작했다. 그러다가 나이가 들어 한문 고전에 관심을 가지고 나서야 위방이란 '위태한 곳'이 아니라 '위태한 나라'를 의미하는 위방危邦임을 알게 되었다.

원래 이 말은 『논어論語』 「태백泰伯」 편에 나오는 말이다. "공자가 말씀하셨다. 굳게 믿고 배우기를 좋아하고 착하게 사는 도리는 죽음을 각오하고 지켜야 한다. 위태한 나라에는 들어가지 말고, 어지러운 나라에서는 살지 마라. 나라에 법도가 있으면 나타나고, 법도가 없으면 숨어 살아라. 나라에 법도가 있는데 자신이 빈천한 것은 부끄러운 일이요, 나라에 법도가 없는데도 부귀하면 이 또한 부끄러운 일이다子曰 篤信好學 守死善道 危邦不入 亂邦不居 天下有道則見 無道則隱 邦有道 貧且賤焉 恥也 邦無道 富且貴焉 恥也"라는 글에 근거한 것이다. 선비로서 걸어가야 할 바른길을 가르쳐 주신 말씀이다. 이 사상은 5-6세기 중국 위진남북조시대에 노장老莊사상과 융합하여 '청담淸談'이란 둔세사상을 크게 유행시켰다. 이른바 '죽림칠현竹林七賢'은 바로 그 대표적인 선비들이다.

우리는 남북 분단과 육이오의 전화戰禍를 딛고 이제 무역 규모 세계

9위, 경제 규모 세계 13위의 경제 대국으로 도약했다. 한국의 가전제품과 아이티IT제품, 그리고 자동차는 세계 도처에서 날개 돋친 듯 팔리고 있다. 우리 문화도 한류 열풍을 일으키고 있다. 탈북자를 비롯한 다문화가정의 이주여성移住女性과 우리나라에 거주하고 있는 외국인 수가 무려 백만 명을 넘어섰다는 언론 보도도 있다. 이제 한국은 살기 좋은 나라가 된 것이다.

그런가 하면, 마냥 햇살만 환하게 비치는 나라라고 단정하기도 어렵다. 기업하기 좋은 나라를 찾아 해외로 떠나는 국내 자본과 고급 두뇌의 유출에서, 질 좋은 교육을 찾아 조기 유학을 떠나는 자녀와 이산의 고통을 나누는 '기러기아빠'의 고뇌에서, 일자리를 찾지 못해 방황하는 이십이십대 고학력자의 시름에서, 가족의 생활을 책임져야 하는 실직 가장의 탄식에서, 경제활동을 접어야 하는 신용 불량자의 뼈아픈 좌절감에서 우리에게 위방危邦과 난방亂邦의 어두운 그림자가 서서히 드리워지고 있는 것도 숨길 수 없는 사실이다.

우리는 이 어두운 그림자를 걷어 내기 위해 안간힘을 써야 한다.

첫째, 무엇보다도 국정 철학이 투철한 지도자를 선출하는 데 이성을 잃지 말아야 한다. 이를 위해 진정성 있는 공약과 선심성 공약을 분별하는 선거 문화 풍토가 조성되어야 한다. 둘째, 우리 경제체제의 주축인 시장경제와 자유경쟁을 되살려 경제적인 성장 동력에 활력을 불어넣어야 한다. 셋째, 물가 안정, 고용 증대, 수출 증대, 국공채 감축을 경제의 정책 기조로 삼아야 한다. 넷째, 그동안 섣부른 미봉책으로 혼선을 빚고 있는 여러 가지 정책을 과감하게 정리하고, 각종 규제를 풀어 창조적인 경영의 여지를 넓혀야 한다. 다섯째, 국민을 세금의 중압감에서 벗어나게 하고 소득에 따른 공평 과세를 실현해야 한다. 여섯째, 잘못된 평등 의식의 늪에서 허덕이는 교육평준화정책을 바로잡아 억눌린 영재들이 나아갈 길을 터 주어야 한다. 일곱째, 자기보다 앞서 가는 사람을 밀어주고, 뒤에 따라오는 사람을 이끌어 주는 참된 경쟁과 협동의 사회 발전 원리가 다시 숨 쉬게 해야 한다. 여덟째, 사회적 갈등을 최소화하기 위한 적절한 소득 재분배와 복지정책을 펴고 이러한 체제를 떠받쳐 줄 도덕적 가치관도 진작해야 한다. 여기에서 파생하는 모순과 폐단을 하나하나 걷어 내는 이성도 잃지 않아야 한다. 그래야 우리에게 조국 통일을 앞당길 수 있는 정치적 경제적 사회적 문화적 저력이 쌓이고, 밝은 미래와 희망찬 새 지평이 열릴 수 있다.

2010. 10. 30.

휴대전화 소동, 언제나 그칠까

2000년 어느 초가을날. 한낮에 대화역을 향하는 서울 지하철 3호선 전동차 안은 언제나 그랬듯이 붐볐다. 구파발에서 많은 손님이 내리고 원당, 화정을 지나자 차내에는 거의 서 있는 사람을 찾아볼 수 없을 만큼 여유가 생겼다. 아까부터 앞쪽 노약자석에 앉아 있는 한 노신사가 금빛 찬란한 훈장으로 만든 줄 넥타이를 목에 걸고 자랑스러운 듯 가슴을 활짝 펴는가 하면, 장식을 올렸다 내렸다 하면서 혼자 중얼거리고 있었다. "나는 국가 유공자다. 전쟁 영웅이다"라고 말하는 것처럼…. 그때, 난데없이 차내에 큰소리가 들렸다. 중간 좌석 너머에 앉아 있는 한 신사가 모든 승객의 시선이 자기에게 온통 쏠리고 있는 줄을 아는지 모르는지 목청을 높여 전화하는 소리였다. 너무 심하다고 생각하는 순간, 잔뜩 못마땅한 표정을 짓던 건너편 용사(?)가 벌떡 일어나더니, 그에게 다가가면서 큰소리로 나무랐다.

"당신 뭐야? 이 차 안이 당신 안방인 줄 알아?"

그러자 시끄럽던 열차 안은 물을 꺼얹은 듯이 조용해졌다. 두어 정거장을 지났을까? 휴대전화를 하다 봉변당한 사람이 용사(?)에게 다가와 시비를 걸었다.

"도대체 내가 뭘 잘못했습니까? 우리, 다음 역에서 내려서 한번 따져봅시다."

용사(?)는 주저하지 않고 "좋습니다" 하고 따라 내렸다. 나는 '남에게 피해를 준 주제에 어찌 저렇게 뻔뻔할 수 있을까?' 하고 분개했지만, 이를 막거나 따라나설 용기는 없었다.

이런 일이 있은 지도 벌써 십 년, 그때 지하철 안과 같은 해프닝은 옛날이야기가 된 지 오래다. 차내에서 휴대전화를 사용하는 일은 이제 당연한 일로 여긴다. 출퇴근 시간, 발 디딜 틈도 없는 지하철 안에서 옆에 누가 있건 없건 아랑곳하지 않는다. 아예 미안한 기색 하나 없다. 미주알고주알 떠들고 소리치며 자기 사생활을 거리낌 없이 노출하기도 한다.

어떤 사람은 급히 해외 출장이라도 가려는지, "이억은 우리은행 계좌에 남기고 오천만 원은 김 사장 계좌로 송금해" 하며 소리치고…. 그 옆에 있는 노약자석에는 뚱뚱한 몸을 기대고 반쯤 누운 한 시골 할머니가 "영수 엄마여? 급하게 나오니라 지팡이를 거게 두고 왔는디, 잘 챙겨 두라고. 잉?" 하며 고함친다. 안방인지, 사무실인지, 난장판인지 도무지 분간할 수 없다. 언젠가는 지하철에서 막 내리는데, 뒤에서 누가 "안녕하세요?" 하고 반갑게 인사하기에 나도 얼떨결에 "예! 안녕하셨어요?" 하며 뒤돌아보니 아차! 전화 건 사람과 나누는 인사였는데, 엉뚱한 내가 참견하게 된 것이다.

사정은 길거리도 마찬가지. 며칠 전, 뒤에서 뭐라고 중얼대며 바짝 따라오는 품이 영락없이 실성한 사람 같아 영 불안해서 길 옆으로 비켜섰더니, 말쑥한 차림의 신사가 한쪽 귀를 감싼 채 바쁘게 지나갔다. 공중도덕 불감증이 이 지경이니 정말 어처구니없다. 단원檀園 김홍도金弘道 같은 풍속화가가 다시 태어난다면 이런 광경을 어떤 희화戲畵로 그려 낼까?

2009년 2월 말 현재, 우리나라 이동통신 가입자수는 4,950만 명, 휴대전화 보급률이 95퍼센트에 이른다고 한다(『조선일보』2009. 7. 11.). 이제 우리가 세계 최고의 휴대전화 왕국이 되었다니 자랑스러운 일이다. 하지만 아이티IT 왕국이 되었으니 아이티 왕국다운 시민의식을 갖춰야 하지 않을까?

삼 년 전, 일본을 다녀온 분이 내게 속삭이던 말이 생각난다. "일본엘 가보니 지하철 안은 물론, 길거리에서도 휴대전화를 쓰는 사람을 통 볼 수가 없었어요."

지하철 벽면 위 광고판. 한구석에 "휴대전화가 조용해지면 지하철의 행복은 커집니다"라는 사진포스터 한 장이 눈에 띈다. 어둠 속에서 한 줄기 빛을 본 듯 반갑다. 그러나 오늘도 지하철 안은 여전히 시끄럽다. 휴대전화 소동, 언제나 그칠까?

2010. 12. 16.

칭찬과 격려가 인생을 바꾼다

요즈음 지상파 텔레비전 광고 중에 공익광고협의회가 만든 "참 잘했어요!", "더 잘할 수 있어요"라는 둥그런 고무도장 광고가 흥미를 끈다. 잘한 사람에게 "참 잘했어요"라고 칭찬해 주는 일이나, 약간 모자란 사람에게 "더 잘할 수 있어요"라고 격려해 주는 일은 얼핏 유치한 것처럼 보이지만, 너무도 당연한 일이기 때문이다. 이보다 더 자연스럽고, 이보다 성취동기를 유발하는 데 더 적합한 말이 또 있을까? 잘하는 사람을 당연하다는 듯 그저 바라보거나, 일을 앞에 놓고 머뭇거리는 사람에게 "그것도 할 줄 모르느냐?"고 핀잔하는 것보다야 백배천배 낫다. 남녀노소를 가릴 것 없이 칭찬을 듣고 기뻐하지 않는 사람은 없다. 오죽하면 "지렁이도 '용龍님'이라고 하면 기뻐한다"는 말이 다 있을까?

"칭찬은 고래도 춤추게 한다"는 말이 있듯이, 칭찬은 인간의 성취동기를 유발하고 조장하는 최선의 수단이요 방책이라는 것쯤을 모르는 이는 없다. 칭찬은 사람을 신명나게 하고 성공을 맛보게 한다. 나아가 그 성공 체험이 더 큰 성공을 이끄는 성장 에너지가 되기도 한다. "정말, 잘했다! 잘했어!", "그래! 그동안 힘들었지?", "역시 네가 최고다", "너같이 잘하는 사람은 처음 보았다", "네가 정말 자랑스럽다" 등 칭찬하는 말이야 얼마나 많은가. 그런데도 우리는 칭찬에 너무 인색하다. 즉시 보상의 원리에 따라, 칭찬할 일은 미루지 말고 즉시 칭찬하는 것이 그 효율을 높인다는 것도 다 알고 있다. 하지만 무조건 칭찬하는 것만이 능사는 아니다. 그 대상과 현장 분위기를 살펴 가며 칭찬해야지, "지나친 칭찬은 오히려 의심을 자아낸다"는 옛말 그대로 칭찬할 일이 아닌데 칭찬하는 것도 삼가야 한다. 칭찬을 받는 사람의 가치 개념에 혼란을 주거나 자기를 조롱한다고 여기기 때문이다.

힘겨워하는 사람, 의기소침한 사람에게 때맞춰 넌지시 건네주는 따뜻한 위로와 격려의 말 한마디는 봄비처럼 사람에게 활기를 불어넣어 주기도 하고, 그의 운명을 바꾸는 계기가 되기도 한다. "괜찮아! 다음에 잘하면 되잖아?", "너라면 잘할 수 있어", "그래, 조금만 더 힘내 봐", 흔한 말로 "아빠! 힘내세요. 우리가 있잖아요?" 등 격려와 위로의 말은 쌔고 쌨다. "격려와 위로는 사람들을 성장하게 합니다(「코린토전서」 14장 3절)", "칭찬은 백 마디로도 모자라지만, 비방이나 질책은 반 마디로도 남음이 있다"는 말을 가슴에 새겨 둘 필요가 있다.

그런데도 말 한마디만 건네주면 큰 힘이 될 것을 질책과 비난마저 여기에 곁들인다면 사람으로서 차마 못할 일이다. 그나마 힘겨워하는 사람에게 한 가닥 희망마저 빼앗고 마음에 깊은 상처까지 주게 되기 때문이다. "그까짓 것도 못해?" "그러면 그렇지! 네가 잘할 리가 없지." "빈들빈들 놀 때 알아봤어." 이런 말은 의기소침한 사람에게 마치 비수를 꽂는 것과 다름이 없다. 특히 어려서부터 칭찬만 듣고 살아 온 사람에게 던지는 질책과 비난은 더 큰 충격과 고통을 주고, 자칫 그 사람을 공황 심리에 빠지게 할 수도 있다.

또, 다른 사람과 비교하여 나무라는 말도 극히 삼가야 한다. "제발 형의 반만이라도 닮아라." "엄마 친구 아들은 잘하는데 도대체 너는 왜 그 모양이니?" 따위의 말 한마디가 그의 자존심을 상하게 하고, 시기와 질투심을 불러일으켜, 아무 영문도 모르는 애꿎은 사람에게 피해를 주는 단서가 될 수도 있다.

칭찬과 격려는 받는 사람에게 긍정적 자성예언이 되고, 질책과 비난은 받는 사람을 더욱 위축시키는 부정적 자성 예언의 씨가 된다는 사실은 이미 여러 연구 결과로 밝혀진 사실이다. 이런 관점에서 되도록 많이 칭찬하고 격려함으로써 명랑한 사회 분위기 조성에도 기여하고 자신의 인격과 품위를 더 한층 돋보이게 하는 바탕도 마련하면 좋겠다.

2006. 11. 25.

어리석은 선비 이야기

옛날에 한 선비가 살고 있었다. 하루는 사주를 잘 보는 이가 말하기를 "선비님은 천자天子가 될 팔자를 타고 태어났습니다"라고 하더란다. 이 선비, 이때부터 기고만장하여 자신의 사주팔자만 믿고 하는 일 없이 때만 기다리는데, '그때'가 어디 그리 쉽게 오는가? 그러자니 가세는 나날이 기울고, 하루하루 지내는 그 모습이 참으로 남 보기에 민망할 지경이었다. 이윽고 그에게 때가 왔다. 누구에게나 찾아오는 죽음이 닥친 것이다. 이 선비, 마지막 가면서 아들에게 하는 말이 "태자야, 짐은 가노라"고 하더란다. 세상에 답답한 선비도 다 있지, 그 좋은 팔자를 타고 났으면서 있는 힘을 다하여 글도 읽고 일도 해서 때가 오면 널름 받아 챙길 채비나 할 일이지, 감나무 밑에서 홍시 떨어지기만 기다려?

이 이야기는 내가 대여섯 살 적에 어머니에게 들은 옛날이야기다.

사람은 갓 나서 죽을 때까지 유아, 소년, 청년, 장년, 노년기의 고비를 넘기며 살아간다. 그 중 유·소년기에는 가슴에 꿈을 안고, 청년기에는 그 꿈을 키우고, 장년기가 되면 그 꿈을 활짝 펴고, 노년기에 이르면 그 보람을 추억으로 새기며 사는 것이 인생이다.

옛 어른들은 '인생 3계'라 하여 평생에 실현할 생애 목표는 물론 각

생애 단계마다 실현할 계획을 가질 것을 강조했다. 이십에 위자계爲子計(자녀 출산과 양육 계획)하고, 삼십에 위신계爲身計(입신양명할 계획)하고, 사십에 위사계爲死計(인생을 마무리할 계획)란 말이 그것이다. 최근 국내 한 금융그룹 광고에 "십팔 세. 빅토리아, 영국 여왕이 된 나이. 이십팔 세. 이세돌, 세계 기전棋戰에서 열세 번이나 우승한 나이. 삼십일 세. 안중근, 조국 독립을 위해 목숨 바쳐 저항한 나이. 사십 세. 헨리 포드, 포드사를 설립한 나이"란 문구로 당찬 야망을 촉구하고 있는 것도 같은 맥락이다.

모름지기 사람은 야망을 가져야 한다. "뜻은 높고도 멀리 두어야 한다志在高遠", "모든 일에 미리 준비가 있으면 성공하고 준비가 없으면 실패한다(『중용中庸』)"는 경구도 있다. 뜻만 세우고 이를 실천하는 노력이 뒤따르지 않는다면 인생의 성공을 어찌 바라겠는가.

사람이 그가 품은 뜻을 이루려면 다음과 같은 조건이 구비되어야 한다고 나는 생각한다.

우선 재능, 학력學力, 가치관, 적응력, 친화력, 미래 예측력, 사리 분별력과 같은 내재적 조건이 충실해야 한다. 그러나 이것만으로는 부족하다. 이에 상응하는 시대적 조건, 사회적인 조건과 같은 외재적 조건, 곧 시운時運이 뒷받침되어야 한다. 이 두 가지 조건이 합치될 때, 비로소 그 뜻을 펼 수 있는 활력이 생긴다. 예로부터 "시대가 영웅을 만드느냐? 영웅이 시대를 만드느냐?"라는 토론 주제가 등장하게 된 배경이다.

재능이 뛰어난 데다가 노력도 많이 하는데, 하는 일마다 순조롭지 않은 불운한 사람을 우리는 가끔 보게 된다. 이럴 때 한탄하고 절망만 할 게 아니라, 그의 내재적 조건에 어떤 결함이 있는지, 외재적 조건에 어떤 장애가 있는지, 냉철하게 반성하고 면밀하게 검토해 볼 필요가 있다. 그것도 독단할 것이 아니라 은사, 선배와 같은 멘토mentor와 상담하고 조언을 구하는 것이 더 좋다. 그 결과에 따라 진로를 수정하거나 새로운 진로를 모색하는 데 인색하지 않아야 한다.

이 과정에서 특히 주목해야 할 점이 있다. 그것은 자신이 과연 인화人和를 이루고 있는가 하는 자기반성이다. 『맹자孟子』에 "천시天時는 지리地利만 못하고 지리는 인화人和만 못하다"는 글이 있다. 사회적 조건이나 지역 여건보다도, 시대적 조건(시운)보다도, 자기 자신이 스스로 조성한 인화가 가장 우선한다는 의미다. 이 인화야말로 자기 생애 목표를 세우고 그 목표를 이루려는 사람이 가장 명심해야 할 경구가 아닐 수 없다.

2006. 11. 17.

불효

　혹시라도 부모를 생각하지 않고, 제 맘대로, 저 편리한 대로 행동하거나 홧김에 불쑥 불손한 말이라도 했다간 불효하기 십상이다. 부모에게 걱정을 끼치고 부모의 마음을 불안하게 하고, 또 부모를 욕되게 하는 일이 다름 아닌 불효이기 때문이다.

　공자와 증자의 학통을 이어받아 유학을 더욱 발전시킨 맹자는 불효자의 구체적인 유형으로 다음 다섯 가지를 열거하면서 부모에게 행여 걱정을 끼친 일은 없는지 묻는다.

　"세속에서 일컫는 불효不孝에 다섯 가지가 있다. 일정한 직업 없이 게으름을 피우다가 부모를 봉양하지 않는 것이 첫째 불효요, 장기와 바둑 두기, 술 마시기를 좋아하여 부모 봉양을 하지 않는 것이 둘째 불효요, 돈을 좋아하며 제 처자만을 챙기다가 부모 봉양을 하지 않는 것이 셋째 불효요, 듣기 좋은 음악과 입에 맞는 미식美食 등 환락을 좇다가 부모를 욕되게 하는 것이 넷째 불효요, 남과 싸우기를 좋아하여 부모가 위험을 느끼게 하는 것이 다섯째 불효이니, 자네에게도 이런 불효가 하나라도 있는가世俗所謂 不孝子五 惰其四支 不顧父母之養 一不孝也 博奕好飮酒 不顧父母之養 二不孝也 好貨財 私妻子 不顧父母之養 三不孝也 從耳口之欲 以爲父母戮 四不孝也 好勇鬪很 以危父母 五不孝也 子有一於是乎"(『맹자孟子』「이루離婁」편 하下).

따지고 보면, 부모에게 불효하는 일이 어찌 이것뿐이겠는가? 자식의 무사 안전을 생각하며 항상 걱정하시는 부모의 당부에 "네. 조심하고 또 조심하겠습니다"라고 하면 될 것을 "제발 그런 걱정일랑 하지 마세요"라고 퉁명스럽게 대답한다든지, 병환에 시달리면서도 자녀의 부담을 생각해서 병원 가기를 꺼리는 부모에게 "빨리 나으셔서 고향에 한번 다녀오셔야지요"라고 희망을 안겨 드리기는커녕 짜증을 낸다든지, 몸을 잘 가눌 수 없는 부모를 모시며 못마땅한 표정을 짓는다든지, 그 밖에 자신도 모르게 저지르는 불효가 이루 다 말할 수 없이 많을 게 뻔하다. 그래도 이것은 작은 불효다. 쇠귀에 경經 읽듯이 "너도 나이가 찼으니 빨리 결혼하라"는 독촉을 무시하거나, 귀여운 손자를 안겨 주기를 바라는 노부모의 간절한 소원을 외면하다가 막상 돌아가시고 나면 영영 씻을 길 없는 큰 불효가 된다.

문제는 이러한 자신의 불효가 당대에 끝나지 않는다는 데 있다. 부모의 눈치를 보며 자라는 게 자녀다. 그 자녀가 그런 부모의 행동을 은연중에 본받게 되니, 그게 큰일이다. 뿐만 아니라, 이를 마땅치 않게 생각하면서도 저도 모르게 따라 하는 어처구니없는 일도 벌어진다. 다시 말하면, 불효나 패륜은 대물림을 한다는 것이다. 이것은 저주咀呪가 아니다. 실제로 나타나는 자업자득이요 인과응보이기에 걱정스러워 하는 말이다.

혹시 부모가 실수하시더라도 불손하거나 불측해서는 안 된다. "부모를 섬기되 잘못이 있거든 부드럽게 간하라. 이에 따르지 않을 뜻이 보여도 더욱 공손히 하여 뜻에 거스르지 말고 고생스러워도 원망하지 말라事父母 幾諫 見志不從 又敬不違 勞而不怨(『논어論語』「이인里仁」편)"는 공자의 간곡한 말씀이다.

내게 아주 가까운 인척 중에 홀로 되신 아버지를 극진히 모시던 효자가 있다. 그 효심이 하도 놀라워 감격한 나머지 마치 예언자나 되는 것처럼 나는 자신 있게 말했다. "큰 복을 받을 것입니다. 아들 모두가 효자가 될 것이니 두고 보십시오"라고….

과연 그 아들 셋의 효행은 남다르다. 이제라도 늦지 않다. 부모님 살아 계실 때 정성을 다해 모시면 자신도 떳떳하고 자녀 교육도 저절로 된다. 그러니 다시 한번 스스로 마음을 다잡아 보면 어떨까.

2011. 5. 8.

능소능대 能小能大

사십대에 나는 건강 관리를 위해 매일 새벽, 집 근처에 있는 용마산과 아차산을 오르내리며 체력을 단련했다. 달도 없는 어느 날 새벽. 늘 다니던 길인데도 길을 잃고 방황했다. 앞뒤를 분간하기 어려운 어둠 때문이었다. 나는 정신을 가다듬느라고 그 자리에 선 채 잠시 눈을 감았다가 다시 뜨고서야 겨우 길을 되찾았다. 다음날 새벽. 어제처럼 실수를 하지 않으려고 손전등을 가지고 집을 나섰다. 그리고 돌에 걸릴까 봐 발 앞만 비추며 조심조심 산길을 올랐다. 그런데 또 길을 잃었다. 발 앞만 비추고 정작 내가 가야 할 앞길을 때때로 비춰보지 않은 게 탈이었다. 멀리 보지 않고 가까운 곳만 본 근시안이 빚은 거듭된 실수였다. 멀리 앞을 비춰가며, 가까운 곳도 살피며 길을 가야하는 요령을 저버린 탓이었다.

내가 '능소능대'란 말을 의도적으로 쓰기 시작한 것은 이때부터다. '능소능대'란 말의 의미는 원래 "모든 일을 두루 잘한다"는 뜻이다. 하지만 나는 큰 매듭은 큰 틀 안에서 이를 대담하게 풀고, 작은 매듭은 세심하게 챙겨 가며 이를 풀어야 낭패하지 않는다는 의미로 이 말을 해석하고 싶다. 큰일을 이루려면 우선 목표가 분명해야 하고 그 수단과 절차가 적절해야 한다. 그러려면 근본 목표에서 벗어나지 않았는지 때때로 살펴가며, 작은 일 하나하나에도 소홀함이 없어야 일을 그르치지 않는다고 생각한 탓이다.

큰 뜻을 성취하려면 능대해야 하는가, 능소해야 하는가. 이에 대하여는 예로부터 그 주장이 서로 엇갈린다. 중국 명나라의 문장가인 풍몽룡馮夢龍은 "대담하면 천하를 다 다닐 수 있지만 소심하면 한 발짝도 내딛기 어렵다大膽 天下去得 小心 寸步難行"고 했다. 또 "사람은 그릇이 커야 하고 그릇이 큰 사람이라야 대범하고 담대해서 큰일을 경영할 수 있다"는 말도 있다. 이 모두가 사람이 능대해야 함을 강조한 말이다. 그런가 하면, 중국 한 고조 때의 변설가요 명상인 육가陸賈는 "큰 명성을 만세에 드날린 사람은 반드시 먼저 작은 일부터 실행했다垂大名於萬世者 必先行之於緯微之事"고 말했다. 이런 일화도 있다. "런던대학교 경제학박사 슈리먼이 간디에게 배우겠다며 인도의 간디를 찾았을 때, 간디는 그에게 화장실 청소를 시켰다. 그러자 "왜 이런 일로 제 시간과 재능을 낭비시키십니까?" 하고 슈리만이 물었다. 간디는 "나는 당신이 작은 일도 할 수 있는지 알고 싶은 거요"라고 대답하면서 "자기 배설물은 자기가 치워야 한다"며 매일 화장실 청소를 직접 자신이 했다.

도가道家의 원조 노자老子는 "세상의 어려운 일은 반드시 쉬운 일에서 시작되고 세상의 큰일은 반드시 세세한 데서 이루어진다天下難事 必作於易 天下大事 必作於細"고 하였다. 당대唐代 의약醫藥의 대가인 손사막孫思邈은 "담력은 크게 가지되 마음가짐은 섬세하여야 하고, 지혜는 원만하게 하되 행동은 방정해야 한다膽欲大而心欲小 智欲圓而行欲方"고 했다. 또 "너희가 내 형제들인 가장 작은이들 가운데 한 사람에게 해 준 것이 바로 나에게 해 준 것이다(「마태복음」 25장 40절)", "아주 작은 일에 성실한 사람은 큰일에 성실하고, 아주 작은 일에 불의한 사람은 큰일에도 불의하다(「루카복음」 16장 10절)"는 성경 말씀도 있다.

큰 뜻을 이루려면 용의주도한 실천이 그 뒤를 받쳐 주어야 낭패가 없다. 하는 일을 빨리 이루려 하거나 작은 이익에 집착하여 거기에 연연할 것이 아니라, 때때로 근본 목표에서 벗어나지 않았는지 살피는 세심함을 잃지 말라는 엄중한 경고로 받아들여야 한다.

끝으로 「신곡神曲」을 쓴 단테의 다음 말을 음미하면서 자신을 한번 되돌아보면 어떨까?

인생의 길, 반 고비에서 눈떠 보니 나는 바른길을 벗어나 캄캄한 숲 속을 헤매고 있었다.

2007. 8. 21.

외유내강外柔內剛

모든 사물과 현상에는 겉과 속이 있다. 그런데 야릇하게도 겉과 속이 한결같지 않아 겉만 보고 속을 헤아리기가 쉽지 않다는 데 문제가 있다. 겉이 아름다운 꽃 중에는 벌레를 유인하여 먹이로 삼는 식충식물이 있는가 하면, 바위처럼 꼼짝 않고 있다가 물을 찾는 짐승을 한입에 먹어 치우는 교활한 악어도 있다. 심지어 때때로 보호색을 띠는 동식물도 있다.

이렇듯 위장과 위선이 판을 치는 게 세상이다. 그래도 동식물은 낫다. 사람의 경우는 도무지 그 속을 알기가 어렵다. 오죽하면 사람을 칠면조에 비유하기까지 할까? 그래서 "열 길 물 속은 알아도 한 길 사람 속은 모른다"는 우리 속담이 있는가 하면, 『논어論語』에서조차 "말을 번지레하게 잘하고 낯빛을 좋게 꾸미는 사람 중에 어진 사람이 드물다巧言令色 鮮仁矣"고도 했다.

겉 다르고 속 다른 사람을 우리는 흔히 '표리부동하다'고 해서 경계한다. 그 반면에 겉과 속이 한결같은 사람은 신뢰와 존경의 대상이 된다. 그 중에서도 외유내강한 사람, 곧 겉이 온유하고 겸손하면서도 속마음이 꿋꿋한 사람을 이상적인 성격의 소유자로 여긴다. 얼핏 생각할 때 외유내강은 표리부동과 혼동해서 위선자로 취급하기 쉽다. 겉 다르고 속 다르다는 점에서 생기기 쉬운 오해 때문이다. 그렇지만 이를 찬찬히 헤아려 보면, 그의 풍모에서 풍기는 온화한 인간미와 진실성은 그 마음속에 자리 잡은 강한 신념과 서로 어긋나는 것이 아니다. 오히려 이런 점에 믿음이 더해져 뭇 사람의 신뢰와 존경을 받게 되는 것이다.

어차피 사람은 혼자서 살 수 없고 다른 사람과 유형무형의 관계를 맺으며 어울려 살아야 하는 존재다. 철학자들은 이러한 점에서 사람을 '사회적 동물'이라고 규정한다. 사람과 사람의 관계를 연결해 주는 고리가 다름 아닌 신의다. 이 신의는 인간관계를 튼튼하게 다지는 바탕이다. 겉이 부드러운 '외유外柔'는 인간관계를 맺고자 하는 마음을 부르고, '내강內剛'은 그 마음속에 의지가 꿋꿋함을 보여 준다. 그래서 그가 믿음직한 상대임을 확인해 준다. 그러므로 외유내강은 겉으로 봄바람처럼 부드러운 '대인춘풍待人春風'의 온아溫雅한 분위기를 풍기면서, 안으로는 자신에게 서릿발처럼 엄격한 '지기추상持己秋霜'의 의지를 지닌 '강유겸전剛柔兼全'한 풍모를 풍긴다. 외유내강이야말로 각박한 이 세상을 살아가는 삶의 지혜라 해도 과언이 아니다.

외유내강의 가치를 부각하기 위해서 그 반대의 경우를 한번 생각해 보자.

아무리 속이 부드럽다 해도 표정이 무뚝뚝하고 융통성이 전혀 없어 깐깐하게 보이는 사람이 있다면, 그의 강성剛性 이미지 때문에 아무도 그를 가까이하려 하지 않을 것이 뻔하다. 자신이 "난 그런 사람이 아니야. 절대 아니라고…"라고 아무리 변명한다 해도 그의 진심을 알아주는 사람이 몇이나 될까? 그럴수록 오히려 그를 경계할 것이 분명하다. 사정이 이럴진대 그의 세상살이가 얼마나 외롭고 힘들겠는가.

외유내강한 사람이 되려면 끊임없는 자기 성찰과 자기 수양을 통하여 심신을 단련하면서 온유와 겸손을 실천해야 한다. 다음 말을 음미하면서 자신이 어떤 성격을 갖는 것이 과연 이 세상을 살아가는 참 지혜인가를 스스로 판단하기를 바란다.

물이 지나치게 맑으면 고기가 살 수 없고, 사람이 남의 옳고 그름을 너무 따지고 꼿꼿하게 살피면 따르는 이가 없다水至淸則無魚 人至察則無徒(『공자가어孔子家語』).

남을 착하게 대하면 형제같이 느껴지지만 악하게 대하면 무기를 든 사람보다 더 무섭다善氣迎人 親和兄弟 惡氣迎人 害於戈兵(『관자管子』).

2007. 1. 7.

지 대체하는 사람

내가 어릴 때 할아버지 종형제 분이 나누시는 말씀 중에 "그래도 그 사람, 지 대체는 하는 사람이여"라는 인물평을 하시는 것을 가끔 들었다. 곁에서 듣기만 하던 나는 그 사람의 됨됨이를 인정하시는 것쯤으로 여겼다. 그런데 요즈음 문득 '지 대체'란 말이 생각나 사전을 찾아보니 그런 낱말이 없다. 한자로 된 '지'와 '대체'의 합성어인 듯한데, '지知 대체'인지, '지持 대체'인지가 분명치 않다. 그때 어른들 말씀에 끼어들 수는 없었지만 나중에라도 여쭤볼 것을 그냥 지나친 게 아쉽다.

대체大體란 사물의 큰 틀, 기본적인 줄거리를 의미한다. 여기에 '알 지知' 자를 쓰면 '사물의 기본적인 큰 틀을 안다'는 뜻이 되고 '가질 지持, 버틸 지持' 자를 쓰면 "사물의 큰 틀을 유지하다"는 의미가 된다. 알고 보니 지知 대체(조선 세조 때 직제학 양성지가 주청한 "임금으로서 행할 도리 열두 가지" 중의 하나. 『눌재집訥齋集』 「논군도십이사論君道十二事」)로도 쓰고, 지持 대체(『고려사절요高麗史節要』, 『목은집牧隱集』)로도 쓴다. 여기에서 굳이 하나를 선택하라면 나는 후자를 선택하겠다. 그 이유는 사물의 큰 틀을 아는 데 그치지 않고 더 나아가 큰 틀을 잡고 버티고 지탱하다는 의미로 쓰고 싶기 때문이다. 결국 '지 대체'란 "큰 틀의 버팀목으로써 줏대를 잡고, 당면하는 문제를 순리로 풀어나가는 지혜와 능력"이라고 정의할 수 있다.

그러므로 '지 대체하는 사람'이란 사리를 분별할 수 있는 사람, 마음의 중심이 잡힌 사람, 줏대 있는 사람, 자기가 처한 위치에서 그 역할을 다하는 사람, 효도와 우애를 실천하면서 한 집안을 올바르게 이끄는 사람, 모든 일을 합리적이고 공정하게 처리하는 사람, 한 걸음 더 나아가 사회와 국가의 지도자로서 기틀을 잡아 나아가는 사람으로서 버팀목이 되는 사람을 이르는 말이라고 생각한다.

누구나 일을 맡으면 제구실을 다할 것 같지만 실제는 그렇지 않다. 여러 사람의 기대와는 다른 사람이 적지 않기 때문이다. 자기 한 몸조차 올바르게 처신하지 못하는 용렬한 사람도 있고, 한 가정의 가장家長으로서 제구실을 다하지 못하는 불민한 사람도 있다. 심지어 그 어렵다는 공무원 선발 시험에 합격한 사람이나 선거를 통해서 당선된 사람 중에도 그 직무를 제대로 수행하지 못해 물의를 빚는 부적절한 사람까지 있다. 이 모두가 지 대체하지 못하는 사람들의 군상群像이다.

지 대체하려면 일을 순리로 풀어 나가는 지혜가 있어야 한다. 첫 단추가 잘못 끼워졌거나, 어떤 일로 말미암아 사태가 걷잡을 수 없는 국면으로 치닫게 되었을 때. 이에 적극적이고 신속하게 대처하는 능력이 있어야 한다. 또 실이 뒤엉켜 그 실마리를 도저히 찾아내지 못해 이러지도 저러지도 못하는 경우에는 그 실타래를 단칼에 내리치는 '알렉산더 대왕의 버리는 용기'와 같은 결단도 때로는 발휘할 줄 알아야 한다.

지 대체하려면 나무도 보고 숲도 보는 혜안이 있어야 한다. 큰일을 도모하려면 멀리, 그리고 넓게 내다볼 줄 알아야 한다. 사소한 일, 별것 아닌 일이라고 그냥 지나쳤다가는 위태롭다. 큰일을 이루기 위해서는 목표를 향해 하나하나 거쳐야 할 절차와 단계를 소홀히 하지 않아야 한다. 작은 개미구멍이 방죽을 무너뜨리는 엄청난 결과를 초래하듯이, 아주 작은 일 같지만 그것이 바로 문제의 핵심인 경우가 많기 때문이다.

아무쪼록 우리 주변에 지 대체하는 사람이 점차 늘어나 의리와 염치를 숭상하는 도덕적인 사회, 법질서가 바로 서는 공정하고 정의로운 사회, 상식이 통하는 성숙한 사회, 온갖 사회적 병리현상이 발붙이지 못하는 건강한 사회가 실현되었으면 하는 간절한 마음에서 다시한 번 '지 대체'란 말의 의미를 음미해 보았다.

2007. 8. 15.

행세하는 사람

'영국 신사'라거나 '기사도 정신'이라고 하면 아무런 거부감을 느끼지 않는데, "그 사람이야말로 정말 양반이다"라고 말하면 어쩐지 '세상 물정 모르는 고루한 사람'의 대명사처럼 여기는 것이 오늘의 세태다. 아무리 세상이 달라졌다 해도 한국적인 멋과 교양미를 풍기며 사람의 도리를 다하는 사람, 곧 '행세하는 사람'을 일컫는데, 이보다 더 적당한 말이 또 있을까 싶은데도 말이다.

사전을 찾아보니 행세行世란 "첫째, 세상에서 사람의 도리를 행함. 둘째, 처세하여 행동함. 또는 그 태도. 셋째, 해당되지 않는 사람이 어떤 당사자인 것처럼 처신하여 행동함"이라고 풀이하고 있다. 셋째 의미는 이 글의 취지와 다르므로 접어 두기로 한다.

옛 어른들은 어릴 때, 집 안팎 청소하기(쇄소灑掃), 손님 맞아들이기(응대應對), 어른 앞에 나아가고 물러나기(진퇴進退)의 예절을 통해서, 더 성장한 뒤에는 구사九思와 구용九容을 통해서 행세하는 사람으로서의 법도를 배우고 익혔다. 요즈음에는 어떤가? 어린이에게는 교양인으로서의 품성을 익히기 위하여 기본 생활 습관을 훈련하고 있다.

예나 지금이나 지식 못지않게 바른 행동과 습관에 교육의 중점을 두고 있는 점이 주목된다. 다만 그 비중과 사회적 관심에 큰 차이가 있을 뿐이다.

나는 '행세하는 사람'으로서 존경을 받던 몇몇 어른의 모습을 아직도 기억하고 있다. 그분들은 예외 없이 세상에 그 이름이 널리 알려져 많은 사람의 존경을 받았다.

— 올곧고 온아溫雅한 성품에 용의가 단정하고 자세에 흐트러짐이 없다.
— 눈이 빛나고 기품 있고 그 기상이 늠름하다.
— 언제나 표정이 부드럽고 밝은 미소가 있다.
— 생각에 중심이 잡혀 있고 법도에 조금도 어긋남이 없다.
— 사리에 밝고 학식과 교양이 높다. 말을 아낀다.
— 언행이 일치한다.
— 돈 씀씀이가 분명하고 베풀 줄 안다.
— 의리 있고 자부심이 강하다.

이런 의미에서 나는 '행세'란 '그 이름을 세상에 널리 알리다'는 의미로도 해석하고 싶다.

사람이 제대로 행세하면, 그의 인품으로 말미암아 집안에 기강이 바로 서고 온 가족이 그를 따른다. 가족의 일치와 화합은 가정의 평화와 이웃 간의 신뢰로 이어져 마침내 뭇 사람의 존경을 받는다. 이러한 연결 고리는 결국 '수신제가치국평천하修身齊家治國平天下'의 큰길로 통한다. 임진왜란이나 한말韓末과 같은 국난에 처해서 떨쳐 일어난 의병장들에게서 우리는 그 모습을 엿볼 수 있다. 그들은 한낱 선비일 뿐, 높은 벼슬아치도, 탁월한 전략가도 장수도 아니었지만, 인근 백성의 신뢰와 존경을 받아 온 그 이름 하나로 분연히 일어나 진충보국盡忠報

國할 수 있었다.

그러므로 '수신제가치국평천하'의 길은 정치가만의 정도定道(이미 정해져 바꿀 수 없는 길)가 아니다. 문인·학자·군인·예술가·기업가·노동자·농민·학생 등 누구나 걸어야 할 정도正道이다.

수신제가치국평천하! 아득히 멀고 험난한 자기 수양의 과정이요, 자기 실현의 역정이다. 수신하는 길이 어렵다지만 제가의 길은 더 벅차다. '수신제가'보다 '치국평천하'의 길은 더욱 멀고 험난하다. 하지만 그 길이 아무리 멀고 험난하다 해도 한 발 또 한 발 앞으로 나아가며 그 범위를 점차 넓혀 나간다면 결국 달성할 수 있는 길이라고 나는 믿는다.

그러려면 사람으로서의 올바른 가치를 찾아 제대로 행세해야 한다. '수신'은 지족知足과 지분知分, 지지知止로 기둥을 삼고, '제가'는 효도와 우애로 떠받치고, '치국'은 화합과 소통으로 어우르며, '평천하'는 이웃 사랑을 벼리로 삼아 널리 펴도록 한다. 깊은 산속 옹달샘이 흘러들어 마침내 도도한 천리 장강을 이루듯이, 행세하는 사람들이 힘을 모아 사회를 정화하는 도덕적 기풍을 진작한다면 그 길은 결국 열리리라고 나는 믿어 의심치 않는다.

2007. 8. 5.

다 저 하기 나름이다

사람이 세상을 살아가는 모습은 그야말로 백인백색이요 천태만상이다. 그 사람의 생각과 말과 행동으로 드러나는 처신에 따라, 어떤 사람은 존경을 받고, 또 어떤 사람은 멸시의 대상이 되기도 한다. 때로는 뭇 사람의 사랑과 존경을 받던 사람이 어떤 실수 하나로 하루아침에 지탄의 대상이 되는 예도 가끔 있다. 결국 존경을 받든지, 아니면 멸시를 받든지, 그것은 자신이 스스로 처신하고 행세한 결과에 대한 보상報償이다. 그래서 "제 대접 제가 받는다"고도 하고, '자업자득自業自得'이니 '다 저 하기 나름'이라고도 한다.

나는 성당 미사 때마다 "전능하신 하느님과 형제들에게 고백하오니 생각과 말과 행위로 죄를 많이 지었으며 자주 의무를 소홀히 하였나이다. 제 탓이요, 제 탓이요, 제 큰 탓이옵니다(후략)"라는 고백 기도를 한다. 그때마다 모든 죄과가 나 자신의 책임임을 반성하면서 더욱 의로워지고 더욱 성스러워지겠다고 다짐하면서 하느님께 용서를 구하고, 모든 성인성녀들에게도 나를 위하여 하느님께 전구轉求해 주기를 간구한다.

유학 사서(논어論語, 맹자孟子, 중용中庸, 대학大學)의 하나인 『맹자』에 이런 글이 있다. "창랑의 물이 맑으면 내 갓끈을 씻을 것이요, 창랑의 물이 흐리면 내 발을 씻을 것이라 滄浪之水淸兮 可以濯我纓 滄浪之水濁兮

可以濯我足"고 하면서, "사람이 스스로 자기를 모욕한 뒤에야 남이 자기를 모욕하고, 제 집을 스스로 헌 뒤에야 남이 허문다. 나라 또한 스스로 정벌한 뒤에야 남이 정벌한다"라는 말로 끝을 맺는다. 다 저 하기 나름이요, 제 탓이라는 말이다.

다른 사람에게 인정을 받고 사랑과 존경을 받는 것은 저절로 되는 일이 아니다. 그것은 바로 자신이 노력한 공덕으로 얻어지는 보람이다. 그러기에, 남이 자기를 업신여긴다고 펄펄 뛸 게 아니다. 일이 그렇게 된 원인은 바로 자신에게 있기 때문에 그 책임 또한 자기가 져야 한다. 자기 잘못을 스스로 반성하고 그동안의 그릇된 처신을 바로잡는다면 지금 당장은 어렵더라도 차츰 주위의 인정을 받아 그 처지가 개선되게 마련이다.

또 자기가 남의 존경을 받는다고 우쭐대거나 교만해서도 안 된다. 만에 하나라도 그런 생각을 한다면 그 순간부터 그는 뭇 사람의 존경과 신뢰를 잃게 되고 마침내 나락奈落으로 떨어지는 비운을 맞이하게 될 것이다.

이처럼 사람이 어떻게 생각하고 어떻게 행동하느냐에 따라 그의 처지와 운명이 달라진다.

사람이 세상을 살아가는 도리와 태도를 행세行世라고 한다. 행세가 올바르면 남의 존경을 받게 되지만 한 번만이라도 행세를 그르치면 그동안에 쌓은 모든 공덕이 순식간에 허물어지고 빈축과 경멸의 대상이 되기도 한다. 그래서 옛 어른들은 "남에게는 춘풍春風처럼 관대하고 자기를 추스름에는 추상秋霜같이 하라"는 처세훈을 남겼다.

행세를 바르게 하려면 우선 그 행색行色부터 제대로 갖춰야 한다. 행색이란 겉으로 드러나는 용의容儀를 말한다. 흔히 행색을 보고 먼저 그 사람을 평가하려 든다. 사람들은 행색이 초라하거나 남루하면 공연히 업신여기려 든다.

아울러 행실行實을 바르게 해야 한다. 행실이란 그의 말과 행동에서 나타나는 일상적 행동거지行動擧止를 말한다. 그 사람의 행동에 따라 '품행'을 평가한다.

안으로 바른 마음과 바른 생각을 지니고 있으면, 밖으로 드러나는 말과 행동도 바르게 되고 옷차림도 깔끔해진다. 행색과 행실과 행세는 마치 솥을 떠받치는 솥발과 같아서, 이 세 가지가 조화와 균형을 이루어야 그 사람의 인격이 바로 선다. 그 중 어느 것 하나라도 빠지거나 기울게 되면 제대로 사람대접을 받을 수 없게 된다.

2007. 11. 20.

부끄럽지 않게 사는 길

"제 버릇 개 못 준다", "개 꼬리 삼 년 둬도 황모黃毛 못 된다"는 속담이 있다. 또 "선한 사람은 선한 곳간에서 선한 것을 내 놓고, 악한 사람은 악한 곳간에서 악한 것을 내놓는다(「루카복음」 7장 45절)"는 성경 구절도 있다. 사람이 제각각 지니고 있는 본바탕을 바꾸는 일이 무척 어렵다는 말이다.

하지만 사람에게 자신을 바꿀 수 있는 기회가 전혀 없는 것은 아니다. "생각을 바꾸면 행동이 바뀌고, 행동을 바꾸면 습관이 바뀌고, 습관을 바꾸면 성격이 바뀌고, 성격을 바꾸면 그 사람의 운명이 바뀐다"는 말이 이를 잘 말해 준다. 인간의 내면적 바탕인 생각을 바꾸면 결국 운명이 달라진다니 이 얼마나 큰 위안이요 희망인가?

위에 열거한 생각, 행동, 습관, 성격의 네 가지 가운데 가장 바꾸기 어려운 것은 습관이다. 습관은 한번 굳어지면 고치기 어려운 고착성이 있기 때문이다. 습관 중에는 좋은 습관이 있는 반면에 나쁜 습관도 있다. 이 좋은 습관과 나쁜 습관이 그대로 드러나 개개인의 특성을 규정하게 되는데, 이를 보통 '개성'이라 하고, 때로는 '인품'이니 '인격'이라고도 한다.

누구에게나 습관은 다 있다. 다만 타고난 천품에다가 교육 및 수양의 정도에 따라 좋은 습관과 나쁜 습관의 구성 비율에 차이를 드러내게 된다. 그러므로 가정교육, 학교교육, 사회교육 등 모든 기회를 통해서, 끊임없는 자기 성찰을 통해서, 좋은 습관은 조장助長하고 나쁜 습관은 교정矯正하며, 일상생활에서 긍정적 습관은 계속 좋은 습관으로 키우고, 부정적 습관은 이를 개선함으로써 자신의 인품과 인격을 높이도록 해야 한다.

이러한 노력은 창세기 이래 모든 사람의 한결같은 지향이었지만, 아직 완벽한 경지에 도달한 사람은 없다. 하지만 사람이 이러한 노력마저 포기한다면 바로 금수禽獸와 다를 게 없다. 사람다운 사람이 되려면 한발 또 한발 의義와 선善을 향해 나아가야 한다. 신학자들은 이를 가리켜 '인성人性은 수성獸性과 신성神性의 중간에서 신성을 향해 끊임없이 나아가는 가치 지향적 존재'라고 설명한다.

나는 세상을 살면서 자신의 나쁜 성격과 습관을 미처 고치지 못한 탓에 낭패하는 사람, 급한 마음에 먼저 길을 건너려다가 교통사고를 당하는 사람, 앞에 나서기 좋아하다 망신당하는 사람, 분을 참지 못하고 폭력을 휘두르다 손해 보는 사람, 잘난 체하다 남의 비웃음을 사는 사람, 올바르게 살지 못해서 화를 부르는 사람 등 불행한 사람을 적지 않게 보았다. 이런 불행과 실수를 자초하지 않으려면 다음과 같은 말을 깊이 새겨 둘 필요가 있다.

공자는 "정도에 넘치는 것은 모자란 것만 못하다過猶不及"(『논어論語』「선진先進」편)고 말씀하셨다. 곧 균형을 잡아 지나침도 없고 모자람도 없고 치우침도 없도록 행동을 자제하고, 일의 선후와 완급을 잘 판단하고, 정신과 육체가 조화되도록 하라는 중정中正, 중용中庸이다.

노자는 이를 지지知止와 지지止止로 설명하였다. 지지知止란, 말을 하다가도, 일을 하다가도 자기 분수에 지나치다 싶으면 그칠 줄 아는 자각과 분별력이요, 지지止止란, 지나치다는 것을 아는 즉시 그 행동을 그치라는 뜻이다.

『명심보감明心寶鑑』에는 "만족함을 알아서 항상 만족하면 죽을 때까지 욕되지 않고, 지나치다 싶으면 그칠 줄을 알아 항상 멈추면 죽을 때까지 부끄러움이 없다知足常足 終身不辱 知止常止 終身無恥"고 하여 지족知足과 지지知止가 부끄럽지 않게 사는 길임을 밝히고 있다. 부끄럽지 않게 살려면 지나친 욕심을 버리고 절도를 지키며 살아야 한다는 말이다.

2007. 1. 12.

자신을 거울에 비추어 보라

얼마 전 걸어가는 내 뒷모습을 찍은 동영상을 보고 충격을 받았다. 그 자세의 부자연함은 말할 것도 없고, 발놀림마저 왜 그리 불안하고 볼품이 없는지? 오십오 년 전, 녹음기가 희귀했던 시절. 라디오 방송국에서 어렵사리 빌린 녹음기로 나의 수업 내용을 분석하면서 음성, 음색, 언어 습관에서 느낀 실망과 당혹감 그대로였다. 그러나 외형만 가지고 일희일비할 게 아니다. 자기의 마음을 거울에 비춰 보면 또 다른 감명을 받게 될 테니까….

심성수련心性修鍊 프로그램 중에 '자신이 죽었다'는 가정 아래 자기가 자기 조문弔文을 쓰는 내용이 있다. 이 글을 쓰다가 어떤 이는 기어이 대성통곡했다는 것이다. 사연이야 어떻든 자신의 내면을 들여다보다가 오죽하면 목 놓아 울었겠는가. 자기를 객관화하는 일이야말로 자기 성찰, 자기 계발, 자기 변혁의 계기가 된다는 점에 이론異論이 있을 수 없다.

거울은 멀리 있지 않다殷鑑不遠(『시경詩經』「대아大雅」편).

구리로 거울을 만들면 의관을 바로잡을 수 있고, 옛일을 거울로 삼으면 흥망성쇠를 알 수 있다以銅爲鏡 可以正衣冠 以古爲鏡 可以知興替(『정관정요貞觀政要』).

군자는 자기 얼굴을 물에 비추지 아니하고 다른 사람을 거울로 삼는다君子 不鏡於水 而鏡於人(『묵자墨子』).

공자께서 말씀하셨다. 세 사람이 가는 길에는 반드시 내 스승이 있으니, 그 선함을 택하여 좇고 그 선하지 않음을 고칠지니라子曰 三人行 必有我師焉 擇其善者而從之 其不善者而改之(『논어論語』 「술이述而」 편).

이 모두가 금쪽 같은 말이다. 어느 하나도 버릴 수 없는 값진 말이다. '거울'이니 '거울로 삼으라'는 말은 잔잔하게 고인 맑은 물도 좋고, 갈고 닦아 만든 구리거울도 좋고, 잘 닦아 놓은 유리거울도 좋고, 현대 첨단 장비에 의한 동영상도 좋으니 자신을 비춰 보라는 뜻이다. 거울로 자신의 외형만 비춰 볼 게 아니라, 옛 성현의 말씀이든, 자기 이성과 양심이든, 다른 사람을 통해서 반사되는 평판이든, 남의 그릇된 행동을 보고 스스로 깨닫는 반면교사反面敎師든 자신의 내면을 들여다보며 깊이 반성하라는 뜻이다.

마음이 부드러워야 표정이 부드러워진다. 마음이 고와야 말도 고와진다. 바른 마음에서 바른 행실이 드러난다. 그러니 마음 씀씀이를 부드럽고 곱고 깨끗하게 하라는 말이다.

이 모든 덕목은 겸손에서 비롯된다. 주변의 모든 사람이 지성知性이나 덕성德性이나 영성靈性이나 재력財力에서 자기보다 더 낮다는 사실을 인정해야 한다. 과시욕과 명예욕이 자신을 망칠 수 있다. 자기가 더 잘났다고, 자기가 더 가졌다고, 자기가 더 잘 안다고 우쭐대는 순간에 겸손은 빛을 잃고, 스스로 자기를 낮추고 다른 사람에게서 배우려는 성실한 마음을 지닐 때 비로소 겸손은 빛을 내게 된다. 겸손이야말로 자기 계발의 동기가 되고 자신을 성공으로 이끄는 견인차다. 세상에는 자기보다 못한 사람도 있을 수 있다. 하지만 그런 사람에게서도 배울 점이 분명히 있다. 그 사람의 단점을 들춰내어 비방할 게 아니라, 이를 반면교사로 삼아 자기를 되돌아보고 분발하는 것이 발전하고자 하는 사람이 지녀야 할 태도다.

세상은 자기를 내세우는 사람을 그냥 두고 보지 않는다. 겸손하고 공정하면 어느 누구도 시시비비할 게 없다. 스스로 마음을 비우고 욕심을 버려야 여러 사람 앞에 떳떳하게 설 수 있다. 이런 사람이라야 사람다운 사람, 지도자다운 지도자로서의 품위를 인정받고, 뭇 사람의 신뢰와 존경의 대상이 될 수 있다.

2010. 7. 27.

호사다마好事多魔와 화불단행禍不單行

집안에 경사가 있을 때, 옛 어른들은 "호사다마好事多魔라 했다. 더욱 자중하고 또 자중하라"고 당부하셨다. 바라던 일이 뜻대로 되어 모두가 얼굴에 기쁨이 가득하고 이웃마저 덩달아 춤추는 판에 "좋은 일엔 마귀가 많다"니 이 무슨 말씀인가? 하지만 실제로 그런 일이 전혀 없지 않으니, 그저 흘려들을 수도 없는 노릇이다. 여기에는 일을 성취한 기쁨에 들뜬 분위기가 초래하는 방심을 경계하는 한편, 같은 일을 하다가 낭패하여 실의에 빠진 이웃의 처지를 생각하고 지나치게 교만하는 일이 없게 하려는 의미가 담겨 있다. 요즈음 명문대에 입학한 자녀를 둔 부모가 애써 표정을 자제하고 언행을 근신하는 것도 이런 이치를 깨닫고 실천하는 하나의 본보기라 하겠다. 이렇게 자중하고 또 자중하는 행동이야말로 바로 승자에 대한 마귀의 저주를 막는 일이기 때문이다.

그런가 하면 '화불단행禍不單行'이라 하여 "재앙이 한 번에 그치지 않고 겹쳐 온다"는 말도 있다. 어려움을 겪고 있는 사람에게 정신을 차려 더 이상 낭패가 없게 하려는 위로와 경고를 곁들인 말이다. "엎친 데 덮친다", "호랑이에게 물려 가도 정신만 차리면 산다"는 말과 일맥상통하는 말이다. 단 한 번 닥치는 불행도 견디기 어려운 판에 재난이 큰 지진 뒤에 쓰나미津波처럼 연거푸 닥친다니 이 얼마나 황당한 일인가? 그러나 살다 보면 이런 불행이 겹치는 어처구니없는 경우도 가끔 있으니 정신을 바짝 차려야 할 일이다.

무릇 좋은 일이나 궂은 일이나 거기에는 그럴 만한 원인이 있다. 중국의 『후한서後漢書』에는 "좋은 일은 까닭 없이 오지 아니하고, 재앙은 부질없이 오지 않는다善不妄來 災不空發"는 글이 있다. 모든 일에는 인과因果의 법칙이 있음을 설명해 주는 말이다.

그러므로 '호사다마'라든지, 또 '화불단행'이라는 말에는 어른들의 자상하고 속 깊은 마음씨가 그대로 담겨 있음을 알 수 있다. 마치 축구 경기를 시작하자마자, 때로는 한 꼴을 넣은 직후에 실점 위기가 닥쳐오듯이, 좋은 일이나 궂은 일이나 지나치게 방심한 나머지 집중력을 잃지 말라는 뜻으로 받아들여야 한다.

이러한 생각은 "정도를 지나치면 부족한 것만 못하다過猶不及"는 중용사상에서 비롯된다. 옛날 사람들이 어릴 적에 배웠던 『천자문千字文』에 있는 "영화로움이 최고조에 이르렀는지를 항상 살펴보라寵增抗極", "중용에 이르려면 부지런하고, 겸손하고, 행동을 삼가고, 악에 빠지지 않게 경계하라庶幾中庸 勞謙謹勅"는 말을 시작으로, 『논어論語』의 "총애를 받을 때엔 욕된 일을 생각하여 몸가짐을 조심하고, 편히 지낼 때면 위태로움을 생각하라得寵思辱 居安慮危"는 말에 이르기까지 "언제나 자중하라"는 메시지가 유학 경전 곳곳에 담겨져 있다.

사도 바오로는 믿음으로 의롭게 된 이들이 환난을 당하면 이를 믿음과 희망과 사랑으로 승화시켜야 한다고 위로하면서, 다음과 같은 말로 우리에게 용기를 북돋워 준다.

그러므로 믿음으로 의롭게 된 우리는 우리 주 예수 그리스도를 통하여 하느님과 더불어 평화를 누립니다. 믿음 덕분에, 우리는 그리스도를 통하여 우리가 서 있는 은총 속으로 들어올 수 있게 되었습니다. 그리고 하느님의 영광에 참여하리라는 희망을 자랑으로 여깁니다. 그뿐만 아니라 우리는 환난도 사랑으로 여깁니다. 우리가 알고 있듯이, 환난은 인내를 자아내고, 인내는 수양을, 수양은 희망을 자아냅니다. 그리고 희망은 우리를 부끄럽게 하지 않습니다. 우리가 받은 성령을 통하여 하느님의 사랑이 우리 마음에 부어졌기 때문입니다.(『로마서』 5장 1-5절)

2007. 1. 20.

이웃 사랑의 불씨 찾아주기

내게는 사십육 년간 초·중·고에서 교직생활을 하다가 생긴 하나의 직업 근성이 있다. 무의식 중에 사람의 행동 하나하나를 관찰하는 버릇이다. 제대로 교육을 하려면 학생의 행동을 관찰하는 일이 필수 불가결하다. 그의 성격, 행동 습관, 건강, 교우 관계, 심지어 가정 문제에 이르기까지를 파악해야 생활 지도는 물론 학습 지도에 도움이 되기 때문이다.

얼마 전 대형 사우나엘 갔다가 목욕을 끝내고 일행을 기다리느라 대기실에 앉아 있었다. 워낙 규모가 크고 시설이 좋은 탓인지 들고 나는 사람이 꼬리를 이었다. 나도 모르게 직업근성이 발동되었다. 들어오는 사람은 대부분 신을 벗고 마루에 오른 다음, 뒤로 돌아서 허리를 굽혀 신발을 들고 신발장을 향해 간다. 그런데 나가는 사람의 십중팔구는 꼿꼿이 선 채 바닥에 신발을 떨어뜨리고 나서 신을 신는다. 신발이 떨어지면서 내는 소리나 먼지가 일어나는 데는 전혀 관심이 없다. 하찮은 행동이지만 스스로의 교양 부족을 드러내면서 결국 자신도 그 피해자라는 사실을 알지 못하는 행동에 나는 쓴웃음을 지을 수밖에 없었다.

이처럼 조심성 없는 행동으로 말미암아 남에게 불편을 끼치고 알게 모르게 자기도 피해를 입는 사례는 얼마든지 있다. 지하철 안에서 큰

소리로 휴대전화를 하는 사람, 다리를 쩍 벌리고 앉아 좌석을 두 개나 차지하는 사람, 길을 가다가 가래나 침을 뱉는 사람, 피우던 담배꽁초를 슬그머니 하수구에 버리는 사람, 남의 앞을 바짝 가로질러 건너가는 사람, 운전을 하면서 방향 표시등을 켜지 않고 갑자기 회전하는 자동차 운전자 등 공중도덕의 문란과 불법행위가 공공연하게 판을 치는 것이 우리의 실상이다. 남과 더불어 살고 있는 이 세상에서 그저 자기만 생각하는 자기중심적 사고방식은 이제 고칠 때가 되지 않았는가?

세상을 아름답게 살려면 이웃을 생각하고, 이웃에 폐를 덜 끼치고, 이웃을 도와주는 일에 더 익숙해져야 한다. 얼마 전 전북 고창에 있는 '인촌仁村 생가'를 둘러볼 때의 일이다. 안채 뒤뜰을 돌아보다가 큰 기와집에 어울리지 않게 낮은 굴뚝을 가리키며 누군가가 그 이유를 설명했다. "조석 끼니를 거르는 이웃을 배려하여 연기가 높이 솟지 않게 한 것이라고…."

이 이야기 끝에 아내 김명자 율리아나가 불현듯이 생각났는지 한마디를 덧붙였다.

"우리 할머니께서는 걸식하는 이를 위해 매끼마다 밥 한 그릇을 따로 퍼 두셨다가 인정을 베푸셨다. 또 어머니께서는 육이오 때 끼니를 거르는 이웃을 생각하여 그 무덥던 여름날에도 냄새가 밖으로 새 나갈까 봐 문을 닫고 우리 남매들에게 밥을 주셨다."

이 말을 들으며 나는 정읍 만석꾼의 손녀였다는 아내의 심성이 착한 근본을 알게 되었다.

어차피 더불어 살아야 하는 우리 이웃이다. 그 이웃을 생각하는 마음, 그 이웃을 보살피는 마음, 그 이웃에 베푸는 마음이 있기에 세상은 훈훈하고 아름다운 곳이다.

이웃을 생각하는 마음은 자녀의 걸음마 단계부터 부모가 가르쳐 주어야 할 인간교육의 바탕이다. 마치 질화로 속에서 불씨를 찾아 불을 살리던 옛 사람들의 정성어린 마음처럼 자녀의 가슴속에 간직되어 있는 사랑의 불씨를 찾아, 노블리스 오블리제noblesse oblige의 불길이 활활 타오르게 하는 일이야말로 자녀에게 넘겨주어야 할 값진 선물이 될 것이다.

문득 신문(『조선일보』 2009. 9. 24.)에서 읽은 정일근 시인의 수필 한 구절이 떠올랐다.

바다 속의 고래는 가르쳐 준다. 고래가 보이지 않아도 이 바다 안에 그가 있다는 것을. 사람의 사랑도 그렇다.

2009. 10. 5.

기회를 놓치지 않으려면

시내버스가 제시간에 도착하지 못하면 기다렸던 승객들로 으레 초만원을 이룬다. 승객들은 이 버스를 놓칠세라 아귀다툼이나 하듯 기어오르기 때문이다. 그럴 땐, '이 버스를 타야 하나, 다음 버스를 타야 하나?' 하고 망설이게 된다. 그러다 보면 버스는 떠나 버린다. 하지만 걱정하지 않아도 된다. 다음에 오는 버스는 앞차가 승객들을 다 태우고 떠난 탓에 훨씬 덜 붐비고, 때로는 뒤차가 앞차를 앞지르게 되는 경우도 있으니까….

하지만 인생 역정歷程은 이와는 다르다. 노선버스처럼 정해진 시간에 기회가 오는 것도 아니고, 한 번 놓치면 언제 다시 그런 기회가 올지 기약할 수도 없다.

미국 스탠퍼드 대학의 심리학자인 루이스 터먼Lewis M. Terman (1877-1956) 교수팀은 1921년부터 약 칠십 년간, 캘리포니아의 초·중교생 이십오만 명 중 아이큐IQ 135가 넘는 천오백이십일 명의 천재를 추적한 종적 연구를 통하여 "성공은 재능이 아니라 성격과 인격, 그리고 기회의 포착 능력이 좌우한다"는 연구 결과를 밝힌 바 있다 (『조선일보』「만물상」 2009. 5. 15.).

칼럼니스트 조용헌 교수는 「사람에게 오는 운과 그 운을 받는 방법」이란 글에서 대충 다음과 같은 내용을 언급하고 있다.

사람에게는 누구나 한평생에 두세 번 운이 온다. 그때에 그 운을 잡아야 한다. 그러려면 그 운을 잡을 준비가 미리 되어 있어야 한다. 마치 비가 올 때, 그릇의 크기에 따라 받을 수 있는 물의 양이 다르듯이, 각자가 준비한 그릇의 크기만큼의 운을 받게 된다. 그러므로 마음의 기량器量을 크고 넓게 가져야 한다. 운이 올 때. 그 운을 제대로 받으려면 어떻게 해야 하는가?

첫째, 말이 적어야 한다. 말이 많다는 것은 그만큼 수용적인 태도가 적다는 것을 의미하므로 들어오는 운복을 덜게 된다.

둘째, 말에 수식어가 적어야 한다. 수식어가 많으면 말이 길어진다. 말의 요점을 간단명료하게 말하는 것은 깔끔하고 순수한 그의 성격을 드러내는 것이므로 상대에 호감과 신뢰감을 준다.

셋째, 얼굴 색깔과 눈빛이 맑아야 한다. 얼굴은 마음의 상태를 나타내는 것이니 마음이 담담하고 평화로워야 온화하게 느껴진다. 또 마음의 창인 눈이 맑게 빛나야 의욕이 넘쳐 보인다. 마음에 불안과 걱정을 없게 하고 화를 자주 내지 말며 지나친 욕심을 버리는 게 좋다.

넷째, 신발은 가지런하게 벗어 놓아야 한다. 현관에 신발을 놓은 상태는 바로 그 사람의 마음가짐과 수양의 정도를 말해 준다.(『조선일보』, 2007. 1. 19.「조용헌 살롱」에서 발췌)

누구에게나 기회는 한두 번 찾아온다. 그러나 그 기회는 예고 없이 온다. "기회는 머리만 있고 꼬리가 없다"는 비유처럼, 한번 놓치면 다시 잡기가 어렵다. 자신이 잡지 않고는 부모나 형제자매도, 친구도 대신 잡아 줄 수 없는 것이 또한 기회다. 언제 올지 모르는 기회를 반드시 잡으려면 미리 준비하고 있어야 한다. 예수께서는 사람의 아들이

재림하는 날은 아무도 알 수 없다. 그러니 "깨어 있어라"고 말씀하신다.(「마태복음」 24장 36-44절)

육십 년 전 중학교 시절. 국어 교과서에서 외운 김소월 시인의 시를 인용함으로써 기회를 놓치지 않기를 바라는 내 마음을 전하고 싶다.

기회

강 위에 다리는 놓였던 것을!
건너가지 않고서 망설이는 동안
때의 거친 물결은 쉴 새도 없이
다리를 무너뜨리고 흘렀습니다.

먼저 건넌 당신이 어서 오라고
그만큼 부르실 때 왜 못 갔던가!
당신과 나는 그만 이편 저편서
때때로 울며 바라볼 뿐입니다.

2007. 2. 10.

문화 창달의 온상, 부전자전父傳子傳

아버지를 빼닮은 아들을 볼 때면 그 부전자전이 신기해 저절로 웃음이 나온다. 그러다가 자녀가 부모를 따라 하는 모습을 보면 "부전자전이라더니 피는 못 속인다"는 탄성이 절로 나오며 또 한번 웃음이 터진다. "태아의 십 개월이 태어나서 십 년보다 낫다"는 말이 있는가 하면, 자녀가 태어나면 가장 먼저 부모의 얼굴부터 대하고, 그 말과 말씨를 배우고 익히며, 부모의 행동거지는 물론 심지어 표정까지도 따라하게 되니, 자녀가 부모를 닮는 것은 너무나 당연하다.

사전에는 '부전자전'을 "대대로 아버지가 아들에게 전함. 부전자승父傳子承. 부자상전父子相傳"이라고 풀이한다. 그렇다면 부모가 자녀에게 전하는 게 도대체 무엇인가? 앞에서 예로 든 것처럼 겉모습과 행동거지가 닮았다는 것보다는 '전가지보傳家之寶'란 말에서 연상하듯이, 가보家寶나 족보族譜 같은 비장의 물건, 가풍家風이나 가훈家訓 같은 가문 특유의 전통, 재능才能이나 재질才質, 비전秘傳 같은 정신적·문화적인 유산의 의미가 더 강조된 것이라고 생각한다.

재능을 전승하는 부전자전의 전형을 찾아본다면, 우리나라에서는 진도 운림산방雲林山房을 근거로 하는 소치小癡 일가 5대에 걸친 남화南畵의 예맥藝脈이 아닌가 싶다. 1대 소치 허련許鍊(일명 허유許維, 1808–1893)에서 비롯하여 2대는 소치의 넷째 아들 미산米山 허형許

瀅(1861-1938), 3대는 미산의 아들 임인林人 허림許林(1917-1941)과 남농南農 허건許楗(1907-1987), 4대는 임인의 아들 임전林田 허문許文(1941-), 5대는 남농의 손자 허진許塡으로 이어진다.

중국에서는 글씨 잘 쓰기로 유명한 동진의 서성書聖 왕희지王羲之와 헌지獻之 부자가 있다. 유럽에서는 15세기 메디치Medici 가문의 미술품 애호를 꼽을 만하다. 이탈리아 피렌체에서 대규모의 은행을 운영하며 막강한 정치적 세력을 키웠던 조반니 비치 메디치, 그 아들 코지모, 손자 피에로, 증손자 로렌조 대공, 현손 조반나(교황 레오 10세)에 이르는 5대에 걸친 미술 장려가 마침내 르네상스에 불을 지폈던 사실로 유명하다. 일본에서는 여러 대에 걸쳐 가업을 잇는 것을 큰 자랑으로 여긴다. '우동집 3대', '대장간 5대' 등을 표방하며 이에 긍지를 느끼는 장인정신匠人精神이 강하다. 임진왜란 때 끌려간 도공 심수관沈壽官을 원조로 하는 일본 도자기의 명문 '사쓰마야키薩摩燒'는 현재 '15대 심수관'에 이르고 있다.

부전자전에 의한 명문가는 하루아침에 이루어지지 않는다. 다산 정약용丁若鏞은 "삼대에 걸친 의원醫員이라야 그 약에 효험이 있고, 삼대에 걸쳐 글을 읽어야 다음 세대에 제대로 된 문장文章(여기서는 문장가를 의미함)이 나온다"고 했다. 그러므로 부전자전은 동서고금을 가리지 않고 그 후예로서의 자긍심이 대단할 뿐만 아니라 뭇 사람들의 선망의 대상이 되기도 한다.

그런데 우리나라에서는 부모의 직업이나 재능을 자녀가 계승하는 것을 그다지 탐탁해하지 않는다. 자녀 또한 부모의 뒤를 잇는 것을 달갑게 여기지 않는 경향이 있다. 이는 뿌리 깊은 숭문사상崇文思想과 사농공상士農工商에 따르는 봉건적인 직업 귀천 의식, 그리고 자기 직업에 대한 자긍심의 부족에서 유래하고 있는 것으로 여겨진다. '나는 어쩔 수 없이 이 일을 하지만 내 자녀만큼은 어림도 없다'는 잘못된 직업 의식이 그 밑바탕에 깔려 있는 탓이다.

앞에서도 말했듯이, 부전자전은 비단 예능뿐만 아니라 모든 재능과 가업까지를 망라해서 계승 발전하는 것을 의미한다. 그러므로 부전자전이야말로 문화 창달의 기반이요, 산업 진흥을 위한 무형의 자본임에 틀림이 없다.

우리나라가 세계적 문화 강국으로 발돋움하려면 보다 더 성숙된 사회의식과 건전한 직업관이 확립되어 부전자전에 긍지를 느끼는 기풍이 널리 진작되어야 하겠다.

2007. 3. 27.

알아 두면 편리한 것들

철모르던 초등학교 시절, 열 살을 갓 넘긴 어느 겨울 날, 아침에 일어
나 보니 밤새 눈이 수북이 쌓였다. '오늘이 며칠인가?' 하고 달력 낱장
을 뜯어내니 '대설大雪'이란 글자가 또렷하다. 나는 신기해서 아침을
먹으며 참지 못하고 기어이 아는 체를 했다.

"저는 오늘 많은 눈이 내릴 줄 알았어요."

"눈이 올 줄을 어떻게 알았지?"

아버지께서는 의아해하시며 내게 되물으셨다.

"달력에 '대설大雪'이라고 적혀 있잖아요."

아버지께서는 어이가 없으신지 웃으시며, 그것은 일기예보가 아닌
24절기의 하나라고 하셨다. 나는 겨울의 문턱인 입동 뒤에 소설, 대설
이 오는 것을 전혀 모르는 철부지였다.

태음 태양력에서 입춘(2월 4, 5일)을 시작으로 일 년을 스물넷으로
나눈 기후의 표준점이 24절기다. 십오 일에 한 번씩 돌아오는 이 절기
를 알아 두면 농사짓는 데 아주 편리하다.

또 누구나 자기가 태어난 해의 띠는 잘 안다. 그러나 대화 중에 두
서너 살 차이만 나도 그 사람이 무슨 띠인지 몰라서 쩔쩔 매게 된다.
이럴 때, 십간干(갑甲 을乙 병丙 정丁 무戊 기己 경庚 신辛 임壬 계癸), 십
이지支(자子-쥐 축丑-소 인寅-호랑이 묘卯-토끼 진辰-용 사巳-뱀

오午-말 미未-양 신申-원숭이 유酉-닭 술戌-개 해亥-돼지)만 알아도 무식은 면한다.

갑자기 길이를 알고 싶을 때, 높이를 알고 싶을 때, 무게나 넓이를 알고 싶을 때도 있다. 이럴 때 일일이 자나 저울을 가지고 다니며 실측할 수는 없지 않은가? 하지만 무엇인가 기준이 있으면 어렵지 않게 그 궁금증을 풀어 나갈 수 있다. 그 한 가지 수단이 자신의 신체 부위를 이용하는 방법이다. 따라서 각자의 신체 부위에 따른 수치를 미리 알아 두면 편리하다〔아래의 ( ) 안에 적은 숫자는 나의 신체 조건을 기준으로 측정한 수치다〕.

길이를 알고 싶을 땐 한 뼘(엄지-인지 20센티미터, 엄지-중지 22센티미터), 한 발(구두길이 27센티미터, 약 30센티미터), 한 팔꿈치(팔꿈치-엄지 45센티미터), 양팔을 뻗은 한 아름(1.67미터) 등을 알아두면 대충 그 길이를 알 수 있다. 거리를 잴 땐 보통걸음으로 1보(65센티미터), 보폭을 크게 한 1보(70센티미터). 이를 근거로 100보(65-70센티미터), 1,000보(650-700미터), 1킬로미터(1,400보)의 거리나 시간을 알 수 있다.

높이는 그냥 목측目測하기보다는 아파트 높이와 비교하면 알기 쉽다. 아파트 한 층 높이는 4미터로 계산한다. 넓이는 제곱미터가 표준이지만, 아직도 관행상 평坪 단위면적을 쓰는 때가 많다. 1평의 넓이는 3.3제곱미터로, 가로와 세로 한 변의 길이가 각각 약 1.8미터이다.

도량형 단위가 미터법으로 통일되어 편하게 사는 세상이 되었지만, 전통 도량형 단위에 대한 웬만한 상식도 알아 두면 편리하다. 혹시 장모님이 "여보게, 권 서방! 모란장에 가는 김에 고등어 한 손, 굴비 한

두름, 북어 한 쾌씩만 사오게"라는 부탁을 한다면, 도대체 얼마를 사야 할까? 이런 경우, 한 손은 두 마리, 한 두름은 스무 마리, 한 쾌는 스무 마리라는 것을 알고 있으면 "예. 그렇게 하겠습니다"라고 자신 있게 대답할 수 있지 않을까?

이 밖에도 알아 두면 편리한 것이 많다. '모르면 노트북이나 스마트폰을 열어 보면 그 속에 다 있는 것을 웬 걱정이냐?'고 할지 모른다. 하지만 서로 이야기하다 말고 "잠깐만" 하고 상대방의 면전에서 스마트폰을 일일이 찾아보기는 거추장스럽고 어려운 일이 아닌가?

이럴 때 정작 필요한 것은 머릿속에 들어 있는 지혜와 지식이다. 그래도 멀쩡한 사람인데 머릿속을 비워 놓고 다닐 수야 없지 않은가?

2011. 1. 15.

관용과 아량

야구 경기에서 투수가 정확하게 공을 던졌는데도 타자가 이를 받아 치지 못하면 심판은 두 번까지는 "스트라이크!" 판정을 내리지만, 세 번째는 가차 없이 "아웃!"을 선언한다. 이를 '삼진三振 아웃'이라고 한다. 이러한 경기 규칙을 경영에 도입하는 사례도 적지 않다. 성경에는 "형제가 죄를 지으면 몇 번이고 용서하라"는 예수님의 말씀을 다음과 같이 전한다.

그때에 베드로가 예수님께 다가와, "주님, 제 형제가 저에게 죄를 지으면 몇 번이나 용서해 주어야 합니까?" 하고 물었다. 예수님께서 그에게 대답하셨다. "내가 너에게 말한다. 일곱 번이 아니라 일흔일곱 번이라도 용서해야 한다."(「마태복음」 18장 21–22절)

여기에서 '일곱 번'이니 '일흔일곱 번'이니 하는 말은 유대인들이 생각하는 완성을 뜻하는 상징적인 숫자로, 몇 번이고 그 죄를 거듭 용서하라는 뜻으로 해석해야 한다는 것이 성경주석학자들의 설명이다. 자비와 평화를 지향하는 기독교 정신이 여기에서도 엿보인다.

동양에서도 예로부터 관용寬容과 아량雅量을 인덕仁德의 하나로 꼽는다. 그 구체적인 표현의 하나가 "물이 맑으면 고기가 살지 못하고,

사람이 맑으면 따르는 무리가 없다水至淸則無魚 人至淸則無徒"는『공자가어孔子家語』에서 나타난다. 지나치게 깐깐하게 굴지 않는 것이 후덕한 사람의 모습이다.

시간을 내어 성경을 한두 번 읽는 일은 마음만 먹으면 된다. 지나치게 깐깐하지 말라는 처세훈에 고개를 끄덕이는 일도 어렵지 않다. 그러나 한두 번도 아닌 이웃의 잘못을 용서하고 또 용서하는 일은 여간한 인내심이 없으면 실천하기 어려운 일이다. 아무리 관용과 아량을 베푼다 해도 한두 번이야 참고 넘길 수 있겠지만, 결국은 분통을 터뜨리는 게 인지상정이기 때문이다.

나는 교직에 있는 동안, 학생이나 교직원의 한두 번 실수는 이를 굳이 탓하지 않으려고 무던히 애를 썼다. 워낙 성격이 급하고 세심한 편이어서, 이를 보고도 못 본 체, 알고도 모른 체하기가 쉽지는 않았다. 하지만 참고 넘겼다.

짐짓 모르는 체하고 며칠을 지내다 보면 웬만한 학생이나 교직원은 스스로 괴로워하다가 고백하는 사람도 있고, 그냥 넘겨 버리는 대범한 사람도 있었다. 자기 실수에 대해 미안해하는 사람에게 "사람인데 그럴 수 있지 않으냐?"고 위로하고 나면 당사자도 안정감을 찾고 내 마음도 훨씬 편해진다. 나로서는 그의 실수로 인한 후유증을 최소화하는 별도의 부담을 안아야 했지만…. 대부분의 당사자는 다시는 실수하지 않고 그가 맡은 과제나 업무를 무난히 수행하려고 노력하는 모습을 보면, 역시 사람에게는 이성과 양심이 있음이 분명했다.

그러나 잘못하는 경우엔 그냥 넘길 수 없었다. 잘못을 반복하다 보면 나쁜 습관으로 고착될 우려가 있기 때문이다. 그럴 때에는 그 전의 일까지 들춰 가며 그에게 하나하나 지적하고 엄중하게 경고하거나 훈계하는 바람에 '어지간히 깐깐한 사람'이라느니, '완벽주의자'라는 달갑지 않은 평판을 듣기도 했다.

그 행위가 기강의 해이, 조직의 혼란, 재산적 피해 등 악의적인 목적에서 의도된 고의적인 행위가 아니라면 웬만한 실수나 잘못은 모르는 척하고 한두 번 눈감는 관용과 아량은 사실상 필요하다. 규모가 크든 작든 진정한 경영자라면 그 직원의 심리와 동정에 정통해야 할 이유가 여기에 있다.

2011. 6. 25.

변화와 성공의 원리

인류가 현대 문명사회를 이루고 살게 된 바탕에는 끊임없이 변화를 추구하는 인간의 문화욕구가 있다. "이대로는 안 되겠다", "무엇인가 달라져야 한다"는 생각에 "이렇게 바꾸고 보니 전보다 훨씬 낫다"는 성공 체험이 더하여 진보와 발전을 거듭한 결과, 세상은 지금 하루가 다르게 변하고 있다. 몇 달 만에 나들이를 해 보면 새로운 도로가 뚫려 어리둥절할 때가 많다. 또 상가에는 날마다 새로운 상품이 넘쳐나고 있다. 바야흐로 변하지 않으면 살 수 없고, 변화에 앞장서지 않으면 성공할 수 없는 세상이 된 것이다.

『주역周易』에는 "궁하면 변하라窮卽變. 변하면 통하리라變卽通. 통하면 영원하리라通卽久"는 말이 있다. 『대학大學』이란 책에는 "진실로 날로 새로워지려거든 나날이 새로워지고 또 날로 새롭게 하라苟日新日日新又日新"는 중국 은殷나라 탕왕湯王의 반명盤銘 글이 전해진다. 이러한 글은 변화 발전이 느리던 이천오백여 년 전의 말이다. 그때 벌써 '인간이 변화하지 않으면 안 된다'는 변화의 필요성과 방법을 밝히고 있으니 정말 놀라운 일이 아닐 수 없다.

그 반면에 "그저 해오던 대로만 하면 된다"는 인순고식因循姑息(낡은 폐단이나 습관을 버리지 못하고 당장의 편안함만 생각하는 것)과 구차미봉苟且彌縫(군색하고 구구하게 잘못된 점을 꾸며 대는 것)의 경향도 없지 않다. 이렇듯 현실에 안주하거나 터진 곳을 우선 땜질해 놓고 보자는 생각은 분명 잘못이다. 새로운 변화에 적응하지 않는다면, 그 결과는 정체와 퇴보와 멸망으로 이어질 수밖에 없다. "고인 물은 썩는다"는 말은 변화를 모르는 사람에게 울리는 엄중한 경종이다.

그렇다고 해서 성급하게 무작정 변화를 획책하는 일도 삼가야 한다. 당장 서둘러 큰 틀을 뒤바꾸려고 하다간 낭패하기 쉽고. 변화 자체가 너무 크거나 벅차도 용기를 내지 못한다. 갑작스런 변화에 대한 저항이 만만치 않아 마찰과 갈등을 일으키기도 하고, 또 신중한 검토 없이 큰 틀을 바꾸려다가 자칫 근간根幹을 다칠 위험도 있기 때문이다.

맑은 물이 계속 흘러들면 마침내 온 우물이 맑아지듯이, 작은 일 하나하나를 바로잡아 가며 차근차근 변화를 시도해야 한다. 미래를 내다보는 현명한 사람, 매사에 신중한 사람은 결코 서두르지 않고 다음과 같은 합리적이고 효율적인 절차와 과정을 거쳐 변화해 나간다.

—우선 문제의식을 분명하게 해야 한다. '이대로는 안 되겠다'고 결론이 나면 '무엇이 문제인가'를 하나하나 짚어가며 실마리를 풀어 나가야 한다.

—문제의 원인을 제대로 찾는다. 원인을 정밀 진단하고 그 결과를 객관적·과학적으로 분석하고 이를 종합하여 합리적으로 판단하는 과정이 이래서 소중하다.

—문제 해결 방안을 강구하고 필요한 절차와 과정을 거친다. 그 방안에는 내용, 절차, 기대효과(수익, 비용 절감, 만족도, 전망)가 망라되어 있어야 한다.

—계획을 실행함에 있어서는 피드백feed back을 통하여 보충, 수정,

강화하는 치밀한 과정을 포함한다.

　이러한 변화의 과정은 참여자 전원이 일치 협력하는 가운데 충분한 시간을 가지고 점진적으로 이루어 나가야 한다. '줄탁동시啐啄同時'니 '취탁동시嘴啄同時'란 말이 있다. 병아리가 알에서 깨어 나오려면, 알 속에 있는 병아리와 알을 품었던 어미 닭이 안팎에서 동시에 부리로 쪼아야 껍질을 벗고 새 생명으로 탄생하는 이치를 설명하는 말이다. 변화는 안으로부터의 자생·자구 노력과 밖으로부터의 도움이 있어야 새로운 탄생과 변화를 기대할 수 있다는 소중한 교훈이다. "하늘은 스스로 돕는 자를 돕는다"는 격언은 변화하려는 의지와 노력에 재능과 열정을 쏟아 붓고 한마음으로 서로 협력할 때 하느님의 은총이 가득 내린다는 변화와 성공의 원리를 간결하게 설명한 말로 해석된다.

　2007. 3. 25.

자신의 건강은 자신이 챙겨야 한다

흔히 "건강은 건강할 때에 지켜야 한다"고 말한다. 이미 병이 난 뒤에는 우선 고통이 따르고, 뒤늦게 병을 고치려 해도 그 시기를 놓치는 바람에 치료에 어려움을 겪게 된다.

사마천의 『사기열전史記列傳』에는 신의神醫라 불리는 편작扁鵲(성은 진秦, 이름은 월인越人)과 춘추시대 채蔡 환공桓公 사이에 얽힌 다음과 같은 이야기가 기록되어 있다.

편작이 채 환공을 만나니 병색이 보였다. "임금님께서는 병환이 나셨는데 다행히 살가죽의 겉면에 닿아 있으니 지금 치료하십시오, 장차 병이 더 깊어질까 두렵습니다." 환공이 말하길 "내겐 병이 없네"라고 잘라 말했다. 편작이 물러나가자 환공이 말했다. "의원이라 하는 사람들은 병이 아닌데도 치료해야 한다고 말해서 그 공을 자랑하려고 하거든…."

열흘이 지난 뒤, 편작은 환공을 만나자 또 말했다. "임금님의 병은 지금 살 속 깊이 들었습니다. 지금 치료하지 않으시면 병이 깊어지십니다." 환공은 아예 대답도 하지 않았다. 편작이 나가자 환공은 화를 냈다.

다시 열흘이 지났다. 편작이 또 환공을 보니 병색이 더욱 깊어졌다.

"임금님! 임금님의 병은 장과 위에까지 미쳤습니다. 지금 치료하지 않으시면 더 위험하십니다." 환공은 여전히 대답을 하지 않고 있다가, 편작이 나가자 또 화를 냈다.

또 열흘이 지나 편작은 환공을 찾아 왔다가, 이번에는 멀리서 바라보고는 그냥 달아나 버렸다. 환공이 사람을 시켜 편작에게 그 이유를 물어보라 했다. 편작이 대답하기를

"병이 살가죽의 겉면에 있을 때는 따뜻한 물로 찜질해서 치료할 수 있고, 피부 속으로 병이 침투했을 때는 침이나 뜸으로 치료할 수가 있지요. 또 내장 속으로 들어갔을 때는 탕약으로 치료할 수 있지요. 그러나 병이 더 악화되어 골수에 들어가고 나면 운명은 하늘에 달린 것이오. 이제 임금의 병은 골수에 들었으니 나로서는 어찌할 수가 없소."

닷새가 지나자 환공은 몸에 통증을 몹시 느끼게 되었다. 사람을 시켜 급히 편작을 찾았으나 이미 그는 진나라로 도망친 뒤였다. 환공은 마침내 죽었다.(「명의열전名醫列傳」)

"병골이 백수百壽한다"는 말이 우리 입에 자주 회자되는 것도 따지고 보면 이와 무관하지 않다. 잔병치레를 하다 보니 조금만 아파도 병원을 찾게 되고, 스스로 자신의 건강을 챙기게 되니 그야말로 '유비무환'의 경지에 이르게 된다. 반면에, 평소에 건강하던 사람 중에는 웬만큼 아파도 '하루 이틀 아프다가 낫겠지' 하고 대수롭지 않게 여기고 참다가 마침내 병을 키워 뒤늦게 후회하는 경우가 적지 않다.

자기 몸의 상태는 누구보다도 자신이 잘 안다. 평소에 건강 상태에 관심을 가지고 건강검진을 함은 물론, 자신의 건강에 이상이 있다고 느껴지면 곧바로 가족에게도 이야기하고 가까운 병·의원을 찾아 건

강상태를 체크해 보는 것이 좋다. 요즈음처럼 의료보험체제가 잘 갖추어져 있는 시대에는 더욱 그러하다. 자각증세가 오거나 통증이 오게 되면 이미 병이 한참 진행된 뒤라 때가 늦을 수도 있다. 그러한 상태가 오기 전에 웬만하면 자신의 건강은 자신이 챙길 줄 알아야 한다. 자신이 아니고는 아무도 그 건강 상태나 고통의 정도를 미리 알아차리고 도울 수 없기 때문이다.

자주 앓는다고 해서, 알리는 것이 번거롭다고 해서, 병 수발을 하는 가족에게 미안하다고 해서, 이를 알리지 않거나 미루고 고통을 참다가 병이 더 깊어진 다음에 뒤늦게 후회하는 일은 자신은 물론 가족의 걱정을 더할 뿐이다. 이런 어리석은 일이 없도록 해야 한다. 특히 노인의 경우는 더욱 그러하다.

"병은 자랑해야 한다"는 말이 이래서 소중하다.

2008. 9. 15.

한 집안을 일으켜 세우려면

세상을 살다 보면 기복起伏과 명암明暗이 있게 마련이다. 환한 햇살이 비치는 넓은 도로 위를 자동차가 신호등에 막힘없이 기분 좋게 달리듯이 모든 일이 순조롭게 성취되는 때가 있는가 하면, 누군가 의도적으로 해코지나 하는 것처럼 하는 일마다 어긋나 짜증이 날 때도 있다. 일이 잘 풀릴 때엔 도와주는 이도 많고 성원하는 목소리도 높지만, 일이 어긋나기 시작하면 아무 일도 되지 않아 막막하고 의지할 곳도 없게 된다. 그러면 찾는 발길도 뚝 끊어지는 게 염량세태다.

기업을 본격적으로 경영하려면, 기계 설비를 발주하고, 상품을 제작하고, 판매처에 상품을 인도하는 과정을 거치는 자본의 회임 기간이 필요하다. 한 집안을 일으키는 데에도 그만한 회임 기간이 필요하고 또 분위기가 무르익어야 한다. 개천에서 용 나듯이 미천한 집안에서 뛰어난 인물이 갑자기 나와 한 집안을 일으키는 경우도 가끔 있기는 하지만, 사실을 알고 보면 그럴 만한 소지가 거기에 다 깔려 있다.

그렇다면 한 집안을 일으키는 데 갖춰야 할 소지素地는 무엇일까?

우선, 자존自存 의식을 가지고 자신의 인품을 높이는 일이 그 첫 과제다. 자기수양에 힘쓰는 일, 인격과 교양을 쌓는 일, 자신의 재능과 특기를 신장하는 일, 언행일치하는 일, 원만한 인간관계를 형성하는 일, 안정된 생활을 할 정도의 재산이나 종잣돈을 모으는 일이다.

다음은, 가풍家風을 바로 세워 가품家品과 가격家格을 높이고 가족 간에 화합하는 일이다. 훌륭한 가풍 속에서 빚어진 좋은 인품은 가품과 가격을 견인하는 원동력이 되고, 좋은 가품과 가격은 훌륭한 인품을 형성하는 기반이 된다. 이 두 가지는 상호 관련성을 가지고 사회계층의 상승효과를 가져온다. 미국의 케네디 집안을 일으킨 힘은 "부모와 자녀 간에 화합하고 원칙을 공유共有한다"는 가풍에 그 기반을 두고 있다는 것은 널리 알려진 사실이다.

그 다음은, 자신은 물론 자녀의 배우자를 잘 선택하는 일이다. 아무리 개인주의 사회라 해도 가품이 좋은 집안인지, 가족의 재능은 무엇인지 관심을 가지고 살펴보는 일에 소홀하지 않아야 한다. 가정의 안정과 평화는 물론, 새로 태어날 자녀의 유전적 형질과 재능에 미칠 영향이 크기 때문이다. "왕대밭에서 왕대 나고 쑥대밭에서 쑥대 난다"는 속담이 공연한 말이 아니다.

마지막 과제는, 작은 성취에 만족하지 말고 더욱 겸손하고 인덕仁德을 쌓아야 그 판을 깨지 않는다. 흔히 경주 최부잣집의 미덕이 회자膾炙되는 것이 그 예다. 겸손은 가진 사람, 잘나가는 사람이 잠시도 늦춰서는 안 되는 고삐다. 자칫 그 고삐를 놓치면 "부자 삼대三代 가기 어렵다"는 말이 현실화되고 만다. 졸부猝富를 보라. 갑자기 떼돈 벌어 떵떵거리지만, 실속은 그게 아니다. 그야말로 외화내빈外華內貧의 진면목이 여기에서 노출되고 만다. 돈이 많으면 무엇 하나? 말 한마디, 행동 하나에서 그 본색이 드러나는 것을….

그러므로 한 집안을 일으키는 일은 서둔다고 해서 되는 일이 아니다. 짧게는 한 세대, 길게는 두세 세대에 걸쳐 황소걸음 걷듯이 다지고 쌓아야 소지素地가 마련된다. 소지가 든든해야 뿌리가 뻗어나가듯,

덕행을 쌓아야 여경餘慶이 있다. 오늘의 내가 있기까지는 눈에 보이지 않는 조상의 피땀이 스며 있다는 사실을 알아야 한다.

조상의 덕을 가꾸고 손질하여 잎과 꽃을 피우고 실한 열매를 거두는 일은 자신이 할 몫이다. 지금의 자기 처지가 어렵다면, 이제라도 기반을 잡고 뿌리를 내려야 한다. 이런 열정과 노력 없이 한 집안을 일으키는 일은 어림없는 꿈이다.

2011. 4. 6.

제사는 조상에 바치는 정성

제사는 돌아가신 조상을 생각하며 일정한 형식을 갖추어 그 유덕을 추모하는 의식 절차이다. 종래 우리가 지낸 제사는 기제忌祭, 차례茶禮, 절사節祀, 시제時祭와 그 밖의 상례喪禮 및 장례葬禮에 따르는 모든 제사〔발인제發靷祭, 노제路祭, 상식上食, 우제虞祭(초우初虞 재우再虞 삼우三虞), 소상小祥, 대상大祥, 부제祔祭, 담제禫祭, 길제吉祭〕를 다 망라하는 넓은 의미의 제사였다. 이 글에서는 돌아가신 기일忌日에 지내는 기제忌祭와 명절에 지내는 차례에 한정하는 좁은 의미의 제사에 관해서 이야기하려 한다.

　우리는 오랜 동안 제사를 받드는 봉제사奉祭祀를 당연한 자손으로서의 도리요, 조상에 다하지 못한 효도를 보속補贖하는 것으로 여겨왔다. 조상의 은덕을 생각하면 "아무리 제사를 넉넉히 차려 지낸다 해도 생전에 변변치 않은 봉양만 못하다祭而豊 不如養之薄也"는 당나라 문인 구양수歐陽脩의 말 그대로다.

　제사는 생전에 다하지 못한 효성에 대한 아쉬움, 조상의 명복을 축원하는 간절한 추모의 정, 자신의 존재감과 정체성正體性을 다시 확인하는 계기가 된다. 이 모두가 제삿날이 아니면 쉽게 생각할 수 없는 마음가짐이다.

　조선시대에 난숙했던 성리학의 영향으로 제례와 상례가 지나치게 상고적尙古的이고 허례허식에 치우쳤던 것은 누구나 다 알고 있는 사실이다. 그 결과 한 치의 양보도 없는 예학禮學 논쟁을 불러일으켜 학파, 당파, 가문은 물론 지역에 따른 차이를 드러내게 되었다. 이러한 구구한 예법의 상치相馳를 합리화하는 하나의 논거가 곧 '가가례家家禮'란 말이다. 곧 집안마다 제례가 다를 수 있다는 주장이다. 이에 따라 "남의 집 제사에 대추 놔라. 곶감 놔라" 하고 간여하는 짓을 푼수 없는 사람의 소행으로 여겼던 것이다.

시대의 변화는 전통적 농경 사회를 산업 사회로, 다시 정보화 사회로 바꾸어 놓았다. 또 가족제도도 대가족제도에서 부부 중심의 핵가족제도로 바뀌었다. 이것이 제례의 현대화가 불가피하게 된 이유다. 정부에서는 '건전 가정의례의 정착 및 지원에 관한 법률(법률 제5837호. 1999. 2. 8. 제정)'과 '건전 가정의례준칙(대통령령 제16544호. 1999. 8. 31. 제정)'을 마련하여 이를 권장하고 있다. 그러나 전통을 고수하는 가문이 있는가 하면, 시대의 변화에 지나치게 앞장선 나머지 아예 제사를 폐지하는 극단적인 가정도 있어 다중적多重的 사회의 특징을 드러내고 있는 것이 오늘의 실상이다.

건전 가정의례준칙에 따르든, 전통적인 제례에 따르든, 특정 종교의식에 따르든, 아니면 아예 제사를 폐지하든, 그 집안에서 알아서 할 일이지 일일이 상관할 바 아니다. 또 그 형식을 따질 일도 아니다. 그러나 한 가지 분명한 것은 조상의 기일忌日만은 잊지 않는 것이 사람으로서의 도리다. 최소한 기일忌日만이라도 경건하고 엄숙한 마음으로 돌아가신 분을 추모하고 명복을 비는 것이 자손 된 도리요, 사람 된 도리라고 생각하기 때문이다. 옛 어른들이 제삿날을 '불망지일不忘之日(잊어서는 안 되는 날)'이라고 말씀하신 까닭도 여기에 있다.

우리 선조들은 제사 때가 되면 사흘 전부터 집안을 말끔히 청소하고, 목욕재계한 뒤 제일祭日(돌아가신 날, 제삿날)을 맞이하였고, 파제일罷祭日(제사 지낸 다음날)까지도 모든 행동을 삼가며 경건한 마음으로 조상의 유덕을 추모했다. 아무리 세상이 바뀌어 바쁜 일정에 쫓긴다 해도, 또 특별한 신앙이 있다 해도, 이러한 자손으로서의 마음가짐만은 제대로 간직하는 것이 사람의 도리가 아닐까?

제사에는 온 가족이 다 같이 정성을 바쳐야 한다.

지방과 축문을 쓰거나 추도문을 쓸 때에도 정성!

제사 음식을 장만하는 데도 정성!

부득이 제수를 주문해서 차리는 경우라도 정성!

제사를 지내는 하나하나의 절차에도 정성!

모든 과정과 절차 하나하나에 오로지 정성을 다 쏟아야 한다.

심지어 제사와 전혀 상관없는 시장 상인까지도 '제수 거리'라고 하면, 집었던 것을 도로 내려놓고 다시 좋은 물건을 골라 정성스럽게 싸주는 것이 우리네 인정이다. 하물며 제사를 모시는 집 자손으로서 정성을 다하는 것이야 너무나 당연한 일이다.

이렇듯 제사는 기일忌日을 맞아 조상을 추모하는 정성이요, 경건해야 할 의식 절차다. 비단 제사뿐만 아니라 모든 의식은 일정한 형식을 갖추기 마련이다. 그동안 우리 전통 제례가 지나치게 허례 형식적이고 번거로웠던 것에 대한 반동으로 "그까짓 형식과 절차가 뭐 그리 대수로운 일이냐?" 하고 노골적인 거부감을 드러내는 사람도 있다.

옳은 말이다. 형식적인 겉치레보다 마음에서 우러나는 정성이 더 소중하니까 더할 말이 없다. 하지만 형식을 갖추는 것은 결국 실질을 채우는 계기를 마련하는 데 그 의의가 있다. 마음이 아무리 간절하다

해도 격식을 제대로 갖추지 않고 그저 내키는 대로 행사行祀(제사를 지냄)하다 보면 자칫 예절에 어긋나는 실수를 하거나, 부자연스러운 장면이 벌어져 경건한 분위기를 해치기 쉽다. 그래서 정성을 다하여 조상을 숭모하는 마음에서 저절로 격식을 차리게 되고, 그 격식에 따르는 가운데 경건하고 엄숙한 분위기가 더욱더 우러나게 되는 것이다. 형식과 실질은 겉으로 보이는 그릇과 그 속에 담겨진 실속 같아서, 두 가지가 함께 어우러질 때 그 가치가 더욱 높아지는 것은 어느 누구도 이론異論의 여지가 없다.

정작 우리가 배격하는 것은 갖가지 폐단을 낳는 지나친 허례허식이지, 실질에 충실하기 위한 형식, 그 자체는 아니다. 제사에 형식이 따르는 것은 더한층 정성을 다해 제사를 지내려는 수단과 방법일 뿐이다. 그러므로 일정한 순서에 따라 제사를 지내는 그 자체를 탓할 일은 아니다. 옛날에는 '제사홀기祭祀笏記'를 마련해서 제사의 절차를 진행했다. 요즈음 말로 표현하면 '제례 순서'이다. 전례를 맡은 집사가 홀기를 읽으며 제사를 지내면 엄숙하고 경건한 분위기를 자아낼 뿐만 아니라, 절차상 착오나 혼선을 막는 데 도움이 되었던 것이다.

행사行祀 뒤, 자손들이 한자리에 모여 음식을 나누어 먹는 음복飲福, 또한 매우 소중하고 의미 있는 자리다. 같은 조상을 모시는 자손으로서의 일치와 화합, 그리고 우애가 여기에서 샘솟기 때문이다. 집안끼리 효도하고 우애하는 모습을 생생하게 보여 주는 가풍의 현장이 바로 여기다. 따라서 이 자리에서 평소 마음속에 묻어 두었던 섭섭한 감정을 드러내거나 집안분위기를 해치는 화제나 비방 또는 시비를 가리는 일이 없도록 각별히 조심해야 한다.

예로부터 "조상의 제사를 잘 받드는 집안이 흥성한다"는 말이 있다.

옛날 어른들이 아들이나 손자를 앞세우고 대소가大小家 제사에 빠짐없이 참사參祀하신 깊은 뜻을 다시 한번 새겨 볼 필요가 있다. 제사에 참사한 자손들은 이 같은 부모의 자세를 본보기로 삼기도 하고, 조상을 숭배하는 마음에서 자신의 뿌리를 다시 생각하기도 하며, 아울러 전통 예절까지 아울러 익히게 되니 얼마나 좋은 기회인가!

자녀가 어리니까, 직장 일에 바쁘니까, 공부하느라 시간이 없으니까 다음 기회에 참사해도 된다는 생각은 아예 가지지 않도록 해야 한다. 지금이라도 늦지 않았다. 자기 도리를 다하고 자녀의 올바른 가정교육을 위해서 성실히 제사에 참여하는 자세를 지녔으면 한다.

2010. 10. 1.

제상 위 과실에 담긴 조상의 염원

제사 상 맨 앞줄에는 조棗(대추), 율栗(밤), 이梨(배), 시柿(감)〔집안에 따라서는 조, 율, 시, 이〕를 진설한다. 이 밖에 시과時果와 조과造菓도 놓지만 반드시 올려야 하는 과실은 아니다. 갖가지 과실 중에 하필이면 조, 율, 이, 시를 빠뜨리지 않는 이유는 무엇일까? 여기에는 그 과실의 특징에 따라 각각 다음과 같은 조상의 염원이 담겨있다고 전해진다.

대추: 대추나무는 봄이 와도 한참 지나서야 잎이 피고 꽃이 핀다. 꽃 하나하나에 반드시 하나의 열매가 맺히며 가을 과실 중 가장 먼저 익는다. 열매가 많고 또 단단하며 열리면 잘 떨어지지 않는 것이 특징이다. 나무 밑동을 자르면 사방으로 뻗은 뿌리에서 새싹이 나와 자라난다. 우리 조상들은 이런 강한 생산력과 번식력을 보며 영원무궁토록 대대손손 가계家系를 이어나가기를 염원한 것이다.

밤: 조상으로서 자손을 보호하려는 마음과 자손으로서 조상을 섬기는 정성을 담은 과실이다. 밤 한 톨을 땅에 심으면 싹은 위로 솟아나고 뿌리는 땅속으로 뻗는다. 그런데 신기하게도 나무가 자라나서 밤이 열릴 때까지 싹을 틔운 어미밤톨은 썩지 않고 그 뿌리에 매달려 있는 것이다. 마치 아들이 한 가정을 이루어 자손을 퍼뜨릴 때까지 부모가 지켜 주듯이…. 한편, 어미밤톨은 뿌리에 매달린 채 자신에게서 태

어난 아들밤나무가 계속해서 공급하는 영양분 때문에 썩지 않는다는 것이다. 마치 자녀가 부모를 섬기듯이…. 만약 뿌리에 달린 어미밤톨을 떼어 내면 그 밤나무는 죽거나 살아 있어도 열매가 열리지 않는다고 하니 참 신기한 일이다. 이런 맥락에서 옛날 사당에 모시는 신주를 밤나무로 만든 까닭을 알 만하다. 다만 개량종 밤나무에는 예외가 있을 수 있다고 하니 참고할 일이다.

배: 겉과 달리 과육이 희고 맑으며 맛이 시원한 것이 배의 특징이다. 자손이 결백하고 순수하기를 바라는 조상의 염원이 이 과실에 담겨 있다. 깨끗한 흰옷 입기를 유난히 즐겼던 우리 민족! 흰색을 좋아하던 우리 조상들의 순결한 마음씨를 그대로 엿볼 수 있는 과실이다.

감: 씨를 심으면 원래의 감나무와 같은 감이 열리지 않고 모양도 작고 맛도 없는 '돌감', 혹은 '고욤'이 열린다. 감나무에 좋은 감이 열리게 하려면, 좋은 감나무 가지를 잘라다가 접목해야 비로소 좋은 감을 얻을 수 있다. 사람의 경우도 이와 같아서, 훌륭한 부모라고 해서 반드시 훌륭한 자녀가 태어나지는 않는다. 좋은 자손을 얻으려면 혼인을 잘 해야 하고, 훌륭한 스승을 모셔야 한다. 감은 이러한 교훈을 우리에게 일깨워 준다.

제상 위에 빠뜨리지 않고 정성껏 올리는 네 가지 과실, 대추에는 자식을 많이 낳아 튼튼하게 키우고 가계를 영원히 이어가려는 의지를 담고, 밤에는 자손은 조상을 잊지 않고, 조상은 자손을 끝까지 보살피려는 애틋한 심지가 담겨 있다. 배에는 자손이 맑고 깨끗하게 살기를 바라는 조상으로서의 소망이 담겨 있고, 감에는 좋은 혼처를 골라 자손을 낳고 이를 훌륭하게 키우고 잘 교육하여 가문을 빛내려는 입신양명의 결의가 배어 있다.

또 다른 속설에는, 씨가 하나뿐인 대추는 임금, 한 송이에 세 톨이 들어 있는 밤은 삼정승(영의정, 좌의정, 우의정), 씨앗이 여섯 개 들어 있는 감은 육조 판서判書(이吏 호戶 예禮 병兵 형刑 공조工曹), 씨앗이 여덟 개인 배는 팔도 관찰사를 상징하는 과실이므로, 이처럼 자손이 귀하고 영화롭게 되기를 바라는 조상의 염원이 담겨 있다고도 한다.

제사 상에 올리는 과실 하나하나까지 선조의 간절한 염원을 담고, 자손으로서의 결의를 다짐하던 우리 조상들이다. 자손에 대한 지극한 정성과 사랑을 가슴속에 간직한 놀라운 지혜를 생각하니 새삼스럽게 마음이 숙연해진다.

2006. 1. 1. 정조 차례를 지내며

제3장
인생살이 고달파도…

옛날이야기를 들으며 싹튼 내 재능

"엄마, 옛날이야기!"

"응? 으응, 오늘은 무슨 이야기를 해 줄까?"

고단한 하루를 보낸 늦은 시간, 막 잠자리에 든 어머니 곁에서 밤마다 졸라 대던 대여섯 살배기 큰아들의 성화에 그래도 어머니는 무척 너그러우셨다. 어릴 적 어머니의 이야기는 잠이 훌쩍 달아나도록 구수하고 재미있었다. 또한 그 소재도 무궁무진했다.

그러나 그것이 하루 이틀도 아니고 허구한 날 밤마다 어머니를 보채는 게 문제였다. 한 이야기가 끝나고 나면 "또!" 하고 졸라 댔으니 지금 생각해도 내가 너무 했다. 그래도 졸음을 참고 이야기 보따리를 풀어 놓으시는 어머니께 나는 "그 이야기는 지난번에 했잖아? 다른 이야기…"라고 떼를 썼으니 어머니의 인내심에도 한계가 있을 수밖에…. 급기야 나는 어머니에게 머리를 쥐어박히곤 울어 버렸다. 그러면 우는 애기에게 젖을 물리듯이 어머니의 구수한 옛날이야기는 다시 이어진다. 그러다가 누가 먼저인지 모르게 모자母子는 잠이 들곤 했다.

어머니는 1920년대에 구독할 수 있었던 책을 폭넓게 읽고 그 내용을 이야기하실 수 있는 놀라운 능력을 지니고 계셨다. '이야기꾼' 못지 않은 잔잔한 목소리로 이어지는 어머니의 옛날이야기에 어린 나는 언제나 흠뻑 빠져들었다.

어머니는 일제강점기 때 '보통학교 입학'이 학력의 전부였다. 입학한 지 얼마 안 되어 수업 시간에 선생님에게 "그것도 모르느냐?"며 주먹으로 머리를 한 대 얻어 맞고는 노여워서 '양반집 아녀자에게 무례한 짓을 하는 선생에게 더 배울 게 없다'고 학교를 그만두었다고 하셨다. 그런데도 원래 전통적인 유학자 집안에서 오빠와 언니의 어깨 너머로 익힌 한글과 한자 실력은 상당한 수준이셨다. 붓글씨도 한글 궁체를 썩 잘 쓰셔서 양반집 안사돈끼리 주고받는 예서禮書를 대필해 주시는 것을 여러 번 보았다.

강산이 변한다는 십 년 세월이 일곱 번 거듭된 지금, 어머니의 이야기 보따리를 새삼스럽게 일일이 들춰낼 수는 없다. 아직도 남아 있는 내 기억을 더듬어 간추려 보면 다음과 같다.

"옛날 옛적 호랑이 담배 먹던 시절"로 시작되는 우리 민담民譚, 사실史實보다 흥미 위주로 엮어진 야담, 제목을 알 수 없는 숱한 동화, 「콩쥐와 팥쥐」「놀부와 흥부」「장화홍련전薔花紅蓮傳」「심청전沈淸傳」「박씨전朴氏傳」「춘향전春香傳」「창선감의록彰善感義錄」「옥루몽玉樓夢」「구운몽九雲夢」「사씨남정기謝氏南征記」 같은 고대소설, '이수일과 심순애'의 이야기를 다룬 「장한몽長恨夢」 같은 개화기 번안소설, 당시 금기시되었던 「단군신화檀君神話」「단종애사端宗哀史」 등의 우리 역사소설, 말희妹姬, 달기妲己, 포사褒似, 서시西施 같은 경국지색傾國之色과 강태공姜太公, 진시황秦始皇 같은 중국 사화史話, 책이 희귀했던 그때에 상상할 수 없을 만큼 다양한 내용이었다.

대여섯 살밖에 안 된 나이에 들은 이야기를 어찌 그리 소상히 기억하는가 하고 의아하겠지만, 나는 적어도 같은 이야기를 세 번 이상 들어 그 줄거리를 거의 외우다시피 했기에 가능한 일이다. 그때 어머니에게 들었던 이야기 중 감명 깊은 것 둘만 다음에 옮겨 보겠다.

이야기 하나: 「두고도 거지」

옛날 옛적, 어느 나라 임금에게는 뒤를 이을 왕자가 없는 것이 큰 걱정거리였다. 아니, 없는 것이 아니라 낳기만 하면 몇 해 못가서 죽고 말았다. 용한 점쟁이를 불러 물으니 "다음에 왕자를 낳게 되면 일곱 살 되는 해에 출가시키십시오. 그래서 액땜으로 온갖 고생을 다하다가 아홉 살 되는 해 섣달그믐 날만 잘 넘기면 살 수 있습니다"라고 하였다.

그런지 얼마 뒤, 과연 왕자가 태어났다. 어린 왕자는 일곱 살이 되자 그 신분을 감춘 채 단신으로 정처 없이 먼 길을 떠나게 되었다. 어느 시골에 이르니 고래 등 같은 큰 기와집이 있었다. 왕자는 그 집에서 밥을 구걸하다가 동정심 많은 집주인 대감의 눈에 띄어 머슴살이를 하게 되었다. 이름을 묻는 대감에게 '넘치도록 많은 부귀영화를 두고도 거지 노릇을 해야 하는 자신의 어처구니없는 처지'를 생각하고는 왕자 스스로 붙인 이름이 '두고도 거지'였다.

일곱 살짜리 '두고도 거지'에게 주어진 일은 깊은 산속에 가서 땔감을 해 오는 일이었다. 그의 몸은 나무 등걸에 긁히고 가시에 찔려 성한 곳이 없었고, 찢긴 옷가지를 그대로 걸친 남루한 몰골은 영락없는 거지였다. 하인들마저도 그를 업신여겨 잠자리는 언제나 부엌 아궁이 앞이었다.

어느덧 세월이 흘러 아홉 살 되던 섣달그믐날, 모질게도 춥고 으스스한 밤이었다. 그는 생사의 기로에서 더 이상 참지 못하고 언제나 그를 따뜻이 대해 주던 대감의 셋째 딸 방문을 두드리게 된다. 그날 밤, 담대한 아가씨의 비호로 그의 목숨을 노리는 원귀寃鬼의 마수에서 벗어나 부왕과 모후의 품으로 다시 돌아가게 된다. 나는 이 이야기를 통해 왕자의 귀한 신분이면서도 모진 고난을 참고 난관을 극복하는 그의 인내심, 고난과 굴종을 마다하지 않는 용기, 초심을 잃지 않고 자기를 드러내지 않은 겸손, 그리고 위기에 대처하는 기지機智에 크게 감동을 받고, 이 이야기 속의 왕자처럼 인내와 희망과 용기를 잃지 않으려고 무던히 애썼던 기억이 생생하다.

이야기 둘:「황금 머리 소년」

옛날 어느 곳에 아주 영리하고 부지런한 소년이 하나 있었다. 하루는 헛발을 디디는 바람에 넘어져 그만 머리가 깨졌다. 그런데 이게 웬일인가? 그의 깨진 머리 조각은 피범벅이가 된 게 아니라 금빛 찬란한 황금 덩이였다. 소년은 그때부터 딴 사람이 되었다. 성실했던 학업을 폐하고 무위도식하며 방탕한 생활에 빠져 돈을 물 쓰듯 했다. 돈이 바닥나면 다시 머릿속 황금 조각을 일부 떼어 내어 이를 탕진하기를 거듭했다. 마지막 황금 조각을 머릿속에서 떼어 내려 대장간을 찾은 그에게 대장장이는 "이것만은 안 된다"고 만류했지만 막무가내였다. 기어이 황금 조각을 떼어 내다 그는 비참한 최후를 맞았다. 아무리 많은 지식과 재산이 있다 한들 자만과 태만에 빠져 벽장 속의 곶감 빼 먹듯 하다가는 결국 밑천이 드러날 수밖에 없는 냉혹한 현실을 여기에서 보게 된다. 특히 교직에 있던 나는 이 이야기를 회상하며 스스로를 채찍질했다. "내가 알면 얼마나 아는가? 끊임없이 교재를 연구하고 수업에 충실해야지" 하는 자각의 계기가 되었다.

대여섯 살 적에 어머니와 한 이불 속에 누워 이런 옛날이야기를 들을 수 있었던 것은 내게 큰 행운이었다. 이로 말미암아 나는 지적·정신적으로 많이 성장할 수 있었고, 또래 아이들보다 여러 가지 지각知覺과 감성感性이 앞섰으리라고 믿고 있다. 또 이야기 속의 신비한 세계에 대한 동경은 무한한 상상력과 꿈을 심어 주었으리라. 하느님에 대한 경외심, 부모 형제에 대한 효도와 우애, 위인 열사에 대한 존경심, 성실과 근면, 예절과 신의, 희망과 용기, 권선징악과 정의감 같은 가치관을 정립하는 데도 큰 도움이 되었을 것이다. 재미있는 옛날이야기에 골똘한 가운데 길러진 주의 집중력, 이미 들은 이야기를 참고 듣는 인내심, 그리고 반복을 통해 단련된 기억력은 학교 성적을 올리는 바탕이 되었으리라 믿는다.

철들기 전인 유·소년기에 옛날이야기를 통해서 이러한 재능과 올바른 가치관이 전적으로 계발되었다고 단정할 근거는 없다. 하지만 그 싹이 트고 자라나는 계기가 된 그 사실 자체는 의심할 나위가 없다고 생각한다. 지금의 고등학교 학력學歷에 해당하는 사범학교를 마친지 이 년 만에 대학 졸업 학력에 상당하는 고등학교 교원자격 검정고시 일반사회과와 그 이듬해에 역사과에 연거푸 합격한 것이 이를 입증한다. 또 수업 시간에 구수한 이야기로 학생들을 매료시킬 수 있었던 것도 여기에서 우러난 재능이라고 믿고 있다.

지금, 세상이 크게 달라져 서점마다 책이 넘치고 그 종류도 다양하다. 이야기꾼 역할을 대신할 음향 기기도 숱하게 많다. 유·소년기의 지적 능력 계발을 위한 방법과 수단도 종래의 어머니의 이야기 일변도에서 탈피하여 다양한 방안을 찾을 수 있게 되었다. 그러므로 학교나 학부모가 조금만 관심을 가지면 아이들의 적극적 능동적인 활동을 통하여 지적 능력 계발에 큰 성과를 거두는 일은 어렵지 않다고 본다.

그 중의 하나가 책 읽기 지도를 통한 어린이의 지적 능력 계발이라고 생각한다. 전문가들은, 책 읽기 지도는 아이들의 성장 단계에 따라 다음 세 단계를 거치는 것이 바람직하다고 말한다.

1단계는 '이야기 들려주기'다. 이 단계에서는 아무래도 어머니의 역할이 크므로 때를 놓쳐서는 안 되는 아주 중요한 단계다. 어머니가 우선 좋은 책을 선택하여 미리 읽어 두어야 한다. 요즈음엔 구연口演 기술이 많이 발달되어 있으므로 그 기능을 미리 익혀 두는 것도 좋다.

2단계는 '책 읽어 주기'다. 아이를 더 깊숙이 이야기 속으로 끌어들이는 핵심적인 단계다. 엄마가 읽어 주는 이야기 속에서 아이는 새로운 세상을 보게 되고, 거기에서 우러난 지혜와 상상력을 통해서 지적·정신적인 성장을 이루게 된다. 이에 대한 설명은 내가 2002년 당시, 캐나다 토론토에 살고 있던 며느리에게 보낸 다음 이메일로 대신하고자 한다.

아직도 소매 속으로 파고드는 바람이 찬데 너희 세 식구가 떠나 썰렁한 빈방에서 풍기는 냉기가 나에게 허전함을 더해 주는 듯싶구나. 그동안 시차에 잘 적응되었는지?

오늘 『주간동아』에 "유아 및 소아에게 소리 내어 책 읽어 주기"가 두뇌 계발에 아주 효과적이라는 기사가 있다. 정현이 생각이 나서 관심 있게 읽고 그 내용을 요약해서 보낸다.

책을 읽어 주는 요령은, 매일 정해진 시간에 읽어 줄 것. 책 읽어 주는 시간에는 텔레비전이나 전화는 끌 것. 읽어 주고 난 뒤에는 자녀와 책 내용에 대하여 이야기를 나눌 것. 고학년이 되면 책뿐만 아니라 잡지나 신문 등 아이가 흥미를 느끼는 주제를 다양하게 읽어 준다.

읽어 줄 책은 아이가 글을 읽지 못할 때에는 리듬 있는 산문을, 초등 학생에게는 외국 동화보다는 국내 창작동화를 읽어 준다.

읽어 주는 시기는 0세부터 10세까지 계속하는 것이 좋다고 하였다.

내 후임으로 오신 금옥여고 교장 선생 아들이 올봄에 일본 도쿄대학교 법문학부에 입학했는데 "어려서부터 엄마가 동화책을 매일 밤 읽어 준 것이 큰 효과를 보았다"고 하는 말에 내 관심이 쏠린다.

아무쪼록 건강하게 잘 지내기 바라며 이만 줄인다.

3단계는 '책 스스로 읽기'다. 아이의 능동적, 적극적인 참여가 그 주축을 이루는 단계다. 어머니는 아이가 읽은 책의 내용을 간추려 새김질하게 하고 독후감 노트나 독서 기록에 이를 찬찬하게 정리하도록 지도하는 일에 각별한 관심을 기울여야 한다.

이 모든 과정에서 중요한 것은 학부모의 역할이다. 현대화된 농사에 아무리 좋은 장비를 이용한다 해도 호미나 삽과 같은 기본적인 농기구가 여전히 필요하고, 때맞춰 논밭 갈고 씨 뿌리고 가꾸는 정성 어린 농부의 손길이 있어야 하듯이, 현대 교육에서도 아이의 지적 성장 발달에 필요한 책과 학부모의 정성어린 보살핌이 필수적임을 간과해서는 안 된다.

칠십 년 전, 내게 이런 저런 옛날이야기를 들려 주신 어머니의 지극한 자애나 요즈음 관심 있는 학부모의 책 읽어 주기 활동은 겉모습만 다를 뿐 그 바탕을 이루는 교육 열정에는 차이가 없다. 내가 어머니의 은공을 뒤늦게나마 기리는 것처럼 아이들도 자신을 열성껏 지도해 주신 부모님의 은공을 깨닫게 될 날이 머지않아 오리라고 믿는다.

2006. 11. 11.

속설로 내 버릇을 다듬어 주신 할머니

약 칠십 년 전 초등학교 시절, 세 살 터울로 태어난 우리 삼형제(뒤에 육남매가 되었다)는 방학이 되면 어김없이 귀성歸省했고, 귀성한 다음 날엔 대소가大小家 어른들을 차례로 찾아뵙는 일로 첫날을 보냈다. 뜰에 올라 "흐음. 흐음. 흐음" 하고 헛기침을 세 번 하면 방문이 열렸고, 방 안에 들어서서 어른들께 넙죽 엎드려 절하고 일어섰다가 앉으면 으레 그동안의 안부를 물으셨다. 이에 일일이 응답하고 어른들 말씀을 듣고 나면 한나절이 후딱 지났다. 어느 핸가는 숭릉崇陵(경기도 구리시 동구릉에 있는 조선 현종과 명성왕후의 능) 참봉을 지내신 큰댁 종증조할아버지의 물음에 격식을 차려 응대하는 삼형제가 기특하셨던지 며칠 뒤 한시漢詩 한 수를 지어 보내셨다.

모처럼 집에 온 아이들을 돌보시는 증조할머니와 할아버지, 할머니의 자애는 지극하셨다. 여름이면 애써 가꾸신 수박과 참외를 우물물에 담갔다 주셨고, 시원한 콩국수며 삼계탕과 같은 계절 음식도 장만해 주셨다. 겨울이면 콩죽과 팥죽, 그리고 손수 맷돌을 갈아 두부와 메밀묵, 도토리묵을 쑤어 주셨고, 디딜방아를 찧어 만들어 주신 떡은 별미 중의 별미였다.

방학 동안 우리가 하는 일은 큰산소(조선 영·정조 때 이조판서를 지내신 11대조 정헌공, 10대조 정간공 묘소)나 뒷동산 산소(9대조 창녕공 묘소)에서 뛰어놀거나 잔디밭 언덕에서 미끄럼 타느라 바빴다. 겨울철에는 삼장발 엮는 일을 돕기도 했지만, 마치 고삐 풀린 망아지처럼 뛰어노는 게 일과였다.

"철들자 망령 난다"더니 늙은 요즈음에야 그때 미처 생각하지 못한 값진 보람 하나를 깨닫게 되었다. 그것은 증조할머니와 할머니께서 속설을 통하여 평생 우리들이 지녀야 할 기본적 생활 습관을 익히게 해 주신 고마움이다. 두 분 다 부녀자로서 글공부를 제대로 하시지는 못했지만, 반가班家인 친정과 시가媤家에서 어려서부터 보고 들은 안목과 문견은 있으셨다.

'천방지축' 날뛰는 어린아이들이 어딘들 안 가며 무슨 일인들 주저했겠는가? 너무도 철없고 기고만장했던 증손자요 손자였다. 그러니 두 분 할머니의 잔걱정이 크실 수밖에….

하지만 그때마다 소리쳐 꾸짖지 않으시고 마치 남의 이야기를 하시듯이 조용한 말로 "아서라. 문지방에 올라서면 재수가 없단다", "신발이 가지런히 놓인 집에는 도둑이 들었다가도 도로 나간단다", "수저를 짧게 잡고 밥을 먹으면 이웃집 처녀한테 장가간단다", "밥그릇에 밥을 남기면 죄 받는다"는 말씀으로 일상적인 행동이나 밥상머리에서 고쳐야 할 나쁜 버릇을 하나하나 지적해 주셨다. 그 덕택에 내 나이 칠십이 넘은 지금까지도 밥을 남기지 않는 습관, 신발을 가지런히 놓는 습관, 물건을 정리 정돈하는 습관, 집안을 쓸고 닦아 영이돌게 하는 습관, 그 밖에 올바른 습관을 지닐 수 있게 되었다.

하도 오래된 일이라 그 때 하신 말씀을 일일이 다 기억할 수는 없으나, 이를 대충 정리해 보면 다음과 같다.

유형 1: 어떤 행동과 습관이 남 보기에 좋지 않을 뿐만 아니라 예절에 어긋나거나 안전에 해로워 이를 고치게 하려 할 때.

—아서라. 함부로 말하지 마라, 말이 씨가 된단다.

—미리 입방정 떨면 될 일도 안 된다.

—서서 다리를 떨면 복이 나간다.

—문지방에 올라서면 재수가 없다.

—천둥 칠 때 마루 끝에 걸터앉으면 벼락을 맞는다.

—밥그릇에 밥풀을 남기면 죄 받는다.

—걸어다니며 음식을 먹으면 거지가 된다.

—반찬을 집을 때 털면 복을 터는 것이다.

—음식 먹을 때 쩝쩝거리거나 후루룩 소리를 내면 식복에 해롭다.

—밥 먹으며 입 안의 음식이 보이면 식복에 해롭다.

—밥이나 반찬 투정을 하면 복이 달아난다.

—불장난하면 밤에 오줌 싼다.

—공연스레 한숨 쉬면 정말 한숨 쉴 일이 생긴다.

유형 2: "복 받는다거나 복을 던다", "재수가 있다거나 없다"는 말로 어떤 행동이나 습관을 권장하거나 금지하고자 할 때.

—신발이 가지런히 놓인 집엔 도둑이 안 든다.

—집안을 깨끗이 쓸면 황금이 나온다.

—집안에 영이돌면 모든 일이 잘 풀린다.

—쌀독의 바가지를 엎어 놓지 말고, 그 속에 가득 쌀을 채워야 양식이 안 떨어진다.

유형 3: 창피나 부끄러운 일을 당하지 않으려고 하는 심리를 이용하려 할 때,

―수저를 짧게 잡으면 이웃집 처녀 총각과 혼인한다.

―불장난을 하면 밤에 오줌을 싼다.

(당시 행세하는 집안에서는 동네 혼인을 창피한 것으로 여겼다. 또 늦게까지 오줌을 못 가리는 아이에게 '오줌싸개'란 소문 역시 큰 수치로 여겼다.)

유형 4: 외형적 형상을 실제로 나타날 가능성과 연관 짓거나 유추해서 특정 행동을 권장 또는 금지하려 할 때,

―닭 날개를 먹으면 바람난다.

―닭의 목뼈를 먹으면 소리(노래) 잘한다.

―새 대가리를 먹으면 잘 까먹는다(잊어버린다).

―배 속을 먹으면 귀가 먹는다.

―떡을 찔 때 오줌을 누고 부엌에 들어가면 떡이 선다.

―칼이나 가위를 거저 주면 의가 끊어진다.

―칼을 넘어 다니면 손을 벤다.

이런 속설이나 속전은 오랜 경험을 바탕으로 민간에 전해오는 말이다. 그러므로 그 중에는 과학적 근거나 경험칙상 타당성이 있는 것도 있고, 격언·잠언과 같이 사리에 맞는 것도 있다. 하지만 검증되지 않은 것, 황당한 것도 적지 않다. 그래서 간접 표현으로 '이러저러하단다'라고 표현한다.

속설은 인간생활 전반에 걸쳐 작위作爲, 부작위不作爲, 권장勸獎, 금

기禁忌, 교훈教訓, 경구警句, 민간요법 등 다양한 내용을 포함하며 교육적인 요소가 많은 것이 특징이다. 이를 테면 〔유형 1〕에서 "서서 다리를 떨면 복이 나간다"고 하는 말을 생각해 보면 알 수 있다. 다리는 몸의 받침대다. 받침대를 흔드는 것은 남 보기에도 좋지 않거니와 자기자신의 정신 집중에도 방해가 된다. 그러기에 금기로 여긴 것이다. 이와 같은 속설의 서술 방식은 '이러하면 저러하다'와 같이 직접적인 인과관계를 나타내는 경우도 있고, 특정 사실을 암시하거나 유추하는 은유법으로 표현하는 경우도 있다.

의도하든 안 하든 어떤 행동을 계속 반복하게 되면 그 행동이 마침내 습관이 되고, 습관은 성격을, 성격은 그 사람의 운명을 좌우하게 된다. 이런 주장은 오늘날 행동과학적 측면에서 기본 생활 습관 지도의 의의를 강조하는 근거가 되고 있다. "세 살 버릇 여든까지 간다"는 속담이 말하듯이, 어려서부터 바른 습관을 가지도록 챙겨 주는 일은 부모로서의 당연한 역할이다.

일상적인 행동은 물론, 식사·위생·독서 등 모든 생활 습관의 기초는 대부분 가정에서 형성된다. 만약 잘못된 습관을 고치지 않고 이를 반복하면 타성이 되고 결국 '인습'이라는 사회병리 현상으로 번지게 된다. 한 개인의 잘못된 습관이 굳어지기 전에 이를 바로잡아 주는 일은 한 개인의 장래뿐만 아니라 사회적 인습을 예방하고, 더 나아가 건강한 사회, 명랑한 사회를 건설하는 길이 된다.

일상 행동 하나하나를 보고 "하지 마라", "하면 안 된다"는 직설적 표현으로 당사자를 무안하게 하는 것보다 속설을 인용하여 "이러저러하면 남 보기에 좋지 않다"느니, "그러면 들어오던 복이 도로 나간다"고 하는 은유법으로 일깨워 주는 것이 더 효과적인 방법이 된다.

특히 밥상머리에서 자녀를 교육하는 방법으로는 '안성맞춤'이라고 생각한다.

정말 소중한 진리가 담겨 있는 듯이 조용한 목소리로 철없는 손자의 잘못된 버릇을 깨우쳐 주시던 두 분 할머니의 남다른 지혜와 자상하신 자애가 새삼 고맙고 그립다.

"탁월함은 훈련과 습관이 만들어 낸 작품이다. 탁월한 사람이라서 올바르게 행동하는 것이 아니라 올바르게 행동하기 때문에 탁월한 사람이 되는 것이다. 그러기에 자신의 모습은 자신의 습관이 만든다"고 하던 그리스의 철학자이며 알렉산더 대왕을 교육했던 아리스토텔레스의 말이 가슴에 와 닿는다.

2006. 10. 9.

말, 말, 말

말의 특성

'말'의 사전적 의미는 "사람의 사상이나 감정을 나타내는 음성적 부호, 곧 사람의 생각이나 느낌을 목구멍을 통하여 조직적으로 나타내는 소리"다. 말은 인간 특유의 소리에 의한 자기 표현이요 의사 소통 수단이다. 짐승이나 벌레의 울음소리를 말이라고 하지는 않는다.

말에는 다음과 같은 몇 가지 특성이 있다.

첫째, 말에는 의미가 있다. 의미가 없는 말은 말이 아니다.

둘째, 말은 그 사람의 인격을 드러낸다. 말은 사람의 내면적인 생각을 밖으로 드러내기 때문에 고매한 인격을 갖춘 이에게서는 고상한 말이 나오고, 저속한 사람에게서는 저절로 야비한 말이 새어 나온다.

셋째, 말에는 생명력이 있다. 그래서 생성과 소멸을 반복한다. 시대와 사회의 변화에 따라 새로운 말이 생겨나는가 하면, 어느 사이에 사라지기도 한다. 말은 시대와 사회상을 반영하면서 새로운 유행어를 끊임없이 만들어 낸다. 예를 들면, 팔일오 해방 직후에 유행했던 "요즘 수지맞아?"라는 인사말, '모리배'라는 비방, '사바사바'라는 비정상적인 교제 활동, 요즈음의 '수구 꼴통' '꼰대'라는 존속 비하 등 내가 살아온 칠십여 년의 풍상 속에서 말은 무수히 명멸했다. 최근에는 인터넷에 은어와 축약어, 외래어가 판을 쳐 멋모르는 사람들을 어리둥절하게 하고 있다.

넷째, 말은 그 확장 기능으로 말미암아 '말의 인플레이션 현상'을 일으킨다. 특정인에게만 쓰던 '선생님' '박사' '사장'이라는 칭호가 사회에 보편화된 것이 그 보기다.

다섯째, 말은 전파력과 영향력을 가진다. "발 없는 말이 천 리 간다"는 속담이나 "뭇 사람의 입을 통해서 옮기는 말은 날개가 없어도 날아다닌다衆口所移 毋翼而飛"(『전국책戰國策』)는 말은 이를 두고 하는 말이다. 같은 말이라도 지도자나 영향력 있는 사람의 말은 그 파장이 크다.

여섯째, 말에는 사람의 장래에 영향을 미치는 자성 예언적인 기능이 있다. 복의 근원이 여기에서 비롯되고 화의 불씨가 여기에서 타오른다.

일곱째, 말은 문화 전승과 교육의 주요 수단이 된다. 참되고 착하고 아름답고 성스러운 말은 사람의 입에 회자되면서 역사에 교훈을 남긴다. 금언과 잠언, 명언은 동서고금을 뛰어넘어 사람의 심금을 울린다. "말 한마디에 천금이 오르내린다", "말 한마디에 천 냥 빚을 갚는다"는 격언 그대로 말 한마디가 때로는 국면을 바꾸어 놓기도 한다.

여덟째, 말에는 양면성이 있다. 이렇게도 해석되고 저렇게도 해석되는 경우를 말한다. 그러기에 그 의미를 잘 새겨들어야 할 때가 많다. 같은 말이라도 발음, 억양, 속도에 따라 달리 해석되고, 또 말하는 이의 어조나 표정에 따라서도 뉘앙스가 달라진다. "참 보기 좋다!"는 말은 감탄사이지만, 때로는 비아냥하는 말로도 쓰인다. 말의 양면성을 "다빈치의 천사와 악마의 효과"라고 말한다. 불후의 명작인 〈모나리자의 미소〉에서 입 꼬리만 살짝 아래로 내려 그렸을 때의 효과를 일컫는 말이다.

말 한마디

"입술에 삼십 초가 가슴에 삼십 년"이라고 한다. 따뜻한 말 한마디가 사람을 바꿔 놓을 정도로 감동을 주는가 하면, 싸늘한 말 한마디가 상대의 폐부를 찔러 평생 원한을 사기도 한다. "칼에 한번 찔려 죽은 사람은 드물다. 하지만 말은 한마디로도 사람을 죽일 수 있다"는 말도 이러한 데서 유래한다. 어느 시인의 비유처럼 말은 '사랑의 마술'이다. 말 한마디가 눈물을 미소로 바꾸기도 하고, 불신의 벽을 허물기도 한다. 서먹서먹한 사이를 가깝게도 하고 가깝던 사이를 멀게도 한다. 다음 글을 통하여 '말 한마디'가 얼마나 큰 힘을 발휘하는가를 설명해 보기로 한다.

아들에게 비행을 조장하던 아버지의 말 한마디

2000년 봄 경기도 고양시 일산 호수공원에서 세계꽃전시회가 열리고 있었다. 비싼 입장료 탓인지 호수공원 담장은 합판에 울긋불긋하게 그린 선전 광고로 철저하게 가려져 있었다. 그런데도 빈틈이 있었다.

그때 옆에 있던 한 가족 네 식구가 그 담장 안을 넘겨다보다가. 그 아버지가 "야! 이리 넘어가면 되겠다"고 한마디를 했다. 이 말을 알아들었는지, 아니면 미처 알아듣지 못했는지 아이들은 잠자코 있었다. 하지만 아내 김명자 율리아나가 교육자로서의 직업 근성을 드러내면서 겁도 없이 "뭐야? 아들한테 도둑질하라는 말이잖아?"라고 면박을 주었다. 이 말에 면구스러웠던지 그 일행이 얼른 자리를 피했기에 망정이지 하마터면 시비가 붙을 뻔했다.

친구 사이를 갈라놓은 말 한마디

"사악한 사람은 싸움을 일으키고 중상꾼은 친구들을 갈라놓는다"는 「잠언箴言」의 한 구절(16장 28절)을 읽다가 문득 한 편의 가상 시나리오를 구상했다.

A, B, C, D는 평소에 아주 가깝게 지내는 친구들이다. 어느 날, A와 B는 이런저런 이야기 끝에 마침 그 자리에 없는 C가 평소에 약속을 잘 지키지 않는 것을 탓하며 "형편없는 친구"라고 무심결에 말한다. 이 말을 듣고 B가 C에게 가서 "너 A가 그러는데 형편없는 친구라던데…" 하고 전한다. 전후 사정을 알 리 없는 C는 발끈해서 "그래? 내가 형편없다고? 저는 어떤데?" 하며 그의 입버릇처럼 되어 버린 욕설 한마디를 덧붙인다. 마침 그 자리에 있던 D가 민망한 이 정황을 A에게 전하며 "말조심하라"고 충고한다. A는 자기 실수는 반성하지 않고 B와 C가 야속하기만 하다. 깊이 생각하지 않고 감정을 여과 없이 내뱉는 말 한마디가 친구 사이를 갈라놓았다.

웬만한 친구 사이에 있을 수 있는 이야기다. 문득 얼마 전『탈무드』에서 읽은 이야기 한 토막이 생각난다.

어느 날 여러 동물들이 모여 뱀에게 따져 물었다. "사자는 먹이를 쓰러뜨린 다음에 먹고, 이리는 먹이를 찢어 먹는다. 그런데 뱀아, 너는 먹이를 통째로 그냥 꿀꺽 삼켜 버리니 도대체 무슨 경우냐?" 그러자 뱀은 태연스럽게 대꾸했다. "그렇지만 나는 남을 헐뜯는 인간보다야 훨씬 낫다. 적어도 혓바닥을 함부로 놀려 남에게 상처를 입히는 일

따위는 없으니까…."

각 학교 상담실 벽면에는 다음과 같은 글이 걸려 있는 것을 흔히 보게 된다.

때에 맞는 말 한마디가 긴장을 풀어 주고, 사랑의 말 한마디가 축복을 줍니다.
부주의한 말 한마디가 싸움의 불씨가 되고, 잔인한 말 한마디가 삶을 파괴합니다.
쓰디쓴 말 한마디가 증오의 씨를 뿌리고, 무례한 말 한마디가 사랑의 불을 끕니다.
은혜로운 말 한마디가 길을 평탄하게 하고, 즐거운 말 한마디가 하루를 빛나게 합니다.

말을 위한 기도

이해인 수녀의 시 「말을 위한 기도」(이해인 제3시집 『오늘은 내가 반달로 떠도』, 분도출판사)는 시어詩語 한마디 한마디, 한 구절 한 구절이 그렇게 마음의 금선琴線을 울릴 수가 없다.

말을 위한 기도

내가 이 세상에 태어나
수없이 뿌려 놓은 말의 씨들이
어디서 어떻게 열매를 맺었을까

조용히 헤아려 볼 때가 있습니다.

무심코 뿌린 말의 씨라도
그 어디선가 뿌리를 내렸을지 모른다고 생각하면
웬지 두렵습니다.
더러는 허공으로 사라지고
더러는 다른 이의 가슴 속에서
좋은 열매를 또는 언짢은 열매를 맺기도 했을
언어의 나무
주여

내가 지닌 언어의 나무에도
멀고 가까운 이웃들이 주고 간
크고 작은 말의 열매들이
주렁주렁 달려 있습니다.
둥근 것 모난 것
밝은 것 어두운 것
향기로운 것 반짝이는 것
그 주인의 얼굴은 잊었어도
말은 죽지 않고 살아서
나와 함께 머뭅니다.

살아 있는 동안 내가 할 말은
참 많은 것도 같고 적은 것도 같고

그러나 말이 없이는
단 하루도 살 수 없는 세상살이

매일매일 돌처럼 차고 단단한 결심을 해도
슬기로운 말의 주인 되기는
얼마나 어려운지

날마다 내가 말을 하고 살도록
허락하신 주여
하나의 말을 잘 탄생시키기 위하여
먼저 잘 침묵하는 지혜를 깨우치게 하소서.

헤프지 않으면서 풍부하고
경박하지 않으면서 유쾌하고
과장하지 않으면서 품위 있는 한마디의 말을 위해
때로는 진통 겪는 어둠의 순간을
이겨 내게 하소서.

참으로 아름다운 언어의 집을 짓기 위해
언제나 기도하는 마음으로
도道를 닦는 마음으로 말을 하게 하소서.
언제나 진실하고
언제나 때에 맞고
언제나 책임 있는 말을

갈고 닦게 하소서.

내가 이웃에게 말을 할 때에는
하찮은 농담이라도
함부로 지껄이지 않게 도와주시어
좀 더 겸허하고
좀 더 인내롭고
좀 더 분별 있는
사랑의 말을 하게 하소서.

내가 어려서부터 말로 저지른 모든 잘못
특히 사랑을 거스른 비방과 오해의 잘못
경솔한 속단과 편견과
위선의 말들을 주여 용서하소서.

나날이 새로운 마음, 깨어 있는 마음
그리고 감사하는 마음으로
내 언어의 집을 짓게 하시어
해처럼 환히 빛나는 삶을
노래처럼 즐거운 삶을
당신의 은총 속에 이어가게 하소서.

아멘

잘못 뿌린 씨가 자란 언어의 나무와 그 열매에 대한 진솔한 참회, 그에 대하여 간절하게 용서를 구하는 마음을 담은 기도, 앞으로 말을 가려 할 수 있도록 주님에게 은총을 청원하는 시인의 간절한 마음에 나는 한 줄도 생략하지 못하고 전문全文을 그대로 옮겨 '언제나 말을 함부로 해서는 안 되겠다'는 마음을 다시 한번 다져 보았다.

말씨

사람의 말씨, 곧 말하는 태도와 어조, 그리고 적절한 높임말과 낮춤말은 바로 그 사람의 품격을 여과 없이 그대로 드러낸다.

　우선 발음이 명료해야 한다. 예컨대 지역에 따라 '의사醫師'를 발음하면서 '으이사' '으사' '어사' 등으로 차이가 나타나고, 발음의 장단에 따라 '의:사義士, 義死, 意思', 또는 '의사:擬死, 醫事, 議事가 구별되기도 한다. 발음이 분명치 않으면 사람이 데데하고 자신감이 없어 보인다. 나는 어릴 때 발음이 명료치 못해서 놀림을 당한 일이 있다. 울고 있는 동생을 달래느라고 "미꾸(밀크의 일본식 발음 '미루꾸'를 잘못 발음한 말) 줄께 울지 마"라고 했다가 외사촌들의 놀림을 받은 적이 있다. 또 내게는 말끝을 흐리는 좋지 않은 버릇도 있다. 이러한 까닭에 "어렸을 적부터 말할 때 아랫배에 힘을 주고 입을 크게 벌려 발음을 분명하게 했더라면 좋았을걸" 하는 후회와 "'아, 에, 이, 오, 우'의 모음 발음이 정확하도록 평소에 연습하고 구개음口蓋音이나 절음絶音 등 발음 법칙에도 더 관심을 가질 걸" 하는 아쉬움을 느낄 때가 많다.

　다음에 표준어와 바른말을 쓰는 일도 중요하다. 지나친 사투리는 되도록 쓰지 않는 것이 좋다. 바르고 고운 말은 그 사람의 착한 심성뿐만 아니라 교양까지를 드러낸다. 일상 대화 중 저속한 말을 쓰는 것도 문제가 된다. 사회적으로 존경받는 인사人士 중에도 얼떨결에 상스러운 말이 튀어나와 망신을 당하는 경우도 있다. 표준말, 바른말. 고운 말, 고상한 말을 자연스럽게 쓰는 일은 하루아침에 되지 않는다. 그것은 꾸준한 관심과 노력과 수양의 결과다.

상대에 따라 적절한 높임말과 낮춤말을 쓰는 일도 유념해야 한다. 요즘 젊은이들은 이에 거의 무관심하거나 도외시하는 통에 안타까울 때가 많다. 계속 교제하는 평교 간에도 말을 틀 줄을 모르고 계속 '해요체'나 '합니다체'로 일관하는가 하면, 초대면이 아닌 노인이 젊은이에게 '해요체'를 연신 써도 "어르신, 말씀 낮추십시오" 하고 겸사할 줄을 모른다.

옛날처럼 아랫사람에 대한 해라체, 하게체, 반말과 같은 하대법과 평교 간에 쓰는 하게체나 하오체, 그리고 윗사람에 대한 합쇼체나 하소서체 등의 공대법은 거의 사라진 지 오래다. 현재 명맥을 유지하고 있는 것은 '해라체', '반말', '해요체', 그리고 '합니다체' 정도다.

이러한 현상은 사회의 변화에서 그 원인을 찾을 수 있다. 계급이 엄존하던 봉건사회가 무너지고 '평등 의식'이 보편화되면서 복잡한 것을 피하려는 시속時俗에 따라 생겨난 언어의 습관으로 보인다. 하지만 현대사회에도 분명히 상하간의 질서와 친소의 거리가 존재한다. 노소 간, 부모와 자녀 간, 사제 간, 직장 동료 상하 간, 선후배 간의 관계가 있고, 또 친구와 동료 간에도 친소의 구분이 있다. 모든 것을 간소화하는 것만이 능사는 아니라고 생각한다.

품격 있는 대화를 통하여 우리의 전통적인 언어문화를 유지, 발전시키는 일도 '한류韓流'를 부양浮揚하는 한 가닥이라고 본다. 그렇다고 해서 옛날의 경양어敬讓語를 그대로 되살리자는 주장은 아니다. "지나친 공손은 예가 아니다過恭非禮"란 말도 있듯이, 적절한 말로 상대방과 수작酬酌하는 것은 우선 자연스러운 일일뿐만 아니라 상호간에 친밀감을 더해 주는 바람직한 측면도 있다. 이러한 관점에서 경양어에 대한 연구와 검토가 필요하다.

말조심

말에는 책임이 뒤따른다. 말이 많으면 실수할 가능성이 그만큼 높아진다. 그러기에 말은 아끼고 가려서 해야 한다. "침묵은 금이요, 웅변은 은이다", "말을 아끼고 가려서 하라", "세 번 생각하고 한 번 말하라三思一言"는 경구는 말수를 줄이라는 의미로 쓰이는 충고다.

특히 일이 제대로 잘 풀리지 않거나 화가 치밀 때, 홧김에 하는 말을 조심해야 한다. 『동주열국지東周列國志』라는 중국 사서史書에는 "홧김에 하는 말에는 반드시 실수가 있다怒中之言 必有泄漏"고 경계하고 있다.

성경에도 "아주 작은 불이 얼마나 큰 수풀을 태워 버리는지 생각해 보십시오. 혀도 불입니다. 또 불의의 세계입니다. 이러한 혀가 우리의 지체 가운데 들어앉아 온 몸을 더럽히고 인생행로를 불태우며, 그 자체도 지옥불로 타오르고 있습니다"(「야고보서」 3장 5-6절)라고 쓰여 있다. 또 "체로 치면 찌꺼기가 남듯이 사람의 허물은 그의 말에서 드러난다. 옹기장이의 그릇이 불가마에서 단련되듯이 사람은 대화에서 수련된다. 나무의 열매가 재배 과정을 드러내듯이 사람의 말은 마음속 생각을 드러낸다. 말을 듣기 전에는 사람을 칭찬하지 마라. 사람은 말로 평가되기 때문이다"(「집회서」24장 4-7절)라는 성경 말씀도 있다.

이러한 취지의 말은 조선조 성종의 어머니인 소혜왕후昭惠王后 한씨의 『내훈內訓』에도 보인다. "범노공范魯公 질質이 조카에게 경계하고자 시 한 수를 지어 말하였다. 너는 모름지기 말을 삼가고 많이 하지 마라. 말을 많이 하면 여러 사람이 싫어한다. 말을 조심하지 않으면 모든 재난이나 액운이 바로 여기에서 비롯되니, 옳고 그름과 명예와 훼손이 오가는 사이에 어느덧 몸에 누累가 된다范魯公質 戒從子詩曰 戒爾勿多言 多言衆所忌 苟不愼樞機 災厄從此始 是非毁譽間 適足爲身累"고 하였다.

또 "말을 배우는 데는 이 년이 걸리지만, 침묵을 배우는 데는 육십 년이 걸린다"는 말도 있다.

이 모두가 이런 저런 일을 헤아릴 줄 알면서도 자기의 마음을 열고, 남의 말을 경청하려면 그만큼 수양을 거듭해야 한다는 의미를 함축하고 있다.

거짓말

어려서부터 거짓말을 한두 번 안 해 본 사람은 거의 없을 것이다. 하지만 한마디 거짓말을 합리화하려면 열 마디 거짓말을 하게 된다. 이렇게 거짓말을 반복하다 보면 마침내 거짓말하는 버릇이 굳어져 고치기 어렵게 된다.

거짓말은, 이루 말할 수 없는 피해를 자신은 물론 남에게 끼치는 해악이다. 그러므로 절대로 해서는 안 되는 악덕이다. 아예 처음부터 거짓말을 하고 싶은 유혹을 물리쳐야 한다.

사람은 사는 동안 실수나 잘못을 하게 마련이다. 이런 실수나 잘못을 방지하려면 떳떳하지 않은 일은 처음부터 하지 않아야 한다. 또 거짓 꾸미고 싶은 유혹을 느낄 때면 차라리 처음부터 드러내서 밝히면 거짓이 없게 된다. 잘못한 일이 혹 있으면 차라리 솔직하게 고백하고 용서를 구하는 것이 백 번 낫다. 그것이 거짓말을 하는 것보다 마음의 부담도 덜고 떳떳하게 사는 길이다. 거짓으로 인한 신뢰성의 상실은 불행과 비극을 낳는 씨앗이다.

허언虛言이나 입찬말도 거짓말의 한 가닥이다. 진실성이 결여된 말, 실천이 따르지 않는 말, 일관성 없이 횡설수설하는 말, 그리고 기관 책임자나 지도자 간에 서로 엇갈리는 말도 거짓말과 한통속이다. 되지도 않을 말을 번지레하게 늘어놓고 이에 행동이 따르지 않는다든지, 선거운동 기간 중에 공약公約을 해 놓고 당선되고 나서는 나 몰라라 한다든지, 아침에 한 말 다르고 저녁에 하는 말이 서로 다르다면 어찌 그를 믿겠는가.

『논어論語』「학이學而」편에는 "말을 교묘하게 하고 낯빛을 좋게 꾸미는 사람 중에 어진 이가 드물다巧言令色 鮮仁矣"는 말이 있다. 또 같은 『논어』「이인里仁」편에는 "군자는 말은 느리게 하고 행동은 민첩하게 하라"고 훈계하고 있다. 함부로 말했다가 행동이 따르지 못할까 염려한 옛 성현의 깊은 뜻이 이 말에 담겨 있다.

어른 사이에 말이 서로 엇갈리게 되면 그 영향은 더욱 심각해진다.

가정에서 부모의 말이나 주장이 서로 엇갈린다면, 그 자녀는 누구의 말을 믿고 따라야 하겠는가? 이런 경우, 자녀는 이중성격을 갖게 되고 기회주의적인 가치관과 가족 간의 불화는 물론 분열이 싹트게 된다.

기관이나 회사의 임원 상호간에 의견이나 주장이 서로 엇갈린 채 밖으로 드러나는 경우의 폐해도 마찬가지다. 기강이 흐트러져 지도성이 빛을 잃게 되고 권위와 위계질서가 무너져 직원 상호간의 분열과 갈등이 깊어진다.

특히 국정을 운영하는 위정자가 억지 주장을 하거나, 정부 기관 상호간 또는 직원 상하 간에 말의 앞뒤가 맞지 않아 혼선이 빚어지면 그 결과는 더욱 심각해진다. 국정의 혼란과 국가기관의 신뢰성 상실은 국론의 분열, 국기國基의 동요 등 국가 존립의 위기마저 초래하게 되기 때문이다.『여씨춘추呂氏春秋』라는 중국 역사책에는 "임금이 말 한마디를 잘못하면 나라가 쇠잔해지고 그 이름이 욕되며 후세에 웃음거리가 된다"고 기록하고 있다. 위정자의 말이 지니는 무게가 얼마나 큰 것인가를 경계하는 좋은 자료가 아닐 수 없다.

2007. 2. 20.

행동을 보면 그 사람을 안다

사람의 속마음은 알기 어렵지만 겉으로 드러나는 그의 말과 행동을 통하여 우리는 그 사람의 됨됨이를 알 수 있다. 행동은 인격뿐만 아니라 그의 가격家格과 가품家品까지도 가늠하게 되므로 그 사람의 행동거지를 보고 "역시 명문가의 후손이라 다르다"고 칭찬하거나, "배운데 없이 제멋대로 자라서 버릇이 없다"는 의미로 '후레자식'이라고 지탄하기도 한다.

또 행동은 그 출신 학교의 평판을 좌우하기도 한다. 중·고교 평준화 이전에 "○○학교 출신은 야성미가 있고, ○○학교 출신은 지성미가 있다"느니 "○○여고 출신은 정숙貞淑해서 며느리감으로 좋고, ○○여고 출신은 활달하여 마누라감으로 좋다"는 말도 있었다. 이처럼 행동은 인격을 가늠하는 척도로서, 자신은 물론 가정, 학교, 지역, 국가의 명예와 직결된다.

그런데도 행동의 바탕이 될 기본 생활 습관 교육이 유치원과 초등학교 저학년에 머물고, 상급 학년과 상급 학교에 가면서 그 명맥을 찾기 어려운 우리 교육의 현실이 안타깝다.

옛 어른들은 자손의 예의범절과 행동거지에 남다른 관심을 가지고 자손이 입신立身할 수 있도록 기초를 다져 주는 한편, 가풍을 유지, 계승하도록 훈육하였다. 이 훈육은 한 가정에 그치지 않고, 한 마을의

어른으로서, 한 집안의 문장門長으로서, 나라의 덕망 있는 한 선비로
서의 당연한 책무로 여겼다.

율곡 이이李珥 선생은 『격몽요결擊蒙要訣』에서 군자로서 몸가짐을
단정히 하기 위한 아홉 가지 덕목, 곧 구용九容을 가르치고 있다.

첫째, 발걸음은 무겁고 신중하게 옮기고足容重,

둘째, 손은 공손하게 제자리에 있게 하며手容恭,

셋째, 눈은 정면으로 보고 눈을 아래위로 굴리지 아니하며目容端,

넷째, 입은 조용히 다물어 필요 없는 말을 삼가고口容止,

다섯째, 목소리는 가다듬어 안정되게 하고 헛기침이나 잡음을 내지
않으며聲容靜,

여섯째, 고개는 곧게 하며 좌우로 흔들거나 기울어지지 않게 하고
頭容直,

일곱째, 기상은 엄숙히 하여 가벼이 응대하지 않으며氣容肅,

여덟째, 서 있을 때에는 온화하고 덕스러운 모습을 취하고立容德,

아홉째, 안색은 늠름하고 씩씩한 태도를 취하라色容莊.

조선 성종의 모후인 소혜왕후昭惠王后 한씨는 부녀자들이 갖추어야
할 올바른 덕목을 내용으로 한 『내훈內訓』이란 책을 1475년(성종 6)
에 펴냈다. 그 첫 장 「언행장言行章」에는 여성이 지켜야 할 말과 행동
을 다음과 같이 훈계하고 있다.

—모든 말을 삼가고 조심할 것: 아첨하는 말, 거슬리는 말, 심사숙
고하지 않은 말, 장난 삼아 하는 말을 하지 말 것.

―음식 먹을 때에는 식사 예절에 어긋나는 일이 없도록 조심할 것: 음식을 손으로 집는 일, 훌쩍거리며 마시는 일, 쩝쩝거리며 먹는 일, 음식을 다 먹으려 하는 일, 손님으로서 주인 앞에서 국의 간을 맞추는 일 등을 삼갈 것.

―남녀 관계에서 조심할 일: 남녀가 같은 좌석에 어울려 앉지 말 것, 형수와 시동생 간에는 문안하거나 왕래하지 말 것, 출가한 여자는 친정 나들이를 하지 말 것, 출가한 여자는 친정에 와서도 남자형제와는 같이 앉지 말고 음식도 함께 하지 말 것.

―문 안팎의 출입 예절: 뜰 위에 오를 때에는 인기척을 할 것, 문 밖에 신이 둘 놓여 있을 때에는 말이 들릴 때만 들어갈 것, 방 안에 들 때는 시선을 아래에 둘 것, 남이 벗어 놓은 신발은 밟지 말 것, 남의 좌석은 밟고 지나가지 말 것, 방 안에 들면 구석 자리에 앉을 것.

―시선視線: 시선을 상대방의 얼굴에 두면 오만하고, 허리띠에 두면 근심스럽고, 기울이면 간사하게 보인다.

―공경하는 행동, 단정한 용모, 근엄한 태도, 안정된 언사로 사람의 마음을 편안하게 할 것.

―재물을 구차하게 탐내지 말고 있는 것을 풀어 줄 줄도 알 것.

―남을 대하는 태도와 예절.

―여자가 지녀야 할 네 가지 행실: 부덕婦德(여자다운 마음씨와 덕성), 부언婦言(부녀자로서의 말씨), 부용婦容(여자다운 몸맵시), 부공婦功(여자가 해야 할 길쌈, 수놓기, 바느질, 음식 만들기 등)을 닦는 일,

―윗사람을 모시고 식사하는 예절.

―임금을 모시고 식사하는 예절.

―여러 성현이 모범을 보여 준 온갖 덕목(성실, 관용, 신의, 공경, 겸

손, 엄숙, 예의, 선덕 등).

이러한 예절과 행동은 당시에 현숙한 부녀자가 되려는 이들에게 더없는 전범典範이었다.

그동안 시대가 많이 변했다. 그러므로 위와 같은 전범 하나하나를 그대로 적용하기가 부자연스럽고 또 부적절한 것도 있다. 마땅히 새롭게 해석되거나 수정되어야 한다는 데에 나 또한 이의가 없다. 더욱이 가치의 다양성을 인정하고 그 가치를 존중하는 현대사회의 특질상 틀에 박힌 예의범절이 과연 어느 정도 타당한가에 대한 논란이 있는 것도 사실이다. 그러나 한 가지 짚고 넘어가야 할 것이 있다. 요즘 일부 인사 중에 "불변의 진리란 있을 수 없다"고 주장하며 시대와 사회의 변화에 대응하려면, "혁명적 발상이나 역발상이 필요하다"는 논리를 전개하면서 "이것은 보수요!", "저것은 꼴통이요!"라며 아예 근본부터 옛것을 부정하려는 급진주의적 사상을 나는 단호히 경계한다.

인간은 인간다워야 한다. 인간에게는 인격의 주체로서 이성과 양심을 가지고 지켜야 할 도덕과 규범이 있다. 인간으로서의 도덕에는 변할 수 없고 변해서는 안 될 절대 가치가 분명히 있다. 만약 이 사실 자체를 부정한다면 인간은 금수와 다름없는 존재로 전락할 수도 있다는 말이 된다. 우리는 이러한 도덕규범의 항존성恒存性을 인정하면서 그 근본과 취지를 살리는 범위에서 변혁을 해야 한다. 예컨대, 위의 「내훈」 중 "남녀 관계에서 조심할 일"을 현대사회에서는 그대로 적용하기에 부적절하다고 해서 아예 이를 철폐 또는 무시해서는 안 된다. 왜냐하면, 비록 시대와 사회는 변했지만, 남녀 간에, 수숙嫂叔 간에, 또는 출가出嫁한 여자와 친정 식구 간에 지켜야 할 절도가 있어야 한다는 그 근본정신마저 무시해서는 안 되기 때문이다.

사람의 일상 행동에는 실수가 있을 수 있다. 하지만 그 실수는 단한 번으로 그쳐야 한다. 실수를 거듭하다 보면 자기도 모르게 습관이 되고, 거기에서 불신이 싹트며, 번번이 시행착오를 되풀이하게 되면 변변치 못한 사람으로 경멸의 대상이 되기도 한다.

실수나 시행착오를 최소화하는 길은 무엇인가? 이 글에서는 새 시대에 알맞은 '예절 교본'이나 '에티켓 교본'에서 볼 수 있는 구체적인 행동 하나하나를 다 열거하고 설명하기는 어렵다. 그러므로 기본적인 마음가짐 몇 가지를 제시하는 데 그치고자 한다.

모든 일에 신중해야 한다

행동에 앞서 언제나 심사숙고하라. 그 결과 성공 가능성이 있다고 판단되면 과감하게 행동해도 늦지 않다. 신중함이 지나쳐 좌고우면左顧右眄하거나 미루면 태만으로 이어진다. 일단 결심했으면 부지런히 움직여야 한다. 『명심보감明心寶鑑』에 이르기를, "부지런함은 값진 보배요, 신중하게 행동하는 일은 몸을 지키는 방패니라勤無價之寶 慎是護身之符"고 하였다.

무리하거나 거짓 꾸미려 하지 마라

무리한 행동이나 거짓 꾸미는 가식假飾은 아무래도 부자연스럽고 실속이 없다. 행동에 무리가 없어야 일이 순조롭게 이루어진다. 순리에 따르는 것보다 더 좋은 것은 없다.

작은 일이라고 해서 소홀히 하지 마라

'약팽소선若烹小鮮'이란 말이 있다. 노자가 말한 '치대국약팽소선治大國若烹小鮮'의 준말이다. 큰 나라 다스리기를 작은 생선 삶듯 조심스럽게 하라는 뜻이다. 중국 촉한의 유비劉備(소열제昭烈帝)도 그 아들에게 "선善이 작다고 해서 하지 않거나, 작은 악惡이라고 해서 함부로 하면 안 된다"는 유훈을 남겼다. 그 말 속에는 아무리 작은 일일지라도 선악의 근본을 소홀히 생각하지 말라는 엄중한 훈계가 담겨 있다. 작은 일은 큰일을 이루는 바탕이 되기 때문이다.

침착하게 행동하라

"급할수록 돌아가라"고 하는 말이 있다. 하지만 막상 일이 급하면 서두르게 되는 것이 인지상정이다. 급하게 서두르다 보면 사고를 내고 결국 일을 망치고 만다.

서울동부교육구청에 근무할 때, 산 위에 자리 잡고 있는 금호여자중학교에 장학 지도를 갔다가 삽십 도가 넘는 층계 위에 세워 놓은 "급할수록 천천히!"라는 팻말을 보고 이에 감동한 나머지 크게 선양한 기억이 새롭다. 물론 급히 내려가는 학생의 눈에 그 팻말이 보이지 않겠지만, 자칫 잊기 쉬운 그 말이 반드시 있어야 할 곳에 놓여 있다는 사실이 우선 반가웠고, 학생들의 안전을 생각하는 선생님들의 자상한 마음이 고마웠기 때문이었다.

중국 후한 때 반고班固가 지은 『한서漢書』에는 "엉킨 실을 풀 때에는 서두르지 말아야 한다治亂繩不可急"는 말이 있다. 『맹자孟子』에는 "벼가 빨리 자라게 하려고 그 이삭을 뽑아 올렸다揠苗助長"는 고사故事가 적혀 있다. 일에 쫓겨 가며 성과成果 올리기에만 급급한 현대인이 좌우명으로 삼아야 할 말이 아닐 수 없다.

자신감을 가지고 당당하게 행동하라

몸과 마음을 움츠리지 말고 가슴과 허리를 펴라. 나아가야 할 행동 목표가 섰다면 무엇을 두려워하고 무엇을 망설이는가? 『맹자孟子』「등문공滕文公」 상上에는 "너도 대장부요 나도 대장부니, 내 어찌 저를 두려워하리오彼丈夫也 我丈夫也 吾何畏彼哉", "순舜임금은 어떤 사람이며 나는 어떤 사람인가. 한번 하고자 하면 나 또한 그렇게 하면 되리라舜何人也 予何人也 有爲者亦若是"는 말이 있다. 이 얼마나 패기 있고 야심 찬 말인가? "나도 할 수 있다I can do"는 당당한 자신감의 표현이다. 자신감의 표현과 긍정적인 사고야말로 자기가 도모하는 일을 성공으로 이끄는 창조적인 에너지가 아닌가?

남의 앞에서 떳떳하려면, 정도正道를 걷고, 공정하고, 청렴해야 한다. 자기가 그런 사람이라는 사실을 애써 드러낼 필요는 없다. 정도를 걸으면 누구나 다 알아 주니까….

일관성 있게 행동하라

시종일관하는 사람에겐 저절로 신뢰가 쌓인다. 보통 사람도 그래야 하지만, 특히 앞장서서 일하는 지도자의 행동은 일관성이 있고 의연해야 한다. 그렇지 않으면 다른 사람에게 크나큰 혼란을 주게 된다. 일관성이란, "처음부터 끝까지 한 우물을 파라"는 말이다. 자기가 맡은 일을 끝까지 깔끔하게 처리하라는 말이다. 성공한 사람은 누구나 온갖 난관을 무릅쓰고 한눈파는 일 없이 한길만 걸었다는 사실이 이를 설명해 준다.

언행이 일치해야 한다

언행이 일치하지 않으면 그 사람이 설 땅이 없다. 언행일치는 바로 그 사람의 인격을 나타내는 청우계晴雨計다. 이것은 자기 내면의 정의情意를 밖으로 표현하는 말과 이것을 실제로 보여주는 행동이 한결같음을 의미한다. 그러려면 솔선수범해야 한다. 남의 앞에 서서 몸소 착한 일을 하여 모든 사람의 모범이 되기란 쉬운 일이 아니다. 근면과 용기가 필요하다.

협동 봉사하는 일도 언행일치의 한 가닥이다. 여기에는 자기 희생이 따른다. 시간과 노력뿐만 아니라 비용 부담이 따르기 때문에 이 또한 만만한 일이 아니다.

친절도 언행일치와 한 고리를 이룬다. 남을 배려하는 넉넉한 마음이 없으면 불가능하다. 2006년 6월, 각 신문에는 "지구촌 40개 도시 중 서울의 친절도가 최하위권인 36위"라는 기사가 보도된 바 있다. "빌딩을 출입할 때 뒤에 들어오는 사람을 위하여 문을 잡고 기다려 주는 일", "서류 뭉치를 떨어뜨렸을 때 흩어진 서류를 같이 줍는 일"을 조사한 결과라고 한다. 하찮게 생각하기 쉬운 이러한 행동 역시 아무나 할 수 있는 일이 아니다.

혼자 있을 때 행동을 근신하라

혼자 있을 때에도 도리에 어긋나는 일을 해서는 안 된다. 신독愼獨! 이 말은 성리학에서 특히 강조하는 중요한 덕목 중의 하나다. 군자로서 부단히 수양해야 할 중요한 실천 과제다. 아무도 보는 이 없는 상황에서 하는 행동일지라도 그 행동을 "하늘이 알고天知, 땅이 알고地知, 자네가 알고子知, 내가 안다我知"고 꾸짖으며 황금 열 근의 유혹을 물리친 중국 후한의 태수 양진楊震의 훈계를 떠올리게 된다. 이 신독이야 말로 정도正道를 따라 사람답게 살아가려는 도학道學의 극치라 해도 지나친 말이 아니라고 생각한다.

2006. 9. 13.

근엄함과 인자로움의 차이

나의 자화상

"어디 편찮으세요?" "무척 피곤해 보이는데요?" "어디 다녀오시는 길이십니까?" "뭔가 언짢은 일이라도 있으신가요?" 어쩌다 마주치는 사람이 잇따라 내게 던지는 질문이다.

비교적 넓은 내 이마에는 젊어서부터 너댓 개의 깊은 주름살이 패어 있고, 미간에는 거의 고른 간격으로 川 자가 그어져 있다. 웃음기라고는 전혀 찾아볼 수 없는 무뚝뚝한 얼굴! 그나마 굳게 다문 입 탓에 얼이 빠져 보이지는 않지만, 약간 화가 난 것처럼 보이는 표정 때문에 연출되는 장면이다.

나를 좋게 말하는 이들은 "원래 표정이 없는 사람이라 그렇다"고 하고, "교직에 오래 있던 사람이라 근엄해서 그렇다"고 해명해 주기도 한다. 또 어떤 이는 "처음에는 (무서워서) 가까이 하기 어려웠는데 사귀고 보니 참 좋은 사람이라"고 변명 아닌 변명을 해 주기도 한다. 그뿐 아니라, 눈이 큰 편인 나는 이리저리 곁눈질하는 나쁜 버릇이 있다. 첫돌을 지나자마자 앓기 시작해서 오십대 초반에 수술하고서야 겨우 치유된 중이염 때문에 오른쪽 청신경이 손상되어 누가 내게 말을 걸어올까 봐 항상 긴장하며 주변을 살펴보느라 생긴 버릇이다.

그 탓인지는 몰라도 나는 마음을 터놓고 한번 제대로 너털웃음을 웃어 본 적이 없다. 괜히 싱글벙글 웃으면 '싱거운 사람'으로 비칠까 싶기도 하고, 비굴하게 느껴지기도 해서 어쩐지 내키지 않아서였다. 그렇다면 내게 웃음의 디엔에이DNA가 결여된 것은 아닌가? 옛날 사랑채에서 "허어! 허어! 허어!" 하고 들려오는 할아버지의 너털웃음소리는 안채까지 크게 울렸고, 아버지께서도 멋지게 웃으실 줄 아는 그런 분이셨다. 외가 쪽은 어떤가? 외할아버지와 외숙에 대한 기억은 확실하지 않지만, 어머니께서는 곧잘 웃으셨다. 그런데 어찌된 영문인지 나는 너털웃음은커녕 미소조차 짓기가 그렇게도 어려웠다. 간혹 내가 미소를 짓는다 해도, 그때마다 거울을 볼 수 없기에 망정이지 그마저 어색했으리라는 것은 짐작하고도 남는다.

그런데 내게도 나이가 들면서 차츰 변화가 왔다. 특히 퇴직 후에 그 변화가 더 뚜렷해졌다. 근엄하기만 하던 내 얼굴에 미소가 나타나게 된 것이다.

약관 시절부터 학생들을 지도하면서 모범을 보이고자 긴장했던 마음, 남보다 일찍 장학사, 교감, 교장이 되면서 실수하지 않으려고 잔뜩 긴장했던 마음이 풀린 탓인지, 아니면 이순耳順(나이 육십 세)과 고희古稀(나이 칠십 세)를 넘기면서 좀 더 원숙해진 탓인지, 그 까닭은 알 수 없다.

하지만 이제 '근엄한 교장 선생님'이란 평판 대신 '인자한 할아버지'란 말을 가끔 듣게 되었으니 그나마 다행이다. 왜 이런 평판을 얻게 되었을까? 아마 최근에 내 얼굴에 나타나기 시작한 미소 때문일 것이다. 미소가 근엄함과 인자함을 가르는 분수령이다. 표정을 어떻게 갖느냐가 같은 사람의 인격을 이렇게 다르게 규정하는 줄을 진작 알았어야 했는데….

프랑스의 작가 발자크H. de Balzac가 "사람의 얼굴은 하나의 풍경이다. 하나의 책이다. 얼굴은 결코 거짓말을 하지 않는다"고 말한 대로, 참되고 착하고 아름다운 마음을 지닌 사람에게서 풍기는 밝은 표정과 맑고 고운 눈빛은 바로 그 사람의 삶이 그만큼 순수하고 신실信實 했음을 말해 준다. 반면에 그렇지 않게 살아온 사람의 얼굴에서는 그의 험난한 과거가 그대로 드러난다. "사십 세가 넘은 사람의 얼굴은 그 사람 자신의 책임이다"라는 말이 요즈음에 절절히 느껴진다.

밝은 표정은 사회적 자본

흔히 눈을 '마음의 창'이라고 말한다. 그렇다면 미소는 마음의 창을 장식하는 꽃으로, 표정은 그 전체를 비쳐 주는 밝은 햇살이라고 해도 좋을 것 같다.

사람의 표정에 관한 관심은 예나 지금이나 다를 바 없다. 『논어論語』에는 군자가 항상 마음속에 두고 때때로 반성하며 행동할 아홉 가지 행동, 곧 구사九思를 열거하고 있다. 구사는 겉으로 드러나는 표정을 통해서 생각이 말과 행동과 습관과 인격을 바꾸는 심성心性의 변혁變革 과정 아홉 가지를 열거하면서 그 실천 사항을 하나하나 강조하고 있다.

첫째 사물을 명백하게 보도록 하며視思明. 둘째 총명하게 들을 것을 생각하며聽思聰. 셋째 따뜻한 안색을 가질 것을 생각하며色思溫, 넷째 공손한 외모를 가질 것을 생각하며貌思恭, 다섯째 말에 충직할 것을 생각하며言思忠, 여섯째, 의심나면 질문할 것을 생각하며疑思問, 일곱째 일할 때는 경건함을 생각하며事思敬, 여덟째 마음에 분함이 생길 때에는 더 어려워질 것을 생각하며忿思難, 아홉째 이득이 보일 때에는 그것이 의로운 것인가를 생각하라見得思義는 것이다.

율곡 이이李珥 선생이 지은 『격몽요결擊蒙要訣』의 구용九容도 구사九思와 같이 언어와 행동과 표정에 관한 것으로 발걸음, 손의 위치, 시선, 말, 목소리, 머리 두기, 기상氣像, 서 있는 자세, 표정과 안색 등 아홉 가지의 행동을 규정하고 있다.

오늘날, 자동화기기自動化器機의 발달로 기계 의존도가 제아무리 높다 해도 그것은 생활 수단이요 방편일 뿐, 인간 생활의 근본적인 바탕은 대인 관계에 있다. 부드럽고 아름다운 표정은 대인 관계를 원만하게 하는 사회적 자본이다.

표정은 억지로 꾸민다 해도 오래 가지 않는다. 기뻐서 흐르는 눈물과 슬퍼서 흘리는 눈물이 다르듯이, 착한 사람이 짓는 미소와 악한 사람이 짓는 미소는 그 느낌부터가 다르다. 순수한 마음에서 맑고 밝은 표정이 우러나오고, 고운 마음을 지닌 사람의 얼굴에서 착한 기운이 감돈다. 마음이 넉넉한 이에게서 해학과 재치가 흘러나오고, 온아함이 그 미소에 풍긴다. 부드러운 표정에 사람을 당기는 힘이 솟고 가까이 하고 싶은 마음이 우러나온다.

시선視線은 소리 없는 대화

예로부터 시선은 그 사람의 마음을 드러내는 것으로 여긴다. 율곡의 구용九容에 "눈빛은 단정한 모습으로 사물을 바라보며 눈을 아래위로 굴리지 말라"는 말이 있다. 시선을 바르게 하여 군자의 품위를 잃지 않도록 하라는 가르침이다.

또 소헌왕후昭憲王后 한씨의 『내훈內訓』에는 "무릇 시선을 상대방의 얼굴에만 두면 오만한 인상을 주게 되고, 허리띠에 두면 근심하는 인상이 되며, 시선을 한쪽으로 기울이면 간사한 인상을 주게 된다凡視 上於面則敖 下於帶則憂 傾則姦"고 하였다. 부녀자가 어른을 대하면서 지나치게 빤히 쳐다보거나, 시선을 아래로 하여 수심에 가득 찬 인상을 주거나, 곁눈질을 하여 행여 간사하게 보이는 일이 없도록 하라는 훈계다.

눈빛을 보고 그 사람의 마음을 헤아린 역사는 길다. 옛날 수령방백守令方伯이 죄인을 국문할 때 그의 말이 진실인가 아닌가를 판단하는 데 다음 다섯 가지를 기준으로 삼았다. 이를 오청五聽이라 한다. 오청이란,

첫째, 사청辭聽이라 하여 말이 번거로우면 옳지 않다는 증거이고, 둘째, 색청色聽이라 하여 낯빛이 붉어지면 옳지 않다는 증거이고. 셋째, 기청氣聽이라 하여 그 사람의 숨이 차면 거짓이라는 증거이고, 넷째, 이청耳聽이라 하여 곧잘 말을 잘못 알아듣게 되면 거짓이란 증거이고, 다섯째, 목청目聽이라 하여 눈에 정기가 없는 말은 진실이 아니라는 증거로 삼았다. 이 모두가 마음속에 깊이 숨긴 비밀을 덮기 어려울 때 드러나는 표정이지만 그 중에서도 특히 눈을 마음의 창으로 여긴 것이 주목된다.

눈동자를 한자어로는 '모자眸子'라 한다. 옛사람들은 사람이 태어날 때 받은 신기神氣가 바로 눈동자에 모여 있다고 믿었다. 화룡점정畵龍點睛(용을 그리고, 마지막에 눈동자에 점을 찍다)의 중국 고사가 이를 말해 준다. 성경에는 "눈은 몸의 등불이다. 그러므로 네 눈

이 맑으면 온몸도 환하고, 네 눈이 성하지 못하면 온몸도 어두울 것이다"(「마태복음」 6장 22-23절, 「루카복음」 11장 34-35절)라고 하였다.

시선視線은 소리 없는 대화이다. 이야기를 나눌 때 상대방의 얼굴을 정면으로 대하고 시선을 마주 보면 그 사람의 마음을 읽을 수 있다. 눈이 밝으면서 빛이 나면 '상대를 존중한다'는 뜻이 되고, 또 자신의 생각이 당당하고 순수하다는 표시로 받아들여도 좋다. 옛날에는 '어른의 얼굴을 빤히 쳐다보는 것은 무례한 태도'라고 가르쳤고, 지금도 사람에 따라서는 그렇게 믿고 있다. 설혹 그런 생각에서 일단 고개를 다소곳이 숙여 어른의 말씀을 듣더라도 다 듣고 난 뒤에는 눈을 들어 상대방과 시선을 마주치며 자기 의사를 분명하게 밝히는 것이 올바른 태도라고 생각한다.

시선을 위아래로 또는 이리저리 굴리는 것은 삼가야 한다. 상대의 위아래를 훑어보는 것은 일단 상대를 경계한다는 의사 표시로 받아들이기 쉬우므로 조심해야 한다. 또 눈동자를 굴리면 우선 정서적으로 불안정해 보일 뿐만 아니라, 자신감이 없는 사람, 상대를 두려워하는 사람, 뭔가를 엿보거나 못된 생각을 하는 사람으로 오해받기 쉬우니 또한 조심해야 한다.

걸어갈 때 누군가가 뒤에서 부르면, 일단 걸음을 멈추고 뒤로 돌아서서 그 사람을 정면으로 바라보고 말을 주고받아야 한다. 고개만 돌리거나, 걸으면서 뒤를 돌아보는 일은 예의에도 어긋날뿐더러 다칠 위험도 있다.

웃음은 만국의 공통어

옛글에 '소문만복래笑門萬福來'라는 말이 있다. 웃음이 있는 집엔 온갖 복이 다 들어온다는 뜻이다. 하긴 그 화기애애한 집안 분위기에서 무슨 일인들 막히겠는가.

그러나 웃음도 웃음 나름이다. 웃음 속에는 부정적인 뜻을 비치는 웃음도 있다. 그 보기의 하나가 '치자다소癡者多笑'란 말이다. "어리석은 사람이 잘 웃는다"고 나무랄 때 쓰는 말이다. 하기야 시도 때도 없이 실실 웃는 사람을 보고 걱정하지 않을 사람이 어디 있겠는가. 또 '미어실소未語失笑'란 말도 있다. 말도 하기 전에 먼저 웃는 것을 두고 하는 말이다. 이러한 웃음은 상대방을 얕잡아 보는 것으로 오해받기 쉽다.

웃음의 종류에는 여러 가지가 있다. 가가대소呵呵大笑(크게 소리를 내어 웃는 웃음), 박장대소拍掌大笑(손바닥을 치며 크게 웃음), 파안대소破顔大笑(얼굴빛을 부드럽게 하여 크게 웃음), 홍소哄笑(떠들썩하게 크게 웃음)와 같은 대소大笑가 있고, 마음의 기쁨과 만족을 드러내는 미소微笑가 있는가 하면, 가소假笑(거짓 웃음), 고소苦笑(어이없거나 못마땅해서 웃는 웃음), 냉소冷笑(쌀쌀한 태도로 업신여기며 웃는 비웃음), 실소失笑(어처구니가 없어 자기도 모르게 나오는 웃음), 조소嘲笑(비웃는 웃음)와 같은 억지웃음도 있다. 또 만담, 농담 등 우스꽝스러운 일로 터지는 폭소爆笑(갑자기 크게 웃는 웃음)와 같은 돌발적이고 악의 없는 웃음도 있다.

어쨌거나, 좋은 일, 기쁜 일로 웃을 수 있다면 얼마나 행복한 일인가. 하지만 인생이란 항상 즐거움과 기쁨만이 있는 것도 아니니, 무시로 웃는 일도 쉬운 일은 아니다.

그러면 웃음은 어느 때 웃는 것이 가장 좋은가? 『논어論語』「헌문憲問」 편에 나오는 대화에서 그 해답을 찾아보기로 한다.

공자께서 제자인 공명가公明賈에게 공숙문자公叔文子에 대하여 물으셨다. "정말로 그분은 말도 않고 웃지도 않고 재물을 취하지도 않느냐?" 이에 공명가가 대답했다. "그렇게 말을 한 이가 지나칩니다. 그분은 반드시 말을 해야 할 때에 말하기 때문에 남들이 그의 말을 싫어하지 아니하며. 진실로 즐거워할 때에 웃으므로 남들이 그의 웃음을 싫어하지 않으며, 언제나 의로운 것을 안 뒤에야 재물을 취했으므로 남들이 싫어하지 않습니다"라고 대답했다. 공자께서 "아 그런가! 어찌 그럴 수가 있을까?" 하고 말씀하셨다.

그러므로, 즐거울 때, 기쁠 때, 재미있을 때 자연스럽게 웃는 웃음은 물론이고, 분위기를 부드럽게 바꾸기 위해 웃음이 필요한 때 그 익살과 기지에 맞추어 웃는 웃음, 이것이 참된 웃음이요, 좋은 웃음이라 하겠다. 이와 반대로, 웃어야 할 때 웃지 않거나 웃을 줄 모르는 것은 남 보기에 부자연스러울 뿐만 아니라 오해를 받을 소지가 있다. 왜냐하면, 그의 정서 표현에 이상이 있거나, 아니면 몹시 화가 났거나, 남 잘 되는 것을 시기하는 마음이 있어서 웃지 않는다고 의심을 받기 때문이다.

생글생글 웃는 웃음, 빙그레 웃는 웃음, 인사말을 나누며 환하게 웃는 웃음, 담소를 나누며 웃는 웃음, 이 모두가 하나같이 우리가 그리는 평화와 행복의 경지에서 우러나오는 웃음이 아닌가 싶다. 관련 학자들에 의하면, 사람의 웃는 얼굴에서 자연스럽게 웃음근육이 발달한다고 하니 웃음도 웃어 본 사람이 제대로 웃을 줄 안다. 잔잔한 미소는 물론 웃음이 필요할 때 활짝 웃고, 때로는 꾸밈없이 크게 웃을 수 있는 웃음에 좀 더 익숙해져야 하겠다.

"행복하기 때문에 웃음이 있는 것이 아니라 웃음이 있기 때문에 행복하다"는 말이 실감나게….

2007. 1. 30.

자세와 인격

"자세는 곧 인격이다"라는 말을 내가 처음 들은 것은 사범학교 본과 2학년 때였다. 생물을 가르치시던 이병상李丙祥 선생님은 덴마크체조며 아령운동 등 다양한 소재를 가지고 건강과 위생에 관한 말씀을 자주 해 주셨다.

나는 교직생활 사십육 년 동안, 수업 시간이면 입버릇처럼 "허리 펴고. 가슴 펴고. 시선은 정면을 향하고"란 말을 되풀이했다. 교직 경력 사십육 년 동안 장학사, 교감, 장학관, 교장 경력을 빼고 교단에서 내가 실제로 수업을 한 기간이 이십 년, 일 년간 법정 수업일수 이백이십 일에 학교 행사를 제외한 실제 수업일수가 이백 일, 하루 네 시간씩 수업을 한 것으로 계산하면 어림잡아 만육천 번, 그 절반의 절반만 잡더라도 최소한 사천 번은 되풀이한 셈이다.

내가 이토록 자세를 강조한 것은 사랑하는 제자들이 모두 바른 자세를 지니게 하여 훌륭한 인격을 갖추기를 바라는 염원이 있었기 때문이었다.

그런데, 요즈음 거울에 비친 내 모습을 보면 한심하기 짝이 없다. 목과 허리와 가슴은 구부정하고, 어려서부터 앓아온 중이염 때문에 오른쪽으로 약간 기울어진 고개는 언제나 다섯 시 오십팔 분에 멎어 있다. 정작 솔선수범했어야 할 내 자세가 이 지경이니 그동안 쓸데없이 공염불만 하면서 허구한 날 '바람 풍風'을 가르친답시고 '바담 풍'만 외친 격이 되고 말았다.

더 가관인 것은 나의 팔八자걸음이다. 이른바 '양반걸음'이라고 하는 이 걸음걸이는 옛날 행세깨나 하는 집안 어른이나 지체 높은 양반이 도포 자락을 날리며 배를 쑤욱 내밀고 팔을 휘젓고 거드름을 피우면서 걷던 데서 유래한 말이다. 요즈음에는 "팔자걸음 걷는 사람은 사위로 삼지 말라"는 말이 나돌 정도로, 남 보기에도 좋지 않을 뿐만 아니라 운동에 지장을 주고 건강에도 해로운 것으로 알려져 있다.

내 몸體이 이러하니 그렇지 않아도 부족한 내 지知와 덕德이 제대로 조화를 이룰 리가 없다. 흔히 훌륭한 인격을 갖춘 사람을 "지知 덕德 체體가 조화된 사람"이라고 말한다. 그 중에서도 자세가 바르고 늠름한 사람을 대하면 어쩐지 당당해 보이고, 의젓해 보이고, 믿음직해 보이지만, 자세가 바르지 못한 사람은 아무리 속에 든 것이 많다고 해도 미거한 사람, 자신 없는 사람, 옹졸한 사람, 어딘가 불안한 사람으로 보이기 십상이다.

옛날에는 인물 평가나 인재 등용의 기준을 '신언서판身言書判'에 두었다. 신身이란 몸매와 자세와 행동거지. 언言이란 말씨와 말솜씨, 서書란 글씨와 문장(글 짓는 재능), 판判이란 사리 분별력 곧 판단력을 말한다. 요즘에는 사회 발전에 따라 다양한 방법에 의하여 합리적인 인물평가가 이루어지고 있다고 하나, 신언서판의 요소가 평가 항목에서 아주 제외된 것은 아니다. 그러므로 '자세는 곧 인격'이라는 사회 통념은 여전히 유효하다.

바른 자세가 필요한 이유

자세는 우선 그 사람의 선 자세, 앉은 자세, 걷는 자세로 나타난다. 이러한 신체적 자세는 그 사람의 인상을 좌우할 뿐만 아니라 그의 건강과 직결되기 때문에 바른 자세를 유지하는 일을 소홀히 해서는 안 된다. 정형외과의는 물론, 체육과학자, 요가 연구자와 같은 관련 학자들은 자세를 바르게 가져야 할 이유를 다음과 같이 설명한다.

　—몸의 자세는 신체적 건강은 물론 그 사람의 정신적 건강과 기질에도 영향을 미친다. 신체의 병은 대부분 몸의 불균형에서 오기 때문이다.
　—몸이 지나치게 앞쪽으로 치우친 사람은 겸손하고 봉사와 헌신을 잘하는 반면에, 자신감이 결여되기 쉽다. 몸을 너무 뒤로 젖히는 사람은 비전이 있고 자신감이 있어 보이지만, 오만한 인상을 주게 된다.
　—몸이 지나치게 좌측으로 치우치면 위장이 눌려서 소화에 지장을 주고 사고력이 위축되기 쉽다. 몸이 우측으로 치우치면 간장과 행동력에 지장을 받게 된다.
　—사람은 직립直立하는 자세를 취하고 있기 때문에 때때로 물구나무서기로 상하를 뒤바꿔 주는 일도 몸의 균형을 잡는 데 효과적이다.

　그러므로 몸이 전후, 좌우, 상하로 언제나 균형을 유지하도록 해야 건강해질 수 있다.

바른 자세

기본자세

기본자세란 정상적인 자세, 곧 척추를 바로세우는 자세다. 척추는 몸을 세워주는 중심기둥의 역할을 한다. 모든 인체의 장기가 제자리에서 제 기능을 할 수 있는 것은 척추라는 기둥이 받쳐 주기 때문이다. 또 척추는 인체 신경망의 축을 이룬다. 머리에서 내려오는 굵은 신경다발이 이곳을 거쳐 인체 구석구석에 전달된다.

　자세가 정상에서 벗어나는 일이 습관이 되면 척추 후만증後彎症이 된다. 등이나 허리 부위의 척추가 지나치게 굽거나 휘어지는 척추 후만증은 심장과 위장이 눌려 혈액 순환과 소화에 장애를 일으키고 만성피로와 기억력, 집중력 저하를 가져오기도 한다. 어깨가 한쪽으로 기울어지는 자세가 굳어지면 척추 측만증側彎症(몸이 한쪽 옆으로 기울어짐)이 되어 건강을 해치게 된다. 척추 측만증은 해당 장기와 신경을 압박하여 통증이 생기거나 기능이 떨어지게 된다.

　이런 때에는 정상적인 자세로 교정하기 위하여 별도의 수술요법이나 운동요법이 필요하게 된다. 특히 노년기에는 체력이 자꾸만 떨어져 자세가 흐트러지기 쉽기 때문에 척추를 바르게 유지하는 일이야말로 바로 건강과 직결된다.

서 있는 자세

서 있는 자세는 앞에서 보면 몸에 중심이 잡히고 양 어깨가 수평을 이루어 목에서 발목까지 수직선상에 있는 자세이다. 이 자세를 옆에서 보았을 때에는, 고관절股關節을 중심으로 윗몸은 목에서 허리로, 다시

발로 이어지는 모양새가 되어야 한다. 바르게 서 있는 자세를 유지하려면, 특히 다음과 같은 점에 조심해야 한다.

—몸의 중심이 두 발의 가운데에 있도록 한다.
—목은 위로 쑤욱 빼고 어깨를 자연스럽게 낮춘다.
—머리와 가슴을 활짝 펴되, 그로 인하여 머리가 뒤로 제쳐지지 않도록 한다.
—턱 끝은 바닥과 평행이 되게 한다.
—양 어깨는 수평이 되게 하고 양팔은 옆으로 자연스럽게 내린다.
—다리는 곧게 펴고 양 무릎을 마주 대고 발목을 곧게 편다.

이러한 자세에 관하여 관심을 가지지 않았던 것을 나는 후회한다. 요즈음 몇 개월째 운동을 통해서 그동안 잘못된 자세를 교정하고자 무진 애를 쓰고 있으나 굳어질 대로 굳어 버린 내 골격과 근육을 바로 펴고 자세를 바로 잡는 일이 그리 간단한 문제가 아니다.

앉아 있는 자세
언제나 가슴을 앞으로 쑥 내미는 기분으로 펴고, 엉덩이는 의자 아래쪽 뒤에 바짝 대고 배에 힘을 주면서 허리를 펴서 허리 부위의 척추가 휘어지지 않도록 앉아야 한다. 이 자세는 바닥에 앉을 때나 의자에 앉을 때나 똑같아야 한다. 앉을 때 허리나 등을 구부리고 앉으면, 추간판椎間板(척추와 척추 사이의 물렁뼈) 내에 뒤쪽으로 압력이 증가하여 그 부분의 근육이나 인대靭帶가 지나치게 늘어나 정상적인 자세가 흐트러지기 때문에 요통, 척추의 퇴행성 변화, 추간판탈출증椎間板脫出症

의 원인이 되므로 조심해야 한다. 의자에 앉을 때의 자세는

　—턱은 뒤로 당기고 머리는 똑바로 세운다.

　—어깨에 힘을 빼고 앉는다.

　—엉덩이는 의자 깊숙이 들여서 앉고 엉덩이가 무릎보다 약간 높게 한다.

　—허리는 바로 세우고 등받이에 붙인다. 허리와 허벅지는 구십 도를 이루는 것이 좋다.

　—두 발 모두 바닥에 붙이고 체중의 사십 퍼센트를 싣는다.

　의자에 앉을 때의 바른 예절은

　—오른손으로 의자를 빼내고.

　—의자의 왼쪽으로부터 앉되 오른발부터 들여놓는다.

　—될 수 있는 대로 깊숙이 앉고 허리를 펴고 윗몸을 반듯이 하고 앉는다.

　—여자의 경우에는 두 무릎과 두 다리를 붙여 모으고 두 발은 가지런히 하고 앉는다.

　온돌바닥에 앉을 때는

　—상체를 바르게 하고 가슴을 펴고.

　—손은 무릎 위에 얹고 바로 앉는다.

　가부좌의 자세가 아니고 예절을 차리느라 무릎을 꿇고 앉는 경우에는

　—상체를 바르게 하고.

—가슴과 허리를 펴는 자세를 유지하는 것이 기본이다.

여자가 한복 차림일 때에는
—한쪽 무릎을 세우고.
—다른 한쪽 무릎은 눕혀 앉으며. 세운 무릎 위에 손을 얹는다. 이 경우에도 상체를 바르게 하고 가슴을 펴고 앉는 '바로 앉는 자세'의 기본은 그대로 유지한다.

걷는 자세

『천자문千字文』에 "구보인령矩步引領(옷깃을 단정히 여미고 재로 잰 듯이 절도 있게 걸어라)"이라고 가르친 것을 보면 고금을 막론하고 걷는 자세에 관심이 컸음을 알 수 있다. 걷는 자세는 서 있는 자세와 달라서 사람마다 독특한 버릇이 있다. 그래서 별 생각 없이 걸으면 잘못된 자세로 걷게 되어 남 보기에도 좋지 않을 뿐만 아니라, 부상을 입을 가능성도 높다. 걷기의 바른 자세는
—등과 허리를 곧게 펴고,
—턱을 가볍게 당기고,
—머리를 세우되 시선은 십 내지 십오 미터 위쪽을 보고,
—팔을 앞뒤로 자연스럽게 흔들고,
—다리를 그대로 편 채 앞으로 내면서 걷되 발뒤꿈치가 먼저 땅에 닿고 난 뒤 앞발 끝으로 지면을 차듯이 걷는다.

전문가들은 다음 두 가지를 특히 조심하라고 조언한다. 그 하나는 두 무릎이 서로 닿을 정도로 스치면서 11자로 걸어야 한다는 것이다.

다시 말하면, 스탠스stance를 좁히라는 말이다. '스탠스'란 한쪽 발 안쪽에서 다른 발 안쪽까지의 거리를 말한다. 스탠스를 좁혀 일정하게 걷는 걸음걸이는 꼿꼿하면서도 자연스럽게 보이지만, 스탠스가 넓거나 일정하지 않으면 몸이 좌우로 뒤뚱뒤뚱 흔들려 부자연스럽게 보인다. 또 스탠스가 좁고 일정하여야 운동효과도 좋다. 11자 걸음을 제대로 걸으려면 우선 발을 '11자'로 붙이고 다리를 쭉 뻗고 서서 '바로 선 기본자세'를 취한 후 한쪽 다리를 쭉 뻗으면서 발뒤꿈치부터 지면에 대고 걸어야 한다. 이때 제자리걸음하듯이 무릎을 위로 지나치게 올리거나 다리를 움직이면서 걷지 말고 자연스럽게 걷기를 강조한다.

또 하나는, 요즈음 많이 권장하고 있는 '삼박자 보행법'이다. 이 보행법은 ① 우선 땅에다가 한쪽 발꿈치부터 먼저 대고 ② 그 다음에 발바닥을 대고 ③ 마지막에 발끝으로 땅을 차 내며 걷는 방법이다. 이때 몸의 중심은 발꿈치에서 엄지발가락에 이르는 일직선상에 둔다. 이는 마사이족의 걸음걸이에서 영향을 받은 것으로, 이 걸음의 효과는 올바른 체형의 유지, 인체 중심의 불균형으로 생길 수 있는 여러 증상 곧 요통, 척추 측만증, 골반과 무릎의 틀어짐, 척추 후만증, 퇴행성 관절염, 복부 비만의 예방과 백 퍼센트 유산소운동이다. 유산소운동의 효과를 높이려면, 평상시보다 빠르게 걷는 것이 그 방법이다. 각자의 보폭에 따라 약간의 차이는 있지만, 보통 성인의 경우 일 분에 칠십 미터 정도 걷는데, 조금 더 빠르고 힘차게 일 분에 구십 미터 정도로 보폭을 넓히면 훨씬 운동 효과를 거둘 수 있다는 것이다.

자신이 제대로 걷고 있는지 잘못 걷고 있는지를 알려면, 신발 밑창을 보면 쉽게 알 수 있다. 바깥쪽 뒷부분이 약간 더 닳는 것은 정상이지만, 바깥쪽이나 안쪽 뒷부분만 심하게 닳아 있다면 문제가 있는 걸음걸이다. 특히 평소에 티눈이 생기는 사람, 오래 걷는 경우 허리나 무릎이 아픈 사람은 그 원인이 잘못된 걸음걸이에 있다고 보아야 한다.

이 밖에도 무릎을 X자로 교차시켜서 걷는, 이른바 '모델걸음'이나 '팔자걸음'은 잘못된 걸음걸이다. 지나치게 잰 걸음으로 걷는 '종종걸음'은 경망스럽게 보이고, 보폭이 지나치게 큰 걸음걸이는 부자연스럽게 보인다. 보폭은 자신의 신체적 특성을 고려하여 알맞게 유지하는 것이 좋다. 주머니에 손을 넣고 걷거나 뒷짐을 지고 걸으면, 무기력하게 보이기도 하지만 넘어지면 중상을 입을 수 있다. 담배를 피우며 걸으면 건방져 보이므로 이 또한 삼가야 한다.

자세의 교정

잘못된 자세로 말미암아 수십 년 동안 굳어버린 골격과 근육조직을 하루아침에 교정하는 일은 무척 어려운 일이다. 그렇지만 고쳐 보려는 노력조차 하지 않는 것은 잘못이다. 우선 남 보기에도 좋지 않거니와 잘못된 자세에서 오는 여러 가지 병증病症에 의한 고통을 자초하게 되니 이처럼 어리석은 일이 어디에 있는가. 그러므로 "잘못된 자세만은 반드시 고치겠다"는 의지로 긴장을 늦추지 않고 바른 자세를 유지하도록 노력해야 한다.

2009. 3. 3.

지혜를 더하는 길

사람이 사람 구실을 하려면 지혜가 있어야 한다. 지혜가 없이 허우대만 멀쩡하고 어리석거나 우두커니 있는 사람을 우리는 등신等神이라고 부른다. 지혜란 생활 속에서 사물의 이치와 도리를 깨닫고 선악을 분별하는 정신적 능력을 말한다. 사람이 보다 나은 삶을 위해 사람으로서 빚어낸 생각이 지혜이므로 누구나 자기 나름의 지혜를 가지고 산다. 농부는 농사짓는 지혜를, 집 짓는 이는 집을 짓는 지혜를 가지게 된다. 그래서 지혜에 '삶의 지혜'니 '생활의 지혜'니 하는 수식어를 붙이기도 하고, 비슷한 말로 현명, 슬기, 기지, 예지, 분별력, 꾀, 눈썰미, 지성知性이란 말을 쓰기도 한다.

　지혜는 단순한 지식과는 다르다. 지식이 학습이나 학문의 연구 또는 경험을 통한 인식의 성과로서 사상思想까지를 포함한 지적知的 작용이라면, 지혜란 삶의 현장에서 당면하는 문제를 해결해 나가기 위한 마음의 작용이다. 달리 말하면 사람의 지성에 의한 인식의 성과가 지식이라면, 지혜는 인간만이 가진 이성과 양심이 빚어낸 합리성과 도덕성의 결정結晶으로서, 자기 경험을 통해서 쌓인 지적 능력이다. 근대 서양철학의 아버지로 일컫는 데카르트가 "인간은 생각하는 존재이다. 그러므로 나는 존재한다"고 한 말이나, 수학자이자 물리학자이며 그리스도교 사상가로 유명한 파스칼이 그의 명상록 『팡세』에서

"인간은 자연 속에서도 가장 가냘픈 하나의 갈대에 지나지 않는다. 그러나 그것은 생각하는 갈대이다. 그러므로 우리는 잘 생각하도록 하자. 거기에 도덕의 근원이 깊이 뿌리박고 있다"고 한 말은 인간이 바로 이성과 양심의 존재임을 설명하는 말이다.

지식이 많다고 해서 반드시 지혜로운 사람이라고 할 수는 없다. 지식이 그다지 많지 않은 사람 중에도 지혜로운 사람이 있는가 하면, 풍부한 지식을 가지고 있으면서도 지혜가 부족한 사람도 있다. 지식은 지혜의 바탕이 되지만, 지식 그 자체가 곧 지혜가 아니기 때문이다. 하지만 지혜와 지식이 전혀 무관한 것은 아니다. 지식의 바탕 없이 좋은 지혜가 우러나오기 어렵고, 지혜가 뒷받침하지 않는 지식은 참된 지식이라고 하기 어렵기 때문이다.

또 지혜는 잔머리를 굴리는 '잔꾀'와 다르다. 지혜는 삶의 가치를 증진하기 위한 합리적 도덕적 합목적성에서 우러나오는 데 반해서, 잔꾀는 목적을 달성하기 위한 이기적 일시적 방편으로 짜낸 수단 방법이므로 비합리적 비도덕적인 요소를 내재하기 쉽다.

사람은 누구나 지혜를 가지고 있지만, 각자가 지닌 지혜는 천차만별이다. '지혜로운 사람'이니 '어리석은 사람'이니 하는 말은 지혜에 개인차가 있음을 말해 준다. 뿐만 아니라, 가정, 지역, 민족과 같은 공동체에도 저마다 다른 특유의 지혜가 있다. '음악가 집안 태생', '개성 사람들의 상술', '중국인들의 상술', '유대 어머니들의 자녀 교육'이란 말은 각 공동체마다 독특한 지혜와 재능이 있음을 말한다.

사람은 누구나 지혜롭게 살기를 원한다. 그러나 지혜를 찾거나 보태는 일은 그리 쉬운 일이 아니다. 지혜는 당면한 난관을 극복하기 위해서, 더 나은 삶을 위해서, 더 나은 가치의 실현을 위해서, 더 자기를 성숙시키기 위해서 노력하고 궁구窮究할 때에 얻어지는 것이며, 어둠 속에 빠지기 쉬운 인생을 밝혀 주는 불빛이다.

지혜라면 누구나 '솔로몬의 지혜'를 연상한다. 솔로몬이 기브온 산 당에서 제사 지낼 때 한밤중 꿈에 나타나신 하느님께서 "내가 너에게 무엇을 해 주기를 바라느냐?"고 물으시자, 그는 서슴없이 "지혜와 분별력을 주십시오"라고 청했다. 이 말이 하느님의 마음에 쏙 들어 그는 청하지도 아니한 부富와 명예까지 덤으로 얻었다(「열왕기列王記」 상권 3장 4-13절). 성경 「지혜서」는 지혜에 관한 솔로몬의 갈구를 다음과 같이 부연한다.

내가 기도하자 나에게 예지가 주어지고 간청을 올리자 지혜의 영이 나에게 왔다. 나는 지혜를 왕홀과 왕좌보다 더 좋아하고 지혜에 비기면 많은 재산은 아무 것도 아니라고 생각하였으며, 값을 헤아릴 수 없는 보석도 지혜와 견주지 않았다. 온 세상의 금도 지혜와 마주하면 한 줌의 모래이고 은도 지혜 앞에서는 진흙처럼 여겨지기 때문이다. 나는 지혜를 건강이나 미모보다 더 사랑하고 빛보다 지혜를 갖기를 선호하였다. 지혜에서 끊임없이 광채가 나오기 때문이다. 지혜와 함께 좋은 것이 다 나에게 왔다. 지혜의 손에 헤아릴 수 없이 많은 재산이 들려 있었다(「지혜서」 7장 7-11절).

이 이야기에서 우리는 두 가지 사실을 알 수 있다. 첫째, 솔로몬은 누구보다도 지혜를 갈구했다. 오죽하면 꿈에서까지 갈망했겠는가? 둘째, 그는 지혜를 터득하기 위하여 하느님에게 기도하는 데 그치지 않고 남다른 노력을 했다. 노력 없이 거저 얻을 수 있는 보상은 이 세상 어디에도 없다.

"생각이 앞서고 행동이 뒤따르는 자는 창성하고, 행동이 앞서고 생각이 뒤따르는 자는 망한다先謀後事者昌 先事後謀者亡"는 중국 속담이나 "생각을 깊이 있게 하고 잘 살펴 일을 도모하면 힘은 줄어들고 공은 배로 늘어난다慮孰謀審 力不勞而功倍"는 구양수歐陽脩의 말에서 우리는 아무리 어려운 일에 처해도 생각하고 행동하는 지혜가 있다면 그 난관은 어렵지 않게 극복할 수 있음을 알게 된다.

어떻게 하면 지혜를 더할 수 있을까. 다음에 몇 가지 방략을 생각해 보기로 한다.

첫째, 지혜는 참다운 신앙심과 겸손에서 출발한다. 모든 종교는 지혜를 궁구하는 데 특별한 노력을 기울이고, 지혜에 관한 많은 계율을 경전에 담고 있다. 그리스도교에서는 인간 창조 이전에 하느님의 말씀으로 지혜가 생겨났고 이 지혜는 하느님이 인간에게 주신 것이며 "지혜의 시작은 주님을 경외함이며 거룩하신 분을 아는 것이 곧 예지다"(「잠언箴言」9장 10절)라고 설명한다. '시서와 지혜서'는 바로 지혜의 압권이다. 불교에서는 지혜를 제법諸法에 통달하여 잃고 얻음과 옳고 그름을 분별하는 마음의 작용이다. 그러므로 미혹을 없애고 보리菩提(부처님의 깨달음)를 성취하는 힘이라고 해석하면서 '지혜바라밀'을 강론한다. 오천 년에 걸친 유대인의 지적 자산이 농축돼 있는『탈무드 talmud』는 유대교 율법학자들이 모든 사상事象에 대하여 구전口傳 해설한 지혜의 보고寶庫로 통한다. 흔히 지성은 신앙을 바탕으로 한 영성과 모순, 상충된다고 믿는 사람도 있지만, 지성의 극한에서 스스로의 한계를 느끼고 절대자의 권능과 신비에 귀의하는 위대한 학자의 체험에서 우리는 지성과 영성의 통합과 융합과 통섭의 과정을 보게 된다.

무릇 지혜는 겸손한 마음에 자리를 잡는다. 우리가 흔히 빠지기 쉬운 함정은 일상생활 속에 널려 있다. 그 중에서도 특히 자기가 많이 배웠다고, 자기가 잘났다고, 자기 판단만이 옳다고 과시하는 오만傲慢과 아집我執과 고루固陋를 경계해야 한다. 그런 마음을 갖는 순간, 자기가 지니고 있던 지혜는 빛을 잃게 된다. 지혜는 스스로 부족함을 깨닫는 마음, 남의 말에 귀를 기울이는 마음, 자기를 낮추는 마음에서 우러나온다. 자기보다 어린 사람, 자기보다 어리석은 사람, 자기보다 지위가 낮은 사람에게서도 무엇인가 배우고 깨닫는 이가 바로 지혜로운 사람이다. 솔로몬은 "당신 종에게 듣는 마음을 주시어 당신 백성을 통치하고 선과 악을 분별할 수 있게 해 주십시오"(「열왕기」 상권 3장 9절)라고 하느님께 간구했다. 통치력과 분별력의 근본으로서 '듣는 마음'을 주시라고 청한 것이다. 사회적 지위가 오를수록 "직언을 멀리하는 자는 앞길이 막히고 혼자 독단하는 자는 외롭다距諫者塞 專己者孤"(『환관桓寬』) 는 말이나, "훌륭한 사람은 아랫사람의 말을 듣고, 노인은 젊은이의 말에 귀를 기울이는 사회는 축복받는 사회이다"란 『탈무드』의 글은 다 이런 맥락을 짚은 것이다.

둘째, 지혜를 더 보태려면 중지衆智를 모으는 일에 능숙해야 한다. 모든 일에는 양면성이 있다. 일방적인 견해만 가지고 성급하게 결론을 내리면 위태롭다. 그러기에 현명한 사람은 자기 혼자서 결정하는 독단과 독선을 피하고 여러 사람의 지혜를 모으는 방법을 찾는다. 이러한 방법이 바로 집단사고集團思考 과정이다. 새로운 창안創案보다는 시행착오試行錯誤를 최소화하고, 지식과 정보를 공유하는 가운데 새로운 지혜를 이끌어내려는 사회심리학적 측면에서 고안된 것이 집단사고다.

최근 연구 결과에 의하면, 나와 다른 생각을 부정하지 않고 서로의 생각을 연결함으로써 새로운 창조적 아이디어를 만들어내는 데 매우 유용한 방법이라는 새로운 사실이 입증되었다. 집단사고는 주로 각종 회의나 협의, 토론, 세미나, 심포지엄, 포럼디스커션 등 다양한 형태로 이루어진다. 혹 어떤 일에 부딪혀 성급히 결론을 내리고 싶은 유혹을 느낄 때면 "한 사람의 지혜가 뭇 사람의 미련함만 못하며, 한 눈으로 살피는 것이 뭇 눈의 밝음만 못하다一人之智 不如衆人之愚 一目之察 不如衆目之明"(『의림意林』)는 말을 한 번쯤 새겼으면 한다.

셋째, 지혜를 잘 자라게 하는 온상은 긍정적인 사고思考다. 사람의 마음속에는 "나는 할 수 있다", "마땅히 내가 할 일이다"라는 긍정적인 생각과 "어차피 안 될 일인데…" 하는 부정적인 생각이 교차되어 선택의 기로에 서게 되는 경우가 있다. 그런데 그 결과는 전혀 판이하게 나타난다. 전자는 가능과 성취의 빛이 되고, 후자는 불가능과 실패의 그림자가 된다. 전자는 정열적·적극적·능동적·발전적·진취적인 힘의 원천이 되는데, 후자는 소극적·수동적·회의적·퇴영적·냉소적·패배의 함정이 된다. 전자는 기쁨과 희망과 행복을 가져오고, 후자는 불신과 좌절, 굴욕 같은 불행의 씨앗을 낳는다.

세간에는 긍정적인 사고를 맹목적인 수용受容이나 무조건 순종하는 것으로 오해하는 경향이 있다. 하지만 비판을 하지 않거나 언급을 회피하는 것이 긍정적인 사고라고 생각하는 것은 잘못이다. 비판적 사고 과정을 거친 긍정적인 사고라야 성공에 관한 확신을 가지게 하고 그 건전성이 보장된다. 흔히 "○○에 대하여 비판하라"고 하면 그 사실적 내용에서 결점을 찾아 이를 비난하고 부정하는 것으로 착각하는 사람이 의외로 많다. 원래 비판이란 "옳고 그름을 가리어 공정하게 판

단한다"는 뜻이므로 긍정적인 측면과 부정적인 측면을 아울러 검토
하고 결론을 내리는 것이 타당하다.

넷째, 지혜가 충실하게 자라게 하려면 역사관이 건전해야 한다. 역
사는 기억하는 자만이 소유할 수 있다. 우리가 성현과 위인의 교훈을
되새기고 역사적 사실을 거울삼는 이유가 여기에 있다. 톨스토이는
그의 저서 『인생이란 무엇인가』의 모두冒頭에 "잘 갖추어진 작은 서재
에 굉장한 보배가 존재한다. 수천 년에 걸친 세계의 모든 문명국에서
추려낸 가장 지혜롭고 고귀한 위인들의 세계, 곧 그들의 연구와 지혜
의 소산이 고스란히 살아 숨 쉬고 있기 때문이다(후략)"란 에머슨의
말을 인용한 바 있다.

또 '백천학해百川學海'란 말도 있다. 여러 갈래의 물줄기가 흘러들어
바다를 이루듯, 지식이 모이고 쌓인 학문의 바다! 거기에서 거둬 올린
지식과 역사적 체험(공간적 지혜)을 날줄로 삼고, 세계 여러 나라의
사례와 연구 성과(시간적 지혜)를 씨줄로 삼아 교직交織하면 더 아름
답고 풍성한 지혜를 짜 낼 수 있다. "구리로 거울을 만들면 의관을 바
로잡을 수 있고, 옛일을 거울로 삼으면 흥망성쇠를 알 수 있다以銅爲鏡
可以正衣冠 以古爲鏡 可以知興替"는 『정관정요貞觀政要』의 글도 이러한 맥
락을 짚은 명언이다.

다섯째, 지혜를 찾는 안목은 대국적 견지에서 살피고 본말을 제대
로 가리는 데서 열린다. 올바른 생각을 하려면 높은 산에 올라 멀리
내다보면서 형세를 살피듯, 대소고처大所高處에서 사태를 판단해야
한다. "글자 때문에 글 구절을 오해하지 말고, 한 구절 때문에 전체 문
장의 뜻을 오해하지 말아야 한다不以文害辭 不以辭害志"는 옛글을 경구
로 삼고, "사물에는 본말이 있고, 일에는 시종이 있다物有本末 事有始終"

는 『예기禮記』의 글을 떠올려 본말本末을 제대로 가려내야 한다. 흔히 문제가 복잡하면 복잡할수록 그 속에 빠져 혼미를 거듭하기 쉽다. 이럴 땐 아예 근본으로 돌아가 객관적·합리적으로 문제를 분석하고 그 원인을 파악해야 일의 실마리가 풀리는 이치를 터득해야 한다.

여섯째, 능소능대能小能大하게 대처해야 지혜가 빗나가지 않는다. '능소능대'란 원래 "작은 일에나 큰일에 구애되지 않고 모든 일에 두루 능하다"는 뜻이다. 바둑의 고수高手가 대국적大局的 견지에서 포석하면서도 한편 눈앞의 한두 수에도 소홀하지 않아야 파국을 가져오지 않는 것처럼, 일을 성취하려면 큰 목표를 추구하면서 동시에 작은 일 하나하나에도 소홀함이 없어야 한다. 웅대한 목표에 치밀한 추진력이 일치된다면 이보다 더 큰 힘이 어디에 있겠는가. 겨자씨가 자라나 큰 나무 되듯이, 비록 작게 보이지만 그것이 큰 힘의 원천이 된다는 사실을 알아야 한다.

일곱째, 마음이 중심을 잃으면 온갖 지혜가 흐려진다. 야구 경기에서 상대 팀이 홈런을 치면 감독은 투수를 교체한다. 투수가 마음의 중심을 잃어 투구投球가 흔들리고, 출루한 주자를 통제하기 어렵다고 판단하기 때문이다. 보편성과 특수성, 보수와 혁신, 전체와 개체의 가치 개념을 분명히 가리고 지혜의 중심이 흔들리지 않아야 한다.

여덟째, 지혜의 큰 틀은 공정과 공평과 청렴으로써 지탱해야 한다. 선악善惡, 정사正邪, 시비是非, 곡직曲直 중에서 선善, 정正, 시是, 직直을 선택하고, 악惡, 사邪, 비非, 곡曲을 배격하는 것은 인간의 이성과 양심이 살아 있다는 증거다. 선과 정은 예부터 여러 성현이 강조해 온 참된 가치이다. 언제나 사심 없이 바르고 착한 마음에서 우러나는 공정성, 누구에게나 차별 없이 대하는 공평성, 눈앞에서 이득이 손짓해도 그 유혹을 단호하게 뿌리치는 청렴성, 이 세 가지야말로 바로 공인公人으로서 갖춰야 할 필수 덕목이 아닐 수 없다. "벼슬살이에서는 공평한 것보다 나은 것이 없고 재물 앞에서는 청렴한 것보다 나은 것이 없다臨官莫如平 任財莫如廉"(『설원說苑』), "나라를 다스리는 중요한 길은 공평과 정직에 있다理國要道 在於公平正直"(『정관정요貞觀政要』)는 옛말이 있는가 하면, 요즘 항간에는 "높은 자리에 오를수록 내의가 깨끗하고 깔끔해야 한다"는 말도 있다.

판사로 임관되어 떠나는 젊은이에게 그 집안 어른이 써 준 '威生於廉(위엄은 청렴에서 나온다)'이란 휘호가 때때로 생각나서 "내가 환로宦路에 있는 동안 어떤 유혹도 이 네 글자를 떠올리는 순간 멀리할 수 있었다"고 술회하던 한 인척 어른의 말을 나는 아직도 잊지 못한다.

정언正言 벼슬을 하던 신석申晳이란 분이 중국 사신 길에 오르면서 당시 유종儒宗인 권상하權尚夏(1641-1721, 시호는 문순공文純公, 호는 한수재寒水齋 또는 수암遂菴. 우암尤庵 송시열의 수제자로서 벼슬길에 한 번도 나가지 않았지만 숙종이 그 덕망을 흠모해서 좌의정을 제수했다)에게 한마디 덕담을 청하자, 다음과 같은 글을 보냈다. 비록 삼백 년 가까운 세월이 흘러 세상이 달라졌지만, 남의 앞에 항상 떳떳해야 할 공인公人이라면 누구나 마음 깊이 새겨야 할 덕담이기에 인용하기로 한다.

삼가면 뉘우침이 적고 청렴하면 위엄이 선다謹則寡悔 廉則威兮.
지극히 험한 일이 닥쳐도 아무 일이 없는 듯 여겨라事遇至險 視若夷兮.
몸가짐에 줏대가 있으면 마침내 바르게 되리操之有要 終允臧也.

양덕은 반드시 드러나게 마련, 맡은 일 찬찬히 살피시게陽德必昭 采宜詳也.

（『한수재집寒水齋集』）

지혜의 샘은 손쉽게 찾아지는 것이 아니다. 중국 춘추시대 순자荀子는 "한 걸음 한 걸음이 쌓여서 천리에 이르고, 실개천이 모이지 아니하면 강과 바다를 이룰 수 없다不積頻步 無以至千里 不積小流 無以成江海"고 했다. 얄팍한 잔재주나 잔머리를 굴리며 지혜를 찾았다고 자만해서는 안 된다.

냉철하게 사리를 분별하는 하루하루의 삶에서, 끊임없는 학구學究 생활과 자기 성찰의 도정道程에서, 열린 마음으로 남의 의견에 귀를 기울이는 겸허함에서, 한 가닥 또 한 가닥씩 밀려오는 어려움을 풀어나가는 과정에서, 지혜는 낙엽처럼 쌓이고 또 쌓이면서 그것이 밑거름이 되어 다시 새로운 지혜를 더하게 되는 것이다.

2008. 5. 20.

참된 친구 사귀기

참된 친구와의 만남

『명심보감明心寶鑑』에 "그 사람을 알려면 먼저 그 친구를 보라欲識其人
先視其友"(「성심省心」편)는 글이 있고, 또 "이웃을 가려서 살고 친구를
가려서 사귀어라居必擇隣 交必擇友"(중국 북송 신종神宗)는 글도 있다.
"좋은 사람이 되려면 모름지기 좋은 친구를 찾아야 한다", "친구는 비
슷한 사람끼리 서로 사귄다"는 뜻의 유유상종類類相從이란 옛말도 있
다. 그만큼 참된 친구를 사귀고 좋은 친구와 우정을 나누는 일은 자신
의 일생을 좌우하는 요소가 된다.

좋은 친구란 어떤 친구를 말하는가? 또 사귀어서는 안 될 친구란 어
떤 친구를 말하는가? 공자께서는 일찍이 다음과 같이 명쾌한 답을 해
주셨다. "이로운 벗이 셋이요, 해로운 벗이 셋이니, 정직한 이와 벗하
고 성실한 이와 벗하며 지식과 견문이 많은 이와 벗하면 이롭고, 편벽
된 이, 곧 간사한 이와 벗하며 비위 잘 맞추는 이와 벗하며 빈말 잘하
는 이와 벗하면 해로우니라益者三友 損者三友 友直 友諒 友多聞 益矣 友便辟
友善柔 友便佞損矣"(『논어論語』「계씨季氏」편). 올곧고 믿음직하고 지식
과 견문이 넓은 친구는 이로운 친구요, 겉으로만 친한 척하고 비위 잘
맞추고 아첨 잘하는 친구는 해로운 친구라는 것이다.

호감의 정도에 따라 친구를 세 부류로 나눌 수도 있다. 처음 만나는 순간부터 지기지우知己之友를 만난 것처럼 일생 동안 우정을 나누는 친구, 만날 때에는 별로 느끼지 못했는데 시간이 지나면서 점점 우정이 돈독해 지는 친구, 처음에는 호감을 느꼈지만 시간이 갈수록 자꾸만 멀리하고 싶어지는 친구가 그것이다.

친구를 사귀는 데 진심으로 사귀려는 의도 없이 일시적인 이해관계로 사귀는 경우가 있다. 이를 '오교五交'라 하여 예로부터 경계했다. 오교라 함은, 첫째 세교勢交이니, 세력과 이익을 얻기 위하여 친구를 사귀는 것. 둘째 회교賄交이니, 뇌물을 주고 친구를 사귀는 것. 셋째 담교談交이니, 담론 곧 건성 말로만 사귀는 것. 넷째 궁교窮交이니, 남의 곤궁함을 이용하여 친구를 사귀는 것. 다섯째 양교量交이니, 이것저것 비교하고 이해를 따져서 친구를 사귀는 것을 말한다. 이 모두가 옳지 않은 교우다. 이러한 교우는 오래 가지도 않고 또 오래 가면 안 된다. 좋지 않은 친구와의 사귐은 비록 잠깐이라도 은연중 그 영향을 받게 되기 때문에 "먹에 가까이 있으면 검게 된다近墨者黑"는 이치 그대로 피해를 입을 수 있다.

"『공자가어孔子家語』에는 학문을 좋아하는 사람과 동행하면 마치 안개 속을 가는 것과 같아서 비록 옷은 적시지 않더라도 때때로 그 옷에 윤택함이 있고, 무식한 사람과 동행하면 마치 뒷간에 앉은 것과 같아서 비록 옷은 더럽히지 않으나 때때로 그 냄새를 맡게 되느니라 하였다家語 云與好人同行 如霧露中行 雖不濕 時時有潤 與無識人同行 如廁中坐 雖不汚衣 時時聞臭"(『명심보감明心寶鑑』「교우交友」편)라는 글이 있다. 불경佛經에도 "산이나 바위 같은 친구를 사귀고, 꽃이나 저울 같은 친구는 사귀지 말라"고 훈계하는 글이 있다.

친구를 사귀는 유형에는 크게 두 가지가 있다.

하나는 좁고 깊게 친구를 사귀는 유형이다. 옛글에서 말하듯이 "서로 얼굴을 아는 사람은 온 세상에 많이 있지만 마음을 아는 사람이 몇이나 되겠는가相識 滿天下 知心能幾人"(『명심보감』「교우」편)라는 심정으로 가리고 또 가려서 친구를 사귄다. 이러한 사람은 "열매 없는 꽃은 심지 말고 의리 없는 친구는 사귀지 말라不結子花 休要種 無義之朋 不可交"(『명심보감明心寶鑑』「교우交友」편)는 경구警句 그대로 좁고 깊은 우정을 나누게 된다. 그러나 이러한 사람에게는 한정된 친구만을 사귀게 되는 흠이 뒤따르게 된다.

이와 달리 넓고 얕게 친구를 사귀는 사람이 있다. 한번 만난 사람이면 모두 친구가 된다. 이른바 '마당발'로 통하는 사람이 친구를 사귀는 방식이다. 여기도 친구! 저기도 친구! 온 세상에 친구가 널려 있는 것처럼 보인다. 그러나 속빈 강정이라고나 할까. 막상 자신이 외롭고 어려울 때, 마음을 나누는 진정한 친구를 찾기가 어려운 약점을 지니기 쉽다.

그러면 가장 이상적인 교우의 형태는 무엇인가? 그 해답은 옛날 중국 전국시대에 식객食客 삼천을 거느리며 그들이 지닌 재능을 유효적절히 구사驅使한 제齊나라 재상 맹상군孟嘗君의 이야기를 되새겨 보면 된다. 이를 통해서 우리는 친구를 넓고 깊게 사귀는 일이 얼마나 소중한가를 깨닫게 되리라 믿는다.

참된 우정

옛날 어른들은 귀여운 손자의 말문이 트이자마자 『천자문千字文』에서

"교우투분交友投分하고 절마잠규切磨箴規하라"고 가르쳤다. '교우투분'이란 "벗을 사귐에 있어서는 정분을 함께 하여야 한다"는 뜻이고, '절마잠규'란 친구끼리 깎고 갈고 일깨워 주고 바른 말로 잡아 준다는 뜻이니, 바람직한 교우 관계가 이 구절에 압축되어 있다고 할 만하다. 또 유교 도덕의 압권壓卷인 삼강오륜三綱五倫에는 '붕우유신朋友有信'이라 하여 친구 사이에는 신의가 가장 귀중한 덕목임을 밝혀 준다.

여기에서 진정한 교우 관계는 참된 우정과 변함 없는 신의가 그 바탕임을 알 수 있다. 신의란 서로 배신하지 않는다는 믿음이 깔려 있는 것이다. 자기에게 섭섭하게 했다고 해서 친구를 비난하거나 음해하고, 심지어 무덤 속까지 가지고 가야 할 비밀을 폭로하는 것은 친구로서의 신의가 아니며 인간으로서의 도리가 아니다.

그렇다고 해서 친구 간에는 무엇이나 다 양보하고 타협하기만 하라는 뜻은 아니다. 진정한 우정은 경쟁과 협력을 통해서 더욱 발전할 수 있다. 다시 말하면, 진정한 친구란 서로 경쟁하고 보완하는 관계다. 선의의 경쟁을 통하여 그들은 더 발전할 수 있고, 협력을 통하여 각자가 지닌 특기를 북돋고 부족한 면을 보완해 주는 것이 친구로서의 역할이다.

이러한 친구 사이의 경쟁과 협력 관계를 옛날 어른들은 '책선責善'이라 하였다. 책선이란 친구 사이에 선한 일을 하도록 서로 책임을 지운다는 뜻으로 붕우지도朋友之道의 하나다. 친구끼리의 책선은 예로부터 부모가 자녀를 직접 교육하는 것보다 교육적 효능에서 더 나은 것으로 여겨 왔다. 친구를 골라 사귀어야 하는 이유의 하나다. 이에 반하여 『맹자孟子』「이루離婁」편에는 "부자지간은 불책선不責善(아버지는 아들에게 선善만을 무리하게 요구하지 아니한다)"이라 하여 지나친 아버지의 욕심으로 인하여 자칫 부자지간의 의誼가 상하는 일이 없도록 경계하고 있다.

진정한 교우 관계와 관련된 일화逸話나 옛이야기는 많다. 그 중에서 참다운 교우의 전범典範으로 일컬어지는 다음 이야기를 통하여 진정한 친구의 모습과 우정을 생각해 보기로 한다.

관포지교管鮑之交

중국 춘추시대 제齊 환공桓公 때 사람인 관중管仲과 포숙아鮑叔牙의 진정한 교우 관계를 모르는 사람은 거의 없을 것이다. 그만큼 우정의 모범이 된 유명한 이야기이다.

이 두 사람은 어려서부터 죽마고우였다. 포숙아는 관중을 깊이 이해하여 관중의 모든 허물과 흉을 다 덮어 주고 서로 용서하였다. 그는 관중이 궁지에 몰렸을 때, "노모를 모시고 가난하게 살고 있고, 또 사람이기에 실수도 하고 때로는 비겁해질 수도 있다"는 사실을 들어 그를 변호해 주었다. 그래서 관중은 출세한 훗날 "나를 낳아 주신 사람은 부모지만, 나를 알아주는 사람은 포숙이다"라는 유명한 말을 남겼다.

관중과 포숙아는 한때 정치적으로 적대 관계에 있었지만, 결국 관중이 제齊 환공에게 사로잡혀 죽음에 직면하게 되었을 때에 그 서슬 퍼런 판국에서도 포숙아는 관중을 비호하여 그를 구명해 주었다. 여기에서 살아남게 된 관중은 마침내 제 환공의 패업 달성에 절대적인 공훈을 세운다. 이러한 옛이야기로 말미암아 '관포지교'란 말은 친구 간의 우정과 신의의 대명사처럼 되었다.

문경지교 刎頸之交

'문경지교'란 목이 잘려도 후회하지 않을 만큼 굳은 신의로 맺어진 우정을 말한다. 이 이야기는 『사기열전史記列傳』「인상여藺相如」편에 나오는데, 중국 전국시대 조趙의 재상 인상여와 명장 염파廉頗 사이에 얽힌 이야기다.

인상여는 미미한 신분에서 남다른 기개와 담력으로 조의 혜문왕惠文王을 도와 마침내 재상이 된 사람이다. 강대국인 진秦나라 소왕昭王이 욕심내는, 천하에 하나밖에 없는 '화씨和氏의 벽璧(구슬)'을 진나라까지 가지고 갔다가 협상이 잘 안 되자 이것을 온전히 도로 가져왔다. 조왕은 크게 기뻐하며 그를 상대부上大夫로 삼았다. 여기에서 '완벽完璧'이란 말이 생겨났다.

삼 년 뒤 조왕이 진왕에게 당할 수모를 구해 준 공로로 그는 상경上卿(수상)의 자리에 올랐다. 이때 염파는 시기심에서 "인상여를 만나기만 하면 욕을 보이겠다"고 별렀지만, 인상여는 이를 알고 짐짓 염파를 피해 다녔다. 이를 본 인상여의 부하 중 한 사람이 실망한 나머지 불평을 했다. 이때 인상여의 해명이 정말 멋지다. "염 장군과 내가 싸운다면 어느 한쪽은 반드시 쓰러진다. 이는 진왕이 바라는 바다. 내가 피하는 것은 개인의 감정은 뒤로 제쳐 두고 나라의 위급을 먼저 생각하기 때문이다."

이 말을 전해 듣고 염파는 크게 뉘우친 나머지 가시관을 쓰고 인상여에게 찾아가 자신의 옹졸함을 깊이 사과했다. 이후 두 사람은 '문경지교'를 맺고 우정을 더욱 굳히게 되었다.

소진蘇秦과 장의張儀의 은근한 우정

소진과 장의는 다 같이 중국 전국시대 귀곡鬼谷 선생의 문인으로 각각 합종설合縱說과 연횡설連橫說로써 이름을 날린 종횡가縱橫家다. 이 시기에는 '전국칠웅戰國七雄'이라 하여 일곱 나라(진秦, 초楚, 연燕, 제齊, 한韓, 위魏, 조趙)가 세력을 다투고 있었는데, 그 중에 가장 강성한 나라가 진秦이었다.

"진을 고립시키고 나머지 여섯 나라가 공수동맹을 맺으면 여섯 나라의 안전이 보장된다"는 주장이 소진의 합종설이다. 소진은 이 책략으로 연燕의 재상이 되었다가 나중(B.C. 333)에는 여섯 나라의 재상을 겸하는 명망가가 되었다.

동문수학했으면서도 백수로 지내던 장의가 소진을 찾아간 것은 이때였다. 하지만 그의 냉대와 멸시에 장의는 크게 분개하고 발길을 돌렸다. 이때 장의는 우연히 길에서 한 은인을 만나게 된다. 그의 도움을 받아 온갖 어려움을 헤치며 스스로 자신의 진로를 개척하여 마침내 합종설을 무너뜨리는 연횡설로써 진秦의 재상이 되었다(B.C. 311). 연횡설이란 "진을 맹주로 하여 일곱 나라가 화친동맹을 맺으면 여섯 나라의 안전과 평화도 보장된다"는 주장이다.

그런데 놀라운 사실은 소진이 장의를 지나치게 냉대하고 멸시한 것, 그리고 장의에게 은인이 나타나 도움을 준 것, 이 모두가 장의가 발분해서 출세하기를 바라는 소진의 마음에서 꾸며진 의도적이고 절절한 우정이었다는 사실이 뒤에 밝혀진 것이다.

다윗과 요나탄의 우정

이 두 사람의 이야기는 방대한 그리스도교 성경 중에서 우정에 얽힌 유일한 일화이다.

다윗은 베들레헴 이사이의 일곱째 아들로서 양치기 소년에 지나지 않았다. 하지만 이스라엘의 왕인 사울을 버리신 주님의 뜻에 따라 '기름부음 받은 이'가 되었다. 주님의 영이 머무는 동안 다윗은 놀라운 공적을 쌓아 크게 인망을 얻었다.

필리스티아의 골리앗을 쳐 이기기도 하고, 왕궁에 들어가 시중을 들고 비파를 타기도 하면서 사울 왕을 도왔다. 이때 사울 왕의 아들 요나탄은 첫눈에 다윗이 마음에 끌린 나머지 그를 자기 목숨처럼 사랑하게 되어 다윗과 '우정의 계약'을 맺었다. 다윗은 사울 왕의 사위가 되었으나, 왕은 끝끝내 다윗을 시기하여 갖은 방법으로 죽이려 하였다. 그럴 때마다 다윗은 요나탄의 도움으로 위기를 넘기고 살아남게 되었다. 그러다가 사울 왕과 요나탄이 필리스티아인과의 싸움에서 모두 전사하게 되자 다윗은 마침내 유다 왕으로 추대되었다. 다윗은 요나탄이 죽은 뒤에 그와의 생전 약속과 우정을 생각하며 살아남은 요나탄의 유일한 아들 므비보셋을 찾아내어 측근에 두고 끝까지 보살펴 주었다.

이 이야기의 줄거리는 얼핏 단조롭게 보이지만, 다윗이 고비마다 겪는 우여곡절과 그를 죽음의 경지에서 구해 내는 요나탄의 변함 없는 우정, 그리고 요나탄이 죽은 뒤에 보여 주는 다윗의 우정과 신의는 범인凡人에게서는 도저히 기대할 수 없는 선함과 의로움의 극치를 이룬다(「사무엘기」 상권 16-20장, 31장. 「사무엘기」 하권 9장).

2008. 10. 5.

신뢰는 사회생활의 자본

무신불립無信不立

"그 친구, 믿을 만해?"

"그 사람? 글쎄…."

"그 친구가 잘 해낼 수 있을까?"

"글쎄…."

'그 친구'는 아무래도 신뢰할 수 없는 사람이 분명하다. 나는 현직에 있을 때 인척의 간청에 의해 어떤 사람을 학교 선생으로 추천했는데, 마침 자리가 있어서 임용이 되었다. 그런데 얼마 뒤 그 선생이 교내 분규의 선봉에 서는 바람에 망신을 톡톡히 당했다. 신뢰가 깨지면 사회에서 그가 설 땅은 없다. 그 뒤로는 나 자신 신용 보증은 물론, 신원 보증마저 자숙하게 되었다.

사탄Satan을 보통 우리는 '악마'라고 번역하지만, 사탄은 본래 하느님을 가까이서 모시던 천사였다고 한다. 그러던 어느 날, 하느님을 배신하고 사람을 범죄와 병마에 빠지도록 유혹하는 악의 화신이 되어 '하느님의 적대자'가 되었다고 전해진다.

영국에는 "신용은 황금보다 귀하다"는 속담이 있다. 스페인에는 "배신자와 두 번 끓인 수프는 항상 조심해야 한다"는 격언도 있다.

"신뢰는 거울과 같은 것이어서, 한번 깨지면 아무리 잘 맞춰도 금이 남는다." 이 말은 칠천 페이지에 달하는 『아미엘의 일기』로 유명한 스위스 제네바대학 철학교수 아미엘Henri Frederic Amier(1021-1881)의 말이다.

그동안 성직으로 알려진 교육계에도 촌지 수수와 일부 교사의 수업 부실 등으로 인하여 교권이 실추되어 "교직의 신뢰성을 회복하자"는 자성의 소리가 높다. 신뢰성의 회복 운동은 비단 교육계만의 문제가 아니다. 법을 제정하는 입법부, 법을 집행하는 행정부, 법질서의 보루인 검찰, 법을 적용하는 법원 할 것 없이 모두가 권위와 신뢰성을 잃지 않으려고 안간힘을 쓰고 있다. 어찌 국가 기관뿐이랴. 각계각층의 국민 모두가 신뢰성의 위기를 느끼는 정황情況은 어디에서나 엿보인다.

사회 구성원 간의 유대는 서로가 "절대 배신하지 않는다"는 믿음을 근거로 한다. 이 믿음이 신뢰다. 신뢰는 사회적 자본으로서 소통, 협력과 함께 인간관계의 고리를 이룬다. 그래서 신뢰를 잃는다는 것은 개인, 집단, 국가 할 것 없이 그 존립의 기반이 흔들린다는 의미이다.

만약에 우리 사회에서 신뢰가 깨지는 상황을 상상해 보았는가?

—개인과 개인 간에 약속이나 계약서가 휴지가 된다면?

—교통신호를 완전히 무시해야 하는 상황이 벌어진다면?

—학생이 선생님과 학교를 믿지 못한다면?

—금융과 신용의 중추인 은행을 믿을 수 없다면?

—국민의 생명과 재산을 지켜주는 국가에 대한 신뢰가 깨진다면?

—국가와 국가 간에 체결된 협약이 지켜지지 않는다면?

거기에는 17세기 영국의 철학자 토마스 홉스Thomas Hobbes(1588–1679)가 말한 "만인의 만인에 대한 투쟁"만이 있을 뿐이요, 이 세상은 걷잡을 수 없는 불안의 도가니에 빠져 아수라장이 될 수밖에 없다. 그만큼 개인 대 개인, 개인 대 사회, 개인 대 국가, 국가 대 국가에 대한 신뢰는 인간 사회의 안정을 위한 기본적인 바탕이다.

공자孔子와 자공子貢과의 다음 문답은 현대인에게도 많은 것을 시사示唆하면서 유명한 '민무신불립民無信不立'이란 말을 남겼다.

먼저 자공이 바른 정치에 대해 공자께 물었다. 공자께서는 "그야 식량과 군대를 충분히 확보하고 백성이 나라를 믿는 것이지"라고 말씀하셨다. 공자는 국가의 존립과 바른 정치를 실현하는 기반으로서, 경제력으로서의 식食, 국방력으로서의 병兵, 국민 화합으로서의 신信, 이 세 가지를 열거하신 것이다. 자공이 다시 물었다. "만부득이 셋 중에 하나를 버린다면 그 중 어느 것을 버려야 합니까?" "그것은 병兵이다." 문답은 다시 이어졌다. "더 버려야 한다면 나머지 둘 중에서 어느 것을 버려야 합니까?"

여기에 대한 공자의 답변은 명확했다. "먹는 것, 곧 식食을 버릴지니라. 예로부터 누구나 한 번은 죽지만, 백성이 믿지 못하면 나라가 서지 못하느니라民無信不立."(『논어論語』「안연顔淵」편)

신뢰의 바탕

사람은 사회생활에서 한 인격 주체로서 다른 구성원과의 유대 관계를 가진다. 이때 서로 믿고 의지하는 연결고리가 바로 신뢰이다. 그러므로 신뢰는 사람이 사람으로 인정받는 사회적 존립 기반이며 사회적 자본으로서, 자기의 유지 발전에 필요충분조건이다.

신뢰의 바탕은 각자의 인격이다. 이들 인격 주체(개인, 법인, 국가 등)는 상대가 자기를 믿도록 할 책임이 있다. 약속은 단순한 구두 약속이든 문서에 의한 계약이든 그 형식은 불고不顧한다. 다만 그 약속을 증거 하는 수단으로서 계약서를 작성하는 것이 일반 관행이다. 현대사회를 '계약 사회'라 하는 것은 이 때문이다. 신뢰는 약속 이행에서 비롯되고, 사회는 신뢰를 바탕으로 유지 존속한다. 약속의 이행에 따라 신뢰가 생기고, 신뢰가 쌓이고 쌓이는 과정을 통하여 그 사람의 신용과 성가聲價가 달라진다.

그러기에 상대가 자신을 믿어 주지 않는다고 서운해하거나 탓할 일이 아니다. 누구든지 그의 말을 듣고 그의 행실을 보면 그 사람의 됨됨이를 곧바로 알게 된다. 각 개인의 신뢰도信賴度는 그 사람의 일상생활에서 저절로 평가된다.

"사람은 겪어 보지 않고는 알 수 없다", "열 길 물속은 알아도 한 길 사람 속은 모른다"는 말처럼 그의 인상이나 한두 번 상대해 본 결과를 두고 속단했다가는 낭패하기 십상이다. 신용 보증이나 재정 보증을 섰다가 낭패하는 경우를 보면 그 사정을 짐작할 수 있다. '누구의 아들'이니까, '누구의 아우'니까 믿을 수 있다는 생각은 잘못된 판단이다. 그것은 그의 아버지나 형의 후광일 뿐이지, 그 사람에 대한 진정한 신뢰는 아니기 때문이다. 신뢰는 아무도 대신할 수 없는 냉정한 현실이다.

그렇다면 어떻게 해야 신뢰를 얻을 수 있는가? 이에 대한 해답을 얻기 위해 신뢰의 바탕이 되는 행동 특성 몇 가지를 열거해 본다.

정직

정직은 최선의 인간성이고 미덕이다. 정직하려면 남의 앞에 서서 "사실은 이러저러하다"고 떳떳이 말할 수 있는 용기와 결심이 필요하다. "굳은 결심은 가장 쓸모 있는 지식이다." 루이 나폴레옹의 말이다.

거짓은 한때의 위기를 넘길 수는 있지만, 끝내 가릴 수는 없다. 거짓은 또 다른 거짓을 부른다. 얼떨결에 한 거짓말 한마디를 합리화하려면 본의 아니게 열 마디 거짓말을 하게 된다. "말 한마디가 어긋나면 천 마디 말이 쓸모가 없다—語不中 千語無用"는 옛말이 이를 잘 말해 준다. 거짓말은 신뢰를 쌓는 데 가장 큰 장애이며 악덕 중의 악덕이다. 아무리 사정이 다급해도 거짓말을 하는 것은 잘못이다.

자신감과 긍정적 사고

다른 사람의 신뢰를 받으려면 우선 그에게 "나는 이 일을 충분히 할 수 있다"는 확고한 신념, 곧 자신감이 있어야 한다. 자신自身을 믿지 못하는데 남이 어찌 그를 믿겠는가. 자신감은 겉만 번지레한 말에서 나타나는 것이 아니라, 그의 눈빛과 말과 행동과 함께 드러난다.

신뢰는 모든 일을 긍정적인 시각으로 바라볼 때에 싹튼다. "그 사람을 믿는다"는 생각이 없는데, 신뢰가 생길 리 없다. 조셉 캠벨Joseph Campbell(1904-1987. 미국 뉴욕 사라 로렌스대학 교수. 저서에 『천의 얼굴을 가진 영웅』『신의 가면』 등이 있음)은 "인간으로서 가장 위대한 도전은 자기 자신을 긍정적으로 변화시키는 것이다"라는 명언을 남겼다. 그러기에 긍정적 자아 개념은 바로 신뢰의 알파요 오메가다.

약속 이행

일상적인 약속은 대부분 다른 사람과의 사이에 이루어지는 것이 상식이지만, 자신과의 약속도 있다. 약속은 주로 구두口頭로 하게 된다. 만나기로 한 시간을 지키는 약속, 돈을 지불하기로 한 날짜를 지키는 약속 등 사소한 약속을 지키는 일에 어긋남이 없어야 한다. 하지만 중요한 약속은 성문계약과 같은 일반적 형식에 의하여 인격 주체 간에 성립한다. 약속 이행이 어느 일방만의 이행(편무계약)이냐, 쌍방의 이행(쌍무계약)이냐 하는 문제는 각 계약에서 구체적으로 규정된다. 어쨌거나 약속에는 이행 책임이 따른다. 얼마나 성실하게 약속을 이행하느냐가 바로 그 사람의 신뢰성을 가늠하는 잣대가 된다.

언행일치

한자의 '믿을 신信' 자를 보면 언행일치를 의미하는 글자임을 바로 한눈에 알 수 있다. '사람 인人' 변에 '말씀 언言'으로 이루어 진 이 글자는 '사람이 그 말대로 하는 것'에서 믿음이 생긴다는 의미가 아닌가? 당사자의 말과 행동이 일치하는 일이 곧 신뢰의 필요조건이다. 말만 해놓고 행동이 따르지 않는 허언虛言이나 입찬말은 언행일치의 가장 큰 반면反面이다.

정도正道 걷기

'여여如如'란 말이 있다. "그답다", "그다운 존재다"라는 뜻이다. 공자께서 "임금은 임금다워야 하고, 신하는 신하다워야 하고, 아비는 아비다워야 하고 자식은 자식다워야 한다君君 臣臣 父父 子子"(『논어論語』「안연顔淵」 편)며, 각자가 그다워야 정치가 바로 선다고 하신 말씀과 일맥상통한다. 정도正道를 가야 하는 인간의 도리를 그대로 드러낸 말이다.

사람에게는 사람답게 살아야 할 바른길이 있다. 그 길이 바로 정도正道다. "그 사람은 법 없이도 살 수 있다"는 말은 성현의 가르침대로 올바르게 사는 사람, 정도를 따라가는 사람을 이르는 말이다. 설사 무식하더라도 사람으로서의 바른길을 걷는 사람을 두고 하는 말이다. 스승에게는 사도師道가 있고, 장사하는 사람에게는 상도商道가 있고, 공직자에게는 이도吏道가 있듯이, 모든 사람에게는 각기 자기 처지에 따라 가야 할 바른길이 있다. 누구나 가야 할 바른길이 정도正道요 대도大道다. 그 길을 벗어나면 "그답지 않다"는 지탄을 받게 된다. 정도를 걸으면 자신의 마음도 편할 뿐만 아니라 언제나 남의 앞에 떳떳하다. 이런 사람은 시간이 지나면 남이 알게 되고 마침내 이웃이 그를 믿고 따르게 된다.

일관성

처음부터 끝까지 한결같은 행동을 하는 것이 신뢰를 확고하게 하는 길이다. 아침에 한 말 다르고 저녁에 한 말 다르다면, 과연 누가 그를 믿겠는가. 우리는 간사한 꾀로 남을 농락하는 못된 행위를 보고 '조삼모사朝三暮四'라고 비난한다. 또 국가의 법령이 자주 바뀌어 국민이 종잡기 어려우면 '조령모개朝令暮改'라고 비웃는다. 이렇듯 일관성을 상실하면 개인이나 기업이나 국가를 막론하고 그 신뢰성을 여지없이 잃고 만다.

신용信用

신뢰와 신용은 비슷한 말이다. 하지만 신용이란 금전 거래에 있어서 당사자 간의 급부給付와 반대급부, 채권과 채무의 변제, 상환시기의 정확한 이행 등을 나타낼 때 주로 쓰인다.

신용은 우선 빌린 돈을 갚을 수 있는 상환 능력이 있어야 생긴다. 일상적인 행동에는 전혀 허점이 없는 깔끔한 사람 중에도 막상 돈 거래를 해 보면 영 다른 경우가 있다.

신용을 지키는 데 특히 조심할 것은, 적은 액수의 외상값이나 빌린 돈을 깜빡 잊고 갚지 않거나 지체하는 경우가 없도록 해야 한다. 받을 사람 편에서 보면 그다지 많지도 않은 돈을 독촉하기가 민망해서 짐짓 참고 기다리지만, 그의 마음속 한구석엔 이제나 갚을까, 저제나 갚을까? 하고 기다리다가 "그 사람, 신용이 영 형편없군!" 하며 '신용 불량자'로 낙인을 찍을지도 모른다. 그러기에 적은 액수라고 해서, 친한 사이라고 해서, 또 상환 일자나 이자 약정이 없다고 해서 방심해서는 안 된다. 적은 돈일수록 미루지 말고 즉각 갚는 버릇을 갖는 것이 좋다. 무심히 미루다가 본의 아닌 실수를 하기 십상이기 때문이다.

명실상부한 신사 숙녀가 되려면, 돈을 꾸기 전에 갚을 걱정부터 먼저 해야 한다. 갚는 일을 미루는 데에서 사단事端이 벌어진다. "술 마시며 말이 없는 이는 참다운 군자요, 재물에 분명하면 대장부니라酒中不語 眞君子 財上分明 大丈夫"는 『명심보감明心寶鑑』의 말을 되새기며, 깜빡 잊고 있는 자질구레한 빚은 없는지 한 번쯤 챙겨보아야 할 것이다.

건강

건강도 신뢰의 조건이다. 내일을 기약할 수 없는 사람을 믿으려 하지 않는 것은 당연한 일이니, 냉혹한 인심을 탓할 수만은 없는 일이다. 그러기에 건강을 잃으면 돈도 잃고 신용도 잃고 인생의 모든 것을 다 잃게 된다는 말이 과장된 게 아니다.

개인뿐만 아니다. 기업이나 국가도 건강해야 한다. 기업회계나 국가재정이 건전성을 잃게 되면 그 신용도가 떨어져 마침내 파산의 길을 달리게 된다. 우리가 1997년에 겪었던 아이엠에프IMF 사태의 국면을 연상해 보면 구차하게 설명할 필요가 없다.

거듭 말하지만, 일상생활이나 경제활동을 막론하고 신뢰를 잃으면 이 세상 어디에도 설 땅이 없다. 신뢰는 꾸준한 인내심과 독실한 사람에게 돌아가는 보상이요, 무형의 사회적 자본이다. 신뢰야말로 한 개인으로서 가정, 학교, 사회, 국가의 일원으로서 당당하게 존립할 수 있는 기반이다. 한 번이라도 '파산 선고'나 '신용 불량자'의 낙인이 찍혀 본 사람이라면, 신뢰를 잃는 고통이 얼마나 처절하고 참담한지를 잘 알 것이다.

서로가 서로를 믿지 못하는 불신 사회, 이것이 다름 아닌 실낙원失樂園이라면, 진정한 낙원을 이루기 위하여, 자신과 사회와 국가의 평화를 위하여, 각자의 신뢰를 확고히 다지는 일에 절대 소홀할 수 없다. 이제라도 각자 자신을 돌아보며 추호라도 자신에게 신뢰를 잃을 만한 불신의 요소는 없는지 하나하나 짚어 가며 정리해 볼 필요가 있지 않을까?

2009. 6. 17.

진로의 선택

사람이든 물건이든 각각 그 특성에 따라 쓰일 곳이 따로 있다. 맹자는 "어떤 사람은 마음을 수고롭게 하고, 어떤 사람은 몸을 수고롭게 한다. 마음을 수고롭게 하는 이는 사람을 다스리고, 몸을 수고롭게 하는 이는 남에게 다스림을 받는다或勞心 或勞力 勞心者 治人 勞力者 治於人"(『맹자孟子』「등문공滕文公」편)"고 하여 각각의 재능에 따라 사회에 기여할 역할이 서로 다름을 밝히고 있다. 사람에게는 각기 다른 재능과 특기가 있다는 것을 간결하게 설명한 말이다. 실제로, 어떤 사람은 손재주가 놀랍고, 어떤 사람은 말재주가 으뜸이고, 어떤 사람은 글재주가 뛰어나고, 또 어떤 사람은 운동에 두각을 나타내는 것이 그 좋은 예다.

교육학에서는 그 재능이 남보다 뛰어난 재능excellent을 우수성優秀性이니, 수월성秀越性이니, 또는 탁월성卓越性이라 말한다. 또 그러한 재능을 가진 사람을 '영재英材' 또는 '수재秀才'라 하고, 아주 놀랍도록 뛰어나면 '천재天才'라 하여 칭송하면서 장래를 촉망하기도 한다. 이렇듯 우리가 사는 사회는 제 각기 다른 재능을 가진 사람들이 공동체를 이루어 살고 있으며, 그들의 재능이 조화를 이룬 가운데 사회와 국가가 발전한다.

사람의 재능과 특기는 하루아침에 갑자기 솟아나는 것이 아니다. 흔히 천부적인 재능의 소유자라 일컫는 사람 중에는 부계父系나 모계

母系로부터 그 재질을 물려받거나 영향을 받는 사람이 적지 않다. 또 "될 성싶은 나무는 떡잎부터 알아본다"는 말처럼, 어려서부터 어딘지 남다른 재능을 드러내는 경우도 있다. 그러나 대부분 사람의 재능은 일찍이 드러나지 않고 그의 성장 과정을 통하여 자연스럽게 서서히 발휘된다. 교육학에서는 이처럼 드러나지 않고 있는 재능을 잠재 능력 또는 잠재 가능성이라고 한다.

가정, 학교, 사회의 모든 교육이 다 중요하지만, 특히 학교교육의 주된 기능은 사실상 이 잠재 가능성의 계발이라고 해도 과언이 아니다. 학교에서 흔히 실시하는 지능IQ검사, 감성EQ검사, 학력검사, 흥미검사, 취업적성검사 등 각종 표준화검사는 각자의 잠재 가능성을 찾아내기 위한 탐색 과정의 일환이다. 그러나 이러한 검사는 그 타당성과 객관성, 신뢰성을 바탕으로 수검한 사람의 경향성을 파악하는 참고 자료가 될 뿐이지, 그 자체가 결정적인 선별 자료가 되는 것은 아니다. 따라서 그 결과를 맹신하거나 이에 지나치게 집착할 필요는 없다.

재능의 발견이나 소질의 계발은 서두른다고 해서 되는 일이 아니다. 최근 유아를 위한 재능 계발 조기 교육 프로그램이 성행하고 있는 것은 매우 반가운 일이다. 자녀의 재능과 소질계발에 대한 부모의 관심이 그만큼 고조되고 있다는 증거다. 고사리 같은 손으로 이것저것 배우고 체험해 보는 기회를 가지며 신기해하고 즐거워하는 어린 자녀의 모습을 보는 부모의 마음이야 얼마나 대견스럽고 흐뭇하겠는가! 하지만 그 성과는 누구에게나 다 기대한 만큼 만족스럽지는 않을 것이다. 왜 그럴까? 재능은 사람마다 제각기 다르고, 같은 재능에도 개인차가 있고, 그 재능이 드러나는 시기가 다 다르기 때문이다.

내 경험에 의하면, 각자의 재능을 찾는 가장 자연스럽고 확실한 방법은 교과 학습, 특별활동, 방과 후 활동 등의 일상적인 교육 활동을 통하여, 교우관계 놀이 등의 일상생활을 통하여 자기 자신이 직접 탐색하고 발견하는 일이 가장 자연스럽고 또 바람직하다. 학교와 가정은 그러한 과정을 도와주는 역할에 최선을 다하면 된다.

학생이 그의 소질과 능력을 탐색하고 능력을 계발하는 정상적인 과정은 다음과 같다.

첫째, 기초 교육과정을 충실히 이수하는 것으로 자기 탐색의 발판을 삼아야 한다. 기초 교육과정이라 함은 누구나 다 거쳐야 하는 필수과정을 말한다. 그 주된 내용은 기본 생활 습관의 형성과 기초 학습 능력의 정착이다. 유치원과 초등학교 저학년 과정에서 이루어지는 기본 생활 습관 형성의 지도는 개인생활이나 공동생활을 하는 데 필요한 기본적인 생활 습관을 통하여 올바른 성격을 형성하게 하는 중요한 과정이다. 그러므로 기본 생활 습관을 바르게 익히는 일은 사회 적응의 발판을 굳건히 한다는 점에서 중요한 교육적 의의가 있다.

또 하나는 읽기, 쓰기, 셈하기의 기초 학습 능력을 제대로 익히는 일이다. 이러한 기초 학습 능력은 모든 재능 계발의 기초가 되기 때문에 이에 충실을 기하는 일은 곧 옷에 첫 단추를 잘 끼우는 것과도 같다.

둘째, 각자의 강점强點을 찾아내도록 도와주는 일에 보다 적극적인 관심을 기울여야 한다.

자기 재능이나 소질을 탐색하고 발견하는 일은 보물찾기 하듯이 어느 날 갑자기 찾아 나선다고 해서 되는 게 아니다. 초등학교, 중학교 및 고등학교의 보통교육 과정을 거치는 동안에 자신이 관심을 가지고

찾아내고 교사나 학부모가 계속 관찰하면서 적극 도와주어야 하는 일이다. 학생의 소질 적성과 강점은

　—스스로 재미가 있어서 하는 일
　—어쩐지 자신감이 생기고 또 자신감을 가질 수 있는 일
　—자기 성격에 잘 맞는다고 생각되는 일
　—힘들이지 않고 하는 데도 남보다 더 잘하는 일
　—그 일에 스스로 만족하고 보람을 느끼는 일

등으로 나타난다.

　자기 스스로 이를 깨닫는다면 더할 나위 없이 좋은 일이지만, 만일 자신이 이를 간과한다면 옆에서 지켜보는 선생님이나 학부모나 친구가 그때그때 본인에게 칭찬하고, 일깨워 주고, 또 조장해 주어야 한다. 그것이 공부든 운동·그림·노래·공작과 같은 예체능 활동이든, 아니면 연극·놀이·손재주·취미 같은 취미 활동이든 가릴 것이 없다.

　이러한 재능의 탐색과 발견은 사실 생각하는 것처럼 그렇게 쉽게 드러나지 않는다. 남다른 관심이 없으면 취미나 놀이 정도로 가볍게 여기고 그냥 지나쳐 버리기 일쑤다. 그러므로 항상 관심을 가지고 눈여겨보아야 한다. "마음이 없으면 보아도 보이지 않고, 들어도 들리지 않고, 먹어도 그 맛을 알지 못한다"는 옛글을 생각하며, 자신은 말할 것도 없고 부모나 선생님이나 친구가 일깨워 주어야 한다.

　셋째, 진로의 선택 과정에 충실하고 또 그 선택을 신중하게 해야 한다.

　학생 개성 발달 단계의 관점에서 보면, 초등학교는 개성을 응시凝視

하는 시기다. 중학교는 개성을 탐색하는 시기다. 고등학교는 개성을 발견, 신장하는 시기다. 진로 선택의 결정적인 단계는 중등 후기인 고등학교가 그 고비이다. 각자의 개인차에 따라 그 시기에 차이는 있지만, 가장 중요한 시기는 고등학교 과정이라는 데 이의가 있을 수 없다.

우리나라의 경우, 고등학교에서 대학에 진학하려면 전공학과를 선택하게 된다. 이에 대비하여 형식상 고등학교 2학년부터 문과, 이과, 예체능 등 계열이 분리된다. 그러나 사실상의 분리는 이미 그 이전에 이루어지고 있다고 보아야 한다. 고등학교 1학년 1학기 말이면 계열별 교과서를 미리 주문해야 하기 때문이다. 따라서 고등학교에 진학할 때에 이미 자기 진로에 대한 윤곽이 잡혀 있어야 한다. 이러한 사정을 감안한다면, 중학교 3학년부터 고등학교 1학년까지 제1단계의 진로 지도가 이루어지는 것이 마땅하다. 그렇다면 고등학교 진학이 곧 진로 선택의 제1단계가 되고, 고등학교 3학년에 이루어지는 대학 학과 선택은 제2단계의 진로 선택이 되는 셈이다.

진로를 선택하는 데는 다음과 같은 다각적인 검토가 필요하다. 즉

—자신의 학교 성적과 자기 재능과의 적합성
—미래사회에 대한 예측과 자기 성취 가능성에 대한 확신
—학교 선생과 선배, 그리고 멘토mentor와의 상담과 조언

등이다. 그 중에서 특히 중요한 것은 자기 재능에 대한 확인과 자기 성취 가능성에 대한 확신이다.

사람에 따라서는 이러한 진로 선택에 시행착오를 일으키는 일이 적지 않다. 이를테면, 재수를 하거나 일단 대학에 진학하였다가 전과轉

科하는 경우다. 요즈음 일부 대학에서 계열 또는 학부만 우선 선택하고 추후에 학과를 결정하는 자유전공 학부제를 채택함으로써 최종 진로 선택의 기회를 주는 학교가 늘고 있는 경향은 바람직한 일이다. 뒤늦게라도 자기 적성을 발견하고 진로를 바로잡은 사람 중에 성공한 사람도 있으니 후회가 없도록 해야 한다.

넷째, 자기 성취 및 자기 실현을 위하여 초지일관 정진해야 한다.

일단 진로를 선택한 이상 한 우물을 파야 한다. 한 길을 가야 한다. 공연히 여기저기 방황하다간 낭패하기 쉽다. 무엇보다도 자신감을 가지고 정진해야 한다. 자신감은 바로 자기 성장을 위한 에너지이기 때문이다. 이태백이 시선詩仙의 경지에까지 오를 수 있었던 것은 "하늘이 나에게 재능을 주었거늘 반드시 쓸모 있으리라天生我才必有用"는 자신감이 있었기에 가능했다. 자신이 숙고한 끝에 스스로 선택한 길이라면, 머뭇거리거나 다른 길을 찾아 방황하는 일이 없어야 한다. 또 작은 성취에 만족하거나 도취해서도 안 된다. 성공은 한때의 실패나 역경을 극복하고 초심으로 돌아가 꾸준히 노력한 사람에게 돌아가는 보상이다. "가치 있게 인생을 살기 위해서 방황하거나 안주하는 삶을 살 것이 아니라, 끊임없는 순례의 길을 가야 한다"던 정태현 신부님의 강론이 생각난다.

방황은 인간의 내면에서 일어나는 목표의 혼돈이요 자아의 상실이다. 끝없는 미로를 헤매느라 언제 목적지에 도달할지 기약이 없는 여정旅程이다. 거기에서 성취를 기대하는 것은 어림없는 일이다. 안주安住는 한곳에 정착하는 것을 의미한다. 작은 성취에 만족하고 노력을 하지 않는다면 더 이상의 진보나 희망은 없다. 진보가 없는 곳에 성공이 있을 리 만무하다. 안주는 한때의 평화를 구가할 수는 있지만, 이에 탐닉耽溺하면 정체停滯의 늪에 빠져 멸망을 자초하게 된다.

순례巡禮란 무엇인가? 순례는 강물과도 같다. 강물은 끝없는 망망 대해를 향하여 끊임없이 흐르고 또 흐른다. 순례에는 내일의 지향志向이 있고, 목적지에 도달하리라는 희망이 있다. 그러기에 멈출 수가 없는 것이다. 순례야말로 생명이 넘치는 역동적인 삶이요, 끊임없는 가치 창조의 과정이다.

소설 「순례자」와 「연금술사」, 그리고 「피에트라 강변에서 나는 울었네」로 세계적 베스트셀러 작가가 된 브라질의 파울로 코엘료Paulo Coelho. 그는 다음과 같은 말로 순례를 예찬한다.

순례는 꿈을 찾아가는 것이다. 꿈은 한 번에 찾아내는 게 아니다. 계속해서 일어나는 과정이다. 내 꿈은 글을 쓰는 것이었고 순례는 나의 인생을 바꾼 전환점이 되었다. 순례를 통해 나는 의미 있는 삶을 살 수 있는 계기를 만났다. (중략) 지금도 순례는 계속되고 있으며, 만약에 순례가 끝난다면 그 것은 내가 죽는 순간일 것이다.

결국 인생의 진로는 각자가 자기의 재능을 탐색하고 발견하고 스스로의 선택에 따라 결정해야하는 길이다. 스스로 자기의 존재감과 정체성正體性을 찾는 과정에서 자기에게 가장 알맞은 진로를 선택하도록 최선을 다해야 한다. 그러므로 부모와 학교 교사는 어디까지나 안내자요, 조언자요, 또 지원자일 뿐이지, 선택과 결정의 주체는 자신임을 명심해야 한다.

부모가 자녀의 성취를 위하여 적극적인 관심을 갖는 일은 바람직한 일이다. 하지만 전문적인 식견 없이 지나치게 간섭하는 일은 오히려 자녀의 앞길을 그릇되게 할 위험이 있으니 조심해야 한다. 부모가 자녀를 놓아주어야 아이가 제대로 성장할 수 있다. 진정 자기 자녀의 성공을 바란다면, 자녀를 언제까지나 어린아이로 생각하지 말고 제 길을 가도록 지켜보아야 한다. 일정한 거리를 두고 탈선하거나 함정에 빠지지 않도록 멀리서 자녀를 보살펴 주는 선에서 멈춰야 한다.

2006. 12. 8.

그렇게 서두는 게 아니었는데…

독학을 하게 된 동기

내가 대전사범학교 본과에 입학한 지 이십 일 만에 육이오 전쟁이 일어났다. 삼 년 동안 엎치락뒤치락했던 전황으로 인한 휴교 기간과 방학 기간을 제외하면 내가 학교에서 공부한 실제 기간은 삼 년의 절반인 일 년 육 개월도 채 안 되는 셈이다. 설상가상으로 전쟁 통에 학교 교실마저 불타 부속초등학교 건물 옆에 가마니교실을 만들어 놓고 공부했다. 그러다 눈비를 피할 교실을 지을 흙벽돌을 찍느라 수업은 뒷전으로 밀린 날도 많았다.

　육이오 전쟁으로 흩어졌다가 다시 모인 동급생 중엔 학도병이나 방위군을 다녀 온 친구, 미군 부대 하우스 보이를 했던 친구, 장사하는데 맛 들였던 친구, 농사일을 거들다 온 친구 등이 모여들어 마치 혼성부대와 다름이 없었다. 학생복은 입었지만 장발에 흡연이 예사였다. 그러니 공부가 제대로 될 리 없었다. 그런 와중에서 1953년 3월 마침 내 졸업을 하게 되었다.

　재학 중 관비官費 몇 푼 받은 탓에 "교원 복무 의무 연한을 채워야 한다"는 멍에를 쓰고 모두 초등 교원 발령을 대기하게 되었다. 간혹 대학 진학을 희망하는 친구가 있었지만, 사범대학을 제외하고는 허락

되지 않았다. 나는 가정 형편상 진학은 아예 꿈도 꾸지 못했다. 내가 월급 받을 날만 손꼽아 기다리는 어머니와 다섯이나 되는 동생과 누이의 희망을 저버릴 수 없었기 때문이다.

구차한 이야기이지만, 당시 초등 교원의 초임 봉급이라야 십일호봉 기준으로 매월 본봉 백팔십 환, 기성회 후생비(뒤에 사친회로 개편)가 읍 소재지 이천 환, 시 소재지 삼천 환에다가 부양 가족 수에 따라 지급하는 식량(안남미와 압맥)이 보수의 전부였다. 이것이 우리 일곱 식구의 한 달 생활비의 원천이었다. 특히 셋째 동생의 경우에는 초등학교를 졸업하고서도 나의 임용 발령만을 기다리느라 중학교 진학을 삼년 동안이나 유예하고 있었으니 그 갈망이 오죽했으랴?

졸업과 동시에 임용될 줄 알았던 발령이 한 달이나 늦어졌다. 답답한 나날을 보내던 어느 날, 은사이신 유봉근兪鳳根 선생님을 찾아뵈었다. 지리 교과 담임이셨던 선생님은 지력반장地歷班長인 나를 무척 아껴 주셨다. 선생님은 내게 독학을 권고하시며 "자네 재능이라면 충분히 해낼 수 있다"고 격려해 주셨다. 나의 독학은 이렇게 해서 시작되었다.

우선 고등학교 교원자격 검정고시 역사과 합격을 목표로 가진 돈을 털어 당시 국가고시에 필수 교재처럼 되었던 『국사정해國史精解』(박봉석朴奉石)를 샀다. 이 책을 얼마나 읽었던지 지금도 보관하고 있는 책 뒤표지에는 삼십여 회에 걸쳐 읽은 날짜를 적은 글씨가 빛바랜 채 남아 있다.

얼마 뒤, 나는 시험 목표를 변경했다. 그 계기는 불공정한 임지 발령에서 촉발되었다. 발령을 앞둔 어느 날, 충남도청 학무과에서 만나자는 연락을 받았다. 나를 논산 부창국민학교로 발령하면서 "대전에 배치를 못해서 미안하다. 일 년 뒤에는 대전으로 옮겨줄 테니 아무 말 말고 가서 착실히 근무하도록 하라"는 인사 담당 장학사의 회유에 나는 몹시 실망하면서, 한편 배신감을 느꼈다. 그동안 수석 졸업자를 대전시 내 학교에 배치하는 것이 관례였는데, 유력 인사들의 인사 청탁이 워낙 많아서 입장이 난처해진 실무자들이 궁여지책으로 짜낸 계략임을 알고 나는 더욱 비분강개했다. 이왕 공부할 바에는 판검사가 되어 파사현정破邪顯正에 앞장서자는 생각에서 고등고시 사법과 시험에 도전하기로 했다.

나의 고시 역정과 방황

1953년. 그해의 내 몰골은 지금과 아주 딴판이었다. 타고난 흰 피부에 쑥 들어간 큰 눈과 불거진 광대뼈, 키 167.5센티미터에 몸무게 55킬로그램, 수척한 몸은 영양실조에 걸린 사람 같았다. 게다가 저항력마저 떨어졌는지 부임 두 달 뒤인 6월부터 앓기 시작한 말라리아가 마침내 날마다 고열에 시달리는 축일학逐日瘧(속칭 며느리고금)으로 진행되었다. 당시 말라리아에 즉효라는 키니네Quinine(퀴닌) 주사도 효험이 없어 매독 치료제인 살바르산Salvarsan(속칭 606호) 주사를 맞아가며 그해 늦가을까지 병마에 시달렸다. 그런 속에서 나는 억척스럽게 고시 준비에 매달렸다. 간혹 "놀러가자", "술 한잔 하자"는 동료 교사나 친구의 권유도 거절한 채 부임 삼 개월 만인 여름방학에 고등학교 교원자격 검정고시 역사과에 응시했다. 당시 고등고시에는 국사가 필수과목이었으므로, 역사과 합격은 곧 고등고시로 통하는 징검다리였기 때문이다.

첫 시간 시작종이 울리고 국사 문제지를 받아든 순간, 예상외로 쉬운 문제에 나는 흥분을 감추지 못했다. 열심히 답안을 반쯤 쓰고 있는데, "아니? 이럴 수가…" 아랫배가 갑자기 아파오면서 사정이 급해졌다. 이를 악물고 참았지만 워낙 고통스러워 퇴실하고 말았다. 오후 세계사 시험은 그런대로 보았지만 오전에 잃은 점수를 만회하지 못하고 고배를 마셨다.

준비 제2년차인 1954년. 제7회 고등고시 사법과 예비고시에 응시하여 무난히 합격했다. 시험 과목은 국사와 논문이었다. 내 학력이 워낙 부족했으므로 논문 작성 연습을 하느라 많은 시간을 보냈다. 아직도 보관하고 있는 당시의 논문 연습 노트를 보면 유치한 수준에 절로 웃음이 나온다. 그나마 두 과목에 자신감을 가지게 된 것이 큰 소득이었다. 이를 계기로 나의 고시 준비는 본격화되었고, 주위의 촉망 속에 정진을 거듭했다. '이 참에 아예 이 년 정도 휴직하고 시험 준비를 할까?' 하는 유혹을 느꼈지만 가족의 생계를 생각하고 단념했다.

제3년차인 1955년 정월 초사흗날. 하늘에 오르는 용을 향해 휘두른 내 칼에 용머리 두 개가 땅에 떨어지는 꿈을 꾸었다. 나는 그것을 주워 얼른 가슴에 안았다. 그 꿈 때문인지, 아니면 노력의 결과인지 그해 고등학교 교원자격 검정고시 일반사회과에 합격했다. 오전에 법률, 오후에 재정경제를 치르는 대학 졸업 학력 수준의 필기 시험이었다. 이어 구술 시험도 무난히 통과하여 자격증을 받았다.

제4년차인 1956년. 나는 강경중학교로 자리를 옮겼다. 나를 아끼는 선배 중에는 고등고시 합격의 최종 목표를 달성하려면 시간을 더낼 수 있는 초등학교에 그냥 있는 것이 낫다고 귀띔해 주었다. 하지만 나는 중등학교로 옮기는 편이 오히려 시간을 더 가질 수 있으리라고 판단했다. 중등의 경우, 주당 수업시수는 적지만 수업 시간이 분산되어 공부에 몰두하기 어려운 사정을 간과했던 게 내 잘못이었다.

그 해 여름방학에 나는 또 한 차례 외도를 했다. 삼 년 전, 갑작스런 설사로 고배를 마셨던 고등학교 교원자격 검정고시 역사과에 미련이 남아 재도전을 했다. "자기와 동행하는 셈치고 시험을 함께 보자"는 동료 교사의 권유에 따라 응시했는데 뜻밖에 합격했다. 국사는『국사정해』에『국사대관國史大觀』(이병도李丙燾), 세계사는 고등학교『동양사』(김창균金昌鈞)와『서양사』(조의설趙義卨) 교과서를 각각 열 번씩 읽고, 대학 교재인『동양사』(채희순蔡羲順),『서양사개론』(김성근金聲近)으로 보충한 것이 주효했다.

고등학교 교과서를 열 번씩 읽고 기초를 다진 데에는 그럴 만한 사연이 있었다. 사범학교 재학 시절, 김창균 교감 선생님이 역사 보강을 하시면서 당신이 저술한 동양사 교과서를 번쩍 쳐들고 "이 교과서 한 권만 달달 외우면 고등학교 선생을 해도 충분하다"고 하신 말씀을 곧이곧대로 실천에 옮긴 것이다. 교과서를 열 번 읽었더니, 주요 사건, 연대, 인물 등 요점이 확실하게 파악되었을 뿐만 아니라 세계사의 체계가 일목요연하게 정리되었다. 이와 같은 학습 요령은 삼 년 뒤 고등학교 교원자격 검정고시 역사과에 응시한 셋째 동생 길중에게도 그대로 적중되었다. 같은 교재를 가지고 같은 방법으로 도전한 지 삼 개월 만에 '홀인원'을 했고, 거기에다가 전국 최고 성적을 받았다.

기본과 원리를 다지는 학습 방법이 독학자의 좋은 본보기가 될 것 같아 그 과정을 다음 세 단계로 나누어 부연 설명하고자 한다.

첫 단계는 교재의 통독通讀 과정이다. 한 교재를 정복하는 일은 생각보다 쉽지 않다. 기본이 될 만한 도서를 선정하고, 그 책을 한두 번 통독하면 대강의 윤곽이 잡힌다. "이 정도의 수준과 내용이라면 공부할 만하다"는 자신감이 생긴다. 물론 착각이다.

두 번째 단계인 정독精讀 과정에 들어서면 사정이 아주 달라진다. 우선 차근차근 읽고 생각하느라 시간이 많이 걸려 진도가 나가질 않는다. 그럴수록 조급한 마음이 자신을 괴롭히기 시작한다. 그래도 참으며 마치 한 걸음 한 걸음 높은 산을 오르듯, 소가 느린 걸음으로 뚜벅뚜벅 걷듯이 진도를 나갈 수밖에 없다. 이 단계에서 특히 독학자를 괴롭히는 또 하나의 시련은 '개념의 혼동'이다. 책을 읽다 보면 내용이 뒤섞여 개념 파악에 고심하게 된다. 기본 개념을 하나하나 익히고 유사 개념과 관련을 지어 정리해 나가다 보면, 마치 짙은 안개가 걷히듯 차츰 그 내용을 이해하게 된다. 이 단계가 학습 내용의 정착 과정이다. 얼마나 기본 서적을 반복하여 읽느냐, 얼마나 개념과 요점을 정확히 파악하느냐, 얼마나 많이 연습하느냐가 그 관건이다.

세 번째 단계는 심화·확충 과정이다. 한 단계 수준 높은 참고 서적을 통하여 기본 실력을 보충, 심화하는 과정이다. 교재를 찬찬히 읽다 보면 "아아 그렇군!", "응? 기본 교재에 언급되지 않은 새로운 내용이네!" 하는 생각에 자신도 모르게 흥미를 느끼게 된다.

이 과정을 거치며 거센 물결을 헤쳐 나가야 하는 나의 고시 역정은 그런대로 순항하는 듯했다. 이태백의 시 「행로난行路難」에 "바람을 타고 물결을 깨뜨리는 때가 오리니, 높은 돛을 바로 달고 창해를 건너리라長風波浪會有時 直掛雲帆濟滄海"던 뜻을 알 만했다.

그런데 나는 이 고비에서 그만 다시 돌이키기 어려운 중대한 실책을 저지르고 말았다. 이제까지 목표로 삼았던 고등고시 사법과 준비를 잠시 접고, 고등고시 행정과 4부를 먼저 정복하는 것이 사법과 합격의 첩경이라는 엉뚱한 발상을 한 것이다. 지나친 오만이 불러들인 결정적인 오판이었다.

선뜻 이해가 되지 않는 사람을 위해 잠간 사족蛇足을 달아야 하겠다. 당시 고등고시령에 의하면, 시험은 일곱 개 과목(필수과목 다섯 개, 선택과목 두 개)에 응시하여 40점 과락 없이 평균 60점을 받아야 제1차 합격이 되고, 다음에 제2차 구술시험을 거쳐야 최종 합격이 되었다.

행정과의 경우, 국사·헌법·행정법·경제학 네 개 과목에, 1부(일반행정)는 민법, 2부(재무행정)는 재정법, 3부(외무행정)는 국제공법, 4부(교육행정)는 교육학의 각각 한 개 과목을 추가하여 다섯 개 과목을 필수로 하고, 선택과목은 각 부별로 여섯 내지 여덟 개 과목 중에서 두 개 과목을 선택하게 되어 있었다. 4부(교육행정) 선택과목은 철학·논리학·윤리학·동양사·서양사 등이었다.

사법과의 필수과목은 국사·헌법·민법·형법·민사소송법의 다섯 개 과목에, 선택과목으로 형사소송법·형사정책·상법·행정법·경제학 등에서 두 개 과목을 선택해야 했다.

여기에서 특기할 사항은 사법과나 행정과 고시 합격자가 그 이듬해 다른 과에 응시할 경우에 일 년에 한하여 이미 합격한 과목을 면제하는 제도가 있었다. 당시 사법·행정 양 과에 합격한 사람의 대부분은 이 과목 면제의 혜택을 본 사람이 많았다.

나는 이 점에 착안하여 행정과 4부에 응시하기로 한 것이다. '교육학'은 사범학교 때 그래도 존 듀이John Dewey의 이름을 자주 들어 낯설지 않은 데다가 교직에 있으니까 아무래도 유리할 것이라 생각했다.

국사·동양사·서양사는 이미 고등학교 교원자격 검정고시를 통하여 그 실력을 인정(?)받았으므로, 나머지 헌법·행정법·경제학만 조금 더 공부하면 합격은 '떼논 당상'이라고 자만했던 것이다. 일단 행정과 4부에 합격하고 나서 과목 면제의 특전을 받아 이듬해 일거에 민법·형법·민사소송법을 정복하리라는 속셈이었다. 이로 인하여 미로를 방황하게 되리라는 상상은 하지도 못한 채 마치 지름길이라도 찾은 듯이 의기양양했다. 그야말로 합격만을 생각한 나머지 정말 어처구니없는 일을 저지르고 만 것이다.

막상 항로를 변경하고 난 뒤의 실제 상황은 예상한 것처럼 그렇게 순탄하지 않았다. 가장 먼저 봉착한 난관이 교육학이었다. 현직 교사로서, 사범학교 출신으로서, 피상적으로만 생각했던 교육학이 아니었다. 교육철학·교육원리·교육사·교육법·교육행정·교육정책·교육제도·교육심리·학습지도·교육과정·교육평가에다가 당시 '새 교육'의 바이블과 같은 존 듀이의 '민주주의와 교육Democracy and Education'에 이르기까지 워낙 광범위한 데다가 내용 또한 복잡해서 많은 시간을 기울이고도 도무지 핵심을 잡기가 어려웠다. 몇 차례의 행정과 4부 응시에 40점 과락을 겨우 모면하는 부실과목이 되어 번번이 내 발목을 잡았다. 그 다음이 '경제학'이었다. 종래의 고전적 미시경제이론이 퇴조하고 때마침 풍미한 케인즈J. M. Keynse의 거시경제이론이 새롭게 소개되는 전환기에 역시 개념 정리가 잘 되지 않아 애를 먹었다. 이 과목 역시 끝끝내 넉넉한 점수를 받지 못하여 합격에 장애가 되었다.

이런 경우를 일컬어 "제 꾀에 제가 넘어 간다"고 했던가? 지름길을 찾는다고 오솔길로 들어섰다 깊은 골짜기에 빠져 방향 감각을 잃고 헤매는 조난자처럼, 배가 부두에 닿은 것 같은데 건너뛰기엔 아슬아

슬하고 밧줄도 없이 출렁이는 파도에 밀려 피안彼岸에 닿지 못해 안타까워하는 선원처럼, 아슬아슬한 순간을 되풀이하며 속절없이 몇 해가 흘러갔다.

1960년, 사일구를 겪으며 나는 어른들의 성화에 못이겨 결혼을 했고, 오일륙의 격랑 속에서 군에 입대를 했다. 병역 기피자는 아니었지만, 당시의 사회 분위기는 병역을 마쳐야만 사람 구실을 할 수 있는 상황이라 자원 입대를 하고는 가족의 '생계 유지' 명분으로 칠 개월 만에 의가사제대依家事除隊를 했다.

그런 와중에 혁명의 물결이 고시제도에도 몰아쳤다. 시험과정이 1차는 객관식 시험, 2차는 논술 시험, 3차는 구술 시험으로 바뀌고, 시험 과목의 일부가 변경되어 행정과에 행정학이 필수가 되고, 1차 시험에 영어가 추가되었다. 행정학만 해도 부담스러운 데다가 영어는 전혀 자신이 없었다. 사범학교 때 주당 두 시간 배운 영어나마 소홀히 했던 업보를 톡톡히 받게 된 것이다. 고심 끝에 여우가 포도를 따 먹지 못하자 중얼거렸다는 이솝 우화처럼 "이 나이에 법관이 된들 별 수 있나? 차라리 훌륭한 교사가 되어 교육을 이끌어 나가는 편이 훨씬 낫지 뭐?" 짤막한 독백 한마디를 남기고 팔 년간 내 청춘을 다 바친 독학의 꿈을 접었다.

그래도 회한은 남아…

누군가 "지나간 일은 되돌아보고 후회하지 않는 것이 군자의 도리"라고 말했다던가? 그래도 못 이룬 아쉬움에 미련과 회한이 남는 것은 인지상정이리라, 오랜 기간 고시 준비에 쏟았던 나의 도전과 나의 정열이 아까워 견딜 수 없다. "남을 아는 자는 지혜롭고, 자기를 아는 자는 총명하다知人者智 自知者明"는 노자老子의 말과 같이, 누군가 나의 실패를 타산지석으로 삼는다면 그 사람은 지혜로운 사람이 될 것이요, 나 또한 공과功過를 제대로 헤아릴 수 있다면 총명한 사람이 되는 셈이니, 이제라도 반성과 평가를 주저할 이유가 없다.

우선 어려운 가정 형편에도 불구하고 학구열을 불태운 것, 그래서 몇 가지 작은 성취라도 이룬 것은 그나마 자위할 일이다. "공부해서 남 주느냐?"는 말이 있지만, 그동안 탐독했던 법률·경제·국사·동양사·서양사는 나에게 '실력 있는 선생님'이라는 평판을 붙여주었다. 교육학을 공부한 덕에 장학사, 장학관, 교감, 교장을 거치면서 '교육학을 제법 아는 사람'으로 인정도 받았다. 그뿐만이 아니다. 뼈를 깎는 고통 속에서 터득한 법률 지식은 상당한 세월이 지났는데도 머릿속에 남아 퇴직 후 공인중개사 자격시험에 합격하는 기초가 되었고, 서울중앙지방법원 민사조정위원으로 활약할 수 있는 바탕이 되기도 했다.

급한 마음에 항로를 이리저리 바꾸다 당초 목표로 삼았던 사법과 본시험은 제대로 치러 보지도 못하고 좌초한 내 어리석음은 크나큰 실수였다. 이런 경우를 두고 옛 어른들은 '욕속부달欲速不達'이라고 경고했다. 욕속부달! 이 말은 "급히 서둘지 말고 작은 이득을 꾀하지 마라. 급히 서둘면 통달하지 못하고, 작은 이득에 연연하면 큰일을 이루지 못한다無欲速 無見小利 欲速則不達 見小利則大事不成"는 『논어論語』「자로子路」편 구절에 근거한다. 나처럼 서두는 사람이 진작 좌우명으로 삼았어야 할 경구다.

누구에겐가 경종警鐘이 되기를 바라는 뜻에서 실패의 원인 몇 가지를 밝히고자 한다.

첫째, 내가 초지일관하지 못한 근본 원인은 성격상의 결함에 있다. 나는 일을 두고는 참지 못하는 성격이다. 한번 결심하면 빨리 해치워야 직성이 풀린다. 이런 성격에는 적극성과 추진력이 있는 반면에, 일을 급히 서두르다 낭패하는 결점도 있다. 이런 조급성이 결국 불행을 자초했다. 이를테면, 근본 목표를 제쳐 두고 방황한 일, 사법과 응시를 접어 두고 지름길을 찾아 행정과 4부로 전과한 일, 진도에 급급한 나머지 하나하나의 개념을 분명하게 파악하지 않은 일, 시험 직전에 활용하기 위한 요점 정리에 무관심했던 일, 답안지 작성을 위한 펜글씨 연습을 소홀히 했던 일 등이 허점이었다.

둘째, 관련 정보 수집에 등한했던 것도 실패의 한 원인이다. 그때는 지금같이 천 명을 선발하는 정원제가 아니었다. 40점 과락 없이 평균 60점 이상을 득점하면 합격하는 점수제였다. 어느 핸가는 사법과에 단 여섯 명이 합격한 적도 있다. 행정과의 경우도 열다섯 명 안팎의 인원이 합격한 예도 있다. 그래서 좁은 관문을 뚫기에 혈안이 된 수험생 사이에는 수험 정보를 교환하고 예상 문제를 주고받는 일이 예사였다. 특히 출제 교수가 있는 학교의 재학생이나 졸업자 사이에 나도는 예상 문제에 관심을 두는 것이 아주 유리했다. 나에게는 정보 교환 루트가 없는 것이 맹점이었다. 한번은 어렵사리 귀동냥한 행정법 예상 문제를 가볍게 넘겼다가 "그 답안만 잘 썼어도 상황이 전혀 달라졌을 텐데…" 하는 아쉬움을 남긴 일도 있었다.

당시 전문지로는 주간 『법률신문』과 월간 『고시계』가 있어서 나는 이 둘을 정기 구독했다. 그런데 정작 교육행정에 응시하는 사람이 월간 『새 교육』에 관심을 전혀 두지 않았던 것이 큰 실수였다. 내가 마지막 응시한 해에 교육학 문제에 1. 교육의 사회화운동에 대하여 논술하라(50점), 2. 다음을 간단히 설명하라(각 10점)는 지시문에 영국의 11+시험, 프랑스의 랑주방 교육개혁안, 8년 연구 등 다섯 문제가 출제되었다. 1번 문제는 그런대로 썼지만 2번의 다섯 문제는 내게 생소했다. 전혀 손을 못 대고 고사장 밖에 나왔더니, 바로 전 달 『새 교육』에 모두 논급되었던 문제라고 했다. 발을 굴렀다. 수험생이라면 평소에 시사 정보, 관련 학술 정보에도 항상 관심을 가져야 한다는 생생한 교훈을 남긴 사례다.

셋째, 멘토mentor가 없었던 것도 나의 불운이었다. 이렇다 할 학벌도 없는 데다가 별다른 연고를 가지지 못한 나를 이끌어 줄 멘토를 찾는 것이 쉬울 리가 없다. 하지만 가장 절실한 과제를 외면하고 방 안에 들어박혀 공부만 했으니, 이런 골샌님이 세상에 또 어디 있는가. 인간관계는 자신이 엮고 만들어야 한다는 사실을 깨달은 것은 훨씬 뒤의 일이었다.

이 밖에도 실패 원인이 더 있지만, 자칫 낙방거사落榜居士의 구차한 변명이 될까 봐 이만 줄인다. 그동안 나를 음우陰佑해 주신 선조께 죄송하다. 또 나를 믿고 고생을 참아가며 마음속으로 항상 축원했던 모든 가족에게 미안하다. 자손들에게 모범이 되지 못해서 더욱 부끄럽다. 그리고 큰 기대를 걸고 한결같은 성원을 보내 주셨던 많은 분들에게도 송구스럽다.

2006. 8. 21.

배우자의 선택

사람에게는 일생 동안 아주 중요한 선택의 기회가 세 번 있다고 한다. 첫 번째는 그의 진로를 좌우할 학교의 선택이요, 두 번째는 평생 반려자가 될 배우자의 선택이요, 세 번째는 안심입명安心立命을 위한 종교의 선택이다.

성경에는 "좋은 아내를 가진 남편은 행복하다. 그가 사는 날수가 두 배로 늘어나리라. 그 남편은 부유하든 가난하든 마음이 즐겁고 얼굴은 언제나 활기가 넘친다"(「집회서」 26장 1−4절)고 하였다. 또 유대인의 지혜를 집대성한 『탈무드Talmud』에는 "좋은 아내, 좋은 가정, 좋은 의복을 가진 사람이 자신 있는 사람이다"라고 하였다. 이렇듯 배우자의 선택은 자신의 행복과 직결된다.

그런데 우리 주위에는 마땅한 배우자를 만나지 못해서 불혹不惑의 나이라는 사십을 넘긴 미혼 남녀가 수두룩하다. 이를 두고 당사자들은 "미혼未婚이 아니라 비혼非婚이라"고 어색한 변명을 한다. 자포자기도 이만하면 더할 말이 없다. 당사자의 심정이 오죽하면 이렇게까지 말하랴 싶다가도, 그 옆에서 애태우는 부모의 모습을 보면 더 없이 민망하다. 나는 배우자 선택을 망설이고 있는 미혼 남녀에게 몇 가지 조언을 함으로써, 그 고민을 해소하는 데 조금이나마 도움을 주고자 하는 뜻에서 이 글을 쓴다.

미혼의 실상과 그 원인

2010년 통계청 자료에 의하면, 우리나라 국민의 초혼 연령은 남자 31.8세, 여자 28.7세로 나타나고 있다. 이는 2000년도의 남자 29.3세, 여자 26.5세와 비교할 때, 남녀 각각 2.5세, 2.2세씩 결혼 연령이 늦어지고 있음을 말해 준다. 한 신문사(『조선일보』 2011. 7. 18.)가 '2010 인구센서스'를 근거로 분석한 결과, 사십대 남성 미혼자는 45만 635명으로 십 년 전(2000년 13만 4585명)에 비해 3.3배 늘어 사십대 남성 아홉 명 중 한 명이 미혼인 셈이다. 삼십대 후반(35–39세) 여성 미혼자도 여덟 명 중 한 명꼴인 25만 6874명으로 십 년 전 8만 8354명에 비해 2.9배 증가했다. 이러한 경향은 농촌보다 도시, 도시 중에도 대도시, 특히 강남의 경우가 더 심각한 것으로 나타나고 있다. 미혼 남녀의 문제는 이제 개개인의 문제를 넘어서 출산율의 저하와 그로 인한 사회 동력의 침체, 그리고 국세國勢의 위축을 초래하는 요인이 되고 있다.

왜 이런 현상이 일어나게 되었는가? 여기에서 간단히 설명할 수 있는 문제가 아니지만 그 대강을 살펴보려고 한다.

첫째, 우리나라의 고학력 추세와 취업난에 그 주된 원인이 있다고 본다. 누구나 대학을 마치지 않으면 제대로 대접받지 못하는 사회 분위기 때문에 재수, 삼수를 마다하지 않으니 결혼을 생각할 연령이 늦어질 수밖에 없다. 거기에 남자는 병역을 마쳐야 취업의 기회를 얻게 되나 그 취업 또한 쉽지 않다.

둘째, 결혼 당사자의 지나친 책임 의식과 자존심도 한몫을 한다. "결혼하기 전에 모든 조건을 다 갖추고, 보란 듯이 결혼하겠다", "최소한 이러이러한 조건은 필수다"는 생각이 머릿속을 꽉 채우고 있으니 어쩔 도리가 없다. 조건이 성취된 뒤에 오는 자기 만족, 자존심의 충족, 그리고 주위의 선망은 잠시일 뿐, 피라미드의 정상에 오를수록 선택의 폭이 좁아져 자기에게 알맞은 상대를 고르기가 더욱 어려워진다는 사실을 잊고 있으니 안타까운 일이다.

예전에는 혼인하지 않은 남녀를 '미성未成'이라 불렀다. 혼인은 사람을 더욱 성숙하게 하는 과정이다. 인생을 성숙 단계로 한 걸음 끌어올리는 과정이지 완성에 대한 보상은 아니다.

배우자 선택에서 고민하는 문제

배우자의 선택은 어설프게 결단할 일이 아니다. 결혼 적령기를 넘긴 사람의 변辯에서 배우자 선택에서 고민하게 되는 문제 몇 가지를 간추려 보기로 한다.

배우자 선택의 시기
자연이든 인간이든 다 때가 있다. 배우자의 선택도 기회를 놓치지 않아야 한다. 한번 놓치면 다시 잡기 어려운 게 기회다. 나이가 들면 들수록 사람을 선별하는 안목과 기대 수준이 높아지기 때문에 선택의 기회와 폭이 그만큼 더 좁아진다.

또 혼인 적령기에 혼인을 하고 자녀를 낳아야 자신의 노후 부담이 덜어진다. 어떤 사람은 자신의 사회적·경제적 기반이 미약하다는 점을 들어 혼인을 늦추는 경향도 있다. 그의 완벽함과 책임감은 칭찬할 만하다. 그러나 혼인을 해서 부부가 합심하고 협력하는 것이 오히려 경제 기반이나 자기 성취를 앞당기고 생활에 안정감과 행복감을 가져다 준다는 사실을 인정해야 한다. 결혼 조건을 다 충족한 뒤 행복 열차를 타려고 하다가는 어느 세월에 기차를 타게 될지 모른다.

배우자 선택의 관점과 기준

배우자 선택의 조건이 지나치게 높거나 선택의 기준이 까다로워도 일이 복잡해진다. 언젠가 텔레비전에 출연한 한 미혼 여성이 제시하는 조건이 무려 쉰세 개 항에 이르는 것을 보고 그만 실소한 적이 있다. 이 세상에 모든 조건을 다 갖춘 사람이 과연 몇이나 될까? 자신의 지나친 욕심에 스스로 빠진 나머지 "마땅한 사람이 없다"느니 "마음에 드는 사람이 없다"고 푸념하는 것은 정말 어처구니없는 일이다.

미모에 너무 집착할 것도 아니다. "미모는 삼 개월, 성격은 육십 년"이라 하지 않은가. 외양을 잘 가꾼 사람의 이면裏面을 들여다보면 마치 아름다운 자수刺繡의 뒷면처럼 너절한 경우가 많다. 시간이 흐르면 아름다운 용모보다 그에게 덕이 없음을 더 아쉬워하게 될지도 모른다. 외모보다 내면의 성실성에 주목하는 것이 더 현명하다. 수더분한 사람에게서 인간미를 발견하고, 거기에 정을 느끼며 해로하는 부부가 실속 있는 사람이다.

재산에 집착하는 것도 미련한 일이다. 우선 당장 경제적 여유가 있으면 사는 데 불편을 덜 느낄 수 있다. 그러나 가진 것만이 삶의 전부가 아니라는 사실을 곧 깨닫게 된다. 내외가 힘을 합쳐 하나하나 이루며 사는 재미가 더 쏠쏠하고 보람 있다. 부족을 느끼면서 그것을 채우려고 노력하는 데 발전이 있다. 부부가 합심해서 알뜰살뜰 사는 모습이 더 보기 좋다.

남자가 여자보다 나이가 많아야 한다는 이제까지의 통념에서 탈피하는 것도 좋다. 연하年下면 어떻고 연상年上이면 어떤가. 서로 뜻이 맞고 행복하면 되는 게 아닌가?

'우선 편하게 살자'는 유혹에서 벗어나야 한다

혼인은 자기 생활의 새로운 구속이라고 생각하는 사람도 있다. 혼인이란 보다 나은 자기의 삶을 위하여 자신을 배우자에게 담보하는 하나의 계약 행위다. 달리 표현하면, 혼인은 가족의 행복을 위한 봉사와 자기 희생이다. 성경에도 "아내의 몸은 아내가 아니라 남편의 것이고, 마찬가지로 남편의 몸은 남편이 아니라 아내의 것입니다"(「코린토 신자들에게 보내는 첫째 서간」 7장 4절)라고 하였다. 이제까지 독신으로 누리던 자유분방을 그대로 유지한 채 자기만을 왕자나 공주처럼 떠받들어 주기를 바라는 것은 철없는 사람의 이기심이요 백일몽이다.

당장 혼인하지 않아도 세탁은 세탁소에서, 식사는 스물네 시간 운영하는 식당에서, 생활용품은 밤낮이 없는 24시간 편의점에서, 주거는 원룸에서 다 해결할 수 있으니 당장 아쉬울 게 없다고 말하는 것도 어처구니없는 일이다. 이런 '단신귀족單身貴族', '화려한 싱글'이 과연 정상적인 삶일까? 거기에 진정한 인생의 행복이 있다고 자족할 수 있을까? 그러다가 곧 닥칠 인생의 사궁四窮을 어찌 감당할 것인가?

사궁이란 환과고독鰥寡孤獨을 이르는 말이다. 환과고독이란 아내 잃은 홀아비, 남편 잃은 과부, 부모 없는 고아, 자식 없는 노인의 어려운 처지를 두고 하는 말이다. 이 모두가 동정과 구휼의 대상이니 당장의 이기심과 편의주의가 내일의 기막힌 회한悔恨을 부르는 것을 왜 애써 외면하려 하는가? 일본에서 최근 사회적 문제가 되고 있는 '1인 가구' 즉 홀로 살다가 홀로 가는 군상에 자꾸만 눈길이 가는 것은 나만의 연민이 아니라고 생각한다.

상대를 이해하고 수용하는 자세

자기가 가진 조건은 돌아보지 않고 상대방의 조건이나 성격만을 따지는 데 급급하다 보면, 배우자 선택의 길은 자꾸만 멀어진다. 이럴 때 상대방의 장단점을 자기 자신에게 한번 투사投射해 보면 의외로 쉽게 결론이 날 수 있다. 자기와 일치하는 상대방의 장점과 결점이 무엇인지, 자기와 상대방의 장점으로 결점을 어떻게 채워야 할지 곰곰이 생각해 보는 일이다. 다시 말하면, 상대방을 이해하고 수용하고 타협할 가능성이 있는지를 짚어 보는 일이다. 그 결과가 긍정적이면 배우자 선택의 청신호로 보아도 좋다. 상대방의 결점을 자신의 장점으로 채우고 감싸는 가운데 부부 모두가 더욱 성숙한 인격을 가지는 보강補強 및 상승相乘 효과를 거둘 수 있기 때문이다.

자기가 생각하는 이상적인 배우자의 조건을 다 충족하려는 것은 환상이다. 완전한 사람은 이 세상 어디에도 없다人無完人. 그 반만 되어도 "천정배필天定配匹을 만났다"고 생각해야 한다. 부부의 좋은 금슬琴瑟이 자아내는 효과는 실로 놀랍다. 자신과 배우자가 화합해서 이루는 힘의 합은 1+1=2가 아니라 그 몇 갑절이다. 이것이 혼인의 묘미다.

독단은 금물

배우자의 선택은 인생의 반려자를 찾는 일이다. 중요한 것은 혼인을 하는 것이 아니라 혼인을 잘 하는 것이다. 오죽하면 예로부터 "한 사람이 집안에 잘못 들어오면 삼대三代(부모, 자신, 자녀)가 망한다"는 속담까지 다 있겠는가? 여기에서의 '한 사람'이란 애초에는 여성을 지칭했지만, 지금은 남녀 모두를 의미한다고 보아야 할 것이다.

하찮은 정에 이끌려 즉흥적 감정과 쓸데없는 아집에서 배우자를 선택했다가 낭패하기 쉽다. 물건 하나를 선택하는 일도 신중해야 하거늘, 하물며 일생을 좌우하는 중요한 문제를 어찌 독단할 수 있겠는가. "어차피 내 인생이니 내 인생 내가 책임진다"는 생각은 금물이다. 선입견과 편견을 버리고 자기를 오로지 생각하는 부모와 격의 없이 의논해야 한다.

부모의 역할

부모의 역할은 예나 지금이나 하나도 다를 게 없다. 아무리 개인주의가 팽배한 세상이라 "혼인은 당사자의 결합"이라고 우긴다 해도 결국 자녀의 인생 백 년 중 칠십 년의 행복을 좌우하는 인륜지대사가 아닌가? 아무리 세상이 변했다고 해도 부모는 역시 부모로서의 역할을 다해야 한다. "과년한 자녀를 둔 부모는 반 중매쟁이라"는 말도 있다. "혼인을 빨리 하라"고 무턱대고 다그칠 게 아니라 낭재나 규수를 찾는데 적극성을 보여야 한다.

배우자 선택의 조건

배우자 선택의 조건을 따지는 일은 그리 간단한 문제가 아니다. 왜냐하면 각 개인은 그 성장과정·성격·가치관·종교관·인생관·결혼관이 제각기 다르므로, 그 선택의 조건과 기준, 또한 각양각색일 수밖에 없기 때문이다.

그렇다고 너무 까다로운 조건을 기어이 충족하려 들다가는 시간이 더 지체되고, 그냥 대충 넘어가다간 인간대사를 망치기 쉽다. 결혼의 의의를 생각할 때, 꼭 짚고 넘어가야 할 선택의 기본 조건마저 외면할 수는 없다.

첫째, 혼인은 서로 매력을 느끼는 데서 출발한다. 매력이란 상대방의 인격·성격·용모·음성·신체조건 등 어딘가에 마음이 끌리는 호의적 친밀감이다. 사랑 '애愛' 자는 길을 가다夊가 스쳐간 사람에게 어쩐지 마음心이 끌려 뒤돌아보는 모습을 그려낸 것이라고 한다. 옷깃만 스쳐도 인연이라는데, 여기에 두 사람이 서로 매력을 느끼고 사랑의 단서를 연다면 결과는 불 보듯 빤하다. 이러한 매력을 옛 어른들은 '연분'이라 했고, 요즘 젊은이들은 "필feel이 통한다"고 말한다.

둘째, 성격 및 가치관의 차이를 고려해야 한다. 배우자 간에 성격이 서로 비슷해야 좋은가, 아니면 서로 차이가 있어야 하는가 하는 문제는 한마디로 단정하기 어렵다.

배우자 간에 성격이 비슷한 경우, 부드러운 사람끼리 만나면 겉으로 평온해 보이지만 박력과 역동성이 부족하기 쉽고, 강한 사람끼리 만나면 적극성이 있어 좋지만, 반면 서로 충돌할 위험성과 급한 성격을 강화하게 되어 자칫 극단에 흐를 가능성이 있다.

서로 성격이 다른 사람끼리 만나 서로 조화를 이루며 재미있게 사는 배필이 있는가 하면, 지나치게 아집과 자존심이 강한 사람끼리 만나 거듭된 반목과 갈등으로 화합을 이루지 못하는 경우도 없지 않다. 최근 증가하는 이혼의 주된 사유가 '성격의 차이', 혹은 '가치관의 차이'에 있다는 통계를 보면, 성격 문제는 부부 간의 화합과 깊은 상관관계에 있음이 명백하다.

한편, 2006년 현재 우리나라의 평균 이혼 연령은 남자 42.6세, 여자 39.3세라는 통계가 있다. 결혼 후 십일 년 만에 파경을 맞는 부부가 많다는 사실을 말해 준다. 흔히 서로 사랑하면 이러한 성격 차이는 극복할 수 있다고 생각하는 경향은 경계해야 한다. 남녀 간의 사랑은 상대적인 것이므로 뜨겁다가도 쉽게 식는다. 한쪽의 장점으로 다른 쪽의 단점을 보완해 주는, 이른바 '절장보단絶長補短(긴 것을 잘라서 짧은 것에 보태다)'의 지혜를 발휘하거나 성격을 고치면 된다는 생각에도 한계가 있다. 성격이란 하루아침에 고쳐지는 것이 아니기 때문이다.

성격을 알려면, 주로 대화를 하거나 자연스럽게 취미활동을 함께 하면서 관찰할 수 있다. 또 "그가 사귀는 사람들을 보면 그의 사람 됨됨이를 알 수 있다觀其交遊 則其賢不肖可察也(『관자管子』). 또 '유유상종類類相從'이란 말도 있으니 그가 사귀는 친구를 보고 짐작할 수 있다.

셋째, 심신이 건강해야 한다. 건강은 인간 생활의 근간이다. 그러나 상대방의 건강 상태를 알기가 쉽지 않다. 직접 건강진단서를 교환하는 것이 가장 확실한 방법이다. 체면을 남달리 존중하는 우리 사회 풍토에서 다소 어색하겠지만 필수적인 것만은 사실이다.

넷째, 상대방의 성장 배경과 가정환경에도 관심을 가져야 한다. 성장 배경이란 상대방의 성장에 영향을 미친 가정환경과 가품을 말한다. 우선 성장 과정이 순탄하다면 더할 나위 없이 좋다. 그러나 성장 과정 그 자체가 절대적 기준은 아니다. 성장 배경이 좋은 사람 중에는 순수하고 곱고 구김살 없이 맑고 매사에 긍정적인 성격의 사람이 많은 것은 사실이다. 하지만 지나친 과보호로 말미암아 마치 온실에서 자란 화초처럼 나약하고, 소극적이고, 퇴영적이고, 의타적인 성격의 소유자도 없지 않다. 불우하게 성장했다고 해서 다 성격이 일그러지고 매사에 부정적인 사람이라고 단정하기도 어렵다. "초년 고생은 돈을 주고도 못 산다"는 속담을 실증하듯이, 불굴의 정신과 강인한 의지로 이를 극복한 인재도 얼마든지 있기 때문이다. 섣부른 선입견이나 편견보다는 냉정하고 객관적인 입장에서 옥석을 가려야 할 것이다.

가세家勢보다는 가품家品, 가풍家風, 가격家格을 눈여겨보는 일도 중요하다. 가풍과 가품은 그 사람의 인품을 빚어낸 텃밭이다. 좋은 가풍과 가품은 본인의 언행에서 드러난다. 그 부모와 대면해 보아도 바로 알 수 있다. 가풍과 가품은 그 가정의 문화 풍토에 의하여 오랜 시간에 걸쳐 숙성된 것이므로 당사자는 물론 자녀에게도 그대로 전승된다. "왕대밭에서 왕대 나고 쑥대밭에서 쑥대 난다"는 말 그대로다. 신기할 만큼 아들은 그 아버지의 모습과 인품을, 딸은 그 어머니의 자태와 말씨까지 닮는 경우를 흔히 보게 된다. '문화 충격'이란 국제사회나 도비都鄙에만 있는 것이 아니라 가정에도 있다. 가정의 문화 차이도 가볍게 넘길 일이 아니다. 삼십 년 가까운 세월에 빚어진 가정의 문화풍토, 곧 가치관과 언행, 습관을 고치는 일이 쉽지 않다. 가문을 따지던 옛 어른들의 생각을 마냥 고루하다고만 탓할 수 없는 이유다.

다섯째, 상대방의 경제적 능력도 검토해 보아야 한다. 경제적 능력이란, 학력과 직업, 직종, 급여, 승진, 사업 전망 등을 통하여 실현될 수 있는 '가계소득 주체로서의 능력'과 아울러 알뜰하게 사는 살림의 지혜를 말해 주는 '가계소비 주체로서의 능력'까지를 포함한다. 또 남자의 경제적 능력에 그치지 않고, 여자의 경제적 능력까지도 포함하는 것이 요즘의 추세다.

여섯째, 상대를 이해하고 수용할 수 있는 아량이 있는지도 살펴야 한다. 성장 배경이 다르고 개성이 다른 남녀가 한 가정을 이루어 평생을 함께한다는 것은 생각처럼 쉬운 일이 아니다. 화이부동和而不同하는 자세로 부부가 화합하되, 각자의 개성이 다르다는 사실도 인정하고 수용하는 아량 없이는 진정한 가정의 평화는 기대하기 어렵다. 아량은 일시적인 생각만 가지고 넓어지지 않는다. 그러므로 상대의 기량은 물론 자신의 그릇 크기를 냉철하게 판단해 볼 필요가 있다.

이 밖에 각자의 인생관과 결혼관에 따라 배우자 선택의 조건과 기준은 제각기 다를 수밖에 없다. 그러나 지나치게 번거로운 조건과 기준을 염두에 두고 현실과 동떨어진 이상적 배우자상을 그리며 따지는 일은 배우자 선택을 더욱 어렵게 하는 요인이 되므로, 되도록 단순화하는 것이 자신에게 도움이 된다는 사실은 분명하다.

2011. 7. 21.

효도하고 우애하는 길

흔히 "피는 물보다 진하다"는 말로 혈육의 끈끈한 정을 설명한다. 그 중에서도 부모가 자녀를 생각하는 마음을 '자애', 자녀가 부모를 생각하는 마음을 '효심', 형제간의 사랑을 '우애'라 한다. 효심의 극진한 경지를 효성이라 하고, 효성을 다하여 어버이를 섬기는 것은 사람으로서의 당연한 도리이므로 효도라 한다. 부모의 자애와 자녀의 효도, 그리고 형제간의 우애는 인륜 도덕의 근간을 이룬다.

우리의 실상은 어떤가? 결론부터 말하면, 시대와 사회의 변화에 따라 이 당연한 기본 윤리에 이상 징후가 나타나고 있다. 가정에서 하나밖에 없는 아이를 "금이야! 옥이야!" 하고 애지중지 키우다 보니, 부모의 사랑은 마음껏 주지만 정작 자녀의 효심을 이끌어 내는 데는 소홀하다 못해 실패했다고 해도 과언이 아니다. 학교 또한 효도 교육의 초점이 점차 산만해져 가고 있으니 안타깝다. 사회적인 관심도 희박하고, 국민교육 역시 도덕 및 정신교육의 목표와 시책이 실종되다시피 된 지 오래다. 조상 대대로 그토록 강조해 온 '충'과 '효'라는 말을 요즈음에는 거의 들을 수 없게 된 것이 그 실례다. 간혹 태권도장이나 군부대 신병 훈련소에나 가야 "나라에 충성! 부모에 효도!"라는 구호를 겨우 들을 수 있게 되었으니 한심한 일이다. 과연 효도와 우애는 봉건시대의 낡은 윤리인가? 그래서 이제 매몰해도 좋은 것인가?

효도하는 길

시대와 사회가 아무리 달라져도 사람의 도리는 변할 수 없는 것이 강상이다. 강상綱常이란 사람이면 누구나 존중하고 지켜야 할 인륜 도덕의 기본을 말한다. 가정과 사회와 국가의 기틀을 유지하는 데 필수불가결한 것, 그것이 강상이다. 강상의 중심 덕목인 충과 효를 경시하는 일은 곧 인간의 가치를 상실하는 것이며, 스스로 인간이기를 포기하는 것과 같다. 그러므로 충과 효를 경시하는 사회풍조가 만연하는 현실을 우리는 그냥 두고 볼 수 없다.

『천자문千字文』에 '자부사군資父事君'이란 구절이 있다. 이 말은 부모 받드는 일을 바탕으로 임금을 섬기라는 뜻이다. '충과 효의 뿌리는 하나'라는 말은 효를 국가적·대승적 견지에서 보면 충이 되고, 이 충을 압축하면 효가 된다는 충효 일치 사상에 근거한다.

그런데도 오늘날 효도사상이 이렇게 퇴폐하게 된 원인은 무엇인가?

첫째, 자애와 효도는 동전의 양면과 같은 일체 관계이지만, 그 본질에는 차이가 있기 때문이다. 부모의 자애는 자녀에게 위로부터 아래로 내리는 본능적·감성적·무조건적 사랑이다. 반면에 효도는 부모의 은공을 생각하고 공경하는 마음에서 아래로부터 위로 향하는 이성적·양심적·도덕적 이념의 실천이다. 그래서 자애는 애써 강조하지 않아도 흐르는 물처럼 자연스럽게 이루어지지만, 효도는 '인륜의 근본'이라는 명분 아래 교육·종교·윤리 등으로 끊임없이 그 가치를 강조하고 교화敎化하지 않으면 흐려지기 쉬운 특성이 있다. '강조한다'는 것은 어떤 부분을 특히 부각시키거나 회복하려 할 때, 또는 어떤 부분의 퇴폐를 방지하려할 때에 의도하는 작용이다. 효도하는 것이 그만큼 어렵기 때문에 옛 어른들은 효도를 자애의 반에 반, 아니 그 반(약 13퍼센트)만 해도 대효大孝(효도를 크게 하는 것)라고 말씀하셨다.

둘째, '사랑'과 '공경'이라는 상반된 심리적 구조가 조화를 이루지 못하는 데도 원인이 있다. 원래 사람은 인격적인 상호작용에 의해서 서로 정감을 나누며 산다. 인간은 서로 좋아하는 느낌을 가지기도 하지만, 때로는 서로 혐오하는 감정을 가지기도 한다. 좋아하는 느낌은 서로 일치를 이루며 '고마움'과 '사랑'이라는 긍정적 정감을 가지게 하고, 혐오하는 감정은 '두려움'과 '미움'과 '배척'을 하는 부정적인 정감으로 나타난다. 고마움과 두려움이 서로 교차될 때 나타나는 정감이 바로 공경恭敬과 경외敬畏다. 본능적·무조건적·긍정적인 부모의 정감인 '자애'와 부모와 자녀가 함께 살면서 그 속에서 우러나는 '공경과 경외'를 바탕으로 하는 효도가 균형을 이루기가 그래서 어렵다. 여기에 효도 교육의 난점이 있다.

셋째, 효도사상이 허례 형식을 숭상하는 낡은 봉건적 유교 도덕이라는 오해와 무지가 바로 효심을 흐리게 하는 원인으로 작용한다. 세간에는 유교만이 효도를 인륜 도덕의 중심 덕목으로 강조하고 있는 것으로 잘못 알고 있는 사람들이 의외로 많다. 부모를 공경하는 효도사상은 동서고금을 일관하는 인륜 도덕일 뿐만 아니라, 그리스도교·이슬람교·불교 등 많은 종교가 이를 우선적인 도덕률로 강조하고 있다. 또 일부 무지몽매한 사람 중에는 과거 군사독재체제에서 충효를 강조한 것이 그들의 정권 유지를 위한 수단이라고 오해한 나머지 충효사상을 시대정신에 역행하는 비민주적 사상인 것처럼 매도하는 것도 시정되어야 할 편견이다.

넷째, 산업사회로 이행하는 과정에서 핵가족화가 초래하는 역기능도 그 원인의 하나가 되고 있다. 전통적 농경사회는 가장家長이나 문장門長의 통제 아래 가풍이 조성되고 가문의 질서가 유지되는 가부장제가 그 존립 기반이었다. 산업사회의 산물인 핵가족제도는 가족 성원의 다양성을 존중하고 가정의 민주화가 이루어지면서 부모와 자녀와의 관계가 유연해지는 반면, 가정의 중심축이 흔들리고 가정교육의 초점이 산만해져 도덕교육에 암영을 던져 준다.

우리는 어렸을 때부터 "까마귀는 어릴 적에 먹이를 물어다 준 어미 새의 은공을 잊지 않는다. 어미 새가 늙으면 그 은공을 갚느라 도로 먹이를 물어다 준다. 그래서 까마귀를 반포지조反哺之鳥라 한다", 또 "개가 날마다 보살펴 주고 귀여워해 준 주인의 생명을 구하고 죽었다. 만물의 영장인 사람이 금수보다 못해서야 되겠는가?"라는 말을 자주 듣고 자랐다.

유학의 경전 곳곳에서 우리는 효 사상에 관한 진수眞髓를 보게 된다. "효도는 마땅히 힘을 다해야 하고 충성함에 있어서는 목숨을 다 바쳐야 한다孝當竭力 忠則盡命"는 『천자문千字文』의 글을 시작으로, 『효경孝經』에는 "효는 모든 행실의 근본百行之本", "효는 인仁, 의義, 예禮, 지智, 신信이 다 갖추어진 완전한 인격의 근본德之本"이라고 했다.

『논어論語』「위정爲政」편에는 효에 대한 공자와 제자들의 문답이 막힘없이 이어진다.

"효는 도리에 어김이 없는 것이다無違."

"부모가 살아 계실 때에는 예禮로써 섬기고, 돌아가시면 예로써 장례를 치르고, 제사는 예로써 지내는 것이다生事之以禮 死葬之以禮 祭之以禮."

"부모는 오직 그 자녀가 병들까 걱정한다父母 唯其疾之憂."

"요즈음 효도는 잘 봉양하는 것이라고 말하지만, 개와 말도 잘 먹일 수 있으니 공경하는 마음이 없다면 무엇이 이와 다르겠는가今之孝者 是 謂能養 至於犬馬 皆能有養 不敬 何以別乎."

"항상 즐거운 낯으로 부모를 모시기가 어렵다. 일이 있으면 젊은이 가 수고하고, 술과 음식이 있으면 먼저 대접하는 것만을 가지고 어찌 효도했다고 하겠는가色難 有事 弟子服其勞 有酒食 先生饌 曾是以爲孝乎."

요컨대, 공자께서는 효도란 자녀가 예로써 부모를 모시는 데 어김 이 없어야 하며, 스스로 건강을 지킴으로써 부모에게 걱정을 끼치지 않아야 하며, 자녀가 부모를 봉양하는 것도 중요하지만 공경하는 마 음이 앞서야 한다. 항상 기쁘고 즐거운 마음으로 부모를 모셔야 한다 는 것이다.

다음엔 효도하는 구체적인 방법을 일일이 예를 들어가며 말씀하 신다.

"아버지께서 부르시면 머뭇거리지 말고, 입에 든 음식이 있거든 즉 시 뱉고 속히 대답하라父命召 唯而不諾 食在口則吐之"(『명심보감明心寶鑑』 「효행孝行」편).

"부모가 살아계시거든 멀리 가서 놀지 말며, 놀러갈 때에는 반드 시 그 행방을 알려야 한다父母在 不遠遊 遊必有方"(『논어論語』「이인里 仁」편).

"효자가 어버이를 섬기는 일은 기거하심에 공경을 다하고, 봉양함 에 즐거움을 다하고, 병이 드시면 근심을 다하고, 초상을 당하면 슬품을 다하고, 제사를 지낼 때는 엄숙함을 다하라孝子之事親也 居則致其敬 養則致其樂 病則致其憂 喪則致其哀 祭則致其嚴"(『명심보감明心寶鑑』「효행孝 行」편).

또 해마다 '어버이날'이면 "낳으실 때 괴로움 다 잊으시고(후략)"란 노래를 부르고, 다음과 같은 한시漢詩를 외우기도 한다.

아버지 날 낳으시고 어머니 날 기르시니父兮生我 母兮鞠我
아아 슬프다 어버이시여! 나를 낳아 기르시느라 수고하셨다哀哀父母 生我劬勞
그 깊은 은덕 갚고자 하면 넓은 하늘도 끝이 없도다欲報之德 昊天罔極
　─『시경詩經』

나무는 조용히 있고자 하나 바람이 그치지 않고樹欲靜而風不止
자식이 봉양하고자 하나 부모는 기다려 주지 않네子欲養而親不待
가면 되돌아오지 않는 것이 세월이요往而不可返者年
돌아가시면 따를 수 없는 것이 부모라네逝而不可追者親
　─『한시외전韓詩外傳』9권.「풍수지탄風樹之嘆」

불교의 『부모은중경父母恩重經』은 자신을 낳아 길러 주신 부모의 은 혜 열 가지를 열거한다.

1. 나를 잉태하시고 지켜 주신 은혜 懷耽守護恩
2. 해산에 임하여 고통을 받으신 은혜 臨産受苦恩

3. 자식을 낳았다고 근심을 잊는 은혜 生子忘憂恩

4. 입에 쓰면 삼키고, 단 것이면 뱉어서 먹이시는 은혜 咽苦吐甘恩

5. 마른자리엔 아기를 누이고 진자리엔 당신께서 누우신 은혜 廻乾就濕恩

6. 젖 먹여 길러 주신 은혜 乳哺養育恩

7. 깨끗하지 못한 것을 씻어 주신 은혜 洗濯不淨恩

8. 먼 길을 떠나면 생각하고 걱정해 주시는 은혜 遠行憶念恩

9. 자식을 위해 나쁜 일도 서슴지 않는 은혜 爲造惡業恩

10. 끝까지 자식을 불쌍히 여기시고 사랑하시는 은혜 究竟憐愍恩

신라 화랑의 「세속오계世俗五戒」 중 "임금을 섬기되 충성으로써 하라事君以忠", "어버이를 섬기되 효성으로써 하라事親以孝"는 두 계율은 바로 삼국 통일의 정신적 기반이 되었다.

서구사회의 정신적 기조를 이루고 있는 그리스도교 성경에도 부모를 공경하여야 한다는 구절이 많다. 모세의 십계명 속에는 "아버지와 어머니를 공경하여라. 그러면 너는 주 너의 하느님이 너에게 주는 땅에서 오래 살 것이다"(「탈출기脫出記」 20장 12절)라는 계명이 있다.

사도 바오로가 에페소 신자들에게 보낸 서간에는 "자녀 여러분, 주님 안에서 부모에게 순종하십시오"(「에페소 신자들에게 보내는 서간」 6장 1절)라는 말로 하느님과 부모를 공경할 것을 거듭 강조한다.

성경 「집회서集會書」에는 "주님께서 자녀들로 아버지를 영광스럽게 하시고, 아들에 대한 어머니의 권리를 보장하셨다. 아버지를 공경하는 이는 죄를 용서받는다. 제 어머니를 영광스럽게 하는 이는 보물을 쌓는 이와 같다. 아버지를 공경하는 이는 자녀들에게서 기쁨을 얻고, 그가 기도하는 날 받아들여진다. 아버지를 영광스럽게 하는 이는 장수하고, 주님의 말씀에 귀 기울이는 이는 제 어머니를 편안하게 한다. 얘야, 네 아버지가 나이 들었을 때 잘 보살피고, 그가 살아 있는 동안 슬프게 하지 마라. 그가 지각을 잃더라도 인내심을 가지고 그를 업신여기지 않도록 네 힘을 다하여라. 아버지에 대한 효행은 잊히지 않으니, 네 죄를 상쇄할 여지를 마련해 주리라"(「집회서」 3장 2-6절, 12-14절) 하여 주님을 경외하는 이는 부모를 공경해야 한다고 하였다.

위에서 살펴본 바와 같이 "부모를 공경하고 부모에게 효도해야 한다"는 인간의 최고 도덕률은 동서고금을 막론하고 그 바탕에 차이가 없음을 알 수 있다. "효자 집안에서 효자 난다"는 우리 속담도 있다. 윗글에서 보면, 자식에게 효도를 가르치려면 그 자신이 먼저 효도를 실천하여 스스로 효자가 되어야 자녀들도 효도한다는 뜻이 담겨 있다. 부모에게 효성을 다하는 것이야말로 부모의 은혜에 보답하는 길이며, 동시에 자신도 자녀들로부터 효도를 받을 수 있는 길임을 강조한 것이다.

효도의 바탕에는 항상 부모를 공경하는 마음이 깔려 있어야 한다. 부모를 공경하는 마음 없이 겉으로만 효도하는 것은 위선僞善이다. 그러므로 부모를 공경함에 있어서는 반드시 예를 갖추어야 한다. 아무리 마음속에 효심이 가득하다 해도, 겉으로 드러나는 예를 갖추지 않으면 그 자체가 불효를 하는 것이다.

효도를 하는 방법에는 부모에게 좋은 음식을 해 드리고 편안한 잠자리가 되도록 보살펴 드리는 봉양奉養이 있고, 부모의 뜻에 따르고 부모를 안심시켜 드리고 부모를 기쁘게 해 드리는 양지養志가 있다.

이 두 가지를 다 실천하는 것이 참된 효도의 길이다.

현대사회에서 생각해 볼 수 있는 효도의 구체적인 실례實例를 몇 가지 들어 본다. 먼저 부모에게 작은 기쁨을 드리고 잔걱정을 덜어드리기 위해,

—자주 부모를 찾아뵙는다.
—부모를 뵐 때는 항상 밝은 낯과 상냥한 말씨로 대한다.
—정 바쁘면 전화라도 자주 드려서 마음을 편케 해 드린다.
—자기 직업에 충실해서 부모님의 잔걱정을 덜어 드린다.
—부모의 뜻을 받들고 부모를 기쁘게 해 드릴 생각을 자주 한다.

또, 부모에게 더 큰 기쁨과 보람을 안겨 드리기 위해,

—자신의 안전과 건강 관리를 잘한다.
—늦지 않게 결혼을 한다.
—건강한 자녀를 낳아 부모에게 안겨 드린다.
—생애 단계에 따라 성취하는 모습을 보여 드린다.

"뭐 이런 자질구레한 일을 가지고 효도라고 하느냐?"고 웃어넘기지 마라. 작은 일도 걱정스러운 게 부모의 마음이다. 자녀가 부모에게 조금만 잘 해 드려도 크게 위안을 받고 기뻐하는 게 부모의 보람이다. 작은 보람도 남에게 자랑하고 싶은 게 부모의 심정이다. 큰일 한번해서 부모를 기쁘게 해 드리겠다고 벼르고 작은 일을 소홀히 하는 일이 없어야 한다.

그러다가 영영 부모에게 효도 한번 제대로 하지 못할 수도 있다. 돌아가신 뒤 후회하느니, 차라리 우선 작은 일, 손쉬운 일부터 해 드리는 것이 순리라는 생각에서 제안해 본 것이다.

우애하는 길

옛날부터 우애는 '효제孝悌'라 하여 효도와 함께 강조해 온 덕목이다. 효가 부모와 자녀 간에 상하관계를 지탱하는 벼리라면, 우애는 형은 아우를 아끼고, 아우는 형을 공경하는 형제자매 간을 이어주는 사랑과 정을 나누는 끈이다. 효는 부모를 공경하는 마음에서, 제悌(또는 弟라고도 쓴다. 아우가 형을 섬기는 도리)는 형제 간에 우애하는 마음에서 우러나오는 인간의 기본윤리다. 우애의 실천 덕목으로는 예로부터 "맏형은 부모와 같고, 형은 아우를 아끼고, 아우는 형을 공경해야 한다長兄父母 兄友弟恭"는 말이 강조되고 있다.

그러나 "한 치 건너 두 치"라는 말이 있듯이, 요즈음 형제간에 재산 때문에 알력과 갈등을 일으키는 경우가 점차 늘고 있어 주위를 안타깝게 하고 있다. 얼마 전 법원에서 민사조정을 하다가 부모 유산 상속 문제로 한 치의 양보도 없이 치열하게 다투는 대학교수 형제를 보며, 나는 문득 중국 위나라 조식曹植의 「칠보시七步詩」를 연상했다. 「칠보시」란, 조조曹操의 아들 조비曹丕가 평소 그의 문재文才를 질시하던 동생 조식을 죽일 요량으로 "일곱 걸음을 걷는 동안에 시 한 수를 지으라"고 하자, "콩을 삶기 위하여 콩대를 태우나니 콩이 가마 속에서 소리 없이 우네. 본디 한 뿌리에서 같이 태어났거늘 서로 괴롭힘이 어찌

이리 심한고煮豆燃豆其 豆在釜中泣 本是同根生 相煎何太急"라 했다는 고사
故事에서 유래한다. 흔히 그의 시적 재능을 드러낼 때 많이 인용되지
만, 그의 참담한 마음이 엿보여 감동을 더하게 된다. 원고와 피고로
마주 앉게 된 형제 곁에는 그 노모老母가 안절부절못한 채 몸을 계속
떨고 있었다. 이 얼마나 불효막심한 현장인가! 하기야 효도가 위기를
맞고 있는 판국에 우애인들 성할 리가 없지만….

　"옛날, 한 아버지가 형제들을 모아 놓고 '젓가락 묶음을 꺾어 보라'
하니 그 묶음이 꺾이지 않자, 다시 젓가락 하나씩을 나누어 주며 꺾어
보라 하였다. 이번에는 그 젓가락이 손쉽게 꺾였다. 이와 같이 "여러
형제가 화합하고 단결해야 한다"는 교훈을 담은 옛이야기와 아울러
"형제가 밤에 지게를 지고 타작할 곡식을 형은 아우의 볏가리에, 아우
는 형의 볏가리에 몰래 보태기를 몇 번인가 거듭하다가 마침내 길에
서 볏가리를 진 두 형제가 서로 마주쳐 서로의 푸근한 우애를 확인하
며 얼싸안았다"는 옛날이야기를 떠올리며 여러 가지로 설득해 보았
지만, 워낙 형제 간에 감정의 골이 깊어 도저히 조정이 성립되지 않았다.

　자녀 하나만 낳고 더 이상의 출산을 포기하는 것이 요즈음 세태이
고 보면, 앞으로 친형제는 고사하고 종형제(사촌), 재종형제(육촌) 찾
기가 어려운 세상이 되었다. 이제 우애는 형제간의 윤리 덕목을 넘어
이웃사촌, 아니 세계동포주의로 확장해야 할 때가 가까워지고 있다.
이러한 때 "피는 물보다 진하다"는 형제가 있다는 것이 얼마나 큰 축
복인가.

　우애가 제대로 실천되려면 먼저 자신의 욕심부터 버려야 한다. 형
제가 서로 양보하는 데서 우애는 싹튼다. 이것이 살아계신 부모를 기
쁘게 해 드리는 효도의 길이고, 돌아가신 조상님께 떳떳한 길이다. 우

애를 실천하는 줏대는 그 배우자의 역할에 달려 있다. 비록 성장 과정
은 각기 다르지만 동서同壻로 만나 가족공동체를 이루게 된 사이다.
그들에게는 이 인연을 소중히 여기고, 자기로 말미암아 우애가 손상
되지 않도록 해야 할 도덕적인 책무가 있다. 제 욕심을 버리고 다른
동서의 입장을 생각하며 양보하는 미덕을 발휘한다면 우애에 균열이
생길 리 없다. 한 집안의 화합을 유지하는 관건이 바로 배우자인 자신
에게 있다는 사실을 항상 명심해야 한다. 설혹 남편에게, 또는 아내에
게 우애하는 마음이 희박하다 해도, 배우자가 설득하면 우애는 되살
아나게 되고 가정에 평화가 깃들게 된다. 이래야 이해와 양보를 종용
한 자신이 더 떳떳해지고 동기간과 자녀의 존경을 받게 된다.

다 같이 효도하고 우애하는 길

효도와 우애는 사랑의 시작이다. 여기에서 이웃 사랑, 나라 사랑으로
열정이 번져 나간다.

　"군자가 효도로써 사람을 가르치는 것은 세상에 남의 아버지 된 이
를 공경하라는 것이요, 형제간에 우애하라고 가르치는 것은 세상에
남의 형 된 사람을 공경하라는 것이요, 신하 된 도리를 잘하라고 가르
치는 것은 임금을 공경하라는 것이다君子之教以孝也 所以敬天下之爲人父者
教以弟 所以敬天下之爲人兄者 教以臣 所以敬天下之爲人君者"(『효경孝經』「광지
덕장廣至德章」).

　"예는 공경함이다. 그러므로 그 아버지를 공경하면 아들이 기뻐하
고, 그 형을 공경하면 아우가 기뻐하고, 그 임금을 공경하면 신하가

기뻐하니, 공경하는 사람은 하나지만 천만인이 다 기뻐하는 것이다. 공경하는 이는 적은데 기뻐하는 사람이 많으니 이야말로 공경하는 것 그 자체가 곧 예의 길이다禮者敬而已矣 故敬其父則子說(=悅) 敬其兄則弟說 敬其君則臣說 敬一人而千萬人說 所敬者寡而 說者衆 此之謂要道也"(『효경孝經』「광지도장廣至道章」)는 글도 있다. 모든 사람이 함께 기뻐하고 세상에 평화가 깃들게 하는 길은 바로 효도와 우애에 있음을 밝힌 글이다.

가정에서 부모가 자녀에게 효도와 우애하는 마음씨를 심어 주는 일은 인간의 기본 윤리를 바로 세우는 길이다. 효도와 우애를 실천하는 요체는 부모의 솔선수범이다.

학교도 효도와 우애 교육 강화를 위한 교육과정을 재정비하는 작업을 서둘러야 한다. 다양한 교육 프로그램을 개발하는 한편, 구체적인 교육활동을 전개해야 한다. "어렵게 살면서 병드신 부모님을 봉양하느라고 애쓴 보람이 있어 천지신명도 감동하여 그를 도와주었다"는 기적설화奇蹟說話로 효 사상을 고취해 온 고식적 방법만으로는 감동과 감화를 주기 어렵다. "나는 누구인가?", "부모는 내게 얼마나 고마운 분인가?", "부모의 은공을 보답하는 길은 무엇인가?" 등 일련의 문제를 깊이 생각하고 토의하면서 자기 존재감과 정체감을 확립하도록 지도해야 한다. 일가친척 중 효도의 본보기가 되는 사람들의 이야기를 소재로 서로 이야기를 나누기도 하고, 그 내용을 소재로 글도 쓰고, 이야기 줄거리를 그림으로 그려 보기도 해야 한다. 또 이를 노래 가사나 악보로 표현하기도 하고, 작품 전시회도 가지면서 효도하는 마음의 문이 활짝 열리도록 지도하는 프로그램이 필요하다.

정부와 지방자치단체도 이제 구태의연한 소극적 방법을 탈피해야한다. 예로부터 나라에서 효행 사례를 널리 발굴 표창하고 도처에 효성을 기리는 정려旌閭 비각을 세운 참뜻을 살려, 가정 윤리와 사회 윤리, 그리고 국가 윤리를 크게 진작하는 적극적인 시책을 펴야 한다.

2009. 1. 26. 기축년 설날에

부모는 자녀의 거울

부모를 닮는 자녀

언젠가 내가 찾은 분당 서울대학교 병원 수술실 옆에 있는 환자 가족 대기실은 걱정스런 표정의 가족들로 가득 차 있었다. 전면의 텔레비전은 순간순간 영상을 바꾸면서 시청자들의 이목을 끌려 했지만, 환자 가족들의 관심은 온통 전면 좌측 벽의 수술 안내판에 집중되어 있었다. '수술 중'에 있는 환자 이름이 '회복실'로 옮겨가기를 초조하게 기다리는 그 순간을 잡으려는 시선들이다. 그것에 성이 차지 않은지, 아니면 너무 초조한 탓인지, 아예 대기실 밖에서 이리저리 서성대면서 잠가 놓은 수술실 문 안을 기웃거리며 안절부절못하는 사람도 있었다. 그 중에 삼십대의 한 남자가 있었다. 옆에는 닮은 얼굴의 댓 살쯤 되는 사내아이가 있는 것으로 보아, 애기 엄마가 수술 중인 것으로 보인다. 아빠가 초조한 듯 바지 주머니에 손을 넣자, 그 뒤를 바짝 따라다니던 아이도 바지 주머니에 손을 잽싸게 넣는다. 잠시 뒤 고개를 숙인 채 팔짱을 끼고 왔다 갔다 하는 그 아이를 보고 "어쩐지 아이답지 않다"고 생각하며 고개를 돌리니, 똑같은 행동과 표정을 하고 있는 애기 아빠의 모습이 보여 나는 그만 쓴웃음을 짓고 말았다.

자녀가 부모를 닮는 것은 비단 용모뿐만 아니다. 표정·음성·행동거지는 물론, 성격·적성·소질·재능까지도 닮아 간다. "오랜만에 만난 친구가 하도 젊어졌기에 반가운 마음에 한참 수작을 하다 보니 사실은 친구의 아들이었다"는 실수담을 들은 생각이 났다.

가정은 인간 형성의 기초를 다지는 교육의 장場이며, 부모는 자녀에게는 최초의 교사다. 부모의 마음과 생각과 말과 행동은 자녀들에게 생생한 모범이 되고 산 교재가 된다. 부모의 말 한마디 한마디, 일거수일투족이 그대로 자녀의 인격 형성에 영향을 미친다. 이런 집안 분위기가 가풍家風을 이루고, 그 가풍이 가품家品과 가격家格을 가름하게 되니, 실로 부모 책임이 막중하다. 그래서 좋은 부모에게서 훌륭한 자녀가 나는 반면에, 자녀가 잘못하면 결국 그 부모까지 욕되게 한다. 페스탈로치는 "요람을 흔드는 이는 세계를 움직인다"고 하였고, 어느 교육학자는 "한 사람의 현모는 백 사람의 교사보다 더 낫다"고 한 말이 생생하다.

자녀 교육의 실상

이렇듯 중요한 자녀 교육이 과연 제대로 이루어지고 있는가?

부모들의 헌신적 노력에도 불구하고 선뜻 긍정적인 답을 할 수 없는 현실이 나로서는 안타깝다. 그 원인을 밝히려면 다각적인 접근이 필요하겠지만 급격한 산업화·도시화·핵가족화에 즉응하지 못한 데서 파생하는 다음 네 가지 요인에 있다고 생각한다.

첫째, 가치관의 혼란으로 자녀 교육 이념이 확고하지 못한 데 있다. 조선 오백 년간의 정신적 기조는 주자학이었다. 사내아이에게는 충효

忠孝와 인의예지신仁義禮智信을 근간으로 하는 선비로서의 법도와 행실, 여자아이에게는 요조숙녀窈窕淑女로서의 정절貞節과 사덕(四德: 부덕婦德, 부언婦言, 부용婦容, 부공婦功)을 갖추게 하는 것이 행세하는 반가班家의 교육목표였다.

우리는 지금 민주화된 사회, 세계화된 시대에 살고 있다. 이에 따르는 가정교육 이념이 바로잡혀야 하는데, 그렇지 못한 것이 실상이다. 확고한 가치관에 기반을 두지 않은 자기류의 백가쟁명百家爭鳴 식 가정교육은 자칫 교육의 난맥과 혼선을 초래할 우려가 있다.

새 시대에 알맞은 교육은

— 한국의 전통에 국제 감각이 조화된 국민정신
— 어떤 난관도 극복할 수 있는 창의성과 개척정신
— 다양한 문화를 수용할 수 있는 열린 마음과 국제 이해를 위한 개방적·창의적 인간 교육
— 외국어 교육의 기회 확대와 그 효율화

에 있다고 본다.

둘째, 가정교육의 주체(부모와 조부모) 간에 조화와 균형을 잃고 있는 파행적 교육 방식에 원인이 있다. 옛날에는 가족 간에 자연스럽게 자녀 교육의 역할 분담이 이루어져 있었다. 조부모가 할 일, 부모가 할 일은 물론, 동네 어른들까지도 서로 관심을 가지고 '이웃집 자녀를 내 자녀같이' 교육하는 전통이 있었다. 그런데 핵가족제도가 보편화된 요즈음엔 이 교육 협력 체제가 무너졌다. 부모는 맞벌이를 위해 새벽에 출근했다가 아이가 잠든 시간에야 귀가하게 되니, 도무지 자녀

교육을 생각하고 실행할 겨를이 없다. 이를 보완해야 할 조부모는 멀리 떨어져 산다. 결국 가사 도우미가 보살피거나 아니면 방임하다시피 하니, 아무래도 파행을 면하기 어렵다. 전통적인 삼대三代 가정의 순기능을 살릴 수 있는 사회교육 체제가 시급하다.

셋째, 부모가 자녀를 과보호하는 경향에 말미암은 가정교육의 난맥亂脈도 한몫을 하고 있다. 유아 출생률의 감소 추세로, 한 세대 한 자녀 낳기도 어려운 상황이라 "오냐! 오냐! 하고 키운 자식 효자 없다. 귀한 자식일수록 험하게 키우라"는 옛 어른들의 교훈이 무색해진지 오래다. 오히려 "불면 날세라 만지면 깨질세라" 금지옥엽으로 자식을 키우다 보니, 그렇게 자란 아이의 교육이 제대로 될 리 만무하다.

넷째, 가정에서 교육할 내용을 제쳐놓고 그 책임을 학교에 전가하는 부모의 자세가 가정교육의 부실과 결손을 부른다. 가정과 학교에서 교육할 내용은 따로 있다. 가정에서 반드시 지도해야 할 내용을 바쁘다는 핑계로 학교에 전가하는 것이 잘못이다. 자녀의 잘못을 보고 "학교에서 그렇게 가르치더냐?"고 애꿎은 학교만 탓하는 현실이 이를 말해 준다. 가정은 가정이고, 학교는 학교다. 가정에서 지도해야 할 내용은 가정에서 지도해야 그 효과도 크다. 특히 밥상머리에서 가르쳐야 할 식사 습관이나 식사 예절, 가정의 일상생활 속에서 이루어질 기본적인 생활 습관은 가정교육의 몫이다. 설혹 그 일부를 학교에서 지도한다 해도 보충 강화의 의미를 가질 뿐, 구체적인 개별 지도에는 난점이 있다. 내 자녀는 내가 가르친다는 철저한 자녀 교육관이 필요하다.

자녀 교육의 방법

자녀 교육의 구체적인 방법은 부모와 자녀의 특성에 따라 그 방법이 다양할 수밖에 없다. 평소에 내가 생각하고 체험한 것을 토대로 그 방법을 제시하면 다음과 같다.

첫째, 자녀 교육은 부모가 모범을 보여 주는 데서 시작된다. 이것이 가정교육의 요체다. 일상생활 중에 부모의 말 한마디, 행동 하나하나, 사고방식이 거울에 비치듯이 그대로 자녀에게 영향을 미친다. 그러므로 부모를 보면 그 자녀를 알 수 있고, 자녀를 보면 그 부모를 알 수 있다. 부모는 바로 자녀의 거울이요, 자녀는 부모의 거울이다. 옛글에 "그 아비를 알려면 먼저 그 아들을 보라. 임금이 거룩하면 신하가 충성스럽고, 아비가 인자하면 아들이 효행한다"고 하였다. 또 "태공이 말하기를, 내가 어버이에게 효도하면 내 자식이 또한 나에게 효도한다. 내가 어버이에게 효도하지 않는다면 자식이 어찌 나에게 효도하겠는가太公 曰孝於親 子亦孝之 身旣不孝 子何孝焉"(『명심보감明心寶鑑』)라는 글도 있다.

둘째, 자녀 교육은 부모가 하나 되어 자녀를 교육해야 효과를 거둘 수 있다. '비익조比翼鳥'라는 전설 속의 새가 있다. 눈과 날개가 각각 하나씩이어서 서로 날개를 가지런히 맞대지 않으면 날지 못한다고 전해지는 새다. 이 새처럼 부모가 하나가 되어 교육해야 한다.

전통적인 자녀 교육의 방법은 '엄이자嚴而慈'를 근간으로 삼는다. 엄격함과 사랑이 조화와 균형을 이루어야 한다는 말이다. 엄격하기만 해 가지고는 자녀가 빗나가기 쉽고, 자애롭기만 해서는 자녀가 방자放恣해지기 쉽다. '엄嚴'의 상징인 아버지는 자녀 교육에 기강을 세우고,

어머니는 '자慈'로써 포근하게 감싸 주어야 자녀가 올바르게 자란다. 아버지가 자녀를 꾸짖는 경우, 어머니는 그 사이에 끼어들거나 아이의 역성을 들 것이 아니라 한발 물러서 있어야 한다. 어머니는 그 뒤에 차분하게 자녀를 타이르며 아버지의 깊은 속마음을 자녀에게 일러 주어야 다시는 잘못을 저지르지 않는다. '엄이자'야말로 자녀 교육의 정도正道라고 생각한다.

불행하게도 자녀 교육을 혼자서 맡아야 할 경우가 있더라도, '엄이자'의 원칙은 그대로 유지해야 한다. 일인이역一人二役이 벅차겠지만, 자녀가 잘못하면 엄하게 꾸짖고 그 이유를 자상하게 설명해 주는 자애가 아이에게는 봄비와 같다. 편부모로서 자칫 자애에 치우치다 보면 "아비(어미) 없는 자식"이란 말을 듣게 되고, 엄격하기만 하면 자녀가 빗나가기 쉽다. 자녀를 엄하게 꾸짖고 종아리를 모질게 때리고는 늦은 밤, 잠든 자녀의 상처를 어루만지며 눈물짓는 어머니의 '엄이자'가 마침내 큰 인물을 키워 낸 사례를 일일이 들춰낼 필요가 없다. "부자는 강하고 엄하게, 가난한 집에서는 유하고 자애롭게 자식을 키우라"는 경구도 같은 맥락에서 이해해야 한다.

셋째, 자녀와의 자연스러운 의사 소통이 자녀 교육의 효율을 높이는 데 도움이 된다. 최근 일본 교육사회학회에 보고된 조사 연구 자료에 의하면, "부모와 자녀 간의 대화 유무가 아이의 학력學力에 크게 영향을 미친다"고 한다(『요미우리신문』 2006. 10. 13.). 같은 시기에 "자녀와의 대화를 위하여 특별히 주중週中에 한 요일을 정하는 가정이 늘고 있다"는 국내 신문 기사를 읽은 기억도 있다. 문제는 대화하는 자세와 방법의 적합성과 원활한 소통이 성패를 좌우한다.

자녀와의 대화는 차분한 마음에서 이루어져야 한다. 성급하게 결론을 내려고 강요해서는 안 된다. 서두른다고 해서 될 일이 아니다. "어떤 농부가 벼를 빨리 자라게 하기 위해 갓 팬 이삭을 모조리 뽑아 놓고 집에 돌아와 자랑하기를 '오늘은 내가 큰일을 했단다. 벼가 빨리 자라게 하였으니 말이다.' 아들들이 깜짝 놀라 논에 달려가 보니 이미 벼이삭은 다 말라 버렸다"는 옛 이야기는 자식 농사를 짓는 사람에게 시사示唆하는 바가 크다.

자녀와의 대화 중에 흥분은 금물이다. 자기와 의견이 다르다고 해서, 또 자기의 입장을 이해해 주지 않는다고 해서 자녀를 나무라면, 대화는 거기에서 그친다. 자신과 다른 의견을 제시하는 것은 자기를 적대시하거나 자기를 배척하는 것이 아니라 서로 의견이 다르다는 사실을 말해 줄 뿐이다. 물 흐르듯이 자기 생각을 이야기하는 가운데 마음과 마음이 통하도록 해야 한다. 부모의 원만한 인격과 자세가 대화 중에 드러나야 그 속에서 자녀도 성장한다.

실제로 대화를 하다 보면, 각자의 주장이 서로 맞서 뜻대로 되지 않고, 심지어 이로 인해서 부모와 자녀 간에 의誼가 상하는 일도 가끔 있다. 그래서 옛 어른들은 '역자이교지易子而敎之'라 하여 자기 자식을 직접 가르칠 것이 아니라 서로 바꿔서 가르쳐야 한다고 하였다. 또 부자간에는 '불책선不責善'이라 하여, 부모가 자녀에게 이러저러한 좋은 일을 하라고 직접 가르치지 말라고도 했다. 부모 된 입장에서 아무래도 지나친 욕심에 사로잡히기 십상이기 때문에 가정 교육에 낭패가 없도록 하려는 깊은 뜻을 읽을 수 있다.

그러므로 부모는 자녀의 심정을 깊이 이해하여 시대 조류에 맞도록 대화의 기법을 미리 익혀 둘 필요가 있다. 그러려면 부모가 먼저 자녀에게 숨김없이 마음을 트고, 자녀 역시 스스럼없이 이야기하는 허여許

與된 분위기rapport를 조성하는 것이 바람직하다.

넷째, 자녀 교육의 바탕은 좋은 교육 환경을 조성하는 데 있다. 교육 환경이란 거주지 주변의 교육 여건뿐만 아니다. 좋은 친구를 사귀는 일, 좋은 책을 선택하는 일까지를 포함한다. "맹자의 어머니가 맹자를 올바르게 가르치려고 세 번이나 이사를 했다孟母三遷之敎"는 교훈이나 "자식을 낳으면 서울로 보내고, 망아지를 낳으면 제주도로 보내라"는 우리 속담을 예사롭게 넘기지 않아야 한다. 「이스라엘 임금 다윗의 아들 솔로몬의 잠언」이란 표제가 붙은 성경 「잠언箴言」의 "내 아들아, 아버지의 교훈을 들어라, 어머니의 가르침을 저버리지 마라. 그것들은 네 머리에 우아한 화관이며 네 목에 목걸이다(「잠언」 1장 8-9절)", "나쁜 친구를 조심하여라(「잠언」 1장 10-19절)"는 구절은 교육 환경의 중요성을 일깨워 주는 금언이다.

좋은 친구로부터 받는 영향은 부모나 스승 못지않게 더 강력하고 긍정적인 면이 많다. 어떻게 하면 좋은 친구와 사귀고, 어떻게 하면 나쁜 친구의 유혹을 뿌리칠 수 있는지를 용의주도하게 지도해야 한다.

한편, 내 자녀에게도 어딘가에 문제가 있을 수 있다는 생각을 하고, 때때로 챙겨 보는 자상함도 있어야 한다. 그렇다고 자녀의 교우 관계를 일일이 간섭, 통제하라는 뜻은 아니다. 지나친 간섭과 통제는 자녀의 자주성을 억제하고, 또 자신을 불신하는 것으로 오해할 수도 있으니 조심해야 한다.

좋은 책을 마주하게 하는 일도 중요하다. 직접 사다 주는 것보다 좋은 책에 관심을 가지도록 지도하는 것이 더 낫다. 자녀에게 재산을 물려주는 일 못지않게 사회적 자본과 인지능력을 물려주는 교육 환경 조성이야말로 자녀의 미래 지평을 넓혀 주는 지혜라 하겠다.

자녀 교육을 위한 지도 중점

기본 생활 습관과 예절 익히기

"세 살 버릇 여든까지 간다"는 속담과 같이, 무심결에 어떤 행동을 반복하다 보면 그것이 습관이 된다. 한번 잘못된 습관은 좀처럼 고치기 어렵다.

심리학에서는 습관을, 어떤 자극과 그에 대한 반응과의 계열이 여러 번 반복된 결과 생긴 자극과 반응과의 자동적 연합이라 정의하고, "이때 반응은 빨리 나타나고 비교적 불변성을 가진다"고 말한다. 곧 습관은 한번 굳어지면 잘 변하지 않는 특성이 있다.

교육학에서는 습관을 "어떤 행동이나 의식의 형태가 고정되어 그것이 언제나 같은 형태로 무의식중에 나타나게 되는 것"으로 "특정 행동의 반복은 습관으로 고착되고 마침내 교정하기 어려운 습관(불변성, 근성)으로 옮겨 간다"고 규정한다. "생각은 행동을 낳고, 행동은 습관을 낳고, 습관은 성격을 낳고, 성격은 운명을 좌우한다"는 말은 이런 맥락을 짚어 낸 것이다. 부모는 자기 자녀가 좋은 습관을 가지도록 자녀의 행동 하나하나를 관찰하고, 그 즉시 좋은 점은 칭찬하고, 좋지 않은 점은 그 이유를 설명해 주어 다시는 반복하지 않게 해야 한다.

이 일은 결코 작은 일이 아니라, 자녀의 장래 운명을 좌우하는 아주 중요한 단서가 된다. 거듭 말하지만, "이 다음, 학교에서 잘 지도해 주겠지" 하는 안일한 생각과 기대는 버려야 한다. 자녀의 기본적인 예절을 익히는 곳은 바로 가정이라는 사실을 명심해야 한다.

남을 배려하는 마음 기르기

사회가 각박해지면서 "남이야 어떻게 되든지 나만 편하면 되고, 나만 돈 많이 벌면 되고. 나만 잘살면 된다"는 이기심이 팽배하고 있음은 안타까운 일이다. 진정 살기 좋은 나라, 평화로운 사회를 이룩하려면 무엇보다 이웃을 배려하는 마음을 가다듬어야 한다. 소극적으로는 남에게 폐를 끼치지 않는 일, 남이 눈살을 찌푸리지 않게 하는 일에서 시작하여, 적극적으로는 이웃과 협력하는 일, 남에게 아량과 관용을 베푸는 일, 사랑과 봉사를 나누는 일, 하느님을 경외하고 사회정의를 실현하는 일로 그 범위를 점차 확대해야 한다.

가족 모두가 신앙을 통하여 교회나 사원에 함께 가서 경건한 마음으로 복음 또는 설법을 듣고 선행을 실천하는 것도 바람직하다.

안전 지도

재난과 위험으로부터 자신의 안전과 생명을 지키는 일도 가정교육에서의 지도 사항이다. 안전생활은 유아기부터 자녀와 함께 하나하나 실천하면서 그때그때 위험을 알려 주고 몸에 익혀 주어야 한다. 여든 살 된 아버지가 장에 가는 환갑 지난 아들에게 "차 조심하고 집에 일찍 돌아오라"고 당부하는 마음처럼, 안전이야말로 아무리 강조해도 지나치지 않을 덕목이다.

정체감正體感 바로 세우기

"나는 누구인가?", "나는 어떻게 살아야 할 것인가?" 하는 존재감과 정체감을 가지는 것은 자연스러운 인격 형성 과정이다. 그 단서를 열어 주고 북돋워 주는 일은 부모로서의 중요한 역할이다. "저 어린 게 뭘 알겠는가?", "더 자라면 스스로 알게 되겠지" 하고 뒤로 미루는 일은 교육의 포기요, 부모의 직무 유기다. 내가 어릴 때, "쓴 나물을 먹을 줄 알아야 양반의 자손"이라고 하시던 할아버지 말씀에 내키지 않는 씀바귀무침을 천연덕스레 먹다가 마침내 쓰고도 향긋한 그 진미에 맛들인 추억이 새롭다. "네 십삼대조부터 내리 팔대 진사 급제를 하셨으니 이런 집이 어디 그리 흔하냐? 우리 집안은 이런 선비 집안이란다", "글씨를 잘 쓰는 네가 증조할아버지의 필재를 닮았구나!"라는 할아버지 말씀에 어린 시절, 자존심과 정체감이 한껏 고무되었던 '나'를 잊을 수 없다.

극기심 배양

"정말 힘들었습니다. 처음부터 끝까지 자기와의 싸움이었으니까요." 이 말은 국제대회에서 우승한 사람들이 흔히 피력하는 인터뷰 소감이다. 극기심이야말로 자기 성취와 자기 실현을 견인하는 에너지다. 부모의 보호에서 벗어나려는 자립 의지와 자신감, 어떤 난관에도 좌절하지 않는 극기심, 새로운 일을 시작하는 용기, 이 모두가 자녀에게 길러 주어야 할 정신적 자산이다. 모든 작업이 자동화 시스템으로 바뀐 오늘, 편리를 추구하며 사는 신세대에게 가장 요긴한 이 극기심의 배양은 가정교육의 중요 과제가 아닐 수 없다.

언행일치

언행일치는 자신의 신뢰를 쌓는 기틀이다. 말만 앞세우고 실천이 없는 사람, 되지도 않을 일을 허투루 말하는 사람, 어제 한 말 다르고 오늘 하는 말 다른 사람을 믿어 줄 사람은 이 세상에 아무도 없다. "집에서 새는 바가지, 밖에 나가서도 샌다"는 속담을 깊이 새기며, 평소에 언행이 일치하도록 해야 한다. 한번 말한 것은 반드시 실천하는 행동력, 자기 행동에 대하여는 끝까지 책임지는 책임감을 어려서부터 길러 주어야 한다.

가정에서의 자녀 교육은 인격의 첫 단추를 끼워 주는 과정過程이다. 가정교육을 잘 받은 학생은 말 한마디, 행동 하나가 예사롭지 않다. 학부모의 경제적인 지위가 제법 그럴싸한 가정의 자녀가 겉으로 보기에 허술한 가정의 자녀만 못한 경우는 얼마든지 있다. 졸부猝富의 자녀들이 그렇다. 교양이 부족한 면모가 마구 노출되는 것을 보면 안타까울 때가 많다.

문제는 그 가풍과 부모의 관심이다. 가풍이야 오랜 시간에 걸쳐 빚어진 것이니 당장 고치기 어렵다 치더라도, 부모가 적극적인 관심을 기울인다면 그래도 희망은 있다.

우리나라에서는 유치원부터 초등학교 저학년에 이르기까지 기본 생활 습관 형성을 지도하는 과정課程이 있다. 그런데 그 결과는 얼마 못 가서 묻히고 만다. 왜 그럴까? 그것은 가정과 사회의 무관심 때문이다. 가정교육에서 지도해야 할 내용을 학교교육에만 의존하는 것은 큰 잘못이다. 자녀 교육은 가정에서 착실하게 이루어져야 그 내실을 기할 수 있고, 자녀의 성장단계에 따라 적기에 이루어져야 밝은 내일이 있다는 사실을 거듭 말해 둔다. 물론 학교교육을 통해서 어느 정도 이를 보전補塡할 수는 있다.

그러나 잘못된 습관을 뒤늦게 교정하려면 몇 배의 노력을 기울여야 하는 번거로움이 따른다. 한번 깨진 거울은 그 흔적이 남게 마련이다. 나중에 후회하느니, 차라리 부모가 미리 가정교육의 방향을 바로잡고

용의주도하게 지도하는 것이 자녀 교육을 그르치지 않는 정경正徑이
라고 생각한다.

2007. 5. 8. 어버이날에

알뜰살뜰 살던 시절의 이야기

삼십삼 년간 고락을 함께했던 아내요 아이들의 어머니였던 심우영 안나가 천국에 간 지도 벌써 십오 년. 그런데도 자꾸 옛날을 되돌아보며 그리움의 고통을 되새기는 데는 그런대로의 까닭이 있다.

그 어려웠던 시절에도 한 점 흐트러짐 없이 꼿꼿하게 참고 견디며 살던 안나!

그가 세상을 떠난 1994년 3월, 큰딸과 둘째딸은 대학을 마친 뒤 이미 결혼을 했고 아이들까지 있던 터라, 제 어머니가 어떻게 살아 왔고 또 집안을 어떻게 일으켰는지를 잘 알고 있다. 두 아들 역시 다 자라난 뒤여서 제 어머니의 부덕婦德과 집안 사정을 알 만큼 알고 있다. 그러나 그 뒤에 우리 가족이 된 두 며느리와 어린 손자 손녀들이야 그 사정을 제대로 알 리가 없다. 그 당시 우리 가족이 어떻게 살았는지? 그 생활상을 재조명함으로써 좋은 가풍을 진작하는 계기로 삼았으면 하는 마음이 간절해서 이 글을 쓴다.

국어사전에서 '알뜰하다'는 말을 찾아보면 "1. 일에 대하여 정성스럽고 규모 있게 하므로 빈 구석이 없다. 2. 헤프게 쓰지 않고 아끼다. 3. 살림이 오붓하다"고 풀이하고 있다. 이 세 가지 의미를 통해 당시 우리 집 살림의 면모를 하나하나 살펴 거울로 삼고자 한다.

정성스럽고 규모 있던 살림살이

안나는 누구보다도 사리 판단이 분명하고 정확했다. 선악과 정사, 그리고 시비와 곡직을 제대로 가릴 줄 알았고, 일의 완급을 가려 가며 모든 일을 정확하게 처리했다.

무슨 일에나 정성을 다했고 살림살이에 규모가 있었다. 음식 솜씨가 남달리 뛰어나, 가족들의 건강을 생각해서 끼니 때면 음식 하나하나를 정갈하고 맛있게 만드느라 무던히 애썼다.

학생 시절에 가끔 우리 집에서 식사를 같이한 이인제李仁濟 국회의원은 "사모님이 만드신 음식만큼 맛있는 음식은 없다"는 말을 되풀이하더라고 그 부인이 내게 귀띔해 주었다.

언제나 집 안팎은 깨끗했고, 살림 하나하나가 제자리에 가지런히 놓여 있었다. 심지어 빨래 거리 하나라도 아무렇게나 놓아두는 일이 없었다. 집안에는 언제나 영이돌았다. 먼지 하나 없이 깔끔하게 정리정돈되어 있는 이러한 분위기에서 온 가족이 편안한 마음으로 하루하루를 지낼 수 있었기에 우리 가족은 모두 행복했고, 이웃 사람들조차 부러워했다.

결혼 전에 지저분하게 늘어놓고 사는 일에 넌더리를 냈던 나는 새 세상을 만난 듯 상쾌한 기분으로 하루하루를 보낼 수 있었다. 그래서 나는 집안일은 전혀 걱정하지 않고 오로지 직장 일에만 충실할 수 있었다.

오직 저축만으로 마련한 아파트

안나는 돈을 한 푼도 허투루 쓰는 일이 없었다. 웬만한 주부면 한 번쯤 부동산 투기나 주식 투자에 손을 댔던 게 그 당시의 세태였다. 그는 "월급 받아 사는 사람이 목돈을 마련할 수 있는 유일한 길은 저축뿐이다"라고 말하며 매월 일정액을 떼 내어 저금했다.

나는 불현듯이 그때 생각이 나서 그가 세상을 떠나기 삼 개월 전인 1993년 12월 말의 예금통장을 챙겨 보았다. 통장을 보관한 상자 속에는 보통예금 외에 정기예금, 정기적금, 그리고 보장형 저축성 보험통장이 그대로 남아 있었다. 통장 하나하나를 정리해 보니, 안나 자신을 제외하고 아들, 딸, 사위, 내 명의로 삼성생명보험에 한 구좌, 대한생명보험에 다섯 구좌의 보험증권이 고스란히 남아 있다. 가까운 은행에 정기적금을 해도 되련만, "보험설계사로 일하고 있는 친척과 친구 부인을 도우려고 일부러 가입했다"던 말이 생각났다. 그래도 성이 차지 않았던지, 은행 정기적금에 한 구좌를 더 가입해서 매월 65만 4,700원이 자동이체되고 있었다. 그만큼 어려운 이를 생각하고 도울 줄을 아는 인정 있는 아낙이었다.

통장 내용을 살펴보았다. 일산신도시 사십구평형 건영아파트에 당첨되었던 1991년 9월 현재, 이미 5,700만 원이 한국투자신탁에 예치되어 있었다. 이 년 지난 1993년 9월 말, 저축 총액은 1억 260만 원에 이르고 있었다. 이 년 동안 4,560만 원이 더 불어나 있었다. 일 년 뒤인 1994년 2월, 중곡동 집 전세보증금 2,000만 원을 여기에 보태니 1억 1,999만 8,000원이 되었다. 아파트 분양가 1억 2,000만 원에서 2,000원 모자란 목돈이다. 아파트 입주금을 빚 한 푼 없이 오직 저축만으로 마련한 것이다. 나도 모르게 한숨이 나왔다. 몇 해 뒤, 안나가 가입했던 보험금이 만기가 되었다. 나는 그 전액을 찾아 네 자녀에게 골고루 나눠 주었다. 식구가 다 같이 고생한 보람으로 생각하고 제 어머니를 한 번 더 생각하게 되었으리라….

봉급생활을 해 본 사람이면 누구나 겪는 박봉에 어떻게 이런 일이 가능했을까? 그 내용이 궁금해서 그동안의 월급 명세서와 은행 예금 통장을 다시 챙겨 보면서 1984–1993(십 년간) 자동이체한 봉급 내역을 정리했다. 그 결과, 십 년간의 입금 총액을 합산한 금액은 1억 4,621만 5,486원, 이를 백이십 개월로 나눈 월평균 봉급은 121만 8,462원이었다. 이 돈이 우리 집에서 한 달 동안 쓸 수 있는 가처분 소득이었다. 여기에서 1993년 말 현재, 다달이 저축한 65만 4,700원을 빼고 나면 매월 56만 3,762원이 남는다. 십 년 동안 평균 월급의 53.7 퍼센트를 저축하고, 나머지 56만 원 안팎의 돈을 가지고 여섯 식구의 생계비, 네 자녀의 학비, 세금 및 공과금, 기타 잡비 등으로 지출한 셈이다.

돌이켜 보면, 안나는 1960년 12월 5일 나와 결혼한 다음날부터 집안 살림을 도맡아 했다. 스물네 살 새댁으로서, 시어머니와 시동생과 시누이 다섯, 그리고 내외를 포함한 여덟 식구의 살림살이였다. 식량만 해도 한 달에 쌀 한 가마니로는 모라라던 시절이었다. 부수입이라곤 전혀 없는 학교 선생 봉급으로 불평 한마디 없이 어려운 살림을 꾸려 나갔다.

세월이 지나면서 시동생, 시누이가 각각 결혼하게 되어 겨우 한숨 돌리는가 싶었지만, 돈 쓸 일은 꼬리를 물었다. 아이들 사남매의 양육비, 교육비, 아이들이 다 자란 뒤에 큰딸의 결혼과 미국 유학, 둘째딸의 결혼, 거기에다가 작은 집을 늘려 큰 집 사느라 빌린 은행 대부 원리금 등에 충당하고도 이렇게 모았으니, 그의 검약과 절용에 새삼 놀라움을 금할 수 없다.

문득 언젠가 안나가 내게 한 말이 생각난다. "당신은 학비 제조기예요. 한평생 동생들과 아이들 학비 대느라 마음 놓고 돈 한번 써 보지도 못하고…", "이 모두가 당신 덕택이니 고맙소"라는 말도 못하고 미소만 짓고 만 것이 후회스럽기 그지없다.

하기야 그 봉급에서 무슨 여유가 있어 돈을 달리 쓸 수 있었겠는가? 일억이 넘는 돈을 저축할 수 있었던 것은 오로지 그의 알뜰한 살림살이 덕분이요, 거기에 한몫을 한 것은 근검절약을 생활화한 제 어머니의 가르침에 잘 따라준 아이들의 공이었다. 큰딸 종숙이의 회고에 의하면 "지금이 가장 어려운 고비다. 조금만 더 참고 견디자"는 어머니의 말을 몇 번이나 들었는지 모른다고 한다. 없는 살림살이에 하나하나 이루고 사는 재미가 이렇게 쏠쏠한 줄을 아이들도 그때 알게 되었으리라 믿는다.

그렇다고 안나는 아끼느라 인색하거나 옹졸하지도 않았다. 식구들을 굶기거나 헐벗게 하지도 않았다. 오히려 꼭 써야 할 때는 아낌없이 쓸 줄 알고 남에게 베풀 줄도 아는 현철한 주부였다. 동기간에 우애하고 대소가와 서로 나눌 줄 아는 후덕한 종부이기도 했다.

1997년 아이엠에프IMF 사태의 악몽을 되새기며 미국에서 시작한 서브프라임 모기지론이 몰고 온 세계적인 불황 속에서 국민 모두가 불안해하는 요즈음, 저축이 미덕이네, 아니네 하는 논란이 한창이다. 하지만 국민경제의 축을 이루는 가계家計와 기업과 국가의 세 경제 주체 중 전형적 소비 주체인 가계에는 아무래도 절약과 저축이 미덕일 수밖에 없다. 기준 금리가 2–3퍼센트대로 낮아졌는데도 "여성의 30퍼센트가 가계 지출을 줄여 저축하는 것을 재테크의 방법으로 생각하고 있다"는 한국은행의 최근 조사 결과가 이를 입증한다.

오붓했던 살림살이

"살림이 오붓하다"는 말은 '살림이 허실虛失이 없이 필요한 것만 갖추고 있다', '살림이 포실하다', '살림이 넉넉하다'는 뜻이다. 우리 집 사정은 언제나 넉넉한 살림이 아니었다. 식구가 여덟에서 여섯, 여섯에서 넷으로 줄었지만, 오직 한 사람의 수입에 의존해서 사는 형편이라 여유 없기는 마찬가지였다. 그동안 살아온 과정이 워낙 복잡했고, 상속 재산 하나 없는 종가 살림에 필요한 것은 다 갖춰야 했고 이래저래 체면을 차리자니 그럴 수밖에 없었다. 안나가 떠난 1994년까지 우리 집 수도료와 전기료는 기본요금을 넘은 일이 한 번도 없었다. 그만큼 허실이 없었다는 이야기다.

살림 하나를 장만하는 데도 여간 신중하지 않았다. 먼저 내외가 이마를 마주 대고 의논을 한다. 그 결과 필요 없다든지, 아직 급하지 않다는 결론이 나면 두 번 다시 돌아보지 않았다. 그러나 일단 장만하기로 의견이 모이면, 그때부터 안나는 바빴다. 내가 출근한 사이 시장을 돌아보고 마음에 드는 물건이 있으면 내가 퇴근하기를 기다렸다가 함께 가자고 졸라댔다. 내가 "알아서 사라"고 아무리 말해도 막무가내였다. 같이 가 보고, 다시 지출에 무리는 없는지 계산해 보고, 그 돈을 어떻게 마련할지 궁리해 보고서야 물건을 사들였다. 한번 장만한 살림은 아끼고 또 아껴 썼기 때문에, 우리 집 가구는 십 년이 넘어도 언제나 새것처럼 보였다. 아니, 닦고 조이고 손질해서 오히려 새것보다 더 돋보였다. 그러기에 없는 살림이었지만 궁상이나 궁기를 전혀 느낄 수 없었다.

안나와 나는 어느 누구도 속칭 '딴 주머니'를 찬 일이 없었다. 그만큼 모든 일에 솔직했다. 비단 우리 내외만이 아니었다. 부모와 자녀 간에도 전혀 간극이 없었다. 직장에 다녀온 나도 그랬지만, 학교에 다녀온 아이들이 하나의 일과처럼 제 어머니와 그날 있었던 일을 도란도란 이야기하는 것을 보며, 우리 집의 희망을 보는 듯했다.

사람에 따라서는 이런 모습을 시시콜콜하고 하찮다고 여길지도 모른다. 그러나 아이들의 솔직한 토로와 안나의 분명한 사리 판단은 간혹 있을 수 있는 실수나 과오를 그때그때 미리 바로잡았고, 매사에 용기와 자신감을 더할 수 있어서 아이들이 올바르게 성장하는 데 큰 도움이 되었다. 나 또한 그의 조언을 듣고 일처리를 해서 낭패한 적이 한 번도 없었다. 이런 가족 간의 일치와 협력은 우리 가족을 행복감으로 가득 채워 주었다.

어떤 이는 "애써 모은 돈 제대로 한번 써 보지도 못하고 세상을 떠났으니 너무 허망하지 않은가?"라고 말할지 모른다. 하지만 그의 덕이 헛되지 않아 아이들이 제대로 자랐고 네 자녀가 박사 학위 둘, 경영학석사MBA 하나, 학사학위 하나의 고급 학력을 지니게 되었으니 이 또한 그의 공덕으로 이룬 보람이다. 남편의 의견에 아내가 따르는 부창부수夫唱婦隨라 할지, 아내의 의견에 남편이 따르는 부창부수婦唱夫隨라 할지, 안나와 나는 정말 뜻이 잘 맞았다. 그래서 하는 일마다 순조롭게 이루어졌다. 이런 우리 부부의 화합과 알뜰한 살림살이를 그대로 보고 자라난 아이들도 이를 거울삼아, 그 시절에 부모가 하던 그 방식을 본받아, 식구끼리 숨김없이 모든 것을 털어놓고 서로 의논하며 화목하게 살고 있으니 정말 다행이다.

　지나간 세월의 흔적이 들려주는 이 이야기가 우리 아이들에게 희망의 속삭임이 되어 행복한 미래를 활짝 여는 데 도움이 되었으면 좋겠다.

　2009. 3. 11. 안나의 십오 주기를 맞으며

칠십 노동老童의『천자문』공부

고희古稀를 넘기고서『천자문千字文』을 읽고 새기고 외우고 쓰고 있으니, 늦어도 한참 늦은 학동學童이 된 셈이다.

나이 칠십에 웬 천자문? 뒤늦게 철이 난 것인가, 아니면 못 배운 한풀이라도 하자는 것인가? 이에 대한 궁금증은 이 글을 읽다 보면 저절로 풀리게 될 것이다.

나는 아버지의 직장을 따라 다니느라 대여섯 살 되던 유년기에 웬만한 집 아이라면 다 배운『천자문』을 익힐 기회를 놓치고 말았다. 그뒤, 방학 때면 으레 할아버지 댁에 보름쯤 가 있었지만, 웬일인지 할아버지께서도 별로 관심을 가지지 않으셨다. 할아버지 댁에는 명필이시었던 증조할아버지께서 손수 쓰신『천자문』이 한 권 있었다. 둘째 손자를 가르치려고 손수 쓰셨다고 전해지는 책이다.

방학에 갈 때마다 나 혼자 틈틈이 읽은『천자문』의 진도는 고작해야 "하늘 천天. 따 지地. 검을 현玄. 누를 황黃"에서 시작하여 책 두 장을 넘긴 "새 조鳥. 벼슬 관官. 사람 인人. 임금 황皇"에서 끝났다. 겨우 팔십 자를 읽은 셈이다. 그마저 무슨 뜻인지도 모른 채 나 홀로 그저 훈訓과 음音만 읽어 댔다. 이것이 내 기억에 남아 있는 어릴 적 한자 공부의 전부다.

철들고 난 뒤에 안 일이지만, 내 주변에는『천자문』을 뗀 다음,『동몽선습童蒙先習』이나 『계몽편啓蒙篇』, 『소학小學』, 『명심보감明心寶鑑』, 『통감通鑑』까지 읽고 학교에 입학한 또래 아이가 제법 많았다.

일본이 태평양전쟁을 일으키던 해인 1941년, 나는 만 육 세에 초등학교에 입학했다. 전쟁 중 근로 동원과 황국신민화皇國臣民化 교육을 받느라 교육 내용은 부실했다. 내가 그나마 한자를 익힐 수 있었던 것은 일간신문을 통해서였다. 우리 집에서 구독했던 신문은 일본어판 『경성매일신문京城每日新聞』으로 기억된다. 당시 신문은 예외 없이 모든 기사에 한자를 혼용하였기 때문에, 신문을 꾸준히 읽다가 나도 모르는 사이에 한자 실력이 조금씩 늘었다. 해방 후에는 『조선일보』를 통하여 한자를 익힐 수 있었다. 나는 한자에 남보다 더 관심이 있었으므로, 모르는 글자가 있으면 당장 자전을 찾아 웬만한 상용한자는 읽게 되었다.

본격적으로 한문 공부를 할 수 있는 좋은 기회를 얻게 된 것은 내 나이 서른한 살 되던 1964년 여름이었다. 논산중학교에 근무하던 때였는데, 중등 일반사회과 일급정교사 자격 연수를 받으려고 공주사대 부설 중등교원연수원에 한 달 동안 연수하게 된 것이 그 계기였다.

당시만 해도 교통이 불편했던 때라, 공주시 내에 하숙하고 연수를 받아야만 했는데, 마침 공주시 내에서 약 육 킬로미터 정도 떨어진 의당면 율정리에 내 장조丈祖께서 사셨다. 나는 그곳에 머물며 낮에는 자격 연수를 받고, 밤에는 한문 공부를 할 생각을 했다. 평생 경전을 놓지 않으시고 많은 제자를 교육하며 선비로서의 바른 길을 걸으신 어른께 유학의 정수인 『논어論語』를 배울 심산이었다. 아내를 통하여 그 뜻을 전했더니 "참, 좋은 생각이다. 아예 식구가 모두 오라"고 하셔서 함께 가서 백년지객으로서 한 달을 머물게 되었다.

한문 공부를 시작하던 첫날. 서점에서 사 가지고 간 『논어주해論語註解』를 내놓자, 장조께서는 "『논어』는 아주 좋은 책이지. 하지만 교직에 있는 네게는 『맹자孟子』를 읽어 두는 게 더 좋을 게야. 문리를 트는 데도 좋지만, 거기에는 거침없는 설득의 논리가 있거든…" 하시며 누렇게 빛바랜 옛날 『맹자』 책을 내놓으셨다.

"어디 한번, 처음부터 읽어 보아라." 순간 나는 당황했다. 『천자문』도 제대로 읽지 못한 처지를 실토하자니 한문 교육에 무심했던 할아버지를 욕되게 하고, 또 잘못 읽으면 양반의 후예로서 망신스럽기 때문이었다. "이왕 배우려고 왔으니 이판사판이다"라고 생각하며 용기를 내어 읽은 『맹자』 「양혜왕梁惠王」 상上의 첫 문장이 왜 그리도 길게만 느껴지는지….

"그만. 거기까지!" 하시는데, 내 이마에는 송골송골 땀방울이 맺혔다. 글자야 그런대로 읽을 수 있었지만, 구절마다 토를 다는 데 애를 먹었다.

"됐다. 그럼 지금 읽은 글을 한번 새겨 보아라."

설상가상雪上加霜이다. "예" 하고 대답은 했지만 '갈수록 태산이라더니 이것 큰일 났구나!' 하고 생각하며 조심스럽게 더듬더듬 그 뜻을 풀이해 나갔다.

"누구에게 배웠는지 제대로 배웠구나."

한두 군데 교정을 받았지만, 그런대로 마음에 드셨던 모양이다. 그 뒤의 진도는 그야말로 일사천리였다. 내가 읽고 풀이하면 전체적인 맥락을 짚어 주시며 보충 설명해 주시는 과정을 반복하며 『맹자』 한 권을 십오 일 만에 떼었다.

『맹자』를 읽는 동안 나는 "일람첩기一覽輒記"니, "재기발랄才氣潑剌"

이니, "요즘 이만큼 읽는 젊은이가 드물다"느니 하는 과분한 칭찬을 들으면서 적지 않게 고무되었다. 칭찬은 역시 최선의 교육 방법이다. 비록 짧은 기간에 이루어진『맹자』읽기는 내게 아주 큰 보람이었다.

우선 맹자가 세상을 주유하며 유세한 내용 중에서 오십보백보五十步百步, 지록위마指鹿爲馬, 알묘조장揠苗助長, 호연지기浩然之氣, 군자삼락君子三樂, 역자교지易子敎之 등 주옥 같은 고사성어와 측은지심惻隱之心 수오지심羞惡之心 사양지심辭讓之心 시비지심是非之心이 자아내는 인의예지仁義禮智의 사단四端, 인의예지신仁義禮智信의 오상五常을 섭렵하며 고전의 진미를 맛보았다.

한학漢學으로 일생을 살아오신 분에게 짧은 기간이나마 한문을 배우고, 공식적인 검정檢定은 아니지만 한문에 조예가 깊은 어른께 한문 실력을 인정받고는 자신감을 가지게 되었다. 뿐만 아니라, 웬만한 한문 원전原典과 비문을 읽고 뜻을 새길 수 있게 된 것도 보람이었다.

내친김에 기초가 부실한 한문 실력을 더욱 다지기 위해 아예『천자문』부터 읽어야겠다는 생각을 하게 되었다. 그러나 이를 행동으로 옮기지 못하고 미루고 또 미루기를 거듭하면서 여러 해를 보냈다. '퇴직하면『천자문』부터 읽어야지' 하고 다짐했건만, 막상 퇴직한 뒤에도 이것저것 다른 일을 하느라 손도 대지 못했다. 퇴직한 지 사 년이 지난 2003년 가을. 책장을 정리하다가『한석봉이 쓴 천자문』이란 책이 눈에 띄었다. 1980년대 초 길가에서 팔던 허름한 책인데, 겉보기와는 달리 서체가 단아해서 사다 놓은 기억이 났다. 책을 펴들고 "천지현황天地玄黃하고 우주홍황宇宙洪荒이라" 하고 읽으며 한 구절씩 풀이해 보았더니, 해설 내용이 영 조잡해서 뜻이 제대로 통하지 않았다. 서점에 좋은 책이 없을까 하고 찾다가『욕망하는 천자문』(김근, 삼인출판,

2003) 한 권을 샀다. 학력 콤플렉스에 빠져 있던 내게는 안성맞춤인 책이다.

이 책을 통하여 나는 다음 네 단계를 거쳐 『천자문』을 익혀 나갔다. 독자의 이해를 돕기 위해 "독초성미篤初誠美 신종의령愼終宜令"의 한 구절을 예로 들어 그 과정을 설명해 보겠다.

1. 먼저 한자의 정확한 훈訓과 음音을 읽어 나간다. 篤-도타울 독, 初-처음 초, 誠-진실로 성, 美-아름다울 미, 愼-삼갈 신, 終-마칠 종, 宜-마땅 의, 令-하여금 령.

2. 다음엔 글자의 형성 과정과 자형字形 분석을 한 부분을 읽고 그 의미를 파악한다.

"'처음 초初'는 '옷 의衣'와 '칼 도刀'로 이루어졌으므로 그 자형적字形的 의미는 '옷을 만들기 위해서 옷감을 재단하다'가 된다. 재단하는 일은 옷을 만들 때에 맨 처음에 하는 일이므로 처음이란 의미로도 쓴다"고 설명되어 있다(『욕망하는 천자문』).

이 과정에서 부수部首 명칭과 실제 글자의 훈과 음에는 차이가 있음을 알게 되었다. 흔히 '중인 변'으로 통하는 '彳'은 '잦은걸음으로 자축거릴 척' 자이며, '갓머리 변'이라 불리는 '宀' 자는 '움집 면'이고, '갖은 책받침', 속칭 '책받침'으로 불리는 '辶 또는 辵' 자는 '길갈 착, 쉬엄쉬엄 갈 착'으로 읽히는 어엿한 하나의 글자였다. 또 내 이름의 첫 글자인 '있을 재在' 자도 의미 요소인 '흙 토土' 자와 발음 요소인 '재주 재才' 자가 합쳐진 글자라는 것도 알았다. 이제까지 몰랐던 이러한 사실을 신기하게 여기며, 체계적으로 한문을 배우지 못한 사람만이 느낄 수 있는 학문적 호기심에 크게 만족했다.

3. 네 개의 글자가 모여 하나의 문장을 이루며 다음 문장과 어떻게 연계되고 있는가를 파악하고, 이에 적절한 토를 달 수 있게 되었다. 저자는 토에 대해서는 구체적으로 설명하지 않았지만, 네 글자로 이루어진 이백오십 개의 구절마다 토를 달아 놓았기 때문에, 『천자문』을 읽는 과정에서 저절로 "독초성미篤初誠美하고 신종위령愼終宜令이라"는 토를 달 수 있게 되었다.

4. 네 글자로 이루어진 문장을 제대로 새기고, 그 글의 뜻을 설명할 수 있게 되었다.
"독초성미篤初誠美하고— 시작에 온 힘을 쏟는다면 진실로 아름답고, 신종의령愼終宜令이라— 마무리를 삼가면 마땅히 훌륭하게 될 것이다"라고….

이 책을 읽다가 나는 그동안 한자와 한문에 대하여 궁금했던 것을 알게 되어 지적 갈증 해소에 많은 도움이 되었다. 얼마 뒤, 나는 마치 초등 학생이 구구단을 외우듯이 아예 『천자문』을 전부 외워 버리는 것이 좋겠다는 생각을 했다. 이를 위해『천자문』읽고 쓰고 외우기에 필요한 다섯 단계를 구상했다.

1.『천자문』을 한 글자, 한 글자씩 훈訓과 음音을 붙여 읽는다.
'하늘 천天, 따 지地, 검을 현玄, 누를 황黃.' 몇 번을 반복해서 읽되, 익숙해질 때까지 소리를 내어 읽는다. 어느 정도 숙달이 되면 아예

"천지현황하고 우주홍황이라"고 외워 나갔다.

2.『천자문』을 한 글자씩 쓰되, 한 글자 쓸 때마다 훈과 음을 새겨 나간다.

무디어진 손가락과 손목을 움직여 오래간만에 한 글자, 또 한 글자를 쓰니 약간 손이 떨리고 힘이 들었다. 하지만 사인펜으로 글씨를 약간 크게 쓰다 보니, 곧 익숙해졌다. 매일 한 번씩 써도 다음날 또 써 보면 천 글자 중 대여섯 글자를 틀렸다. 그러나 이를 반복하는 동안에 차츰 오자誤字가 줄었다.

3. 다음은『천자문』을 외우는 단계이다.

천 자를 한꺼번에 외우는 게 아무래도 벅차서 이백 자씩 다섯 단락으로 나누었다. "천지현황天地玄黃하고 우주홍황宇宙洪荒이라. 일월영측日月盈昃하고 진수열장辰宿列張이라"고 몇 차례 읽고 또 읽는 동안에 한 단락(이백 자)씩 정복하게 되어 마침내 천 자를 다 외웠다. 이 과정이 가장 어려운 고비였다. 그래도 반드시 넘어야 할 고비였기에 열심히 했다.

4.『천자문』을 다 외우고 나면, 그 다음은 훈과 음을 연결 짓는 단계로 접어든다.

"천지현황하고— 하늘 천天, 따 지地, 검을 현玄, 누를 황黃. 우주홍황이라— 집 우宇, 집 주宙, 넓을 홍洪, 거칠 황荒" 하고 구절마다 글자 하나하나를 따로 떼어 그 훈과 음을 외우는 것이다. 이미 외운 문장과 자연스럽게 연결되기 때문에 생각보다 수월했다.

5. 마지막으로 "천지현황하고 우주홍황이라— 하늘과 땅은 검고 누르며, 우주는 넓고 거칠다"고 외워 나간다. 역시 이미 외운 문장에 해석을 덧붙이는 일이기 때문에 몇 번 반복하니까 쉽게 외워졌다. 외우면서, 한편으로는 한 구절, 한 구절씩 한자漢字 하나하나를 연상하며 뜻을 풀이해 나가니 더욱 쉬웠다.

『천자문』을 읽고 쓰고 새기고 외우는 과정에서 거둔 학습 효과는 다음과 같다.

—지금부터 약 천오백 년 전, 중국 양나라 때, 주흥사周興嗣가 편집한 『천자문』에 담겨진 유가儒家와 도가道家의 핵심사상이 훌륭한 조어造語와 대장對仗(서로 의지하고 받쳐 줌)과 압운押韻(규칙적인 운을 다는 일)을 통하여 함축된 동양적 이데올로기의 보고寶庫를 섭력하게 되었다.

—『천자문』을 외우며 한자漢字를 연상하고 그 뜻을 풀이하니 머리가 한결 맑아졌다.

—무딘 손을 놀려 가며 『천자문』을 썼더니 손의 떨림이 낫고 손끝에 힘이 생겼다.

이 과정에서 나는 요즈음 노인들 간에 회자膾炙되는 다음 말이 떠올랐다. "심신의 건강을 위해서 하루에 1회 변통便通하고, 하루에 물 10잔을 마시고, 하루에 100자를 쓰고, 하루에 1,000자를 읽고, 하루에 10,000보를 걸어라."

그렇다고 해서 위와 같은 『천자문』 학습의 다섯 단계를 매일 반복하기는 어려운 일이다. 하루에 그 중 한 가지만이라도 선택 학습한다면, 두뇌 건강에 유익하지 않을까 생각한다. 또 선비가 글을 읽듯이 용의를 갖추고 반듯이 앉아서 외우거나 쓰면 더 좋겠지만, 굳이 그럴 필요가 없다. 시간 여유가 있을 때, 지하철 좌석에 앉아서 무료할 때, 약속 시간을 기다릴 때, 목욕탕 안에 들어앉아 있을 때, 깊은 밤 자리에 누워 잠 못 이룰 때, '쓰기'를 제외한 네 가지 방법 중 하나를 선택하면 좋으리라고 생각한다.

사람은 늙어 가면서 집중력과 기억력이 급격하게 줄어드는 현상을 피할 수 없다. 이것은 늙으면 누구나 체험하고 실감할 수밖에 없는 노화 현상의 하나이다. 나 역시 집중력과 기억력의 감퇴로 독서 능력이 떨어지고 생각했던 것을 깜빡 잊는 현상이 잦아지고 있다. 무엇인가 두뇌 활동을 자극함으로써 노쇠 현상을 완화하고 자칫 생길는지도 모르는 치매를 예방하자는 생각에서『천자문』외우기를 발상하게 된 것이다. 그 효과인지는 몰라도 소리 없이 다가오던 기억력과 집중력의 감퇴 현상이 줄고 정신이 맑아진 것을 느끼게 되었다. 앞으로『논어』에 도전하고 싶다. 점점 쇠약해지는 노년기에 아침마다 거르지 않고 스트레칭을 하고 걷기운동과 근력운동으로 신체적 건강을 증진하는 한편,『논어』와 같은 좋은 글을 읽고 쓰고 외움으로써 정신적인 건강마저 챙길 수 있다면 얼마나 좋은 일인가.

2008. 6. 15.

나의 신앙생활 고백

내가 하느님의 초대에 응하기까지

전능하신 하느님 아버지, 저를 사랑하시어 당신께로 불러 주시고, 무한한 은총 중에 행복한 삶을 누리게 해 주시니 감사하나이다.
　―보정동성당 건축을 위한 기도문 중에서

　오랫동안 나는 신앙에 냉담했었다. 아니, 냉담했다고 하기보다 차라리 거부했다고 표현하는 말이 정확할지 모른다. 그런 내가 1994년 12월 11일 일산 백석동성당에서 가족 친지와 교우들의 축복 속에 영세領洗를 했다. 세례명은 아오스딩. 1997년 9월 28일 나는 일산 주엽동성당에서 견진성사를 받아 성숙한 그리스도 신앙인으로서의 믿음을 한층 다졌다. 그 때부터 내 삶은 하느님의 은총 속에서 하루하루가 행복하다.

　사람은 고통과 슬픔을 겪으면 종교적 신앙을 가지게 된다는데, 나는 약관 전후로 아버지, 할머니, 증조할머니의 상을 연거푸 당하면서 큰 충격을 받았지만, 인생으로서의 고뇌나 종교적 신앙에 빠지지 않았다. 거기에는 그만한 사연이 있었다.

　그 하나는 종교에 대한 올바른 이해가 부족했고, 진실한 신앙을 접할 기회가 없었다는 점이다. 전통적인 유교 집안에서 태어난 나는 어릴 적부터 그 분위기에 젖은 나머지, 다른 종교에 별로 관심을 가지지 않았다. 가까운 친인척 중에 내게 종교적인 영향을 미칠 만한 분도 없었다. 유학자이셨던 외조부께서 삼일운동 후 일제의 감시를 피하시느라고 산속 암자에서 한때 승려생활을 하셨다는 말을 들었어도, 내게는 과묵하시고, 인자하시고, 백발이 성성하셨던 할아버지의 기억만이 남아 있다.

또 하나는 종교에 대한 나의 편견 때문이었다. 신앙인을 자처하며 위선을 일삼는 사람, 자기와 신앙이 다른 사람이라고 해서 비난을 서슴지 않는 사람, 자기 이익을 위해서는 한 치의 양보도 없는 신자를 보면서 이들을 경원했다. 그런 사람일수록 "감사합니다!"라는 말을 연발하는 이중성을 보이는 게 나는 몹시 싫었다. 양심의 표상인 신앙인의 행위였기에 정나미가 떨어졌던 것이다. 지금 생각해 보면, 어느 사회, 어느 집단을 막론하고 위선자는 다 있게 마련인데, 그 종교 자체를 매도하고 배척한 것은 지나친 편견이었다.

그러나 나이가 들면서 완고하던 내 마음에도 차츰 변화가 생겼다. 아우들과 큰딸 내외가 열심히 성당엘 다니며 독실한 신앙생활을 하는 것을 보면서 가톨릭에 특별한 관심을 가지게 되었다. 그러던 중에 1991년 2월 1일. 어머니 데레사의 상을 당했다.

나는 가톨릭에 대해서 아는 것이 없었지만, 아우들의 주장을 받아들여 우리 집안 초유의 천주교 장례를 치르기로 했다. 상중에 끊임없이 연도煉禱(연옥영혼을 위한 기도)가 이어지는 까닭도, 가톨릭의 염습과 입관 및 출관 예절도, 장례미사 절차도 모르는 채 상주喪主로서 그저 아우들이 하라는 대로 움직였다. 그런 가운데 장례를 무사히 마쳤다. 오로지 잠실성당 연령회燃靈會 형제자매들의 독실한 신앙심과 적극적인 봉사와 넘치는 사랑의 덕택이었다.

나와 성당의 인연은 여기에서 끝나지 않았다. 세상일은 어느 누구도 알 수 없고, 오직 하느님만이 아신다는 오묘한 진리를 내가 깨닫기까지 불과 삼 년밖에 걸리지 않았다.

일산 주엽동 건영아파트 입주를 앞둔 1994년 1월 어느 날, 아내가 뜻밖의 제안을 했다. "일산에 이사하면 우리 성당에 나가요. 여기저기다 살펴보아도 건전하고 진실한 종교는 천주교회뿐이라는 것을 알았어요. 성당에 나가서 주일마다 미사 드리고, 시간이 나면 불쌍한 사람들을 위해 봉사 활동도 하고 싶어요."

아내 심우영 안나는 오랫동안 신앙 문제로 고뇌를 거듭한 사람처럼, 어느 누구의 권면도 없이 스스로 성당에 나가자고 했다, 그 순간 나는 '얼마나 의롭고 거룩한 생각인가! 본시 마음이 곱고 착한 사람이라 그런 결심을 했나 보다'라고 생각했다. 아내의 제안에 나는 당연히 '참 좋은 생각이네요. 우리 그렇게 합시다'라고 했어야 옳았다. 그런데 나는 그만 진심과 다른 말을 하고 말았다. "당신이나 나가요. 난 더 있다가 나갈 테니까…." 이 말 한마디가 내게 평생 한을 남길 줄을 그때는 몰랐다. 진심이 아니었다면 "난 더 있다가 나간다"는 말은 하지 않았을 것이다.

그런 지 한 달이 다 가기 전. 일산 건영아파트로 이사할 날을 하루 앞둔 1994년 2월 25일 아침에 아내는 뇌동맥출혈을 일으켜 119구급차로 집에서 가까운 민중병원 응급실로 실려 갔고, 나흘 뒤 수술을 받았다. 수술을 집도한 의사는 내게 "뇌사 상태가 되었으니 준비하라"고 선언했다. 나는 경황 중에도 "성당에 나가자"고 하던 아내의 말을 기억했다. 죽음을 앞둔 그를 성령께서 특별히 성당에 초대하신 것으로 믿고, 중곡동성당에 대세를 부탁했다. 즉각 달려온 수녀님에 의하여 아내는 '안나Anne(성모 마리아의 어머니)'라는 이름으로 대세를 받고, 하느님의 자녀가 된 지 며칠 지난 1994년 3월 11일 하늘나라로 갔다.

장례일인 3월 13일은 마침 주일인데도 장례미사 집전을 위하여 대전교구 유흥식 라자로 신부님(현 주교. 대전교구장)이 오셨다. 유 신부님은 고인이 생전에 보여 준 그 고운 심성과 덕성을 높이 선양하며 "틀림없이 천당에 갔으리라고 믿는다"는 조사弔辭로 유가족들을 위안해 주셨다. 미사를 마친 뒤, 안나는 중곡동성당 연령회의 연도 속에 금산 선영 아래에 안장되었다.

장례 후 안정을 찾지 못하고 방황하던 나를 성당으로 이끌어 준 사람은 큰딸 종숙이었다. 생전에 아내의 제안에 순응하지 못한 회한에 괴로워하던 나는 딸의 권유를 받아들여 당시 일산신도시에 유일했던 백석동성당을 찾았다. 그것이 한 생애를 올곧게 살면서 나를 내조해 준 안나의 영혼을 위로하는 길이라고 굳게 믿고….

결국 안나는 독선과 고루와 오만에 빠져 있던 나에게 복음의 씨앗을 심어 주고, 자신은 홀연히 천국으로 떠난 것이다. 1994년 6월에 시작한 교리 학습을 통하여 나는 천주교의 참된 교리와 우리나라의 신앙 성조聖祖들이 목숨을 바쳐가며 지킨 믿음의 진실이 무엇인가를 비로소 알게 되었다.

나를 지도해 주신 분은 개신교 신자였다가 개종한 목 하상바오로 형제였다. 그분은 자신의 개신교 체험을 예로 들어가며 천주교 교리를 일일이 설명해 주었다. 석 달 뒤인 9월 1일자로 나는 경기도 가평에 있는 서울학생교육원장으로 부임하게 되어, 교통이 편리한 압구정동성당에서 교리를 배우기로 하고 백석동성당의 양해를 얻었다.

압구정동성당에서 내게 교리를 지도해 주신 분은 사목회장인 송호림宋虎林 시몬 형제였다. 예비역 육군 중장인 송 장군은 육이오 전쟁 때 17연대 대대장으로서 황해도 옹진반도에서 고립된 천육백 명 부대원을 이끌고 민간 어선을 동원해 한 사람의 희생자도 없이 군산으로 철수한 뒤, 화령장(경북 상주시 화남면 동관리)전투에서 파죽지세로 남진하며 대구를 공략하려던 인민군 15사단 주력 부대에 치명타를 가하여 낙동강 교두보 확보에 결정적 기여를 한 전략가로 유명하다. 그러나 그에 못지않게 독실한 신앙인으로서 그 명성이 자자한 분이었다.

그런 분에게 교리 지도를 받게 된 것은 내 행운이었다. 내게 송 장군을 소개해 준 사람은 지금의 아내가 된 김명자 율리아나다. 그는 일찍이 자신이 겪은 사별死別의 아픔을 생각하고 내 처지를 동정하며 나의 교리 학습을 이모저모로 많이 도와주다가 내 반려자가 되었다.

송 장군은 나를 위해 별도로 교리 학습반을 개설하고 그동안 미루어 온 옛 전우들을 모아 자신의 개인 사무실에서 특별히 지도해 주셨다. 그분의 해박한 교리 지식과 열정이 넘치는 신앙심에 나는 깊은 감명을 받았다. 또 틈틈이 들려주는 육이오 당시의 무용담에 나는 구약성경에 나오는 신병神兵의 활약상을 그대로 보는 듯한 환상을 느끼며 하느님의 현존하심을 믿게 되었다. 송 장군이 내게 선물로 주신『요리강령要理綱領』(제5판, 천주교 서울교구, 1959) 복사본은 교리를 이해하는 데 귀중한 자료로 활용하고 있다. 또 영세 기념으로 주신 예루살렘 성지의 흙이 든 묵주는 나의 애장품의 하나가 되었다. 이제 고인이 되신 송 시몬 형제는 이 세상에서 베푼 선덕으로 영원한 안식과 무한

한 천상행복을 누리리라 믿는다.

이러한 과정을 통하여 자리 잡은 내 신앙은 2006년에 출간된 새 번역『성경』을 읽으며 가톨릭신앙의 올바른 영성으로 채워지고 있다.

내 마음의 평화

나는 오늘도 마음속 가득히 평화를 안고 가톨릭 신자로서의 길을 걷고 있다.

첫째, 사제가 집전하는 주일미사에 빠짐없이 참예하고 간절히 기도한다. 영성체를 통하여 '그리스도의 몸'을 내 몸 안에 간직하며 나는 하느님께 "일찍이 불러 가신 저의 아내 심우영 안나의 영혼을 기억하시고 그에게 영원한 안식과 천상행복을 주소서. 그리고 그가 남기고 떠난 네 자녀와 그 가족 모두에게도 강복하소서"라고 간절히 기구한다. 나는 세례를 받은 날부터 오늘까지 빠짐없이 이 기도를 바치고 있다. 이 기도야말로 주일을 맞는 나에게는 더 없는 행복이고 위안이다.

둘째, 하느님의 말씀인 성경을 열심히 읽고 있다. 매주 화요일 오후, 역삼동에 있는 김득수金得洙 가롤로Carolus(전 서울교육청 부교육감) 상지회上智會 회장의 오피스텔에서 갖는 '말씀의 방'에 참여한다. '말씀의 방'은 전·현직 교육부(현 교육과학기술부) 가톨릭 신자로 구성된 상지회 성경 읽기 모임이다. 성경을 읽으며 김 회장의 해박한 성경 주석을 듣고, 담론을 나누는 일은 내 신앙을 더욱 다지는 밑거름이 되고 있다. 목요일 밤에는 보정동성당의 저녁 미사와 '거룩한 독서'에 참여한다. '거룩한 독서'는 서로가 성경을 한 절씩 돌려 읽으며, 그 주간의 주제 범위에서 가장 감명 깊고 감동적인 구절을 찾아 관상觀想하고 기도함으로써 신앙심을 더하고 성경을 내면화하는 소공동체 모임이다.

셋째, 보정동성당 연령회 회원으로서 연도에 참여하고 있다. 지난 날에 내가 받은 은혜의 만분의 일이라도 갚고 싶은 마음에서 우러난 봉사 활동이다. "지상교회, 연옥교회, 천국교회에 있는 모든 영혼끼리 그 공로가 서로 통한다"는 가톨릭의 통공 교리에 따라 생전에 잘 몰랐던 교우라도 그의 연옥영혼을 위하여 간절히 기도하고 나면, 오늘도 작은 선덕 하나를 더했다는 보람에 마음이 흐뭇하다.

오늘은 2007년 6월 24일, '남북평화통일기원을 위한 주일미사'에 참여했다. 일찍 일어나 몸과 마음을 가다듬고 서둘러 보정동성당에 갔다. 육이오를 겪은 지도 어느덧 육십 년이 되었다. 지나간 일들이 동영상처럼 스치며 우리 민족과 우리 가족에게 깊은 통한痛恨과 상처를 남긴 갖가지 기억이 떠올랐다. 하느님께서 그 옛날 이스라엘 민족에게 내렸던 진노를 자비로 거두셨듯이, 우리에게도 이제는 평화통일이 실현되도록 섭리해 주시면 얼마나 좋을까 하고 묵상하고 있는데, 전례위원이 "파견성가로 445번 「예수님 따르기로(인도 성가)」를 2절까지 다 같이 부릅시다"라고 했다.

1. 내 한평생을 예수님 안에, 내 온전하게 그 말씀 안에, 내 결코 뒤를 바라봄 없이 그분만을 따릅니다.

2. 모두가 나를 외면하여도, 모두가 나를 외면하여도, 내 결코 뒤를 바라봄 없이 그분만을 따릅니다.

인구 십일억의 75퍼센트가 힌두교도인 인도에서 참사랑을 실천했던 마더 데레사의 성스러운 모습이 떠오른다. 온갖 박해와 시련을 무릅쓰고 예수님을 따르는 굳센 믿음으로 자기 신앙을 지키고 있는 천육백만(전 인구의 1.5퍼센트) 인도 가톨릭 신자들의 소외된 처지를 생각하며 노래를 부르자니 가슴이 뭉클했다. 이백여 년 전, 네 차례(신해, 신유, 기해, 병인)의 혹독한 박해 속에서 치명致命(천주와 교회를 위하여 순교로써 목숨을 바침)을 마다하지 않던 우리 신앙 선조들의 희생이 헛되지 않아, 이제 5백 4,115명(전 인구 5,039만 4,374명의 9.9퍼센트.「2008년 한국천주교회 통계자료」)에 이르는 가톨릭 신자수를 자랑하게 된 우리의 처지가 새삼 놀라워 감격이 벅차오른다.

미사를 마치고 나오니, 떡 한 덩이씩 나누어 준다. 6월 29일이 이석재 바오로 본당 신부님의 영명축일領名祝日이라 그 기쁨을 함께 나누고자 함이란다. '친교의 천막'엘 들러 커피 한 잔을 마시고 나오니, 연령회 임원 한 분이 "열한 시 미사 후에 대접할 국수가 준비되었으니 드시고 가시라"고 막무가내로 붙잡는다. 끝까지 사양할 수 없어 국수 한 그릇을 비웠다. 먹어서 맛이 아니라, 아가페적인 나눔의 포근한 사랑이 고맙고 기쁘다.

집으로 돌아오는 발걸음이 마냥 가볍고, 마음이 그렇게 평화로울 수가 없다. 현관에 들어서니 진열대 위에 나란히 놓인 예수님과 성모님의 성심상이 오늘따라 더 인자롭게 나를 반겨 주는듯하다. 순간, 이 평화가 내게만 머물지 말고, 참 평화, 완전한 평화, 영원한 평화로 온 누리에 퍼지면 좋겠다 싶어 두 손을 모아 「성 프란치스코의 평화의 기도」를 바친다.

주님!

저를 당신의 도구로 써 주소서.

미움이 있는 곳에 사랑을,

다툼이 있는 곳에 용서를,

분열이 있는 곳에 일치를,

의혹이 있는 곳이 믿음을,

그릇됨이 있는 곳에 진리를,

절망이 있는 곳에 희망을,

어두움이 있는 곳에 빛을,

슬픔이 있는 곳에 기쁨을 가져오는 자 되게 하소서.

위로받기보다는 위로하고,

이해받기보다는 이해하며,

사랑받기보다는 사랑하게 하여 주소서.

우리는 줌으로써 받고

용서함으로써 용서받으며.

자기를 버리고 죽음으로써

영생을 얻기 때문입니다.

아멘.

굳센 믿음으로 주님을 따르리라

사람은 누구나 첫 번째 탄생을 통하여 부모님의 자녀가 된다. 하지만, 그리스도인은 세례를 통하여 하느님의 자녀로 다시 태어나게 된다.

육신의 탄생을 초월한 영적인 재탄생이다.

세례란 그동안 알게 모르게 지은 죄를 반성하고 회개하며 하느님의 자녀가 되는 절차 의식이다. 세례에 관하여 성경(「코린토 신자들에게 보내는 첫째 서간」 6장 11절)은 "주 그리스도의 이름과 우리 하느님의 영으로 깨끗이 씻겨 졌습니다. 그리고 거룩하게 되었고, 또 의롭게 되었습니다"라고 설명한다. 반성과 회개는 자신의 불완전성에 대한 겸손한 각성이요, 하느님에게 더 가까이 가려는 영적 노력의 일환이다.

나는 세례를 받은 이 년 뒤 견진성사까지 받아 성령의 은총을 가득 받았지만 "과연 참 신앙인으로서의 길을 제대로 가고 있는가? 또 하느님께서 주시는 참 평화를 구가하며 영원한 생명으로 나아가는 바른 길을 걷고 있는가?"라는 질문을 받는다면, 선뜻 응답할 자신이 없다. 아무리 반성하고 또 회개해도 나에게는 "저 여기 있습니다" 하고 하느님 앞에 떳떳이 나설 만한 용기가 아직 없다. 그렇다고 자포자기하거나 절망할 생각은 아예 없다.

예수께서는 "사실 부르심을 받은 이들은 많지만, 선택된 이들은 적다"(「마태복음」 22장 14절), 또 "나에게 '주님, 주님!' 한다고 모두 하늘나라에 들어가는 것이 아니다. 하늘에 계신 내 아버지의 뜻을 실행하는 이라야 들어간다"(「마태복음」 7장 21절)고 하시며 "나는 길이요, 진리요, 생명이다. 나를 통하지 않고서는 아무도 아버지께 갈 수 없다"(「요한복음」 14장 6절)고 하셨다.

그런 가운데에서 얼마 전 나는 복음 말씀을 읽다가 한 줄기 빛을 보았다.

예수께서는 "가장 큰 계명으로 '네 마음을 다하고, 네 목숨을 다하고, 네 정신을 다하여 주 너의 하느님을 사랑해야 한다.' 이것이 가장 크고 첫째가는 계명이다. 둘째도 이와 같다. '네 이웃을 너 자신처럼 사랑해야 한다'는 것이다. 온 율법과 예언서의 정신이 이 두 계명에 달려 있다"(「마태복음」 22장 35-40절)고 하셨다. 또 "너희가 내 형제들인 이 가장 작은이들 가운데 한 사람에게 해 준 것이 바로 나에게 해 준 것이다"(「마태복음」 25장 31-46절)라고 하시며, 이웃과의 아주 작은 위로와 나눔이 바로 하느님에 대한 큰 사랑과 일치함을 일깨우셨다.

그렇다! 큰 사랑을 이 땅에 베풀어 뭇 사람의 본보기가 될 수 있다면 얼마나 바람직한 일인가. 하지만 이러한 일은 누구나 다 할 수 있는 일이 아니지 않은가. 그러므로 비록 작은 일이라 할지라도 성심을 다하여 이웃을 생각하고 이웃에 베푸는 일이 바로 하느님을 사랑하고 또 이웃을 사랑하는 길이란 것을 뒤늦게 깨닫게 되었으니 이 또한 성령의 큰 은총이라 생각한다. 그 구체적인 사례를 '착한 사마리아인의 비유'를 통하여 나에게 가르쳐 주셨다.

어떤 사람이 예루살렘에서 예리코로 내려가다가 강도들을 만났다. 강도들은 그의 옷을 벗기고 그를 때려 초주검으로 만들어 놓고 가 버렸다. 마침 어떤 사제가 그 길로 내려가다가 그를 보고서는 길 반대쪽으로 지나가 버렸다. 레위인도 마찬가지로 그곳에 이르러 그를 보고서는 길 반대쪽으로 지나가 버렸다. 그런데 여행을 하던 어떤 사마리아인은 그가 있는 곳에 이르러 그를 보고서는 가엾은 마음이 들었다. 그래서 그에게 다가가 상처에 기름과 포도주를 붓고 싸맨 다음, 자기 노새에 태워 여관으로 데리고 가서 돌보아 주었다. 이튿날 그는 두 데나리온을 꺼내 여관 주인에게 주면서, "저 사람을 돌보아 주십시오. 비용이 더 들면 제가 돌아올 때에 갚아 드리겠습니다" 하고 말하였다.

"너는 이 세 사람 가운데에서 누가 강도를 만난 사람에게 이웃이 되어 주었다고 생각하느냐?" 율법교사가 "그에게 자비를 베푼 사람입니다"라고 대답하자, 예수님께서 그에게 이르셨다. "가서 너도 그렇게 하여라." (「루카복음」 10절 30-37절)

내가 말보다 실천이 소중하다는 것을 깨닫게 된 요 며칠 동안에, 신기하게도 앞을 못 보는 부인의 팔을 부추겨 전동차 좌석에 앉혀 주고, 모기약을 선전하다가 얼떨결에 바닥에 떨어뜨리고 간 상인을 뒤쫓아 가서 돌려주고, 지하철 입찰구를 제대로 못 찾고 헤매는 맹인의 손을 이끌어 카드를 바로 대고 입장하도록 도와주는 일이 연달아 일어났다. 이런 행동이 그대로 이어져 내가 더 의화義化되고 성화聖化되는 길로 나아갈 수 있다면 얼마나 좋을까.

나는 여기에서 마음 씀씀이가 더 중요하다는 것을 깨달으며 "누구든지 제 십자가를 지고 내 뒤를 따라오지 않는 사람은 내 제자가 될 수 없다"(「루카복음」 14장 27절)던 복음 말씀을 떠올렸다. 하느님을 따르는 길에 어찌 고통이 따르지 않겠는가? 순교 성인들의 삶을 본받아 사랑과 겸손과 온유만이 예수 그리스도를 따르는 길임을 깨닫고 성심誠心을 다해 보리라 다짐하며 다음 기도를 바친다.

하느님, 깨끗한 마음을 제게 만들어 주시고, 굳건한 영을 제 안에 새롭게 하소서. 당신 면전에서 저를 내치지 마시고 당신의 거룩한 영을 제게서 거두지 마소서.〔「시편」 51(50)장 12-13절〕

2007. 6. 24.

제4장
교육은 감동이다

물음표와 느낌표

내가 분당이나 서울 나들이를 하려면 으레 삼성생명 휴먼센터 정문 앞을 지나게 된다. 갈 때는 급히 전철 시간을 대느라 그냥 지나치게 되지만, 돌아올 때는 도로를 횡단하기 위해 신호를 기다리노라면 올려다보이는 그 전경前景은 물론 정문 안 구석구석이 고스란히 한눈에 들어온다.

삼성생명 휴먼센터는 삼성생명보험의 연수원이다. 계절이 바뀔 때마다 손질해 놓은 깔끔한 정원, 정문에서 본관에 이르기까지 까만 카펫을 깔아 놓은 듯이 말쑥한 아스팔트 길, 한 사람의 방문객만 있어도 달려 나와 안내하는 경비실 직원의 친절, 그 어느 것 하나 예사롭지 않다. 우연한 기회에 들어간 건물 안은 하도 깨끗해서 신발 신고 걷기조차 민망했다.

그런데 어느 날, 휴먼센터 정문에서 본관에 이르는 도로 양편 가로등 전주에 빨간색 바탕에 연두색 물음표(?)가 찍힌 깃발이 질서 정연하게 쌍쌍이 펼쳐졌다. 처음엔 '무슨 행사가 있나 보다' 하고 생각했다. 그런데 날이 가고 달이 가도, 바람이 불고 비가 와도, 나뭇잎이 노랑, 빨강으로 바뀌어도, 그 깃발은 변함없이 마치 커다란 장난감 병정처럼 꼼짝 않고 서 있다.

도대체 저 깃발이 무엇을 의미하는 것일까? 도무지 궁금증이 풀리지 않아, 어느 날 기어이 정문 경비원에게 물었다.

"저기 보이는 저 많은 물음표 깃발은 무엇을 의미하는 것인가요?"

"예. 앞에서 보면 물음표만 보이지만, 뒤에는 느낌표가 찍혀 있습니다."

앞으로 나아가 살펴보았더니 말 그대로다. 더 이상 긴 설명이 필요치 않다.

여기는 연수원이 아닌가? 학습의 가장 강력한 동기는 문제의식이다. 문제의식은 자기 변혁과 자기 발전의 실마리다. 연수생 각자 연수를 충실하게 받으려면, 연수 내용을 철저히 이해하려면, 평소에 궁금했던 문제를 해결하려면, 서슴없이 질문하라는 메시지가 분명하다.

그렇다면 느낌표(!) 깃발은 무엇인가. 학습이나 연수의 성과가 크면 클수록 감격과 감동은 크고 기억에 오래 남는 법이다. 새로운 것을 알게 되었을 때의 기쁨, 목표를 성취했을 때의 감동, 벼르기만 하던 일을 실천했을 때의 감격, 비록 짧은 기간이긴 해도 각자가 연수를 통해서 받은 감동을 되새기며 돌아가라는 신호다. 자기 변혁을 위해, 회사 발전을 위해 하나라도 더 배우고, 익히고, 자기신념화하기를 바라는 간절한 기대가 여기에 담겨 있다.

산에 오르는 사람이 정상에 올랐을 때 느낄 수 있는 쾌감! 학문을 탐구하는 사람이 지적 욕구를 충족했을 때 맛볼 수 있는 성취감! 이러한 기쁨과 감동은 직접 겪어 보고 맛본 사람만이 알 수 있다. "배우고 때때로 익히면 이 또한 기쁘지 아니한가學而時習之 不亦說乎"라 하신 공자孔子의 학문적 희열喜悅, 목욕탕에서 비중의 원리를 찾아낸 아르키메데스Archimedes가 맨몸으로 뛰쳐나와 길거리를 달리며 "유레카eureka! 유레카eureka!"라고 외쳤다는 그 기쁨은 감동의 극치極致이다.

물음표(?)와 느낌표(!)는 연수의 알파요 오메가다. 끊임없이 쏟아 내는 질문, 그리고 모르던 것을 알았을 때 "아하!" 하고 느끼는 감동, 이것이 참된 교육 연수의 모습이고 보람이다.

그렇다! 교육은 감동感動이다. 감동은 살아 있는 영혼에게 내리는 축복이다. 여기에 주목한 삼성생명 휴먼센터장의 기발한 착상에 나는 큰 감동을 받았다.

"그동안 나는 제자들에게 얼마나 강한 학습 동기를 주었고, 또 감동을 주었는가?"

교직 생활 사십육 년을 되돌아보는 내 모습이 오늘따라 왜 이리 초라하고 작게 보이는지 모르겠다.

2010. 7. 21.

자성예언自成豫言

나는 일찍이 자성예언自成豫言이 그대로 들어맞는 경우를 큰딸 종숙이를 통하여 경험했다.

종숙이는 서울대학교 가정대학 식품영양학과에 입학한 뒤에도 여전히 영어 공부에 열을 올렸다. "웬 영어 공부?" "미국 유학 가려고요." "아서라." 나는 우리 집 형편에 어림없는 일이니 단념하라고 만류했다. 그런데도 그는 "걱정 마세요. 이불, 요, 베개 하나면 돼요. 혼수 장만해 주시는 셈 치고 일 년간만 학비를 대 주세요"라고 말했다. 큰딸은 졸업하자마자 자신이 예언한 그대로 좋은 배필을 만나 결혼했고, 혼수 장만할 것도 없이 미국 유학길에 올랐다. 일 년간 내가 보내 준 학비 외에는 석·박사과정 내내 연구조교로 장학금을 받으며 등록금 걱정 없이 학위를 받았다. 현재 귀국해서 대학교수로 일하고 있다.

심리학에서는 이를 자성예언自成豫言 self prophesy이라고 한다. 혹은 자기충족적 예언自己充足的豫言 self fulfilling prophesy이라고도 한다. 그리스 신화에 따라 피그말리온 효과Pygmalion effect라 하기도 한다. 또 교사의 관심이 학생에게 긍정적인 영향을 미치는 심리적인 요인이 된다는 사실을 보고한 사람의 이름을 따서 로젠탈 효과Rosenthal effect라고도 한다.(1968년 하버드대학교 사회심리학과 로버트 로젠탈Robert Rosenthal 교수는 초등학교 교장인 레노아 제이콥슨Lenore Jacobson과 함께 샌프란시스코의 한 초등학교 학생 전원을 대상으로 지능검사를 실시했다. 그런 뒤, 그 검사 결과와 상관없이 한 반에서 무작위로 약 스무 명 정도의 학생을 뽑아 그 명단을 교사에게 주면서 지적 능력이 뛰어나므로 학업 성취도가 높을 것이라고 예언했다. 그 결과 팔 개월 후 이들의 지능과 성적은 크게 향상되었는데, 명단에 오른 학생들에 대한 교사의 기대와 격려가 중요한 요인이라는 사실이 밝혀졌다.)

자성예언만으로 성공이 보장되는 것은 아니다. 알차고 보람 있는 일을 결과하려면, 그만큼 확고한 의지와 성취욕, 거기에 부응하는 피나는 노력이 뒤따라야 한다.

광장중학교 교장으로 재직할 때, 나는 또 한 번의 자성예언이 실현되는 단서를 열었다.

1986학년도 학교 업무 분장을 하는데, 체육부장에게 교무부장을 맡기고 싶으나 후임을 맡길 적임자가 마땅치 않았다. 교직 경력에서 타 부서와의 형평이 맞지 않았던 것이다. 고심 끝에 경력은 낮지만 두뇌가 명석한 K선생을 낙점했다. 전혀 예상치 못한 인사에 K선생은 몹시 놀라면서도, 한편 고맙게 생각하는 눈치였다. 며칠 뒤 새로 체육부장이 된 K선생이 기안을 해 가지고 교장실을 찾았다. 내용이 영 마음에 차지 않았다. 물론 예상했던 일이다. 그를 소파에 앉으라고 권하고 "새로 부장 일을 맡고 보니 감상이 어떠냐?", "체육부 운영에 애로는 없느냐?", "그 문제를 어떻게 해결하면 좋겠느냐?"는 이야기를 나누고 나서, "선생님은 학력이나 능력으로나 학교 부장교사에 그칠 분이 아니다. 앞으로 장학사를 거쳐 문교부 장학관으로서 장관 결재를 받을 사람인데, 우선 기안하는 일부터 제대로 배워야 하지 않겠느냐?"고 말하며, 기안 문서 내용의 오류와 문제점을 하나하나 지적해 주었다. K선생은 정말 열심히 배우고 일했다. 그 뒤, 타교로 전보되었다가 이어서 서울특별시교육청 장학사, 문교부 교육연구관과 장학관을 거쳐 일찌감치 중학교 교장이 되었다. K선생은 "교장 선생님의 예언이 그대로 실현되는데 정말 놀랍고도 신기합니다"는 인사를 잊지 않는다.

때에 맞는 덕담이나 칭찬과 격려는 듣는 사람에게 용기를 북돋워 주고 새로운 희망의 도화선에 불을 댕긴다.

하지만 세상을 사는 데는 반대의 경우도 없지 않다. 그러기에 부모로서, 형제로서, 이웃으로서, 또 신사 숙녀로서, 화가 난다고 마구 욕설·독설·비방·악담·저주를 할 일이 아니다. "말이 씨가 된다"는 속담 그대로, 당사자가 잘못 되는 경우도 있기 때문이다. 이것도 자성예언의 한 가닥이라 생각한다면 정말 삼가고 또 삼가야 할 일이 아닌가 싶다.

2011. 1. 2.

교육 내실화의 의미

교육은 인류 사회와 더불어 존재해 왔으나 오늘날처럼 그 중요성이 강조된 때는 일찍이 없었던 것으로 알고 있다. 국력의 원천을 교육에서 구하려는 세계적인 추세가 바로 이를 잘 말해 준다. 교육에 대한 국가, 사회의 기대가 크면 클수록, 교육의 효율성에 대한 논의가 진지하고 또 교육 성과에 대한 관심이 고조되는 것은 당연한 현상이다.

그런데 우리나라의 교육은 지금 세찬 시련에 직면하고 있다. 교육 인구의 급증에 따른 과밀 학급의 해소(현재는 완화된 문제), 과학기술의 발달에 대응할 수 있는 교재의 정선과 구조화構造化, 엄청난 가계 지출을 부담해야 하는 과외 공부의 완화 등 해결해야 할 과제가 적지 않게 가로놓여 있어서 교육의 질을 저하시키는 요인이 되고 있다.

이를 극복하기 위한 대책이 여러 가지로 강구되고 있으나, 최근 논의의 초점은 "교육의 성패는 결국 교사에게 달려 있다"는 전제하에 근본적인 해결 방안은 '교사의 역량'을 제고하는 데 있다고 보고 있다.

교사의 역량이란 무엇인가? 교사의 역량이란, 한마디로 말해서, 교육에 대한 열정이요 여기에서 비롯되는 교사의 실력이다. 이 열정이 없기 때문에 교육이 무기력해지고 교사의 실력에 따라 그 성과가 달라지는 것이다. 지난날을 돌이켜보면 이러한 사정이 더욱 분명해진다.

우리들 각자에게는 누구에게나 잊을 수 없는 스승이 있다. 또 언제나 생생하게 떠오르는 스승의 교훈教訓이 있다. 비록 화려한 옷차림은 아니었지만, 항상 단정하고 권위를 잃지 않으려 애쓰시던 그 숭고한 모습을 아직도 잊을 수 없다. 우리는 그 스승의 해박한 지식이나 능숙한 수업이나 포근한 인간성에 감동과 감화를 받아 마침내 진심으로 그분을 존경하게 된 것이다. 다시 말하면, 스승의 인간적이고 풍부한 실력이 불어넣어 준 교육적 생명력 때문에 지금과 같은 성숙한 내가 존재한다는 사실을 인정해야 한다. 그러기에 그 스승을 잊을 수가 없는 것이다.

학교교육에 대한 신뢰성과 교사의 권위 회복이 목마르게 아쉬운 요즈음, 우리에게 필요한 것은 이 교육적인 생명력을 발휘할 수 있는 참다운 스승으로서의 '교사의 역량'이 요구되고 있다. 이러한 교사의 역량을 키우는 길은 무엇인가? 교사를 존경하는 사회적 풍토의 복원復元이다. 교사를 우대해 주는 제도적 장치다. 또 이를 뒷받침해 주는 교육정책이다.

그러나 그보다도 더 우선되어야 할 요긴한 것이 있다. 그것은 교사 자신의 자각에 의한 변혁이다. 다시 말하면, 교사 스스로가 자기에게 무엇이 부족한가, 무엇이 필요한가를 겸허하게 성찰하는 마음의 자세를 통하여 자기 충실을 기하는 일이다. 이를 뒷받침해 주는 일을 범정부적인 차원에서 강구하여야 함은 물론이지만, 교육 현장에서 교사 집단의 협력적 분위기를 조성하여 학교교육에 활기를 불어넣는 일이야말로 바로 교육을 내실화하는 지름길이다. 이를 뒷받침하는 것이 학교장이 해야 할 역할이요, 장학 본연의 임무라고 생각한다.

교육을 담당하고 있는 모든 교육자가 자기의 본분을 다하기 위해서, 자기의 교육 역량을 강화하기 위해서, 자기의 처지를 겸허하게 반성하기 위해서, 고뇌에 찬 하루하루를 보내노라면 충실하게 여물어가는 자기 자신의 진면목을 보게 될 것이다.

또 그러한 교사의 영향을 받아 나날이 새롭게 성장 발달해 가는 학생들의 모습을 보게 될 것이다. 그런 가운데 스승으로서의 보람에 흐뭇한 미소를 지을 수 있는 날이 틀림없이 오리라 믿는다.

『시청각교육신문』「장학코너」, 1979. 2. 26.

나의 학교 경영관

1983년 3월 1일, 만 48세에 교장 발령을 받았다. 학교 경영에 관한 목표 의식을 분명히 하려면, 이제까지 교직 생활을 통하여 지녔던 이런저런 포부와 경륜을 정리하고 천명할 필요에 직면하게 되었다. '나의 학교 경영관'이 바로 그 산물이다. 그러려면, 그 바탕이 될 교육관敎育觀과 교직관敎職觀을 동시에 정립하지 않을 수 없었다.

교육관이란 다의적多義的인 교육의 개념을 압축하여 학교교육을 통해서 구현하려고 하는 학교장의 교육철학이다. 교직관이란 교직자로서의 사명감과 기본 자세를 밝히기 위한 학교장의 신념이다. 학교 경영관이란 교육관과 교직관을 바탕으로 "어떻게 학교 경영을 합리화하고 효율화할 것인가" 하는 학교장으로서의 경영 포부이다. 그러므로, 교육관, 교직관, 학교 경영관은 바로 학교교육의 압권壓卷이요 학교교육을 지탱해 주는 세 개의 솥발인 것이다.

1983년 이후 십육 년간 학교장으로서 시종일관 표방했던 나의 학교 경영관은 다음과 같다.

교육관: 교육은 국가 발전의 원동력이다. 우리의 사명은 학생 각자의 잠재 가능성을 최대한 계발함으로써 개개인의 자아 실현을 돕는 데 있다.

교직관: 교직은 학생을 정성껏 보살피는 사랑의 실천이다. 우리 교직자는 사랑의 실천자로써 항상 솔선수범하는 자세로써 원대한 교육 목표를 지향하면서 작은 일에도 결코 소홀하지 않는 능소능대한 교육적 식견을 지녀야 한다.

학교 경영관: 우리 학교 교직원은 교육적 시각에서 모든 교육 활동을 전개하고 인화 단결하여 맡은 바 책임을 완수하는 데 다 함께 뜻을 같이하고자 한다.

교육관에서, 나는 교육을 "첫째, 국가 발전의 원동력이다. 둘째, 학생 각자의 잠재 능력 계발을 통한 개개인의 자아 실현이다"라고 정의했다. 아무리 글로벌시대라 해도 국가가 존재하는 한 '유능한 국민의 양성'이라는 국민보통교육의 이념은 확고한 원칙이다. 개성의 존중과 개개인의 능력을 최대한 계발 신장하는 민주교육의 이념도 반드시 관철해야 할 교육의 본령이다. 이러한 원칙과 본질의 조화로 교육 효과를 극대화하는 것이 나의 교육 이념이다.

교직관에서, 교직자는 모름지기 인간애·문화애·학문애·교육애의 실천자가 되어야 함을 분명히 밝혔다. '솔선수범하는 자세'는 최선의 교육 방법이며 교사가 감당해야 할 당연한 책무이기도 하다. '능소능대한 교육적 식견'이란, 넓은 안목에서 숲도 보고 나무도 보는 혜안을 갖추는 일이다. 이상과 현실, 과거와 미래, 전통과 혁신, 전체와 개체, 대범과 세심을 조화하는 교직자로서의 자세를 의미한다.

학교 경영관에서, '교육적 시각視角'이란 모든 학교 활동 하나하나에 목적 의식을 분명히 하려는 취지다. 예컨대 '일과 시간 중의 청소

활동'을 단순한 노역勞役이 아니라 "청결과 정리 정돈을 습관화하고 청소 방법을 익히는 활동"으로 규정한다면, 교사와 학생이 각각 해야 할 역할은 자명해진다. '인화 단결'과 '책임 완수'를 강조한 것은 바로 학교 경영의 효율화와 조직 활성화의 요체이기 때문이다. "다 함께 뜻을 같이하고자 한다"는 말에는 앞서 언급한 학교 경영관을 전 교직원이 다 함께 이해하고 공유, 실천하겠다는 의지를 밝힌 것이다.

교육관, 교직관, 학교 경영관은 학교 경영의 정신적 지주支柱로서, 이 세 기둥이 조화와 균형을 이룰 때 학교 교육 이념은 충실하게 구현될 수 있다고 믿는다.

1998. 3. 5.

내가 다시 교사가 된다면

해방 직후 혼란기에 나는 교직에 대한 뚜렷한 의지도 없이 공부를 조금 더 잘한 탓으로 사범학교에 진학했다. 그 육 년 뒤. 만 십팔 세의 풋내기는 초등학교 교사로 임용되고, 시대의 격랑을 헤치며 고등학교 교장으로서 사십육 년간의 교직을 마감했다. 반백 년을 함께한 학교를 떠나면 못 살 것 같던 미련도 십 년이 흐르는 사이에 어느덧 사그라졌다.

신학년도를 맞은 오늘, 등교하는 학생들의 생기발랄한 모습을 보면서 문득 그 반열에 끼고 싶은 충동을 느꼈다. 몸은 비록 늙었어도 교직에의 사랑과 열정이 아직 남아 있다는 징표다. 여기에 지나간 교사 시절 다하지 못한 회한마저 겹쳐 '내가 다시 교사가 된다면?' 하는 엉뚱한 생각을 하면서 스승으로서 해야 할 일을 주섬주섬 챙겨 보았다.

첫째, 학생들을 내 자녀처럼 아끼고 사랑하겠다. 초등학교 어린이는 귀여워서 좋고, 중·고등학교 학생은 듬직해서 좋다. 덤벙대는 아이는 순진해서 좋고, 다소곳한 아이는 믿음직해서 좋다. 교육은 인간애·교육애·문화애에 바탕을 둔 사랑의 실천이라 했다. 사랑과 열정을 다해 그들의 가슴속에 감동과 감화를 불어넣어 희망의 불꽃이 활활 타오르게 하고 싶다.

둘째, 참다운 스승으로서의 자세를 지니고 학생을 교육하겠다. 지도자라면 마땅히 솔선수범해야 한다. 때로는 사제 동행하고, 때로는 뒤에서 밀어주고 챙겨 주는 후원자supporter가 되고, 때로는 학생 개개인과 흉금을 터놓고 대화하는 상담자mentor가 되고, 때로는 그의 장점과 특기를 살려 재능을 마음껏 발휘하도록 도와주는 조력자an assistant가 되겠다.

셋째, 심성 계발에 힘쓰겠다. 인간만이 가진 이성과 양심에 빛을 밝히고, 지덕체智德體와 지정의知情意가 조화된 인격을 갖추고 올바른 가치관을 지니도록 내 정성을 기울이겠다.

얼마 전, 나는 한 학부모로부터 지각 없는 한 학급 담임교사가 저지른 죄악으로 말미암아 아들의 일생을 망칠 번한 이야기를 듣고 같은 시대의 교육자로서 할 말이 없었다. "성적 1, 2등을 하던 아들이 고등학교에 입학하자마자 학급 담임의 의식화 교육에 물들었다. '실업계 고등학교로 전학하겠다'고 졸라 대더니 성적이 곤두박질쳤다. 결국 그 재능을 살리지 못하고 대학 지방 분교에 겨우 입학했다. 군에 입대하고 나서야 겨우 제정신을 차렸다. 제대 후 몇 학교를 전전轉傳 방황한 끝에 십여 년 만에 의사 자격을 취득했다. 다른 한 친구는 경쟁에서 아주 낙오되어 지금 생계조차 막막하다"는 것이다.

제자가 잘되기를 바라는 것은 스승 된 모든 이의 한결같은 소망이다. 자신은 숱한 경쟁을 뚫고 고교 교사가 되었으면서, 제자는 나락으로 밀어 넣은 그 교사는 지금 뭐라고 변명할까?

넷째, 학생이 그의 잠재 능력을 발견하도록 돕겠다. 국민 보통교육의 바탕 위에 각자의 소질과 적성을 살리는 것은 학교교육 본래의 역할이다. 교과 성적에만 집착하지 않고 학생 각자가 소질, 적성, 강점을 찾도록 도와주고 이를 북돋워 주는 교사의 책무를 다하겠다.

다섯째, 부단한 연찬으로 실력을 다지고, 교재를 정선하여 학생들이 핵심을 파악할 수 있는 수업을 하겠다. 틈틈이 여행하면서 그 경험을 바탕삼아 실감 있는 수업을 하겠다. 미국의 그랜드캐니언이나 터키의 카파토키아를 진작 다녀왔더라면 지층 구조를 얼마나 멋지게 설명할 수 있었을까? 학생을 자상하게 보살펴 막힌 곳은 뚫어 주고, 미욱한 곳은 열어 주고, 지나쳤거나 빠뜨린 곳은 채워 주겠다. 반복 연습을 통하여 최대한 학력 신장을 돕겠다.

여섯째, 학생을 공평하고 공정하게 대하겠다. 때로는 부드러운 눈빛으로, 때로는 추상 같은 위엄으로 학습 분위기를 조성하고 사랑과 열정을 다 쏟아 가르치고 싶다.

2009. 3. 13.

교사의 자세

옛글에 이르기를, 정치가 잘되려면 "군군君君 신신臣臣 부부父父 자자
子子"라야 한다고 했습니다. 곧 "임금은 임금다워야 하고, 신하는 신
하다워야 하고, 아비는 아비다워야 하고, 아들은 아들다워야 한다"는
말입니다. 이를 교육의 측면에 적용한다면 "스승은 스승다워야 하고,
학생은 학생다워야 올바른 교육이 이루어질 수 있다"고 할 것입니다.

"경사經師는 있으나 인사人師는 드물다"는 말이 예로부터 전해지는
것만 보아도 스승다운 스승에의 갈망은 시대를 초월한 요구가 아닌가
싶습니다. 지금, 우리는 가치관의 혼란과 다원화 현상이 두드러진 속
에서 모든 생활 영역에 걸친 민주화의 욕구와 논의가 분분한 전환기
에 처해 있기 때문에 건전한 철학과 교육관을 지니고 그 중심이 흔들
림 없이 교육에 전념해야 할 교사가 그 어느 때보다도 절실히 요구되
고 있습니다.

스승다운 스승이 되는 길은 결코 쉬운 길이 아닙니다. 교육이 제대
로 되려면 교사에 대한 학생들의 존경, 교사에 대한 학부모와 사회의
신뢰, 그리고 교사 자신이 권위를 바로 세우려는 스스로의 노력이 그
바탕이 됩니다. 이 바탕을 마련하기 위해 교사의 자세를 가다듬는 일
이야말로 스승다운 스승이 되는 길이요, 교육 효율화의 지름길이라고
하지 않을 수 없습니다. 이에 교사로서 갖추어야 할 자세를 다음에 몇

가지 열거하려 합니다.

사랑의 실천

교육을 인격과 인격의 교호 작용이라고 말합니다. 참다운 교육은 교사의 가슴속에서 우러나오는 사랑과 정열에 의해서만이 그 생명력을 발휘할 수 있습니다. 교단에 서는 교사라면 누구나 잠시라도 멈춰서는 안 될 심장의 고동처럼, 인간애 교육애를 간직한 사랑을 실천함으로써 진정한 교사의 길을 걸어야 하겠습니다.

교직에의 보람과 긍지

경제 성장에 따라 한때 교원의 이직률이 급증한 때가 있었습니다. 원래 교직은 재산·권력·현달과는 거리가 먼 직업입니다. 교사도 인간이기에 때로는 유혹에 끌리거나 교직에 회의를 느낄 수도 있습니다. 그러나 교직에는 다른 직업에서 찾을 수 없는 보람이 있습니다. 매 시간의 수업을 디딤돌 삼아 학생들의 초롱초롱한 눈이 응시하는 꿈과 희망의 싹을 찾아 주고 이를 자라게 하며, 학생들에게 진정한 가치가 무엇인지를 깨우쳐 주는 일이야말로 교사만이 할 수 있는 일입니다. 또 먼 훗날 각계각층에서 활약하는 제자들의 대견스런 모습에 미소 지으며 자족하는 보람도 있습니다. 누가 뭐라 해도 교직은 성직聖職이요, 전문직이라는 긍지를 가져야 합니다. 높은 긍지는 교육을 향한 자신감과 활력의 원천이기 때문입니다.

솔선수범과 겸허한 자세

교육의 정도正道는 솔선수범에서 비롯됩니다. 학생을 잘 가르치려면 교사가 먼저 공부하고 수범해야 하며, 학생을 움직이게 하려면 교사가 먼저 움직여야 합니다. 이것이 교육의 당위입니다. 그러기에 "교사는 학생의 거울"이라 하고, "학생은 교사의 거울"이라고 합니다. 비록 미성숙한 학생들이지만, 그들에게서도 배울 점이 있음을 인정해야 합니다. 남을 가르친다는 생각에서 빠지기 쉬운 독선이나 자존심을 경계하고 자기가 가르치는 학생을 통하여 스스로를 재발견할 줄 아는 지혜가 필요합니다. 또 나를 가르쳐 준 스승이 있기에 오늘의 내가 있고, 그동안 어려운 여건 속에서도 묵묵히 교단을 지켜온 선배 교사가 있기에 오늘의 교육발전과 민족의 번영이 있음을 인정해야 합니다. 학생, 선배, 은사의 인격 앞에, 그리고 역사의 진실 앞에 겸허해야 합니다. 겸허한 자세는 자신의 인격과 실력을 한층 높여 주는 자기 갱신의 터전이요, 자기 성장의 산실이며, 자신이 존경받을 수 있는 발판입니다.

능소능대能小能大

우리는 작은 일에 집착하다가 그만 큰일을 그르치거나, 큰일을 한다고 작은 일을 소홀히 하다가 결국 일을 낭패하는 경우를 흔히 보게 됩니다. '백년대계'인 교육에 있어서 이러한 시행착오는 없어야 합니다. 원대한 교육 목표를 지향하면서도 일상적이고 당연한 작은 교육활동 하나하나에도 소홀함이 없어야 한다는 말입니다. 능소능대는 교육을 올바른 방향으로 전개해 나가는 요체로써 교육적인 시각視角에서 대범함과 세심함을 고루 갖추는 것을 의미합니다. 이를 통하여 교사는 교과 학습 목표를 일탈하지 않게 되고, 학교 경영자는 교사의 입장에서, 교사는 학교 경영자의 입장에서 학교 교육을 다시 생각하게 됩니다.

공직자 의식과 은인자중하는 자세

교사가 수행하는 교육 활동은 공공성과 공익성을 지니고 있습니다. 전문성의 확보라는 견지에서 자율성이 요구되는 한편, 사회적 책임도 막중합니다. 그러므로 교원의 신분과 지위는 교육법·교육공무원법·사립학교법·국가공무원법 등의 법령에 의하여 보장되고, 그에 따른 권한과 책임, 권리와 의무가 특별히 규정되고 있습니다. 따라서 교사는 공직자로서, 학생의 사표師表로서 은인자중해야 합니다. 벼가 빨리 크라고 그 싹을 모조리 뽑아 올려 농사를 망쳤다는 '알묘조장揠苗助長'의 중국 고사처럼, 교육의 성과를 성급하게 기대하거나 확실한 교육 경험과 소신 없이 시행착오를 일으키는 일이 없도록 해야 합니다. 아울러 교사의 신분에 어긋나는 행동을 함으로써 학생 교육에 지장을 초래하는 일도 없어야 할 것입니다. "가벼우면 근본을 잃고, 조급하면 군자의 자리를 잃는다輕則失根 躁則失君"는 노자老子의 말을 다시 한번 더 새겨보면 좋겠습니다.

『동부교육』 제67호, 서울동부교육구청, 1988. 10. 15.

학교 선생님의 근성 살리기

1970년대 중반, 서울 중곡동에 이사한 지 얼마 안 되었을 때의 일이다. 마당에 수도 공사를 하는데, 원래 정이 많은 아내 심우영 안나가 새참을 차려 내고 이것저것 자상하게 뒷바라지하는 데 감동했는지, "이렇게 잘 대접해 주시니 정말 고맙습니다. 우리가 가장 꺼리는 집은 은행원과 학교 선생 집인데요, 말만 많고 대접은 영 형편없거든요"라고 인사를 하였다. 이 말에 나는 허를 찔린 듯 씁쓸한 기분이었다. 사실 학생을 가르치는 '선생님'이란 고된 직업이다. 철모르는 아이들을 가르치는 고충이 오죽했으면 예로부터 "훈장의 ㅇ은 개도 안 먹는다"는 말이 다 있을까? 그래서 전문직이요 성직聖職이라는 자긍심에도 불구하고, 다른 사람들의 눈에는 까다롭고 인색하고 말 많은 사람으로 비친 게 아닐까?

오랫동안 같은 일을 하다 보면 자신도 모르는 습관이 생긴다. 이 습관이 성격이 되고, 성격이 고착된 것을 근성根性이라 한다. 이 근성은 자기도 모르게 밖으로 드러나기 때문에 그 사람의 본색을 알아내는 단서가 되기도 한다. 근성은 일본어의 '곤조(근성根性의 일본어 발음)'란 말이 풍기는 어감처럼 부정적인 의미로 많이 쓰인다. 나는 굳이 학교 선생님의 근성을 들춰내어 여기에서 시비를 가리려는 의도는 없다. 다만, 교육개혁에의 요구가 그 어느 때보다도 절실한 이 시점에 그 선결 과제로서 교원의 자기 혁신과 변화를 촉진하고 선생님들에게 뿌리박힌 근성을 바람직한 방향으로 발전, 승화하면 좋겠다는 취지에서 이 글을 쓴다.

첫째, 학교 선생님들이 말이 많고 지루한 설명을 덧붙이는 습성이 있는 것은 사실이다.

지시와 설득을 주로하고 교재를 자상하게 설명하는 직업 특성상 생긴 버릇이 아닌가 싶다. 되도록 요점만 간추려 말하는 버릇을 습관화하고, 언제나 말과 행동이 일치하도록 해야 한다. 언행일치와 솔선수범은 존경받는 스승이 반드시 갖춰야 할 자질이기 때문이다.

둘째, 남의 일에 지나치게 관심을 갖는 경향이 있다. 학생의 행동과 학습 습관을 일일이 교정해 주는 교직 생활이 빚어낸 결과다. 스승으로서 제자를 자기 자녀처럼 보살피는 일이야 당연하다. 그러나 그 밖의 사람들은 이해관계로 얽힌 남이다. 남의 일에 지나치게 관심을 가지면 갈등을 부른다. 알고도 모른 척해야 마음도 편하고 상대에게 주는 부담도 없다.

셋째, 누가 더 잘 하는지 자꾸 비교하려 든다. 그러면서도 칭찬에는 인색한 게 선생님들이다. 누가 더 잘 하는지 비교하는 것은 선생님의 당연한 업무이다. 이에 그치지 말고, 학생 개개인의 성적이 전보다 얼마나 더 나아졌는지, 교과 학습 외에 가진 남다른 재능은 무엇인지 찾아 주고, 북돋워 주고, 칭찬하는 일 또한 선생님이 꼭 해야 할 일임을 알아야 한다.

넷째, 자존심과 권위 의식이 남달리 강해서 존경받는 것을 당연하게 여긴다. 그러나 "선생님은 훌륭한 인품과 실력의 소유자"라는 전제가 있다. 학생과 학부모의 신뢰가 헛되지 않도록 더욱 겸손하고 부단한 연찬으로 자기 계발과 자기 충실을 기해야 한다.

다섯째, 남의 말에 잘 현혹되고 현실에 불평불만하는 경향이 있다. 선악정사와 시비곡직을 가리는 분별력과 판단력, 정의감은 교육자로서의 기본적인 자질이다. 여기에 교육적 안목과 긍정적 자세로 이를 여과하는 이성·아량·공정·품위도 아울러 지녀야 참된 스승이다.

여섯째, 흔히 열성적인 선생님일수록 "근엄해서 좀처럼 가까이 하기가 어렵다"는 말을 듣게 된다. 항상 엄격하게 학생을 지도하다 보니, 자신도 모르게 표정이 굳어지고 웃음이 사라진 탓이리라. 가정뿐만 아니라 학교교육의 요체도 '엄이자嚴而慈'에서 찾아야 한다. 엄격하면서도 부드러운 선생님의 훈도薰陶가 마치 나뭇가지에 새 생명과 새순을 돋게 하는 봄비처럼 흠뻑 내려 학생들에게 많은 감동을 주는 교사가 되었으면 좋겠다.

2009. 9. 9.

효과적인 강의법

그동안 강의법은 "변화를 모르는 타성적인 교사의 전유물이다", "교실이 넘치도록 학생이 많던 시절 어쩔 수 없이 답습할 수밖에 없는 고식적인 주입식 수업이다" 이런 누명을 쓰고 매도罵倒당한 것이 사실이다. 과연 강의식 수업은 하루바삐 탈피해야 할 진부한 수업 방법인가? 또 학생들에게 많은 폐해를 주는 비효율적인 수업 방법인가?

본래 강의법은 가장 원초적·고전적 교수법의 하나로, 문답법과 아울러 전통적인 교육 방법의 쌍벽을 이룬다. 공자와 그 제자의 문답을 기록한 『논어論語』에서, 무지에서 진리를 이끌어 내려 한 소크라테스의 산파술産婆術 문답에서, 인의성선설仁義性善說을 설파한 맹자의 거침없는 주장에서 그 전범典範을 찾을 수 있다.

학습자의 흥미와 관심을 이끌어 내고 기초적인 지식을 체계 있게 설명하는 데 강의법보다 더 유효적절한 방법을 찾기란 쉽지 않다. 그러한 강의법이 마치 천덕꾸러기처럼 비난을 받게 된 것은 처음부터 끝까지 강의 일변도로 이루어지는 안일한 수업 자세가 화근이었다.

이를 바로잡으려면, 도입 단계에서 강의를 통하여 학습자의 흥미와 관심을 이끌어 낸 다음, 교재의 특질에 따라서 문답, 조사보고, 토의, 실연實演, 실습, 소감문 쓰기 등 다양한 방법을 적용하여 최대한 학습 효과를 거둔다면 어느 누구도 강의법을 탓할 사람은 없다.

강의법을 효과적으로 운영하려면 적어도 다음 몇 가지 조건을 충족해야 한다.

첫째, 교재 내용에 통달해야 한다. 그래야 자신감이 생긴다. 학습자가 그동안 배운 내용과 앞으로 배울 내용을 꿰뚫어 보고, 교재의 연속성 및 계열성sequence에 따라 교재를 정선精選하는 일이 교재 연구의 핵심이 되어야 한다. 중학교 과정을 지도하려면, 초등학교와 고등학교 교과서 내용에 정통하고 타 출판사 교과서를 두루 참고하는 열성이 있어야 한다.

둘째, 자료와 교구 준비를 제대로 해야 한다. 보충 교재, 내용을 정리한 도표, 모형, 표본, 각종 사진과 영상 자료, 평가 자료 등을 골고루 준비해야 한다. 그동안 강의법이 오해를 받게 된 주요 원인은 자료 준비에 소홀했거나 아예 준비조차 하지 않은 맨손수업 때문이었다.

셋째, 학습자의 연령, 성별, 지적 수준에 따른 준비성readiness을 파악해야 한다. 학습자의 수준에 맞는 강의 요령을 터득하고, 이를 능숙하게 구사하여 주의를 집중시켜야 한다.

강의법의 과제는 학습자의 관심을 고조시키는 동기 유발과 주의 집중에 그 성패가 달려 있다. 주의 집중력을 높이는 일은 학습자의 연령별·성별에 따라 다르겠지만, 적절한 일화逸話, 유머와 위트, 중점(핵심) 파악 요령, 성량의 변화(목소리를 갑자기 낮추거나, 말을 천천히 하거나 하여 학습자의 주의를 집중한다), 반복 설명 등 수업자의 지도 기술에 좌우된다. 마치 오케스트라의 지휘자가 그 단원團員 하나하나를 관찰하며 지휘하듯이, 모든 학습자의 반응을 세심하게 살펴가며 차분하게 수업을 진행해야 한다.

넷째, 강의 내용을 요약 정리하고, 이를 반복, 연습하는 정리 과정에 충실해야 한다. 학습은 배우고〔學〕 익히고〔習〕 하는 과정이다. 배우는 일도 중요하지만, 배운 내용을 반복 연습해서 자기 실력으로 다져 놓는 일 또한 필수다. 물론, 학습 성과는 학습자 개개인의 노력에 따라 결정되겠지만, 마지막까지 학습자를 위하여 친절을 다하는 일이야말로 교육자로서의 책임을 다하는 자세라고 믿어 의심치 않는다.

교육자의 열정은 학습자에게 그대로 전달된다. 그 열정으로 강의법의 진가眞價를 다시 살려 내어, 다시는 강의법이 억울하게 비난받지 않기를 바라는 마음이 간절하다.

2011. 4. 1.

아직도 생생한 그날의 환성

1989년 1월, 학교가 마침 겨울방학 중이라 조용해야 할 광장중학교 교무실이 야단법석이다. 환성이 터지고 학생과 학급 담임선생이 한데 어우러져 만면에 웃음이 가득하다. 악수를 하고 어깨를 쳐 주는가 하면, 끌어안기도 하는 진풍경이 벌어진 것이다. 한 학교에서 보통 두세 명이 외국어고교에 합격하면 학교 안팎이 떠들썩한 판인데, 그날의 상황은 그게 아니었다.

대원외고 오십오 명 합격!

한영외고 삼십삼 명 합격!

모두 팔십팔 명의 학생이 합격 통지서를 받고 기쁨에 넘쳐 학급 담임선생에게 숨차게 달려와 기쁜 소식을 알린 것이다. 어떤 반에서는 대원외고에 학급 석차 1위부터 16위까지의 학생 가운데 열한 명이 합격했다. 한 반에서 다른 학교의 네 배가 되는 합격생을 냈다. 그해 개교하는 한영외고에 합격한 학생들은 첫 입학생이 된 기쁨까지 겹쳤다. 학급 담임조차도 "이게 꿈인가, 생시인가?" 하고 어리둥절해하던 모습이 아직도 내 눈에 선하다.

내가 서울 광장중학교 교장으로 부임한 것은 1985년 11월 1일. 전임 교장이 9월 1일 자로 교육부로 전출되면서 공석이 된 지 이 개월

만의 일이었다. 뒤에 들은 이야기지만, 당시만 해도 서울시 내에서 근무 조건이 가장 좋은 학교라고 해서 경쟁이 치열했던 까닭에 그동안 소위 '카더라'는 소문이 꼬리에 꼬리를 물었다고 했다. 인사철이 되면 으레 퍼지는 입소문이지만, 발령이 두 달이나 지연되고 보니, 소문이 소문을 낳고 그 소문이 다시 돌아오는 것은 빤한 일.

"ㅇㅇㅇ교육청장이 온다더라."

"아니! 내가 듣기로는 ㅇㅇㅇ교장이라고 하던데?"

"모르는 소리하지 말아요. 교육부 ㅇㅇㅇ장학관이 오기로 다 결정되었다던데…."

구구한 하마평下馬評 끝에 결국 내가 부임하게 되었다고 했다.

나는 무엇보다도 집에서 가까워 걸어서 통근할 수 있는 데다가, 이웃 동네라 학부모들의 소망을 수시로 파악할 수 있어 학교 경영에도 도움이 되리라는 판단에서 한번 멋지게 학교경영을 해 보리라 마음먹었다. 나를 맞이하는 학부모나 지역사회의 기대도 대단했다. 가족 진료 때문에 자주 들렸던 동네 치과의원엘 들렸더니 "교장 선생님! 정말 잘 오셨습니다. 내가 광장중학교 육성회 부회장인데 그동안 학교가 기대에 못 미쳐 정말 안타까웠습니다. 선생님이 오셨으니 이젠 안심이 됩니다" 하고 진심으로 반겨 주기도 했다.

하루는 퇴근했더니, 아내가 꽤 흥분해서 나를 기다리고 있었다. 집에서 가까운 중곡동 신성시장에 갔다가 우연히 듣게 된 내 평판 때문이었다.

내의 가게 앞을 지나는데 "광장중학교 교장이…" 하는 말이 들려 호기심에 도저히 그냥 지나칠 수가 없었다. 안으로 들어가 보니, 가게 여주인과 부인 몇이서 이야기를 나누고 있었다. 분위기가 별로 나쁜 것 같지 않아 말참견을 했다. "광장중학교에 무슨 일이 있어요?" "아, 글쎄! 새로 온 교장이 학생 성적을 올리는 데는 그만이라네요. 이제 대원중학교에 아이 보내려고 안달할 필요가 없게 됐지 뭐예요?"

이어지는 이야기의 전말은 이러했다.

그동안 광장중학교 학부모들이 학교에 시험을 자주 봐 달라고 여러 차례 요구했지만, 번번이 묵살당했다. 학부모 중에 ○○제지회사 사장이 있어서 시험용지는 얼마든지 대 주겠다고 해도 소용이 없었다. 거기에다가 선생님들도 수업에 별로 열의가 없어서 학부모들만 발을 동동 구르며 애를 태웠다. 그런데 이제 열성 있는 교장이 왔으니 임자를 만났다는 것이다. 기분이 우쭐해진 아내가 "새로 온 교장이 저의 집 양반인데요"라고 말했다. 모두 놀라며 아내를 다시 한번 눈여겨보더니, 집에서 입던 수수한 옷차림에 뒤쪽 가장자리를 아무렇게나 가위로 잘라 낸 헌 고무신을 끌고 간 아내의 모습마저 돋보였는지. "그래요? 어쩌면 이렇게 검소하실까? 사모님을 보니 교장 선생님의 인품을 알 만하네요" 하고 한마디를 덧붙였다는 것이다.

나는 부임하면서 이미 결심한 바 있었지만, 이러한 학부모의 기대에 부응하기 위해서 "학생 실력 향상에 최선을 다하겠다"는 다짐을 거듭했다.

사실 1963-1964년에 나는 충남 논산중학교 교사로 근무하면서 박창서朴昌緖 교장 선생님의 결연한 의지에 따라 우수 학급을 맡게 되었다. 일 년간 애쓴 보람이 있어 지방 명문인 대전고등학교에 열여섯 명, 서울 경복고등학교에 한 명, 서울사대부속고등학교에 한 명, 그 밖에 학급 학생 전원이 지원한 학교에 모두 합격하는 진기록을 세워, 예년에 대전고등학교에 한두 명밖에 진학하지 못했던 학교의 명예를 일신한 경험이 있다.

이를 바탕삼아 체계적이고 구체적인 계획을 세워 추진한다면, 진학 실적을 높이는 일은 그다지 어렵지 않으리라고 자신했다. 그해 겨울 방학은 학교 현황을 파악하고 구체적인 학력 향상 방안을 세우느라 바쁘게 보냈다.

1986년 3월. 새 학년도가 시작되자마자 나는 '진학 실적 향상을 위한 학력 증진 방안'을 본격적으로 추진했다. 이 방안은 과거의 내 경험을 한 단계 더 발전시킨 것으로 중학교 평준화의 맹점인 하향 평준화를 극복하는 구체적인 실천 방안이기도 했다. 이 방안을 시행한 지 삼 년이 된 오늘, 그 효과가 그대로 드러난 것이다.

그로부터 십구 년이 지난 오늘, 공교육이 제 빛을 잃고, 학교 수업만으로 만족하지 못하는 많은 학생들이 방과 후 학력 보충을 위해 사설 학원을 찾아 거리를 방황하고 있다. 이로 인한 지나친 사교육비의 지출과 학생의 건강문제가 사회문제, 아니 국정의 당면 과제로 대두되고 있는 것이 지금의 실상이다.

이제 그때 전개했던 활동을 다시 밝혀, 과외 공부를 완화하는 데 한 줄기 빛이라도 되기를 바라는 마음에서 그 내용을 공개한다.

진학 실적 향상을 위한 학력 증진 방안

1. 학교에서 할 일
— 학교 정규 수업 한 시간 전에 모든 학생이 등교한다.

—주간週間 자율학습 평가 계획(매월 말, 각 학생에게 인쇄 배포)에 의거, 매일 수업 시작 전에 45분간, 20-30문항의 일일고사日日考査를 실시한다.(월-수학, 화-영어, 수-국어, 목-과학, 금-사회·도덕, 토-실과·음악·미술)

—학년별로 담당 교사가 문제지를 수합, 인쇄, 포장하고, 학급별 기록 요원 학생을 관리한다.

—고사 결과는 학생이 채점하여 정해진 양식에 기록하고, 문제지는 각자가 편철, 보관한다.

2. 교과 담임교사가 할 일

—매시간마다 학습 목표(핵심, 중점, 요점)를 5-6개 정도 학생에게 명시明示한 뒤에 수업을 진행한다.

—주당 교과별 배당 시간 곱하기 매시간 학습 목표(핵심, 중점, 요점) 5-6개를 시험문제로 미리 작성해 둔다(보기: 국어 주당 배당 시간 5시간이면 25-30문항, 미술 1시간이면 5-6문제).

—일일고사 실시 사흘 전, 문제지를 제출하고 학년별 담당 교사가 이를 수합, 인쇄, 포장, 보관한다.

—교과 성적에 반영하는 월말고사와 정기고사에는 반드시 일일고사 문제 중에서 일정 비율(50퍼센트)을 출제하고, 이원목적분류표二元目的分類表에 그 출제 여부를 표시한다.

3. 학급 담임교사가 할 일

—일일고사는 무감독 고사로 실시하되, 그 상황을 아침마다 교실에 가서 지도한다.

— 일일고사 결과를 기록하는 학생과 그가 작성한 학급 학생 성적 기록을 확인한다.

4. 학생 각자가 할 일

— 매일 귀가한 뒤에는 반드시 그 날 학습한 내용 중 교과 담임이 제시해 준 교과목의 핵심, 중점, 요점을 철저히 복습한다.

— 그날 일일고사에서 틀린 문제를 재확인하고 철저히 복습, 이해한다.

— 주간 교과별 학습 내용을 철저히 복습하고, 다음 주 일일고사에 대비한다.

— 일일고사 문제지를 잘 편철, 보관하며, 월말고사 및 중간고사 등 정기고사 준비를 할 때에 이를 다시 확인, 학습한다. 특히 틀린 문제와 잘 이해하지 못한 문제를 중심으로 복습하여 학습 결손 부분이 없도록 한다.

이러한 주간 일일고사의 체계와 조직은 교사의 교재 연구에 의한 교육 내용의 정선精選, 학습 중점을 명시하는 목표 지향 학습, 반복 연습의 원리에 입각한 학습 평가의 바탕이 되었다. 그 결과가 놀라운 학력 증진으로 나타나 마침내 고교 입시에 개가를 울리게 된 것이다.

1986-1990학년도의 광장중학교 교직원의 분위기는 이렇듯이 열정적이고 헌신적이었다. 그에 대한 보상으로 출제 수당을 한 푼도 지급하지도 못했다. 지금과 같은 학교 현장의 분위기였다면, 이러한 '학력 증진 방안'은 애당초 계획조차 할 수도 없었을 것이다.

당시, 학생들도 선생님들을 믿고 성실하게 잘 따랐다. 비록 철이 다

들지 않은 중학생들이었지만, 그들도 눈치가 있었기에 스승의 열정을 알아차리고 그 고된 단련을 잘 견뎌 냈던 것이다. 십구 년의 세월이 지난 오늘. 그들은 사회 각계각층에서 이미 중견으로서의 바쁜 나날을 보내느라 그날의 감격은 까맣게 잊고 있을지 모른다. 하지만 나는 아직도 '빛난 보람'의 장章으로 이를 기억하고 있다.

제자가 잘되기를 바라는 마음, 이것은 모든 스승 된 이들의 한결같은 소망이다. 그때 귀찮고 어려운 그 일을 묵묵히 실천하며 제자 사랑에 정열을 불태웠던 광장중학교 교직원 여러분에게 "그때, 장한 일을 하셨습니다. 정말 수고하셨습니다" 하고 거듭거듭 감사의 뜻을 전하고자 한다.

2006. 12. 1.

학교 성적을 올리는 방법

어떤 학습 원리나 이론보다도 당장 눈앞에 닥친 당면 문제는 상급 학교 진학이다. 그래서 학교 교과 성적을 올리는 일은 누구에게나 초미의 관심거리가 되고 있다.

요즈음 각 신문이 서로 경쟁하듯이 학습에 관한 특집을 매주 정기적으로 내고 있는 것도 이 문제와 무관하지 않다. 『조선일보』의 '맛있는 공부', 『동아일보』의 '맛나는 공부', 『중앙일보』의 '열려라 공부' 등이 학습의 효과를 올리는 방법, 대학 입학을 위한 논술 요령, 창의력과 응용력을 키우는 방법, 상상력을 키우는 요령 등 광범위하고도 충실한 내용을 다루며 학생들에게 많은 도움을 주고 있다. 이러한 편집 기획은 학교 밖의 사교육이 공교육을 압도하는 우리 교육 사회의 현실을 그대로 반영하는 것으로, 그만큼 학생과 학부모의 필요가 절실하고 사회적 관심이 고조되고 있다는 증거다.

그러나 여기에는 피할 수 없는 한계점이 있다. 그것은 "학습에는 왕도王道가 없다"는 말이다. 왜냐하면, 학생의 성격, 소질. 재능이 제각기 다르다. 교과에 대한 흥미와 취미가 다르고 학습 의욕이 천차만별이다. 또 학교 단계와 학교의 지역적·문화적 환경, 특히 면학분위기에 영향을 많이 받기 때문이다. 수많은 학습 방법 중에서 가장 적합한 방법은 각자의 판단과 선택에 달려 있다. 학습의 성패는 얼마나 끈기 있게 노력하고 실천하느냐가 관건이다. "재능이 뛰어나도 노력하는 사람을 당하기 어렵고, 노력하는 사람은 즐기는 사람을 당하기 어렵다"는 옛말이 그르지 않다.

학교 교과 성적을 올리는 방법

공부를 잘하고 못하는 것은 오직 자기 자신의 관심에 달려 있다.

옛말에 "마음이 없으면 보아도 보이지 않고, 들어도 들리지 않고, 먹어도 그 맛을 알지 못한다心不在焉 視而不見 聽而不聞 食而不知其味"(『대학大學』「정심수신正心修身」편)고 하였다. 공부를 제대로 하려면 모든 관심을 공부에 쏟아야 한다. 열심히 공부해서 학교 성적을 올리고 싶은 마음이 있다면, 다음 사항을 반드시 실천하도록 하자.

1. 예습: 시간표를 보고 다음날 공부할 범위를 확인하고 미리 예습을 하자. 여기에서 '예습'이란 교과서를 미리 읽는 것을 말한다. 읽으면서 그 내용을 이해하면 그런대로 좋고, 이해가 안 되면 그 부분에 * 표를 하거나 밑줄을 쳐 둔다. 다음날 수업 시간에 그 부분에 특히 관심을 가지고 선생님의 설명을 잘 듣도록 한다. 그래도 잘 모르겠으면 질문을 해라.

2. 주의 집중: 수업 시간에는 바른 자세로 앉아 선생님을 똑바로 쳐다보고 귀를 기울여라. 선생님 말씀은 물론, 다른 학생의 말 한마디라도 놓칠세라 항상 긴장하고 잘 들어야 한다.

3. 복습: 공부한 내용은 교과서를 덮기 전에 반드시 복습하도록 한다. 그날 학습한 내용은 집에 돌아가 그날을 넘기지 말고 복습해라. 이해할 것은 이해하고, 외워야 할 것은 외워야 한다. 이 복습 과정을 다음날로 미루거나 소홀히 하면, 학습 효과는 반감되고, 결국 회복하기 어려운 학습 결손이 생겨 낙오와 실패의 쓴맛을 보게 된다.

4. 요약 정리: 교과서나 참고서를 읽을 때에는 그 책장을 넘기기 전에 반드시 그 내용을 요약 정리하는 습관을 가져야 한다. 고유명사나 학술용어는 그대로 익혀 두어야 한다. 그래야 공부한 내용을 자기 것으로 온전히 수용할 수 있다. 공부를 통해 얻은 개념을 논리적으로 연결해 보면서 정리하도록 한다.

5. 반복 연습과 보충 심화: 교과서는 기본 학습 교재이므로 읽고 또 읽기를 반복해야 다. 무한 반복을 통하여 중점(기초와 기본)이 확실해지면, 참고서를 한두 번만 읽어도 보충·심화하기가 용이해진다. 학습한 내용을 이해하면 문제집을 이용하여 기본문제, 보충문제, 응용문제, 심화학습문제를 되도록 많이 풀어 보도록 한다. 문제를 풀면 정답과 맞추어 보아야 한다. 그 결과, 틀린 문제 앞에는 *표를 하나 찍어 "잘 이해가 안 되었다"는 표시를 해 두고, "무엇이 틀렸는지"를 알고 넘어가야 한다. 다음에 문제를 다시 풀다가 또 틀리면 *표 하나를 덧붙여 **표가 되도록 한다. *표가 많은 것(*****)이 바로 자기의 학습 결손 부분이다. 시험 직전, 시간이 부족할 때 *표가 많은 이 부분을 한 번 더 공부하면 큰 도움이 된다.

6. 고사 준비: 이처럼 착실하게 공부해 두면 학력이 정착되기 때문에 고사 준비 하기가 훨씬 수월하다. 고사 성적은 학교생활기록부에 기재되므로, 고사 준비에 철저해야 한다. 중간고사나 기말고사 시간표가 발표되면 구체적인 고사 준비 일정표를 작성하여야 한다.

—1단계(고사 30일 전)는 고사 시간표의 교과목 순서에 따라 매일 한 개 과목씩 복습하고,

—2단계(고사 8일 전)는 두세 개 과목을 묶어 복습하고,

—3단계(고사 전일)는 다음날 고사 과목을 총정리하도록 한다.

7. 수행 평가: 요즈음은 수행 평가 점수가 교과 성적에 반영되므로 교과 담임선생이 수시로 부과하는 학습 과제의 내용, 방법, 수준을 정확하게 파악하여 자기가 직접 성실하게 수행하여 정해진 날짜에 어김없이 제출해야 한다.

위와 같은 학습 과정은 철저한 '반복 연습의 원리'에 근거한 공부 요령이다. 처음에는 어려운 내용을 반복 연습하는 단순한 지식 위주의 공부를 하는 것으로 여겨지겠지만, 결국 이 과정을 통하여 창의력·표현력·감상력 등 고등 정신 기능이 계발된다는 점을 잊지 말고 열심히 노력하기 바란다. 공부는 자기 완성의 과정이요, 노력의 결정結晶이다. 그것은 누구에게나 편하고 쉬운 일이 아니다. 남다른 결심과 실천 없이는 이룰 수 없는 고난의 길이다.

위의 '학교 교과 성적을 올리는 방법'을 한번 읽거나 그 내용을 이해했다고 해서 곧바로 공부를 잘하게 되는 것은 아니다. 그것을 제대로

실천하느냐 않느냐가 중요한 관건이다.

다시 한번 강조한다. 우선 '예습', '복습' 하는 것부터가 쉽지 않다. 다른 일에 쫓기다 보면, 언제나 예습과 복습은 뒷전으로 밀리게 된다. 어떤 일이 있더라도 그 시간, 그 날을 넘기지 말고 반드시 해내야 한다.

수업 시간에 잠시도 긴장을 늦추지 않고 '주의 집중'을 하는 것이 '공부 잘하는 방법'의 핵심이다. 선생님과 시선을 마주치고 떼지 않는 것이 그 요령이다.

'교과서'는 기본 교재이고, '참고서'는 보충·심화 교재다. 먼저 교과서를 눈앞에 그 내용이 훤히 보일 때까지 읽고 또 읽는 끈기가 필요하다. 내가 보관하고 있는 낡은 책 뒤표지에는 서른 번 읽은 날짜가 빛바랜 채 적혀 있고, 그 내용이 아직도 기억에 남아 있다. 교과서를 완벽하게 이해한 다음에 참고서나 더 수준 높은 교재를 읽으면 물을 빨아들이는 흡수지처럼 이해가 빠르다.

'기본 공식'과 '기본 개념'은 분명하게 알아두어야 한다. 그래야 비슷한 내용과 혼동되지 않는다. 잘 모르는 내용이나 문제는 질문을 하거나, 스스로 내용을 이해한 다음에 진도를 나아가야 한다. 그렇지 않으면, 이것이 학습 결손으로 남아 구제할 길이 없는 학습 장애가 된다.

'연습문제'와 '응용문제'를 반복하여 풀어 보는 일은 문제 해결에 자신감을 준다. "이것은 아는 문제니까…" 하고 그냥 넘겼다간 실제 시험에서 바로 그 문제 때문에 시간을 빼앗겨 낭패하게 된다. "아는 길도 물어 가야 한다"는 말이 있듯이, 문제를 빠뜨리지 말고 반드시 풀고 넘어 가는 것이 실수를 예방하는 길이다.

이런 과정을 통하여 사람은 배우고(學, 새로운 것을 알게 됨) 익히고(習, 새가 날갯짓을 익혀 날게 됨) 한다. 그 중에도 익히는 일에 더

힘써야 한다는 것이 알 만한 분들의 조언이다.

어떤 사람은 "학교 공부는 사람이 되기 위한 공부지, 점수 벌레가 되기 위한 것이 아니다"라고 억지를 쓴다. 틀린 말은 아니다. 사람은 사람다운 사람이 되어야지, 벌레가 되면 안 된다. 그렇지만 그 말을 하는 사람의 속셈은 다른 데 있다. 진정 사람다운 사람이 되라는 뜻보다는 재능이 모자란 패배자의 자기 변명이거나, 아니면 남 잘되는 꼴을 못 보는 샘 많은 사람의 넋두리에 지나지 않는다.

시험에 높은 점수를 받으면 그 과목이 재미있고 학습 동기가 강화되는 데 그치지 않고, 나아가 그 과목을 즐기게 되고 담당 선생님을 존경하게 된다. 또 공부에 열중한 결과 성적을 올리면 좋은 친구가 주변에 모여든다. 성적이 오르는 사람은 함부로 나대지 않고 스스로 행동을 조신操身(몸가짐을 조심함)하게 된다. 이러한 사실은 한 번이라도 성적을 올린 경험이 있는 학생이면 누구나 다 아는 일이다. 남이야 뭐라고 하든 꾸준히 노력하면 된다.

평생을 공부해야 한다는 평생 학습의 개념이 보편화된 지도 이미 오래다. 그러나 공부에는 분명히 때가 있다. 한창 때 하는 공부 다르고, 늙어서 하는 공부 다르다. 학습 능률이 다르고 질이 다르다. 공부할 시기에 열심히 해야지, 나중에 후회해도 흘러간 세월을 되돌릴 수는 없다.

2007. 11. 11.

공인중개사 시험에 합격하기까지

공인중개사란 타인의 의뢰에 따라 일정한 수수료를 받고 토지나 주택 등의 매매, 교환, 임대차, 기타 권리의 득실 변경에 관한 행위의 알선 중개를 하는 사람으로서, 공인중개사 시험에 합격하여 자격증을 취득한 자를 말한다. 한때. 21세기형 유망 직종이고 노후 대책을 위한 자격 취득일 뿐만 아니라 여성의 장점을 살릴 수 있는 최적의 직업이라는 점에서 웬만큼 공부한 남녀라면 누구나 한 번쯤 도전해 볼 정도로 선풍적인 인기를 모았다. 1985년 9월 22일에 시행한 제1회 공인중개사 자격시험에 15만 7,923명이 응시, 6만 277명이 합격(합격률 38.2퍼센트)한 것만 보아도 그 열기를 짐작할 만하다.

내 나이 쉰세 살 되던 1986년 봄에 교장실로 찾아 온 서적 행상인의 그럴 듯한 권유에 공인중개사 자격시험 교재 한 질을 사 놓고 한두 번 읽다가 그만둔 일이 있었다. 교장이란 자리가 그렇게 한가로운 처지가 아닌 데다가 꼭 합격해야 한다는 절박감이 없던 터라 중도 포기한 것이다. 1999년 교원 정년 단축으로 퇴직하고 나니 '진작 자격증이라도 취득해 놓을 걸' 하는 아쉬움에 2001년, 제12회 공인중개사 자격시험에 응시하려고 준비를 서둘렀다.

처음에는 집에서 독학을 했지만 능률이 영 오르지 않아서 전문 학원을 찾아 수강 등록을 했다. 학원 교재를 가지고 강의 내용을 예습하고 또 복습하다 보니 실력이 일취월장했다. 이만하면 한번 도전해 볼 만하다는 자신감이 생겼다.

그런데 내게 미처 생각하지 못했던 학습상의 취약점이 드러났다. 시험을 앞두고 실시한 제1차 모의고사에서 나는 오십 분 동안, 주어진 오십 문제의 절반인 스물다섯 문제를 겨우 풀고 답안지를 제출해야 했다. 일 분에 한 문제를 풀고 답을 답안지에 기표해야 하는데 여기에 맞추지 못한 탓이다. 내 나이 예순여덟. 워낙 문제를 읽어 나가는 속도가 느리고 기억력이 예전 같지 않은 데다가 5지선다형 문제에 익숙지 않은 것이 그 원인이었다. 나는 문장이나 단락 또는 문제를 차분히 읽고, 그 요점을 정리하여 가닥을 잡는 학습 요령에는 어느 정도 익숙해 있었지만 문제를 한눈에 읽어 가며 다섯 개의 답지 중 정답을 재빠르게 골라내는 5지선다형 객관식 평가 세대가 아님을 간과한 것이었다.

읽기 속도는 하루아침에 체득할 수 있는 학습 능력이 아니다. '이를 어쩌나?' 하고 망설이다가 그래도 끝장을 보아야겠다고 결심하고 다음날부터 텔레비전 화면에 흐르는 자막 읽어 내려가기, 신문 기사 빨리 읽기, 공인중개사 기본 교재 요점 읽어 내려가기, 문제 빨리 풀기 등 속독 훈련을 실시했다. 당장 읽기 능력이 향상되지는 않았지만 차츰 나아지는 것을 느낄 수 있었다. 그런 와중에 피로가 쌓여 앞에 다가오는 사람의 얼굴이 어른거리는 난시 현상까지 생겨 가끔 멀리 바라보거나 눈을 상하 좌우로 움직이는 눈 운동을 하기도 했다.

막바지에는 예상 문제집을 한 권 더 구입해서 기출 문제와 예상 문제를 푸는 데 많은 시간을 쏟았다. 문제를 풀다가 한 번 틀린 문제 앞에는 *, 두 번째도 틀리면 **, 세 번째 또 틀리면 ***, 틀린 문제에 *표시를 하나씩 더해 가며 핵심 내용을 거듭 확인하는 과정에 학습 결손의 상당 부분이 보충되었다. *표가 많은 문제는 시험 직전, 중점 학습을 하는 데 큰 도움이 되었다. 끝마무리는 기본 교재를 읽어 가며 총정리를 했다.

시험일인 2001년 9월 16일. 속독 훈련을 한 보람이 있어 정해진 시간 안에 가까스로 답안지에 기표할 수도 있었다. 오후 늦게 인터넷에 발표된 정답과 문제지에 표시해 둔 답을 대조해 보니까 합격선에 들었다. 얼마 뒤, 나는 백발을 날리며 젊은이들 틈에 끼어 공인중개사 자격증을 받는 행운을 차지하게 되었다.

2002. 9. 20.

가정교육의 기능 회복

비록 처음 대하는 사람일지라도, 잠시 대화를 나누거나 그의 언행을 살펴보면 바로 그의 인품人品을 가늠하기가 어렵지 않습니다. 비단 인품만이 아니라 그의 가품家品까지도 짐작할 수 있게 됩니다.

그러기에 한 사람의 잘잘못은 자신뿐만 아니라 부조父祖와 가문家門, 모교, 그리고 국가의 명예와도 직결됩니다. "아무개 집 아들, 아무개 집 손자가 이렇고 저렇더라"는 말은 지금도 웬만한 도시를 벗어나면 흔히 들을 수 있는 말입니다. 예로부터 신언서판身言書判과 가품을 인재 등용이나 인물 평가의 척도로 삼았던 것도 이러한 관점에서는 어느 정도 타당성이 있다고 보아야 할 것입니다.

인품의 기본 도장道場은 다름 아닌 가정입니다. 인류 사회에서 교육은 시간과 장소를 초월하여 어디에서나 이루어져야 하지만, 사실상의 기초적인 교육은 바로 가정에서 이루어지고 있다고 해도 지나친 말은 아닙니다.

돌이켜 보건대, 전통적인 농경사회에서 우리 선조들이 이 가정교육에 남다른 관심과 노력을 기울여 왔음은 이미 잘 알고 있는 바와 같습니다. 특히 유교 윤리를 바탕으로 했던 조선시대에 사대부가士大夫家에서는 아기가 태어나기도 전에 태아胎兒를 교육하기 위한 태교胎敎가 행해졌으며, 오륙 세면 쇄소灑掃, 응대應對, 진퇴進退의 기본 예절과 언행言

行, 가언嘉言을 익히도록 하였습니다. 부조父祖는 부조대로, 고부姑婦는 고부대로 자손을 때때로 훈계하면서 선조의 유훈을 일깨워 친족 의식을 드높이고 자손 된 도리를 다하게 함으로써 가풍을 진작하였습니다.

가정에서의 훈육 방법으로는 '엄이자嚴而慈'라 하여 어버이로서 엄격함과 자애로움을 조화시키는 슬기를 발휘하였고, '역자이교지易子而敎之'가 당연시되어 자기 자녀 못지않은 관심을 가지고 남의 자녀를 훈도薰陶하였습니다. 이러한 교육 풍토로 말미암아 가정, 이웃, 동네가 하나의 교육 공동체로 결속되었기에 집안 어른은 물론 동네 어른까지도 공경하고 순종하는 미풍양속을 가지게 되었습니다.

그런데 지금 우리의 현실은 어떻습니까. 가정교육이 방만하게 이루어지고 있어 그 기능을 다하지 못할 정도의 상태에 놓여 있습니다. 이는 팔일오 광복 후 밀어닥친 서구화의 물결로 인한 가치관의 혼란과 산업사회로의 발전에 따른 핵가족화의 역기능에 그 원인이 있다고 판단됩니다. 다시 말하면, 가정교육에 대한 부모의 무관심無關心, 무정견無定見, 무책임無責任에서 비롯된 것입니다. '살기에 바쁘다 보니까', '아이의 교육은 학교가 알아서 해 주니까', '할아버지의 고루한 생각을 구태여 손자에게까지 물려주고 싶지 않으니까' 등의 잘못된 생각에서 비롯된 결과라고 봅니다.

가정교육에는 그 나름대로의 독자적인 영역이 있고, 또 특유의 기능이 있음을 간과해서는 안 됩니다. 오늘날 교육의 대명사가 되어 버린 학교교육이 제아무리 용의주도하고 철저하게 이루어진다고 해도 거기에도 한계가 있습니다. 또 사회교육이 아무리 완벽하다 해도 가정교육의 기능까지 다 보전補塡할 수는 없습니다. 그러므로 가정교육의 부실에서 오는 교육의 공동空洞을 채워 줄 가정교육의 기능 회복은 우리 교육의 시급한 과제가 아닐 수 없습니다.

　이를 위해서 우리가 해야 할 일은

　첫째, 가정교육에 대한 관심을 새롭게 해야 하겠습니다. 내 자녀의 가정교육은 내가 책임진다는 정신 자세를 가다듬고 가정의 교육 환경을 조성하는 데 더 노력해야 하겠습니다.

　둘째, 부모로서, 집안의 어른으로서 모든 일에 솔선수범함으로써, 자녀의 사표師表가 되어야 하겠습니다. 아버지가 아버지답게, 어머니가 어머니답게 말하고 행동하고 자기 역할에 충실할 때, 자녀가 자녀답게 성장하는 것은 하나의 정리定理입니다.

　셋째, 자녀와 격의 없이 대화하는 기회를 자주 가져야 하겠습니다. 바쁜 틈을 내어서라도 부모와 자녀 간에 자애와 공경이 교류되는 오붓한 대화가 필요합니다. 대화는 자녀의 올바른 성장과 인격 형성의 지름길입니다. 핵가족제도로 인해서 유명무실해진 조부모의 교육적 역할을 보전할 방안도 아울러 모색할 필요가 있습니다.

　끝으로, 가정교육의 기능 회복은 가정, 학교, 사회가 일체가 될 때 더욱 촉진될 수 있음을 강조하고자 합니다. 원래 가정, 학교, 사회교육은 하나의 교육 영역입니다. 각 교육이 지향하는 교육의 목표는 결국 하나의 바람직한 인간을 교육하는 일에 귀일되기 때문입니다.

　최근 교육의 질적 향상을 위하여 서울 교육 시책의 일환으로 추진하고 있는 '사회의 학교화學校化', '전 시민의 교사화敎師化' 운동의 참된 의의도 바로 여기에 있습니다.

　『동부교육』 제52호, 서울동부교육구청, 1987. 5. 6.

방송 매체를 활용하는
개별화 교육의 현장에 가다
일본 와카야마대학 교육학부 부속중학교 방문기

1992년 11월 13일, 오전 행사인 공개수업과 연구교류회에 참가하기
위해 서투른 일본말로 묻고 또 물어 찾아간 와카야마和歌山대학 교육
학부 부속중학교는 풍광이 명미明媚한 와카야마성和歌山城에서 그리
멀지 않은 언덕 위에 자리 잡고 있었다. 시가지에 있는 학교답지 않게
조용하고 산뜻한 분위기가 매우 인상적이었다.

그도 그럴 것이, 전교생이라야 고작 사백칠십칠 명, 각 학년 네 학
급씩 모두 십이 학급, 학급당 정원은 마흔 명인 데다가 개교한 지는
사십 년이 지났지만 지금의 학교 건물은 신축한 지 겨우 삼 년밖에 되
지 않았으니 사십팔 학급에 이천오백 명이 북적대는 우리나라의 대규
모 학교생활에 익숙한 내가 느끼는 체감이 다를 수밖에 없다.

이 학교는 대학 교육학부 부속학교로서, 교육이론과 그의 실증, 연
간 팔 주간의 교육실습, 그리고 매년 개최하는 교육연구협의회 때문
에 언제든지 수업 공개가 가능하다고 오카자키 부교장 선생은 내게
자랑스럽게 귀띔해 주었다.

오밀조밀한 교사校舍 배치
마치 F자 같이 배치된 교사校舍 앞에 직사각형의 운동장을 전개해 놓
은 학교 구조는 좁은 국토를 알뜰하게 이용하고 있는 일본 특유의 건

축 문화를 여기에서 볼 수 있었다. 삼 층 건물의 남쪽 건물은 보통 교실로, 북쪽 건물은 특별 교실로, 서쪽 건물은 관리실과 특별 교실로 쓰면서, 북동쪽으로 체육관이 연결된 합리적인 교실 배치였다. 특히 중학교로서는 부족함이 없는 특별 교실을 고루 갖추고 있어 무척 부러웠다. 교지를 확보하기 어려운 우리나라에서 앞으로 예상되는 미니 스쿨이나 학급 감축에 따른 유휴 교실 활용에 참고할 가치가 있다고 생각했다.

개별화 교육을 위한 방송 시설

이 학교의 당초 연구 주제는 "개個를 높이고 개個를 살리는 지도의 연구"였다. 학생 각자가 자기 목표를 향하여 스스로 개성을 신장시켜 나가는 자주적 학생의 육성을 목표로 한 것이다. 그러나 이번 연구대회의 중학교 주제가 "학습 의욕을 높임으로써 지知 정情 의意가 조화된 풍부한 심성을 기르기 위해 스스로 문제 의식을 가지고 스스로 행동하도록 방송교육을 추진하자"로 확정되었으므로 이를 수용하여 다양한 방송 매체의 활용을 통하여 심성心性 지도를 하는 방향으로 조정했다는 설명이다. 나는, 교육의 요체가 개별화에 있고 그 실현수단으로써 방송 매체를 활용한다는 점에서 바로 교육 현대화의 한 표본을 보는 듯했다.

이 학교의 「참관 안내 자료」에 의하면, 보통 교실에 두 대, 특별 교실에 대여섯 대, 도합 일흔다섯 대의 텔레비전과 삼십여 대의 비디오, 천 수백에 이르는 비디오테이프, 다섯 대의 비디오카메라, 마흔 대에 이르는 에프엠타운즈FM-TOWNS컴퓨터, 대형 프로젝터 등 거의 부족함이 없는 방송 시설을 갖추고 있으니, 그만한 의욕을 가질 만도 하다고 생각했다.

방송교육의 전형을 보여 준 공개수업

오전 8시 55분부터 9시 45분까지는 공개수업. 전체 열두 개 학급 중 열 학급에서 각 교과별로 전개된 공개수업은 어느 교실에서나 예외 없이 브이티아르VTR 시청을 통하여 학생 스스로 문제 의식을 가지고 행동의 변화를 일으키도록 지도하고 있었다. 이를 위해 학생들에게 시청 기록 용지를 미리 배부해 주고, 비디오를 보면서 느낀 감상이나 결의를 기록하게 하였다.

또한 미리 배부된 학습지도안 외에, 교실 입구에는 두툼한 '수업 자료' 파일이 참관 예상 인원수만큼 준비되어 있었다. 내용을 살펴보니, 교과별 연간 지도계획, 학생 좌석표, 방송 시청 기록, 브이티아르VTR의 내용, 교재와 관련된 신문 기사, 각종 통계자료, 교사 수업 실천 기록, 학생 노트 등 교재 연구물과 학생 이해 자료가 망라되어 있어서 오랜만에 교사의 열성이 가득 담긴 선물을 한 아름 받은 것 같은 감동을 느꼈다.

진지하고도 활기찬 연구교류회

10시부터 12시 30분까지 진행된 연구교류회는 사회, 과학, 도덕, 특별활동, 교내 방송의 다섯 개 분야였는데, 나는 도덕교육 연구교류회에 참석하였다.

전면前面 토론자석에는, 향해서 오른쪽부터 제안자, 사회자, 조언자가 각각 두 사람씩 앉고, 이어서 엔에이치케이NHK 피디PD, 기록자가 앉아 일반 회원과 마주보고 앉았다.

첫 순서로, 방송을 통한 학교 연구 경과 설명, 회의장 임원 소개, 공개수업 교사의 경과보고와 질의응답이 있었다. 이어서 "굳센 실천력과 심성 풍부한 인간 형성을 위한 방송교육의 형태를 생각해 보자"는 도덕과 주제에 대한 실천 사례 보고 및 제안과 이에 대한 조언, 그리고 그 밖의 제안과 조언의 순서로 진행되었다. 그런 다음에 사회자의 지명에 따라 참석 회원 모두가 한 사람씩 각각 의견을 발표하였고, 엔에이치케이 피디와의 대화를 마지막으로 회의를 마쳤다.

시종여일 너무도 진지하고 활기찬 분위기 탓인지, 도중에 자리를 뜨는 사람이 하나도 없었다. 지면 관계로 구체적인 내용에 대하여 언급하지 못한 아쉬움을 남기며….

『한국교육방송연구회 회지』제8호, 1993. 1. 16.

청출어람靑出於藍의 자리에 앉아서

"올해는 부득이한 사정으로 은사님 초청 행사를 스승의 날인 5월 15일 오후 7시에 갖겠습니다. 꼭 오셨으면 합니다. 장소는 작년과 같은 '왕림복집'입니다."

대전중학교 제18회 동기회장의 전화다. 전국 주요 도시에서 중학교 평준화가 시행되기 육 년 전인 1965학년도. 치열했던 입시 경쟁을 뚫고 입학한 동기 모임에 은사를 초청한다는 내용이다. 이 행사를 가진 지도 어느덧 이십 년, 그동안 매년 5월 18일에 가졌던 모임을 올해에는 사흘 앞당긴다는 것이다. 삼 년간의 우정을 소중히 간직하려고 모이는 일도 장한데, 은사까지 초청하겠다니 정말 대견한 일이다.

이 제자들과 작별한 것은 1968년 2월의 졸업식이었다. 학급담임으로서 학생들에게 마지막 훈화를 하고, 그 이듬해 4월에 나는 서울로 전근했다. 그래서 충남 교육계와는 자연히 소원해지고 제자들과의 연락도 끊겼다가 오 년 전에야 초대를 받았다.

오랜만에 만나는 제자들의 얼굴은 낯설기만 했다. 앳된 소년의 모습은 간 곳 없고, 생전 처음 보는 듯한 초로初老의 신사들이 넙죽 절하며 "선생님! 안녕하셨습니까? 저 아무개입니다"라고 인사할 때, 나는 마주 인사를 하면서도 선뜻 알아보지 못해 무척 당황했다. 하긴 그 사이 사십 년의 세월이 흘러갔으니 그것도 무리가 아니다. 그 뒤 매년 행사가 되풀이되면서 차츰 주름진 제자들의 얼굴에서 중학교 시절의 옛 모습을 떠올릴 수 있게 되었고, 누가 어디에서 무엇을 하고 있다고 알려 주는 제자의 근황을 들으며 마냥 흐뭇했다. 만날수록 사제의 정이 되살아나, 역시 사람은 자주 만나야 하는 사회적인 존재임을 새삼 느꼈다.

고등학교 동기 모임은 어느 학교나 다 있다. 그러나 중학교 동기 모임은 그리 흔치 않다. 더구나 중학교 동기생끼리 모이는 데 그치지 않고, 은사까지 초대해서 큰절 올리고, 음식 대접하고, 용돈까지 챙겨 드리는 모임은 보기 드문 일이다. 그보다 더 소중한 것은 사제 간에 나누는 영혼의 교감이다. 자신들도 이제 나이 육십을 바라보며 퇴직을 앞둔 처지에, 옛 스승을 생각하는 그 마음 씀씀이가 그지없이 고맙다.

"나는 사십 년 전, 과연 이들을 위하여 최선을 다했던가?" "이들을 진정 아끼고 사랑하고 제대로 가르쳤던가?" "한창 사춘기였던 이들 마음속에 과연 어떤 감동을 주었던가?" 이런저런 생각에 은근히 부끄럽기까지 하다.

서양의 기사knight가 '중세사회의 꽃'이라면, 학급담임은 '교단의 꽃'이라고 할 만하다. 그 중에도 졸업반 담임이라야 제자들의 기억 속에 은사로 남는다는 것이 교육계의 상식이다. 나는 충남 교육계에 있던 십육 년 동안, 아홉 학교를 옮겨 다니느라 사제의 정을 나눌 만한 제자가 별로 없다. 그나마 졸업반 담임을 한 것은 대전여중과 논산중학교에서 각각 한 번, 대전중학교에서 두 번, 모두 네 번뿐이니 제대로 '교단의 꽃'을 피워 보지 못한 셈이다.

서울 교육계 삼십 년간은 용산여중(현 용강중) 주임교사 경력 사 년에다가 서울특별시교육청과 중앙교육연구원 장학사와 장학관, 중·고등학교 교감과 교장으로 이리저리 옮겨 다니느라 사실상 제자가 없다. 남들은 나를 '관운이 좋은 사람'이라고 부러워한다지만, 제자 없는 그 기간은 교육의 공백기일 뿐이다.

이런 의미에서 나에게는 대전중학교 18회 졸업생들이야말로 청출어람靑出於藍의 보람을 느낄 수 있는 소중한 제자들이다. '청출어람'이란 제자가 스승보다 더 나음을 의미하는 한자의 사자성어四字成語다. 대전중학교 교지校誌『청람靑藍』도 이 염원을 담은 제호題號다. 그 제자들이 내가 하지 못한 일을 하고 있으니, 이야말로 청출어람의 본보기가 아닌가 싶다.

자랑스러운 대전중학교 제18회 졸업생들에게 건강과 행운이 있기를 빈다.

2007. 5. 20.

내가 만난 장관의 기량

내가 교직에 있는 동안, 교육부 장관을 직접 대면하여 업무보고를 한 적이 두 번 있었다.

첫 번째는 중앙교육연구원 교육연구사로 근무하던 때였다.

십이륙사태로 나라 안팎이 온통 북새통을 치던 최규하 정부 시절, 예고 없이 김옥길 장관이 중앙교육연구원을 방문했다. 잠시 뒤 우리 연구실 전화벨이 울렸다. 장관에게 그동안의 연구 결과를 보고하라는 원장의 지시였다. 우리 연구실의 연구 과제는 '과외 공부 완화 방안'이었다. 마침 연구가 일단락된 뒤라 큰 부담은 없었다. 나는 '과외 망국론'이 일던 당시 과외 공부의 실태와 요인을 분석하고, 몇 가지 완화 방안을 제시한 뒤, 기대되는 성과, 결론, 제언 순으로 차분하게 보고했다.

그러자 관심 있게 경청하던 장관이 느닷없는 질문을 했다.

"그래, 그렇게 하면 과외 공부를 근절할 수 있나요?"

순간, 나는 당황했다. 비단 나뿐만이 아니었다. 그 자리에 있던 모든 분들도 긴장하는 빛이 역력했다. 과외 공부를 근절하는 방안이 어디 그리 쉬운 일인가? 그러기에 연구 과제도 '과외 공부 완화 방안'이라고 하지 않았던가? 나는 '이판사판이다'라고 생각하며

"한마디로 말씀 드리면 근절 방안은 없습니다."

라고 단호하게 대답했다. 그러고는 곧 '아차!' 하고 후회했다. "근절하긴 어렵지만 완화할 수는 있습니다"라고 대답하는 것이 마땅했기 때문이다. 그때였다. 장관이 걸걸한 목소리로

"으음, 무책無策이 상책이라? 하아! 하아! 하아!" 하고 가가대소呵呵大笑하는 것이 아닌가? 이로써 초긴장상태의 분위기는 순식간에 사라졌다. 과연 듣던 대로 여걸이요, 웬만한 대장부가 도저히 따를 수 없는 큰 기량器量이다. 잠시 침묵이 흐른 뒤, "너무 지체했네요" 하고 일어서며 간부들과 일일이 악수하고는 내게 다가와 작은 목소리로 "그동안 수고하셨네요. 정말 열심히 하셨어요" 하고 내 손을 꽉 잡더니 복도에 나가서야 놓아주었다. 며칠 뒤 우리 연구원은 원장이 문교부 차관으로 승진하는 경사를 맞았다.

이제 김 장관도 고인이 되셨으니, 그 호탕한 성품으로 천국에서 영원한 안식과 천상행복을 누리시리라 믿는다.

두 번째는 장관 비서실을 통해 "장관이 그곳에 가시는 중이니 대기하라"는 긴급전화를 받았다. 경기도 가평에 있는 서울학생교육원장으로 부임한 지 꼭 두 달이 되는 날이었다. 예정에 없던 방문이다. 그날따라 고등학교 학생 간부 수련을 마치고 귀가하는 학생들을 돌보느라 직원은 물론 각 부장들마저 서울로 향한 직후였다. 마침 가을을 재촉하는 비가 촉촉이 내리고 있었다. 어쩔 수 없이 나 혼자서 장구 치고 북 칠 수밖에….

한 시간을 기다리다가 현관에서 맞이한 장관의 표정은 몹시 짜증스러워 보였다. 먼 거리에 지쳤는지, 아니면 다른 사정이 있었는지는 알 수 없었다. 장관은 원장실에 들어서자마자 "빨리 업무 보고를 하라"고 재촉했다. 나는 우선 차를 대접해 드린 뒤에 보고를 시작했다.

그러나 도중에 갑작스런 장관의 호된 질책을 받고 보고를 중단하는 사태가 벌어졌다. 학생교육원의 고유 업무도 아니고 위임 업무나 지시 사항도 아닌 '어머니 연수 실적'이 부진하다는 게 꼬투리였다. 부임한 지 두 달밖에 되지 않은 내 사정이나 그동안 한번 시도해 본 어머니 연수에 대한 내 소견은 전혀 무시한 채 "더 이상 들을 필요가 없다"며 화를 냈다.

이어서 내 안내를 받아 원내를 돌아본 장관은 "관리는 잘하고 있군" 하고 입속말을 하더니 뒤도 돌아보지 않고 떠났다. 평생 성실하게 살아온 나에게 느닷없이 '무능하고 태만한 기관장'이란 낙인을 찍어 놓고….

석 달 지난 이듬해 2월 말, 나는 기대하던 교육장 발령의 꿈을 접고 육 개월 만에 자의반 타의반으로 서울 강남구 압구정동에 위치한 압구정고등학교 교장으로 자리를 옮겼다. 남들은 영전이라고 부러워했지만 나는 어쩐지 개운치 않았다. 내 후임에는 직제 개편으로 육 개월 이상 발령을 대기하고 있던 교육부 장학관이 임명되었다.

실은 장관의 학생교육원 방문은 대기 중이던 그 장학관의 길을 열어 주기 위한 의도적인 포석이었음을 나는 그 뒤에야 알았다. 장관으로서 특정인에게 자리를 마련해 주려고 직접 희생양을 찾아 나선 것은 이례적인 일이다. 아무리 생각해도 온당한 처사라 할 수는 없다. 얼마 뒤, 장관도 특유의 독설로 말미암아 사회적 지탄을 받고 그 자리에서 물러났다.

건국 이래 육십삼 년. 그동안 문교부, 교육부, 교육인적자원부, 교육과학기술부로 명칭이 바뀌면서 이 부처를 거친 역대 장관은 쉰다섯 명. 각각 이런저런 교육정책을 폈으나 우리나라의 교육문제는 더욱 복잡하게 얽힌 채 해결의 실마리를 찾지 못하고 있는 것이 오늘의 실상이다. 그 피해자는 결국 학생, 교원, 학부모와 모든 국민이다. 이들 교육 당사자들은 아직도 갈피를 잡지 못하고 있는 대학 입시 정책을 비롯한 교육정책, 그리고 과외 공부 때문에 방황하고 있다.

우리나라 교육에 새 빛을 밝혀 줄 큰 기량을 지닌 장관다운 장관.

고등(대학)교육은 물론 보통(초중고)교육의 당면 문제에 정통한 장관.

미래를 내다보며 국민교육의 큰 밑그림을 그릴 수 있는 혜안을 가진 장관.

이런 장관을 갈망하는 국민의 소망이 이루어질 날이 오기를 기대해 본다.

2010. 9. 22.

그윽한 묵향墨香 속에서 뜻을 펼친 훈정薰庭

이미 우리의 귀에 익은 '훈정薰庭'은 죽마고우 장유진張有鎭 교장의 아호雅號다. 그가 서예가로서 일가를 이룬 뒤, 나와 친구들은 이 호를 즐겨 썼고, 또 그렇게 부르는 것이 훨씬 자연스럽다.

이 세상에서 아름다운 향기를 내는 것이 한두 가지가 아니지만, 우선 연상되는 것은 꽃이다. 꽃도 이왕이면 예쁜 꽃이라야 더 좋고, 거기에 화사하기까지 한 모습에 향기마저 좋은 꽃이라면 더할 나위가 없다. 식욕을 불러일으키는 구수한 음식 냄새도, 구태여 식도락가食道樂家가 아니더라도 그냥 지나칠 수 없는 향기다.

이러한 향기 중에서 나는 서안書案을 가까이 하는 선비라면 솔향기 그윽한 묵향墨香을 빼놓을 수 없으리라고 생각한다. 더 없이 새하얀 화선지 위에 때로는 중후重厚하게, 때로는 기운氣韻차게, 때로는 시원스럽게, 때로는 끊어질 듯하다가 이어지는 멋을 내며 쓴 글씨와 화제畵題에서 풍기는 그 묵향을 누군들 마다하겠는가.

내가 소장하고 있는 훈정의 작품은 액자 두 점과 『산해경山海經』여덟 폭 병풍 한 점이다. 그 중에 액자 두 점은 내게 더 없이 소중한 교훈을 주는 명품으로 아끼는 작품이다.

"글씨는 그 사람의 인격과 같다"는 말을 '서여기인書如其人'이라 하던가. 글씨는 그 사람의 인격과 같다는 말 그대로 본시 착하고 성실한 데다가 부드러운 성격과 한번 결심하면 초지일관初志一貫하는 강한 집념, 그리고 강직剛直한 그의 품성이 그대로 작품 속에서 드러난다. 나같은 문외한으로서야 감히 그의 작품을 평론할 입장이 못 되지만, 바로 훈정의 고고孤高한 인품 그 자체라 할 만하다. 단아하면서도 힘찬 필치도 좋지만, 그 속에 함축되어 있는 내용 또한 금과옥조金科玉條이기 때문이다.

그 중 하나의 액자에는 "上師聖人 下友群賢 窺仁義原 探禮樂緒"라 하였다. "위로는 성인을 스승 삼고, 아래로는 여러 현인들과 벗하며, 인과 의의 근원을 살피고, 예와 악의 실마리를 찾는다"는 뜻이다. 『자치통감自治通鑑』을 지은 중국 송나라 사마광司馬光의 「독락원기獨樂園記」의 한 구절이다. 인간이 인간답게 살아야 건강한 사회를 이룬다. 이것이 인간이 지향하는 궁극적 가치의 하나일진대, 이 글귀야말로 인륜 도덕을 밝히려는 모든 이의 실천 덕목이요, 조화로운 인격 형성을 위해 잠시도 잊어서는 아니 될 좌우명이라 하겠다. 내가 부족함을 스스로 잘 알기에, 이를 꾸준히 실천함으로써 성숙한 인간이 되고자 다짐하는 데 아주 귀중한 경구警句로 삼고 있다.

또 다른 액자는 "梅經寒苦發淸香 人逢艱難顯其節"이라는 글귀다. "매화는 추운 겨울의 고통을 견뎌 내고서야 그 맑은 향기를 뿜어 내고, 사람은 모진 고난을 겪어야 그 절개를 드러낸다"는 말이다. 사람은 누구나 한평생을 살면서 좋은 일, 즐거운 일도 많지만, 어려운 일도 겪게 된다. 나는 얼마 전 정말 견디기 어려운 시련을 겪으면서, 이 말을 새기고 또 새기며 얼마나 큰 위안을 받았는지 모른다.

훈정과 나는 죽마고우竹馬故友로서 중학교 시절부터 오십 년 넘게 고락을 같이하며 우정을 나누는 사이다. 그는 오로지 교육만을 생각했고, 또 그 길을 걸어오다가 이제 정년을 맞이한다. 그러나 훈정은 나보다 한 걸음 더 나아가 교육에 서예를 접목하여, 서예교육의 새로운 경지를 뿌리내린 큰 공적을 남겼다. 이제 교직 사십육 년을 마감하는 자리에 서서 지나온 세월을 되돌아보니, 과연 "예술은 길고 인생은 짧다"는 말을 그대로 실감하게 된다.

그에게 건강과 행운이 더 하도록 하느님께 간절히 기구한다.

『장유진 교장 정년퇴임 문집』, 서울면남초등학교, 1998. 2.

능소능대한 교육자
낭청浪淸 박재규朴在奎 총장

어쩌다 기분이 몹시 유쾌할 때면 나도 모르게 튀어나오는 노래가
있다.

    채운산 푸른 솔을 바라보면서
    저 멀리 굽이치는 금강 물결에
    솟아오른 아침 해 불타는 마음
    온 누리 밝히려는 보람이로세.
    아! 지성에 빛나는 강경중학교
    아! 지성에 빛나는 강경중학교

언제 불러도 경쾌한 리듬에 웅혼한 기상이 담긴 강경중학교 교가
(이재복 작사, 조광혁 작곡) 1절의 가사다. 낭청浪淸 선생의 교육철학
이 고스란히 함축된 노래가 아닌가 싶다.

내가 낭청 선생을 처음 뵙게 된 것은 1956년, 바로 이 강경중학교
로 부임한 때이다. 당시 선생은 이미 약관弱冠에 충청남도 장학사를
거쳐 이른바 입지立志에 해당하는 삼십 세에 이 학교 초대 교장으로
취임하셔서 오 년째 근무하시면서, 그야말로 도내 유수有數의 명문학
교로 육성해 놓으신 뒤였다.

은사님의 소개장과 이력서 한 통만을 보시고 선생 특유의 미소를 만면에 띠시며 "당장 내일부터 근무하라"고 하시던 결단력에도 우선 경복敬服했거니와 그 후 낭청 선생에게서 받은 여러 가지 감화는 실로 내 평생에 인생과 교육의 지표指標가 되었다 해도 과언이 아니다.

아마 낭청 선생 자신도 학교 경영의 첫정이 듬뿍 든 강경중학교 시절에 못내 애착을 느끼고 계시리라 생각한다. '낭청'이라는 아호雅號도 "저 멀리 굽이치는 금강 물결"을 끌어안고 있는 강경중학교 뒷마을 '낭청마을'에서 유래한 것이며, 선생이 평소에 강조하시는 "꿈을 가꾸는 교육"도 '채운산彩雲山 푸른 솔'을 바라보는 현실 인식을 바탕으로 '솟아오른 아침 해'의 열정과 보람을 추구하는 이상 지향의 교육철학에서 기원起源한 것으로 믿는다. 또 그때 선생이 간행해 주신 『학교경영요람』은 삼십 년이 지난 지금도 내 서가書架에 꽂혀 귀중한 자료로서 활용되고 있다.

참된 교육자로서 갖추어야 할 자질이 어찌 한둘일까 마는, 나는 필수적인 것으로 교육애教育愛, 솔선수범率先垂範, 능소능대能小能大의 세 가지를 서슴없이 꼽고 싶다. 곧 교육애는 교육을 향한 정열과 의지요, 솔선수범은 교육자로서의 자세 및 행동 규범이요, 능소능대는 교육의 목표 지향성과 안목과 지도성을 의미한다.

이 세 가지를 막상 실천하는 일은 결코 쉬운 일이 아니다. 그 중에서도 능소능대하기는 더욱 어렵다. 작은 일에 집착하다 보면 큰 목표에서 일탈하기 쉽고, 큰 목표를 추구하는 이는 자칫 작은 일에 소홀하기 쉽기 때문이다. 그러므로 교육자가 진정 교육계 내외에서 존경 받으려면 능소능대하여야 하는 것이다.

낭청 선생은 학교 경영자로서, 또는 문교정책 입안자로서 항상 능소능대의 모범을 보여 주셨다. 특히 문교부 장학실장 재임 중에는 2000년대에 대비하는 한국 교육의 지표를 설정하는 큰일을 하시면서, 가죽점퍼 일색으로 변모해 가다시피하던 현장 교사들의 복장을 정장 입기로 시정한 일과 각급 학교의 수도꼭지 관리 상태를 확인, 점검함으로써 학교 경영의 실질을 제고하신 일화逸話는 유명하다. 이야말로 "도는 가까운 데 있고, 일은 쉬운 데 있다道在爾 事在易"는 동양의 진리, 곧 근사정신近思精神의 실천이 아닌가?

이러한 혜안은 선생의 고매한 인격과 가정의 행복에도 빛을 드러내셨기에 우리 모든 교육자들의 귀감이 되셨다. "수신제가 연후에 치국평천하라"는 옛 글의 의미를 재음미하면서….

『낭청 박재규학장 정년기념문집浪淸 朴在奎學長 停年紀念文集』, 공주사범대학, 1986.

교지校誌에 실어 보낸 제자 사랑

다음 글은 각 학교 교장 또는 교감으로 재임 중에 필자가 평소 학생들에게 하고 싶은
이야기를 교지 발간에 즈음해서 발간사, 축사, 권두언 등으로 쓴 것이다.

뻐꾸기와 피콜로의 교훈 — 자기 직분에 충실하자

언젠가 책에서 읽은 뻐꾸기의 생태가 생각납니다. 뻐꾸기는 제 알을
제가 품지 않고 다른 새의 둥지를 찾아서 알을 낳습니다. 그러면 다른
새들은 그것을 제 알과 함께 품어 새끼를 까고 또 먹이를 물어다 주어
다 자랄 때까지 보살펴 줍니다. 어떤 사람은 뻐꾸기가 교활하고 게으
르다고 비웃겠지만, 사실은 그런 게 아니랍니다. 왜냐고요? 뻐꾸기야
말로 대자연 속에서 숲 지킴이의 역할을 맡고 있기 때문입니다. 송충
이의 피해는 실로 막심한 것이어서, 그대로 두면 울창한 숲이 얼마 못
가서 황폐해질 것은 빤한 일입니다. 하지만 송충이를 잡아내는 뻐꾸
기가 있는 한 그 숲은 고스란히 지켜질 수가 있습니다. 그러기 위해
뻐꾸기는 제 알을 스스로 품을 시간의 여유를 가지지 못합니다. 만약
뻐꾸기가 알을 까지 않는다면 그 종족을 보존할 수가 없기 때문에 다
른 새가 그 역할을 대신해 주는 것입니다. 물론 뻐꾸기와 다른 새들의
협력 관계는 동물의 본능에 의한 것입니다.

무릇 자연의 생태가 그렇듯이, 우리 인간사회도 서로 조화를 이룬
가운데 살게 됩니다. 사람은 제각기 재질과 능력이 다르고 또 하는 일
도 다릅니다. 각각 다른 재질과 능력과 직분이 한데 어우러져 사회 구

성원을 위하여, 또 사회 발전을 위하여 봉사하게 되는 것입니다.

　사람들은 자기 재질과 능력은 대단하게 여기면서 남의 재능이나 하는 일은 하찮게 생각하고 나만 못한 이를 멸시하는 그릇된 생각을 하기 쉽습니다. 자신의 잘못이나 실수에는 관대하면서, 남의 잘못이나 실수에 대해서는 이를 과장하거나 용서하려 하지 않는 경향도 있습니다. 이러한 자기중심적 사고에서 헤어나지 못하면 사회는 괴로운 세상이 되고 말 것입니다.

　예수는 "남이 내게 해 주는 대로 남에게 하라"고 가르치고, 공자도 그 제자 자공子貢이 한 평생 행할 일을 한마디로 말씀해 주시기를 청했을 때, "그것은 서恕 하나뿐이니, 내가 하고 싶지 않은 일을 남에게 베풀지 말라其恕乎 己所不欲 勿施於人"고 가르쳤습니다. 이 두 가르침은 결국 "상대방의 입장에서 상대방을 이해하라易地而思之"는 뜻입니다. 사람의 인격은 마치 수틀과 같아서, 앞면은 아름답게 수놓여 있지만 그 이면은 실이 얽히고설켜서 매우 복잡하고 지저분합니다. 그런데도 사람들은 자신이 묻어 둔 결점은 덮어 두고, 자신의 장점만을 칭찬해 주기를 은근히 기대하는 것입니다. 이와 반대로, 서로가 상대방의 장점만을 부추겨 주고 능력이 미치지 못하는 면을 대신 채워 주는 아량과 관용을 베풀어 준다면 인간사회가 얼마나 아름다운 조화를 이룰 수 있을까? 생각만 해도 평화롭습니다.

　이런 이야기도 있습니다. 어느 오케스트라가 연주회를 앞두고 연습에 여념이 없었습니다. 각양각색의 악기들이 혼연일체가 되어 그야말로 아름다운 하모니를 이루어 가고 있을 때, 마침 피리 중에 가장 작은 피콜로를 부는 악사 한 사람이 "나 하나쯤 어떠랴" 하는 엉뚱한 생각을 하고 부는 일을 잠시 멈췄습니다. 그러자 지휘자의 호통이 떨어졌습니다. "그만. 피콜로는 무엇하고 있는가?"라고. 하나의 작은 피콜로가 제소리를 내지 않자, 오케스트라의 그 웅대한 하모니가 여지없이 무너지고 만 것입니다. 이처럼 지금 내가 하고 있는 일이 비록 하찮은 일일지라도, 이에 태만 한다면 그 집단이나 사회는 조화와 일치를 잃게 됩니다.

지금 내가 해야 할 일이 무엇인가를 다시 한번 생각해 봅시다. 그리고 긍정적인 자세를 가지고 자기가 하는 일, 자기가 맡은 일에 성실합시다. 하나하나의 벽돌이 쌓이고 쌓이면서 서로가 뭉치고 굳어야 마침내 큰 건물을 이루듯이, 자신의 작은 힘이 결국 국가와 사회 발전의 기반이 된다는 사실을 잊지 맙시다. "사이좋게, 현명하게, 아름답게"라는 우리 학교 교훈이 오늘따라 유난히 돋보입니다.

동대문여자중학교 교지 『동녘』 제12호, 1982. 1. 10.

보람 있는 삶을 위하여

인간생활에는 온갖 크고 작은 보람이 있습니다. 아무도 걷지 않은 하얀 눈 덮인 길을 처음으로 걸으면서 느낄 수 있는 소박한 개척의 보람이 있는가 하면, 천신만고千辛萬苦 끝에 정상을 정복한 이만이 누릴 수 있는 환희와 감격의 보람도 있습니다. 근검절약으로 마침내 큰 부자가 되어 보람을 찾는 이가 있는가 하면, 가난 속에서도 오히려 안빈낙도安貧樂道하는 즐거움으로 보람을 찾는 이도 있습니다. 목욕탕에서 '비중의 원리'를 발견한 찰나 미친 듯이 뛰쳐나오며 "유레카eureca('알았다'는 뜻의 희랍어)"라고 외쳤다는 아르키메데스의 기쁨은 학구적인 보람의 극치라고 할 것입니다.

사람은 누구나 보람을 찾고자 노력하며, 또 스스로 보람에 찬 일을 한다고 생각할 때 무한한 행복과 즐거움을 느끼게 됩니다. 예로부터 '고진감래苦盡甘來'라 하여 시련이 크면 클수록, 고뇌가 깊으면 깊을수록 그 뒤에 느끼는 보람을 더욱 값진 것으로 여겨 왔습니다. 우리는 하루하루의 생활 속에서 보람을 찾고, 또 보람이 쌓이는 가운데 자아가 실현되고 나아가 사회 발전과 문화 창달에 이바지하게 되어 한 시대의 역사가 새 장章을 열게 되는 것입니다.

돌이켜 볼 때, 신설 학교의 어설픔을 안고 개교한 지 삼 년, 그동안 눈부신 발전을 이룩한 우리 학교의 생활을 통하여 학생 여러분이 간직하게 된 보람은 과연 무엇입니까?

그것은 바로 최초의 우리 광장중학교 학생이 되어 '광장의 주인'으로서 개척자만이 걷는 외로운 길을 걸으면서도 "우리 학교의 새 역사와 전통을 만들어 냈다"는 선구자로서의 긍지를 얻게 된 것이라고 생각합니다. 그러기에 졸업생 여러분은 이 학교의 역사 위에 '제1회 졸업생', '광장중학교의 최고 선배'라는 이름으로 영원히 기억될 것입니다. 아울러 여러분이 이룩한 교풍은 수많은 후배들에 의하여 연면連綿히 계승 발전될 것입니다.

또한, 여러분은 귀중한 청소년기에 신설 학교에서 삶의 슬기를 배우고 청순한 품격을 닦았습니다. 그리고 훌륭한 선생님과 좋은 친구를 만나 서로 믿고 서로 돕는 체험을 한 행운을 얻었습니다. 다시 말하면, 우리학교 생활에서 터득한 자율적인 행동과 진취적인 사고방식, 그 위에 상부상조하는 협동의 기풍, 그리고 나날이 새로워지려는 의지를 키우기도 했습니다. 그 속에서 실천한 "성실, 협동, 창의"라는 본교의 교훈은 여러분의 자기 성장에 든든한 밑바탕이 되리라 믿습니다.

지금 우리나라는 오랫동안의 가난을 벗어나려고 민족의 모든 역량을 모아서 힘쓴 보람이 있어, 경제적으로 중진국 수준에 도달했고, 이제는 선진국 대열을 향하여 힘차게 약진하고 있습니다. 이러한 국가 발전과 조화를 이룰 수 있는 선진 국민으로서의 자세야말로 발전을 가속화할 수 있는 원동력이 되어 밝은 미래를 여는 데 크게 기여할 수 있을 것입니다.

우리 학교가 개교한 지도 삼 년, 그동안 그런대로 성장한 광장의 역사를 새겨 이를 소중하게 간직하고자 교지 『광장廣壯』을 창간하게 되었습니다. 비록 내용이 엉성하고 미숙하지만, 그 속에는 학생들의 정성이 담겨 있습니다. 또 뒤에서 밀어준 학생, 교직원, 학부모가 망라된 광장 교육가족의 오붓한 정이 담겨 있습니다. 제1회 졸업식에 즈음하여 창간의 기쁨을 함께 나누고자 합니다.

교지 『광장廣壯』이 그동안 광장중학교 생활을 통하여 우리가 찾은 보람을 재발견하는 기회가 되고, 앞으로 보람 있는 삶을 위하여 각자가 '무엇을', '어떻게' 할 것인가를 더 깊이 있게 성찰하는 계기가 되기를 바라는 마음 간절합니다.

광장중학교 교지 『광장廣壯』 창간호, 1986. 2. 1.

꿈을 안고 가꾸며

누구나 꿈을 꾸게 마련이지만, 나는 어려서부터 하늘을 날아오르는 꿈을 자주 꾸었습니다. "몸을 솟구치며 양팔로 날갯짓을 하면 새처럼 하늘을 훨훨 납니다. 산 위를 날기도 하고, 들판 위를 날기도 하고, 건물 위나 건물 사이를 날기도 합니다. 때로는 집 안에 들어가 층계 위로 날아오르기도 합니다. 또 어느 때는 넓이 뛰기를 합니다. 발이 땅에 닿을 성 싶으면 허리에 반동을 주면 떨어지지 않고 계속 앞으로 나아갑니다." 나는 꿈속에서도 '올림픽에 이런 종목이 있다면 얼마나 좋을까?' 하는 아쉬움을 느낍니다. 나는 이런 꿈을 꿀 때마다 무한히 성장 발전하고 싶은 나의 욕망과 한번 시작하면 끝까지 밀고 나가야 직성이 풀리는 나의 집념의 표현이 아닐까 하고 해석하면서 아직도 젊은 내 의기意氣를 대견스럽게 여깁니다.

그러나 나는 여기에서, 잠자리에서의 한가로운 꿈이 아니라, 깨어 있는 의식 속에서 사유思惟하는 인간만이 가지고 있는 꿈을 이야기하려 합니다. 꿈은 인간의 무한한 희망과 포부 그리고 이상을 말합니다. 세계사에 빛나는 위인이나 영웅 전기傳記를 읽다 보면, 그 속에서 우리는 진리를 탐구하기 위해 고뇌하던 철학자, 인간의 도덕적 가치를 실현하려던 성인과 현인, 미의 세계를 창조하려고 정열을 불태운 예술가, 영원한 생명을 얻으려고 고행길에 나선 선각자와 만나게 됩니다. 또 하늘을 날고 싶은 라이트 형제의 꿈이 비행기를 만들어 내고, 하늘의 별을 따려는 사람들의 꿈이 우주여행으로 실현되는 광경을 목격하기도 합니다.

사람들은 일찍부터 꿈을 간직하고 그 꿈을 실현하려고 노력해 왔기에, 오늘과 같은 찬란한 인류 문화를 이룩하게 되었으며, 마침내 첨단 과학시대를 열게 되었습니다. 사람이 갖는 꿈이야말로 개개인의 미래를 설계하는 청사진이며, 삶을 이끄는 성장 에너지가 되어 인류 역사라는 커다란 수레바퀴를 굴리는 추진력이 되는 것입니다. 우리가 공부를 하는 목적도 결국은 저마다의 꿈을 찾고, 그 꿈을 가꾸어 자아自我를 실현하려는 데 있습니다.

여러분은 무슨 꿈을 간직하고 있습니까? 그리고 그 꿈을 어떻게 가꾸어 나아가려 합니까?

우선 꿈을 가집시다. 그것도 높고 푸르고 멋진 꿈을 말입니다. 원대한 꿈과 이상을 인생의 목표로 가질 때, 삶의 방향은 흔들리지 않게 됩니다. 그리고 그 꿈을 가꾸고 펴기 위해 머뭇거리지 말고 용기를 내어 작은 일부터 하나하나 실천해 나아갑시다.

꿈을 가지고 가꾸는 일은 결코 먼 훗날의 일로 미룰 수 없는 일입니다.

첫째, 하루하루를 성실하게 삽시다. 예로부터 "지성至誠이면 감천感天이라"고 하였습니다. 성실하게 살다 보면, 시간이 지나면 몰라보게 성장하고 발전한 자신을 발견하게 됩니다. 정성을 다하다 보면 꾀하는 일이 저절로 이루어지고, 다른 사람의 인정과 신뢰를 받게 됩니다.

둘째, 다른 사람들과 더불어 협동하고 봉사하는 생활 태도를 가집시다. 상부상조하는 가운데 지혜를 모으고 남을 위해 봉사하는 일은 인仁과 의義의 기본입니다. 이를테면, 길 한가운데 놓인 작은 장애물 하나라도 비켜 가거나 넘어갈 것이 아니라, 서로 힘을 모아 치워 놓고 간다면 뒤에 오는 사람에게 얼마나 큰 도움이 되겠습니까?

셋째, 나날을 새롭게 가꾸는 창조의 정신을 가집시다. 흐르는 물은 썩지 않습니다. 변화가 없는 삶은 정체와 퇴보를 의미합니다. 어제보다 나은 오늘, 오늘보다 나은 내일을 추구하는 진취와 발전 의지야말로 미래를 지향하는 지성인의 생활 태도입니다.

자랑스러운 "성실, 협동, 창조"라는 우리 학교 교훈의 참된 의미를 새겨보면서, 각자가 지닌 푸른 꿈을 더 높이, 더 멀리, 더 힘차게, 더 아름답게 펼치기 위해 여기 또 하나의 '꿈 동산'인『광장廣壯』제2호를 펴냅니다.

광장중학교 교지『광장廣壯』제2호, 1987. 2. 1.

알알이 여물어

요즈음 즉석에서 마련할 수 있는 인스턴트 식품들이 범람하여 살기가 아주 편해졌습니다. 그러나 한편에서는 아무래도 제 맛이 나지 않는다고 탐탁해하지 않는 사람도 있습니다.

학생들이 공부하는 것을 보아도 예전 같지 않습니다. 비싼 돈을 드려 힘겹게 구입한 참고서 한 권을 끼고서 그 속에 담긴 내용을 금과옥조金科玉條로 생각하던 시절은 사라지고, 지금은 참고서 더미에 묻혀 사는 세상이 되었습니다. 퍼스널 컴퓨터의 교육적 이용이 활발해지면 더욱 공부하기가 편리해질 날도 머지않았습니다. 다른 한편에서는, 행여 지智, 덕德, 체體가 조화된 전인교육全人敎育에 결함이 생기지 않을까 우려하는 소리가 높습니다.

날로 발전하는 현대 기계문명 속에서 안주安住하다 보면, 그야말로 인스턴트 식품처럼 모든 일을 쉽게, 그리고 즉시 해결해 버리려는 폐단이 생겨나게 됩니다. 눈부신 햇살이 비치는 이면에는 그늘이 더욱 짙게 드리워지듯이, 현대문명의 특징인 실용성과 능률성의 그늘에서 독버섯처럼 자라나기 쉬운 안일安逸과 타성惰性, 그리고 졸속拙速을 우리는 경계해야 합니다.

오곡백과가 꽃피고 열매 맺고 여물기까지에는 봄, 여름, 가을의 숱한 나날이 흘러가고, 결실과 성숙에 필요한 햇빛과 물과 공기 같은 자연조건과 피땀으로 얼룩진 농부의 노력勞力이 있어야 풍년을 기약하게 됩니다. 모든 일에는 거쳐야 할 절차와 단계가 있습니다. 이 절차와 단계를 무시하고 소홀히 하면 결과는 부실不實과 실패로 이어집니다.

옛날 어떤 속 좁은 농부가 하루는 자기 논에 벼 싹이 패지 않는 것을 걱정한 나머지, 싹을 억지로 뽑아 올려놓고 집에 돌아와 자랑을 늘어놓았습니다. "오늘은 벼 싹을 뽑아 올렸더니 무척 피곤하다"고. 아들이 놀라서 급히 달려가 보니, 이미 벼 싹이 다 말라 죽어 있었습니다. 『맹자孟子』라는 책에 나오는 옛 이야기입니다. 오늘을 살아가는 현대인, 특히 언제부턴가 일을 몹시 서두르는 우리 한국인들이 깊이 새겨야 할 교훈이라고 생각합니다.

서두르지 않도록 합시다. 서두르지 않기 위해서는 작은 이익에 집착하지 않아야 합니다. 작은 이익을 따르다 보면 큰일을 이룰 수가 없게 됩니다. 일을 시작하기에 앞서 미리 차분히 생각해야 합니다. 이 일을 왜 해야 하는지? 이 일을 하려면 어떤 절차와 과정을 거쳐야 하는지를…. '욕속부달欲速不達'이라는 옛말이 있습니다. 일을 빨리 이루려고 하면 오히려 이룰 수 없다는 뜻입니다. 뚜렷한 목표 의식을 가지고 일의 순서를 생각하는 일이 매우 중요합니다. 결과에 너무 집착하지 말고 느긋하게 기다리는 여유로운 마음을 가지는 것도 확실하게 일을 마무리 짓는 방법입니다.

다음은 남과 더불어 사는 지혜를 터득합시다. 남을 의식할 때 자기 말과 행동을 자제할 수 있고, 남의 처지를 항상 내 일처럼 바꿔 생각할 때 이해와 관용이 싹트게 됩니다. 지나친 욕심과 아집我執은 자신의 앞길을 막는 애로가 될 뿐입니다.

끝으로 끊임없는 성장 발전을 추구합시다. 어제보다 나은 오늘, 오늘보다 나은 내일을 위하여 스스로 반성하고 생활을 합리화하여 각자의 역할과 책임을 다해야 하겠습니다. 언제나 자신의 존재를 의식하며 "나는 누구인가?", "무엇을 어떻게 하는 것이 나의 본분인가?"를 생각하고, 서로 도우며 하루하루를 충실히 보내야 하겠습니다.

알알이 여물어 소담스럽게 잘 익은 과일과 곡식은 우선 보기도 좋거니와 먹기도 좋습니다. 그 속에서 영근 씨앗은 이듬해에 풍요를 기약하는 생명을 잉태하고 있습니다.

우리학교 교지『광장廣壯』제3호의 발간에 즈음해서 학생 모두가 하나같이 "알알이 여물어" 힘찬 생명력을 지니기를 바랍니다.

광장중학교 교지『광장廣壯』제3호, 1988. 2.

줄기찬 자기 성장을 기대하며

겨우내 모진 추위와 매서운 찬바람 속에서 시달린 가냘픈 나무 가지에 피어나는 새싹이나 꽃을 보노라면 새삼스럽게 생명의 신비를 느끼게 됩니다. 또 새잎이 하루가 다르게 자라고, 그 줄기가 뻗어나는 것을 보면, 신선한 느낌을 가지게 됩니다. 이런 느낌은 비단 나 한 사람의 감상感傷만이 아닌 것으로 압니다. 이러한 생명력은 다름 아닌 햇빛, 공기, 물, 온도, 영양 등의 모든 성장 조건이 충족되어야 얻게 됩니다.

사람도 마찬가지입니다. 자연은 사람의 생명을 유지하는 데 없어서는 안 될 필요조건입니다. 그러나 사람은 그 지혜를 가지고 자연에 도전함으로써 문화를 창조하고, 그 문화를 바탕으로 또 다른 새로운 문화를 발전시켜, 마침내 오늘과 같은 고도의 첨단과학문명을 이룩하게 되었습니다. 그러므로 사람이 사람다운 사람이 되려면, 신체적인 성장과 아울러 정신적인 성장을 통하여 타고난 재능을 계발하고 지혜를 갈고 닦는 노력이 필요합니다, 더욱이 오늘과 같은 급격한 사회의 변화와 엄청난 지식의 홍수 속에서는 어제의 지식이 오늘은 무용지물이 되어 버리는 경우도 없지 않기 때문에, 끊임없는 자기 성장과 발전이 요구되고 있습니다.

그러나 자기 성장과 발전을 이룩하는 길은 쉬운 일이 아닙니다. 그것은 멀고도 험난한 길입니다. 성급하게 서둘러서 될 일도 아닙니다. 끊임없이 떨어지는 물방울이 마침내 금석을 뚫을 수 있는 것과 같이, 오로지 끈기와 인내로 전념해야 자신自身이 발전하게 됩니다.

또한 자기 성장과 발전은 어제보다 나은 오늘, 오늘보다 나은 내일을 향하여 애써 노력하는 가운데 얻어지는 보람입니다. 유학儒學 경전의 하나인 『대학大學』이란 책머리에는 "진실로 날로 새롭고자 하거든 날로 새롭고 또 나날이 새로워져야 한다"는 말이 있습니다. 우리는 새해, 새봄, 새날, 새 학년에 희망과 기대를 걸고 새롭게 가는 길목에서 창조와 개척의 보람을 찾아야 합니다. 성장과 발전은 진취적이고 적극적인 생활 태도에서 우러납니다. 여러분에게 나날이 새로워지려는 의지가 있다면, 나는 다음과 같은 지혜의 샘을 안내하려고 합니다.

우선 중요한 지혜의 샘은 자기 자신입니다. 스스로 새로워지려는 자기갱신自己更新의 마음, 이 지혜의 첫걸음입니다. 인도에서 일어나 중국을 거쳐 우리나라에 전래된 불교를 한국적인 불교로 발전시킨 해동불교의 조종祖宗 원효가 중국 당나라에 구법求法하러 가다가 되돌아온 이야기가 말해 주듯이 진리를 찾는 길은 결국 자기 자신의 마음속에 있는 지혜에서 비롯됩니다.

다음엔, 고전 속에서 지혜를 찾아낼 수 있습니다. 온고지신溫故知新하는 슬기를 말합니다. 무성한 나무에는 깊은 뿌리가 있고. 도도히 흐르는 강물을 거슬러 오르면 작은 옹달샘이 있습니다. 이렇듯, 그 원천인 고전 속에는 시대를 초월하는 진리가 있습니다. 또 세상 사람들이 우러러보는 불후不朽의 명작과 명품 속에는 예술가의 영혼과 숨결이 살아 있습니다. 이를 이해하고 되새겨야 지혜를 터득하고 문화를 계승 발전하는 실마리가 풀립니다.

끝으로, 지혜의 샘은 우리의 이웃에 있습니다. 다른 사람과의 대화, 여러 사람에게서 모은 중지衆智, 외국의 선례와 동향에 관심을 가져야 합니다. 지혜의 폭을 넓히고 시행착오試行錯誤를 반복하지 않는 시간과 공간, 그리고 경비를 절약하는 효과를 거두게 됩니다.

이제 우리 학교가 유서 깊은 광나루에서 개교한 지도 여섯 해가 되었습니다. 우리 학생들의 꿈을 담은 교지『광장廣壯』을 엮어 낸 지도 네 번째가 됩니다.

이번 제4호에는 여가 선용의 문제를 특집으로 다루었습니다. 자기 성장과 발전을 추구하는 과정에서 자칫 소홀해지기 쉬운 여가시간을 잘 활용하는 일은 바로 성장과 발전을 가속화하는 데 크게 기여하리라고 믿습니다.

광장중학교 교지『광장廣壯』제4호, 1989. 2. 1.

정도正道를 찾아 정도正道로 가자

이 세상에는 눈에 보이는 길도 있지만, 눈에 보이지 않는 길도 있습니다. 또 올바른 길도 있지만, 그릇된 길도 있습니다. 정도正道란 인간으로서 걸어야 할 올바른 길, 인간이 실천할 바른 도리를 말합니다. 정도에는 다음과 같은 몇 가지 의미가 함축되어 있습니다.

정도는 정당正當한 길입니다. 정도는 사람으로서 마땅히 가야 할 올바르고 합당한 길이기에, 그 길은 언제나 떳떳한 길이요 당연히 가야 할 길입니다. 인간의 이성과 양심에 따라 도덕성과 보편타당성에 어긋남이 없는 길입니다.

정도는 공명정대公明正大한 길입니다. 그 길은 누구 앞에서나 거짓이 없고 바르고 큰길입니다. 그 길이 멀고 험난할지라도 올바른 도리에서 출발하는 정리正理이며, 옳고 바른 정경正徑이며, 진眞 선善 미美 성聖의 보편적 문화가치에 이르는 대도大道입니다.

정도는 인간이 영원히 추구하는 구도求道의 길입니다. 그 길은 인격 수련을 위한 길이며, 자아 실현의 길이며, 진리 탐구의 길입니다. "인간은 신神과 짐승의 중간적인 존재로서 신에게 가까워지려고 끊임없이 노력하는 가운데 성스러워질 수 있다"는 어느 신학자의 주장, "성인聖人은 하늘과 같이 되기를 바라고, 현인賢人은 성인과 같이 되기를 바라고, 선비는 현인과 같이 되기를 바란다"는 명언名言, "길이 아니면 가지 말라"는 격언 그대로의 길입니다.

다음에 정도를 찾아 그 길을 몸소 걸으면서 우리에게 진리를 가르쳐 준 성인들과 만나 봅시다. 공자는 인仁을 근본으로 부모에 효도하는 길, 형제 간에 우애하는 길, 타인을 존경하는 길을 밝혀 주셨습니다. 석가는 정正의 정신(팔정도八正道)으로써 해탈하고 열반에 드는 길을 우리에게 깨우쳐 주셨습니다. 하느님의 아드님으로서 사람이 되신 예수 그리스도는 "원수를 사랑하라"는 관용의 정신으로 사랑의 실천을 가르쳐 주셨습니다. 소크라테스는 "악법도 법이라"는 유명한 말을 남기고 독배를 마신 준법정신의 본보기가 되었습니다.

사람이 바르게 사는 길에는 저마다의 길이 있습니다. 신사에게는 신사도紳士道가 있고, 여성에게는 부도婦道가 있고, 스승에게는 사도師道가 있고, 공무원에게는 이도吏道가 있고, 상인에게는 상도商道가 있습니다. 이러한 길은 그가 당연히 가야 할 길입니다.

다음에 정도를 찾아 정도로 가는 마음가짐을 몇 가지를 안내하겠습니다.

첫째, 정도를 가는 사람에게는 확고한 신념이 있어야 합니다. 신념이 없으면 자칫 유혹에 빠지게 되고, 안일과 타성에 흘러 그릇된 사도邪道에 들게 될 위험이 있습니다.

둘째, 언행일치言行一致, 학행일치學行一致하는 자세가 필요합니다. 아무리 말이 풍성하고 배운 지식이 많아도 행동이 이에 따르지 않으면 무용지물無用之物이 되기 때문입니다.

셋째, 정도를 가는 데 필요한 진리는 먼 곳에 있지 않고 가까운 곳에 있습니다. 찾기 어려운 데 있지 않고 쉬운 곳에 있습니다. 복잡한 곳에 있지 아니하고 단순한 곳에 있습니다,

넷째, 정도를 가려면 자기 성찰이 필요합니다. 내가 가고 있는 이 길이 과연 올바른 길인가를 반성하는 겸허한 자세를 지녀야 합니다. 잘못된 자기 행동을 굳이 합리화하려 하지 말고, 서슴없이 바로잡을 수 있는 용기를 가져야 합니다. 끝까지 최선을 다하는 끈기도 있어야 합니다.

인간만이 가진 이성과 양심은 만인이 걸어가야 할 정도의 바탕이 됩니다. 여기에서 우러나오는 인류 도덕에 따르는 사회가 성숙한 사회입니다. 법과 질서가 바로 선 사회가 건전한 사회입니다. 이런 사회가 바로 평화와 행복이 깃드는 낙원입니다.

우리 모두 정도를 찾아 정도를 갑시다.

광장중학교 교지 『광장廣壯』 제5호, 1990. 2. 1.

처음 시작할 때 마음으로

사람의 삶이란 일의 연속이라고 말해도 과언이 아닙니다. 그 일이 크든 작든 한 가지 일이 해결되면 또 다른 일이 기다리고 있게 마련입니다. 그렇지 않으면 일을 찾아서라도 하게 되는 것이 인간 생활의 특성입니다.

일을 처음 시작할 때의 마음은 누구나 긴장하고 가슴 설레고 푸른

희망과 꿈이 있습니다. 이제까지 겪었던 온갖 고뇌와 불안은 사라지고 "나도 할 수 있다", "나도 하면 된다"는 자신감과 용기도 있습니다. 일을 시작하는 마음에는 나름대로의 분명한 목표 의식과 구체적인 실행 계획도 있습니다. 만약 자신의 능력이 부족하면, 다른 사람과 협동해서 일을 성취하고자 하는 적극적인 자세와 지혜도 있습니다.

그러나 세상일이란 생각한 대로 언제나 순탄하게 이루어지는 일은 드뭅니다. 거기에는 미처 예상하지 못했던 시련과 역경이 도사리고 있기 때문입니다. 그래서 극복과 좌절, 성공과 실패의 기로에 서서 고뇌하게 됩니다. 이 갈림길에서 반드시 가져야 할 태도가 다름 아닌 '처음 시작할 때의 마음'입니다. 다시 시작하는 마음을 가지려면, 스스로 깊이 반성하고, 겸허한 마음으로 자신을 돌아보는 일을 소홀히 할 수 없습니다. 하루에 세 번이나 반성했다는 공자는 마침내 성인이 되었습니다. 그 경지에 이르지는 못한다 해도, 자신을 알고 남의 충고와 역사의 교훈을 수용한 사람 중에 현인과 명인이 많습니다.

냉철한 자기 성찰은 일을 성공으로 이끄는 가교架橋입니다. 또 정체停滯를 거부하고 변화와 발전을 추구하는 무한 탐구의 정신입니다. 오늘날과 같은 찬란한 인류 문화의 창조와 물질문명의 발달은 이 무한 탐구의 정신이 이룩한 금자탑입니다.

자기 성찰의 기본적인 관점으로 나는 다음 세 가지로 들고자 합니다.

첫째는 자신이 그 일에 온 정성을 다하였는지 자문해 보는 일입니다. "지성이면 감천이라"는 말이 있거니와, 이 세상 모든 일에 정성을 쏟지 않고 되는 일은 없습니다. 흔히 안되면 조상 탓, 못되면 산소 탓으로 돌리는 세상인심에서 과감히 벗어나서, 내 정성이 부족했던 탓으로 여기는 책임 의식이 있어야 합니다. 그래야 분발하는 계기가 됩니다. "군자는 그 책임을 자기에게서 찾고, 소인은 남에게서 찾는다君子求諸己 小人求諸人"라고 한 성인의 말을 자주 되새겨 보아야 합니다.

둘째는 초지일관하는 의지가 있어야 합니다. "우물을 파도 한 우물을 파야 한다"는 격언을 잊고, 이런 일 저런 일을 하다가 결국 아무것도 이루지 못하는 경우가 많습니다. 한번 뜻을 세웠으면 끝까지 성취하려는 굳센 의지를 지녀야 합니다. 열심히 일하다 보면, 멀게만 느껴지던 목표에 어느새 도달하게 되어 불가능하다고 생각한 일이 수월하게 이루어지기도 합니다. 아울러 자기도 모르는 사이에 주위의 신망과 존경까지 받게 됩니다.

셋째는 언제부턴가 우리 국민 사이에 널리 퍼져 있는 "빨리, 빨리"라는 조급한 마음에서 벗어나야 합니다. 시작하자마자 결과를 챙기는 성급한 기대 심리, 무리하게 자기 요구만 내 세우는 집단 이기주의, 줏대 없이 부화뇌동하는 군중심리가 우리의 발전을 가로막고 있습니다. 합리 정신을 바탕으로 일을 시작하고 느긋하게 결과를 기다리는 마음이 필요합니다.

거듭 말하지만, 일을 처음 시작할 때의 마음에는 꿈과 희망이 있고, 목표와 계획이 있고, 일을 잘해 보려는 의욕과 정성이 있고, 일을 그르치지 않으려는 신중함이 있습니다. 이러한 마음은 일에 활력이 넘치게 합니다. 언제나 일을 시작할 때의 초심初心으로 돌아가 자기가 목표하는 과업에 정진합시다.

광장중학교 교지『광장廣壯』제6호, 1991. 2. 1.

자랑스러운『광장』에 무궁한 영광이 있기를

광장중학교 개교 십 주년과 교지『광장廣壯』제8호 발간을 진심으로 축하합니다. 아울러 그동안 오늘의 자랑스러운 광장중학교를 이룩하기까지 헌신해 주신 많은 선생님, 졸업생, 재학생, 그리고 학부모 여러분의 노고와 빛나는 업적에 아낌없는 찬사를 보냅니다.

누군가 "과거는 아름다운 추억으로 남는 것"이라고 말했습니다. 내가 광장중학교 3대 교장으로 근무한 오 년 사 개월의 기간은 참으로 보람 있는 일의 연속이었습니다. 그 중 몇 가지를 간추려 선양함으로써 '광장인'으로서의 긍지를 드높이고, 광장의 빛나는 전통과 교풍을 진작하는 데 조금이나마 이바지하고자 합니다.

광장의 역사는 출발부터 순조롭고 충실해서 주위의 많은 부러움을 샀습니다. 88서울올림픽의 준비가 한창이던 1983년, 올림픽경기장과 올림픽공원에 이르는 천호대로 변에 위치한 신설 학교임을 감안해서 특별히 설계한 건물과 시설은, 당시만 해도 다른 학교와 비교할 수 없을 정도로 앞장선 것이었습니다. 여기에 의욕이 넘치는 초대 임원철林源哲 교장 선생님을 비롯한 선생님들의 노력에 열성적인 학부모님들이 적극적으로 협조한 보람이 있어서 그해에 신설된 십일 개 중학교 중에서 맨 처음 개교식을 거행하는 영광을 차지했습니다.

일 년 육 개월 후, 임 교장 선생님이 정년 퇴임하시고, 문교부 장학관을 역임한 박병호朴炳浩 교장 선생님이 일 년간 근무하시며 넓은 안목으로 학교 경영의 기틀을 다져 놓으셨습니다. 내가 그 뒤를 이어받은 것이 1985년 11월 1일이었습니다. 당시 재학생들의 늠름하고 발랄하고 진취적인 기상을 보면서, 나는 광장중학교의 무한한 가능성에 크게 고무되었던 기억이 생생합니다.

1986년 11월 7일은 네 살짜리 광장중학교가 그동안 이룩한 성장成
長과 내실內實을 널리 내외에 과시한 날입니다. 그 전해부터 다져온 문
교부 지정 컴퓨터 교육의 연구 성과를 전국에서 운집한 선생님들에게
공개 발표를 한 것입니다.

나는 "우리나라의 중심부에 위치한 정치, 군사상의 요지일 뿐만 아
니라 조선시대 오백 년간 수륙 물산을 교역하던 유서 깊은 이곳 광나
루에서 주판 놓는 소리 대신 이십 세기 첨단과학의 산물인 컴퓨터 교
육의 단서를 여는 뜻 깊은 행사에 남다른 자부심을 느낀다"는 요지의
개회사를 했습니다. 그날, 우리학교 선생님들과 학생들이 보여준 "컴
퓨터 교육의 실제와 CAI 프로그램의 개발과 활용을 통한 교과 활동"
에는 참관 회원들의 찬사가 쏟아져 지금까지도 다른 연구학교의 본보
기가 되고 있습니다.

이러한 성숙된 학교 분위기에 힘입어 전국 학생 컴퓨터 기능 경진
대회에서 최우수상을 받은 학생, 전국 모형자동차 경기대회에서 일등
을 차지한 학생, 당시 유일한 영재 교육기관인 경기과학고등학교에
전국에서 가장 많은 합격자를 낸 학교로서 신문에 보도되는 등 '공부
하는 학교'로서의 면목을 유감없이 발휘하기도 했습니다.

1987년 11월 5일에는 서울특별시 교육위원회 지정 올림픽교육시
범운영보고회를 가져 다시 한번 광장중학교의 성가를 높였습니다. 당
일 공개한 88서울올림픽 모의 입장식에는 교육계는 물론 지역 기관장
과 사회 인사 다수가 참관하여 실제를 방불케 하는 짜임새 있는 진행
에 탄성이 터졌고, 참가국 선수로 분장한 학생들의 익살에 장내는 웃
음바다가 되기도 하였습니다. 이어서 진행된 시범운영보고와 실속 있

는 전시회 전시품에 참가한 선생님들이 찬사를 아끼지 않았던 것도 자랑스럽습니다. 우리 학교 이일우 학생이 스키 주니어 국가 대표 선수로, 이문희 학생이 여자 수영 200미터 자유형 한국 신기록을 세우면서 국가 대표 선수로 선발되는 영광을 차지하게 된 것도 우연한 일이 아닙니다.

1989년 1월, 우리 학교 교무실은 감격과 환희의 도가니가 되었습니다. 대원외국어고등학교에 오십오 명, 그해에 새로 신입생을 선발한 한영외국어고등학교에 삼십삼 명, 도합 팔십팔 명의 합격자를 냈기 때문이었습니다. 어느 반에서는 대원외고에 학급 일등에서 십육등까지의 학생 열한 명이 합격하는 기록을 세우기도 했습니다. 한 학교에서 두세 명이 합격해도 학교의 큰 자랑으로 여기던 당시의 사정을 고려하면, 실로 놀라운 일이 현실로 나타난 것입니다.

이로써 우리 광장중학교는 "공부하는 학교, 깨끗한 학교, 즐거운 학교"를 표방한 그대로, 봄이면 그윽한 아카시아 꽃향기 속에서, 가을이면 샛노란 은행나무 숲속에서, 각자의 꿈을 펼치는 실속 있는 배움의 전당으로 우뚝 서게 되었습니다.

광장의 놀라운 성장과 발전은 지난 십 년간 온 정열을 다 쏟아 교육에 헌신하신 여러 선생님과 그 가르침에 따라 열심히 학업에 전념한 학생들, 그리고 자녀를 위해 모든 정성을 다 기울여 주신 학부모들의 보살핌이 하나가 되어 이룩해 낸 금자탑이라 하겠습니다.

개교 십 주년을 맞아 광장중학교의 발전이 더 가속되어 그 영광이 더 높이, 더 멀리, 더 오래 이어지기를 간절히 빌면서 축사를 보냅니다.

광장중학교 교지『광장廣壯』제10호, 1993. 2. 1.

지성至誠의 재음미

우리 학교의 교훈校訓은 '지성'입니다. 이 교훈은 1980년 개교 당시, 초대 교장이신 고 김한철金漢哲 교장 선생님의 심오한 교육철학이 담긴 학교생활 지표인 동시에 인생 처세훈處世訓이기도 합니다. 그동안 십일 년에 걸쳐 만 명에 가까운 졸업생이 배출되었으니 그들 졸업생이 지금은 고등학교에서, 대학교에서, 또 사회 각계각층에서 우리 학교 생활을 통해 체득한 '지성'을 실천하고 있을 것을 생각하면 마음 든든합니다.

성誠이란 성심誠心, 성의誠意, 성관誠款, 성실誠實, 정성精誠, 단성丹誠, 적성赤誠, 치성致誠, 효성孝誠, 충성忠誠 등의 말에서 알 수 있듯이, 개인, 가정, 사회, 국가 등 모든 생활 영역의 기본 덕목으로서, 특히 지성至誠은 '지극하다'라는 접두 부사가 붙은 성誠의 최고 경지를 의미합니다.

유교철학의 고전인『중용中庸』에는 "성실은 하늘의 도道요, 성실하게 사는 것은 사람의 도道이니라"고 하였습니다. 지성은 우주자연의 기본 질서이며 인간생활의 정도正道로써 대자연의 섭리에 따라 사람이 사람답게 사는 데 마땅히 지녀야 할 삶의 정신적 바탕이요 삶의 지혜라 하겠습니다.

다음에 성誠의 의미를 보다 더 구체적으로 새겨 보도록 하겠습니다.

첫째, 성誠은 참된 마음입니다. 언어 행동에 거짓이 없으며 다른 것이 전혀 섞이지 않은 순수純粹함 그대로의 진실을 말합니다. 그러기에 성誠을 진심眞心, 적심赤心, 단심丹心이라고도 합니다. 성실한 사람은 자기 주변을 깨끗이 하며, 가지런히 하며, 겸손하게 하며, 정직하게 합니다.

둘째, 성誠은 정성을 다하는 마음가짐입니다. 음식 한 가지를 장만하는 데도 정성이 깃들어야 제 맛이 납니다. 정성을 다해 만든 작품이라야 예술적 가치가 더욱 돋보입니다. 이 세상 모든 일에 정성 없이 제대로 되는 일이라곤 없습니다. 근면과 집념과 끈기, 그리고 깔끔하고 야무진 뒷마무리 등의 행동특성이 여기에서 우러납니다.

셋째, 성誠은 신의와 존경의 바탕입니다. 남과 더불어 사는 인류사회에서 그 사람의 진실성은 그 사람의 인격을 나타내는 좌표입니다. X와 Y의 접점接點이 정正의 좌표에 있을 때 신뢰와 존경을 받게 되기 때문입니다. 일찍이 조선의 실학자로 유명한 지봉芝峰 이수광李睟光은 "남이 나를 믿지 않는 것은 내 마음속에 성의가 있지 않은 탓이요, 남이 나를 따르지 않는 것은 내가 성의를 다하지 않은 탓이라"고 하였습니다. 또 "지극히 성실하고도 감동되지 않는 이 없고, 불성실하고도 남을 감동시킨 이 또한 없다"는 옛글도 있습니다.

넷째, 성誠에는 '살피다'란 뜻이 있습니다. 선악善惡, 정사正邪, 시비是非, 곡직曲直을 제대로 가리고 사리事理를 올바르게 판단하고 스스로 부족함이 없는지를 항상 살펴보고 더 나은 삶, 더 새로운 삶을 추구하려는 자세야말로 성공과 성취의 지름길이며 인간완성의 길입니다.

다섯째, 성誠은 진실함을 의미하며, 합리적인 생활 자세를 지니게 합니다. 지구 온대에서 봄, 여름, 가을, 겨울의 계절 변화가 어김없이 이루어지듯이, 우주 자연의 질서를 존중하는 가운데 인륜도덕을 지키고 순리에 따라 일을 처리하며 자신의 분수에 맞게 사는 겸양의 미덕이 우러납니다. 거짓과 과장誇張이 일시적으로 통하는 경우는 있으나 성실함이 갖는 진실 앞에서는 영원할 수가 없습니다.

위와 같이 우리 학교의 교훈인 '지성'은 사람이 사람답게 사는 기본 덕목으로서 단순한 교훈의 차원을 넘어선 인생의 차세훈임을 알 수 있습니다. 더욱이 오늘날과 같이 눈부신 물질문명의 발달이 자칫 인간 소외, 인간성 상실로 이어지기 쉬운 때일수록 지성至誠을 다하는 마음가짐은 아무리 강조해도 지나치지 않다고 생각합니다.

언제 어디서나 지성으로 일관합시다. 그래야 개인의 인격 완성은 물론, 국가 발전, 인류평화와 공영共榮에도 이바지할 수 있습니다.

잠실중학교 교지『잠실』제10호, 1992. 2. 5.

자강불식自彊不息

누구에게나 크든 작든 꿈과 희망이 있고, 마음에 그리며 추구하는 이상理想이 있습니다. 그 꿈과 희망을 실현하고자 노력하는 가운데 불가능하다고 여긴 것을 가능하게 하는 놀라운 힘이 드러나는 경우를 우리는 흔히 보게 됩니다. 셰익스피어가 "인간. 얼마나 위대한 걸작인가. 이성理性은 고귀하고, 능력은 무한하고, 행동은 천사와 같고, 이해理解는 신神과 같다. 세계의 미美요, 만물의 영장靈長이다"라고 찬양한 의미를 알 만합니다.

인생의 삶이 그렇듯이, 이상을 실현하는 데는 때로는 순탄한 길이나 지름길도 있지만, 그 보다는 오히려 돌아가는 길, 험난한 길, 넘어야 할 고갯길인 경우가 더 많습니다. 지난 여름 바르셀로나 올림픽의 마라톤을 제패한 황영조黃永祚 선수가 우승한 심정을 묻는 기자에게

"고된 훈련에 때로는 죽고 싶었습니다"라고 피력한 것만 보아도, 성공에 이르는 길이 얼마나 고되고 어려운 길인가를 알 수 있습니다.

요즈음 고도 산업사회로의 이행에 따라 이른바 3D현상이라고 하는, 궂은dirty 일, 힘든difficult 일. 위험한dangerous 일을 아예 마다하고, 보다 쉽게, 보다 편하게, 보다 안전하게 일을 해 치우려는 경향이 사회에 널리 확산되고 있습니다. 참 걱정스러운 일입니다. 이러한 풍조는 자칫하면 안일安逸을 탐하고, 유혹에 빠져들고, 일을 중도 포기하여 마침내 사회를 파멸로 이끄는 함정이 될지도 모르기 때문입니다.

그 길이 고되고 어려울지라도, 일에 보람을 찾고 인생을 성공으로 이끄는 확실한 방법은 자강불식自彊不息이라고 나는 생각합니다. '자강불식'이란, "스스로 힘쓰며 쉬지 않는다"는 말입니다. 자강불식하려면 우선 이상과 목표가 분명해야 합니다. 옛말에도 "뜻이 있는 곳에 길이 있다"고 하였습니다. 이상은 각자가 마음속에서 추구하는 인생의 최고, 최상의 목표이기 때문에, 뜻을 세우되 보다 높고 또 멀리 세워야 합니다.

자강불식은 고된 일을 마다하지 않고, 자신을 단련하고, 자신을 극복하는 일입니다. 영국의 명문사학名門私學인 리스스쿨The Leys School에서 공부한 사람의 글을 읽은 기억이 납니다.

어학 공부를 위해 나는 다른 학생들이 침실에 든 늦은 시간에 찬바람 속을 자전거로 이십 분을 달려서 L선생님 댁을 방문한다. L과 R의 구별, 거기에다가 W음의 교정을 위해 욕실에서 거울을 꺼내 오게도 하고, 전등 밑에서 입을 벌리게 하고는 굵은 손가락으로 혀를 비틀기도 하면서 WOLF, WOLF를 수십 번 반복시킨다. 그것은 어쩌면 지옥 같은 불구덩이 속에서 시뻘겋게 달아오른 쇳덩이를 쇠망치로 때리고 또 때리는 단련이었다.(『자유自由와 규율規律』, 한뫼, 1985)

어찌 어학 공부뿐이겠습니까? 이렇듯 백련천마百鍊千磨하고 각고면려刻苦勉勵하는 일이야말로 성공의 길을 가려면 피할 수 없는 과정이 아닐까요?

자강불식은 쉬지 않고 달리고 또 달리는 일입니다. 때로는 넘어지고, 때로는 실패해도, 다시 일어나 칠전팔기七顚八起하는 집념, 바로 그것이 자강불식입니다. 고인 물은 썩지만, 쉬지 않고 흐르는 냇물은 맑은 물 그대로 망망대해에 이릅니다. "너의 길을 걸어라. 사람들이 떠들든 말든 상관하지 말라"는 단테의 말이 가슴에 와 닿습니다.

자강불식은 깔끔하고 야무지게 끝마무리를 짓는 일입니다. 한 번의 성공, 한때의 성공을 우리는 성공이라고 말하지 않습니다. 최후의 승자만이 승리를 구가하듯이, 목표를 달성한 사람에게 우리는 성공을 치하합니다. 초지일관, 끝까지 유종의 미를 거두어야 합니다.

자강불식은 우리 잠실중학교의 교훈인 '지성'과 일맥상통하는 실천 덕목입니다. 자강불식하여 인생의 참된 보람을 차지하도록 합시다.

교지『잠실』제11호는 각계에서 활약하고 있는 학부모로부터 그 일을 하게 된 동기와 그 일을 하기 위해서 어떻게 노력했는지, 그 일을 하려면 학생으로서 어떤 준비를 해야 하는지를 알아보는 특집을 꾸몄습니다. 학생 각자가 뜻을 세워 자아 실현에 많은 도움이 되었으면 합니다.

잠실중학교 교지『잠실』제11호, 1993. 2. 5.

소외로부터의 탈출

이 글에서는 '소외疎外'에 관하여 말하려 합니다. 소외란 자아自我가 그의 정체성正體性을 상실함을 의미합니다. 사람들이 흔히 말하는 '자아'란 바로 '우주 자체'이며 그 어떤 물질이나 명예나 사회적 지위와도 맞바꿀 수 없는 존귀하고도 유일무이한 존재입이다. 그래서 자아의 상실은 곧 우주의 상실이라고 해도 과언이 아닙니다. 이렇게 말하면 어떤 학생은 다음과 같이 반문할지도 모릅니다. 자신이 이처럼 소중한 것이라면, 구차하게 공부의 노예가 되어버릴 것이 아니라, 내가 하고 싶은 대로 짧은 인생을 마음껏 즐기며 살아야 하는 것이 아니냐고 말입니다. 만일 그렇게 생각하고 행동하는 사람이 있다면, 이것은 참으로 딱한 일이 아닐 수 없습니다. 바로 그러한 태도와 행동이 자기 소외의 주된 양상樣相이기 때문입니다.

할 일 없이 길거리를 배회하며 순간의 안일과 쾌락을 추구하는 것이 바로 자기 소외의 대표적인 모습입니다. 예를 들어, 어떤 사람이 자동차에 푹 빠진 나머지 무리하게 고급 차를 사서 매일같이 차를 닦고 광을 내고, 또 그것을 몰고 여기저기 돌아다니는 것을 큰 즐거움으로 삼는다고 가정합시다. 그는 시간이든 돈이든 정신이든 가릴 것 없이 자신의 대부분을 차에 쏟아 자신도 모르는 사이에 차에 예속되어 버립니다. 이렇게 그의 생각과 행동이 자신도 모르는 사이에 차에 점령당함으로써 '나'라는 존재의 실체는 슬그머니 자동차에 밀려나 버리는 현상, 그러니까 내가 우주이니까 나 자신이 주인이 되고 주체가되어 나의 삶을 영위하여야 함에도 불구하고, 내 스스로가 따돌림을 당하고 마는 상황, 이것이 바로 '소외'입니다.

소외된 사람의 두드러진 행동 특성은 늘 불안해합니다. 막연한 피해 의식에 주위 사람을 신뢰하지 못하고, 자신의 모든 불행을 남의 탓으로 돌립니다. 넓은 길보다는 지름길을 택하기를 좋아합니다. 상대방의 정면을 바라보고 그 장점을 찾기보다 그 이면을 먼저 드려다보고 약점을 살피기를 즐깁니다. 언어의 지시적 의미를 그대로 받아드리기보다는 그 언어의 함축적 의미를 살피는데 몰두합니다. 이와 같이 생각이 안정된 자리를 찾지 못하고 늘 집 밖을 배회하는 상황이 되니 불쌍한 처지가 되고 맙니다.

어른들이 지나치게 출세와 명리에 집착하거나, 학부모들이 자기 자녀만은 일류 대학을 나와 반드시 출세해야 한다고 생각하는 것도 자기 소외의 심각한 징후임을 쉽게 알 수 있습니다. 그러므로 소외는 본연의 자기 자신에 대하여 자신自信과 정체성正體性의 상실을 의미하며, 나 아닌 다른 것으로 자기 취약점을 보완하려는 대체代替 심리의 발현이라고 보아야 합니다.

소외는 결국 외부로부터, 남으로부터 따돌림을 받기 전에 먼저 자기 스스로 소외를 자초自招한다는 사실에 그 심각성이 있습니다. 근래에 우리는 무리하게 세속적인 명리名利를 추구하던 사람들의 불행한 말로를 그대로 보게 됩니다. 실체가 아닌 허상만을 쫓던 사람들은 끝끝내 그가 차지했던 명예와 지위를 지켜 내지 못하고, 허망하게 몰락하고 시간의 흐름 속에 사라져 버리는 실례도 봅니다. 이와는 대조적으로, 자아의 정체성을 바로 세우고 자아 확충을 위해 성실하게 노력하는 사람에게는 비록 한때의 시련은 있을지언정 하루아침에 몰락하거나 파멸하는 일은 거의 없습니다. 지금 우리 사회는 지나치게 명리를 탐하거나 영웅 심리로 날뛰는 군상으로 인하여 너무나 어수선하고 서로가 많은 상처를 받고 있습니다. 심각한 소외 현상 때문에 사회의 병리 현상이 깊어져 '너와 나' 할 것 없이 모두가 신음하고 있습니다.

이를 치유하는 방법은, 하루속히 순수한 본연의 자아로 복귀하여 자신의 밝고 맑은 영혼을 되찾는 일입니다. 나의 소중한 삶, 단 한 번만의 인생을 위해서 세속적인 잣대로 본 헛된 명예와 사리사욕과 쾌락을 훌훌 털어 내고, 진정한 자아를 발견하는 일이 안개 자욱한 소외의 늪을 벗어나는 길입니다.

아늑한 교실과 실험 실습실에서, 잘 가꾸어진 정원에서, 그리고 넓은 운동장에서, 자아 발견과 자아 성취를 위해 최선을 다하고 있는 여러분이 장차 왜곡된 사회 기풍을 바로잡고 정의를 실현하는 훌륭한 인재가 되기를 기원합니다.

구정고등학교 교지『구정』제7호, 1996. 2. 1.

협동의 가치와 권위의 인정

이야기 하나

어떤 사람이 죽어서 지옥엘 가 보니, 거기에 있는 사람들은 모두가 팔이 굽혀지지 않았습니다. 그 사람들의 눈앞에는 많은 진수성찬이 쌓여 있는데도 팔이 굽혀지지 않으니 집어 먹을 수가 없었습니다. 사람들은 하나라도 더 먹으려고 몸을 굽히기도 하고 뒤틀기도 하며 안간힘을 써 보지만 제대로 먹을 수가 없어 배고파 울부짖고 있었습니다. 이번에는 천국에 가 보았습니다. 그곳에 있는 사람들도 팔이 굽혀지지 않기는 마찬가지였습니다. 하지만 거기에 있는 사람들은 서로 마주 앉아서 정답게 음식을 먹고 있었습니다. 이상하게 여기고 살펴보니, 음식을 상대방의 입에 서로 넣어 주고 있었습니다. 이것이 지옥과 천국의 차이였습니다.

이야기 둘

항아리 속에 게를 한 마리 잡아넣으면 게는 어떻게든지 힘센 다리로 기어올라 빠져나옵니다. 그러나 두세 마리를 함께 넣으면, 절대로 빠져나오지 못한답니다. 그 까닭은 항아리 속에 있는 게들이 저 혼자의 힘으로 기어 나오지 않고 저보다 먼저 기어오른 다른 게의 다리를 물고 늘어지는 바람에 먼저 오른 다른 게마저 결국은 항아리 속으로 다시 굴러 떨어져 그 어느 것도 빠져나오지 못하고 맙니다.

위의 두 이야기는 사람이나 미물微物을 막론하고 서로 도와야 산다는 생존의 원리, 곧 '협동'의 소중함을 우리에게 일깨워 줍니다. 한편, 어떻게든 성장하고 발전하려는 이웃을 깎아내려, 필경은 나락에 떨어지고 마는 하향 평준화의 병폐를 알려 주려는 의도에서 시작된 이야기이기도 합니다.

모든 생활 영역에서 민주주의가 제대로 구현되려면 자유와 평등과 행복을 추구하는 인간의 욕구가 동시에 충족되어야 한다는 것은 이미 하나의 상식이 된 지 오랩니다. 특히 자본주의의 모순을 극복하려는 이론이 기세를 올리면서 새롭게 등장한 신자유주의는 그들이 지향하는 사회복지의 균등한 실현을 위하여 '분배의 정의', '평준화', '협력과 협동'을 지나치게 강조하고 있어서, 그 자체에 많은 모순을 내포하고 있습니다.

사회의 구성원이 안정된 생활을 누리고, 또 사회가 건전하게 유지 발전하려면, 또 다른 원리도 있다는 사실에 우리는 눈을 돌려야 합니다. 그 하나는 사회 발전을 위한 '경쟁의 원리'이고, 또 다른 하나는 질서 유지를 위한 '권위의 존중'입니다. 이 두 가지 원리는 그 어느 하나라도 소홀해서는 안 될 필수불가결한 사회 발전의 원리입니다. 만약 이러한 원리가 결여되거나 어떤 한쪽에 치우쳐 조화와 균형을 잃게 된다면, 그 사회의 중심이 흔들리게 되고, 마침내 파국을 초래한다는 사실은 이미 역사가 실증하고 있는 바와 같습니다.

이러한 의미에서 '경쟁'은 인간 생활을 오늘날과 같은 상태로 끌어올린 문화 발전과 산업경제의 성장 동력이라는 사실에 이론異論의 여지가 없습니다. 다만 지나친 경쟁이 초래하기 쉬운 사회적 역기능을 최소화하려는 배려와 조정은 필요하겠지만 경쟁 자체를 부도덕시하고 배격하는 최근 일부 인사의 언동과 정부 시책은 당연히 시정되고, 또 앞으로도 그런 일이 없도록 경계해야 하겠습니다. 어차피 우리가 선진국 대열에 서기 위해서, 이 지구상에서 살아남기 위해서, 언젠가는 헤쳐 나아가야 할 장애물이라면, 서로의 경쟁은 피할 수 없는 일입니다. 이왕 경쟁하는 마당에서 승리해야 함은 당연한 일이며, 이를 외면해서는 민족의 미래가 없다는 사실 또한 인정해야 합니다.

이 글을 쓰고 있는 1996년 겨울, 나는 우리 사회 일각에서 권위가 무너져 내리는 소리를 들으며 "이래서는 안 되는데…" 하는 안타까움을 느낍니다. 그동안 자랑하던 어떤 사람의 박사 학위가 가짜라느니, 승진을 하려고 남의 논문을 베낀 것이 들통 났다느니, 요직에 앉아 있는 어떤 이가 뇌물을 받았다느니 하는 일이 속속 밝혀지면서, 권위에 대한 불신감이 퍼지기 시작했습니다. 사태가 이 지경에 이르고 있으니, 일종의 아노미anomie 현상마저 일어나지 않을까 걱정스럽습니다. 때마침 불어 닥친 '권위주의'의 청산과 맞물려 애꿎은 '권위' 자체가 수난을 겪고 있는 현실이 안타깝습니다.

권위주의와 권위는 분명히 구별되어야 합니다. 이 땅에 뿌리 깊은 '권위주의'는 마땅히 배격해야 합니다. 하지만 '권위'는 손상됨이 없이 굳건히 자리 잡고 사회질서 유지의 근간이 되어야 합니다. 권위란, 일정한 부문에서 사회적으로 인정받고 일정한 영향력을 행사할 수 있는 능력과 위신을 일컫는 말입니다. 그런 실력이나 인품을 가진 사람에 대한 외경畏敬의 정신에서 비롯되는 힘입니다. 권위란, 사람의 신체로 비유하면, 허리 부분과 같이 사회질서를 유지하는 요추要樞임이 분명합니다. 권위 없는 사회는 마치 보호자 없이 아이들만 방임해 놓은 형상과도 같습니다.

일부 권위를 부정하는 사람들의 마음속에는 뿌리 깊은 좌절감이나 패배 의식이 도사리고 있는 경우가 많습니다. 그는, 어떤 사람의 권위에 도전하여 이를 깎아내림으로써 자기도 그와 동등하게 된다는 착각에 빠지거나, 아니면 상대적 좌절감을 만회해 보려는 비열한 대리 만족에 의한 돌출 행동을 한다는 사실에 주목해야 합니다. 우리의 현실은 그런 부류의 사람을 적극적으로 말리는 사람은 극히 드물고, 한편 그를 경계하면서도 오히려 은근히 부추기는 것이 오늘의 사회 풍조이니 참 안타까운 일입니다. 진정 항아리 속의 게처럼, 앞서 가는 사람을 끌어내리고 현실에서 답보하다가, 다 같이 고사枯死하거나 공멸하는 지경에 빠지면 어떻게 하려는지 그 속셈을 알 수 없습니다.

나는 여러분이, 서로의 입에 음식을 떠먹여 주는 위의 '이야기 하나'

가 암시하듯이, 이웃을 배려하는 사람, 상대방의 장점을 인정하고 그를 격려하는 사람이 되기를 바랍니다. 또 선생님, 부모님, 이웃 어른의 존재를 인정하는 겸손한 태도, 그리고 사회 지도자와 나라를 위해 애쓰는 분들의 권위를 인정하는 사람이 되기를 진심으로 바랍니다. 아울러, 권위의 진정한 가치를 깨닫고, 자신도 권위 있는 사람이 되기 위해 노력하기를 바랍니다.

우리 인간은, 서로가 헐뜯고 약점을 들추다 보면 누구나 상처를 입게 되고 추태가 드러나게 마련입니다. 반대로 서로 감싸 주고 뒤를 받쳐 주면, 인간으로서의 훈훈한 인정이 흐르고 자기 자신도 더불어 환한 빛을 나타내게 되어 정말 살기 좋은 사회가 된다는 사실을 한번 더 강조하고자 합니다.

금옥여자고등학교 교지『금옥』제14호, 1997. 2. 1.

'화룡점정畵龍點睛'의 교훈

요즈음 〈용의 눈물〉이라는 텔레비전 연속극이 화제가 되고 있습니다. 조선조 초기 왕위를 둘러싸고 일어난 부자간, 형제간의 암투와 갈등을 그야말로 리얼하게 구성해 나감으로써 때마침 다가온 대통령 선거를 위한 정국과 맞물려 시청자들의 관심을 끌며 인구人口에 회자膾炙되고 있는 것입니다.

'용龍'이란 동양 특유의 상상적 영물靈物로서, 흔히 제왕이나 큰 인물에 비유해서 쓰이는 상서로운 존재입니다. 용에 얽힌 고사성어故事

成語 중에 '화룡점정畵龍點睛(그린 용 눈망울에 점을 찍다)'이라는 말이 있습니다. 그 이야기의 줄거리를 요약하면 다음과 같습니다.

옛날 중국 양나라 때 장승요張僧繇라는 유명한 궁중 화가가 있었습니다. 원체 명성이 자자했던 터라 금릉(지금의 난징)에 있던 안악사 주지의 부탁을 받고 그 절에 쌍용 벽화를 그리게 되었습니다. 과연 그의 그림은 신묘했습니다. 우람한 용머리, 꿈틀거리는 몸뚱이, 번쩍이는 비눌, 날카로운 발톱, 힘차게 뻗어나간 꼬리, 그 어느 것 하나 흠 잡을 데 없이 모두가 균형과 조화를 이루어, 금방이라도 구름을 타고 하늘에 날아오를 듯이 기운차고 생동감 있게 그려졌습니다. 다만 한 가지 아쉬운 것은 눈동자를 빠뜨리고 그린 것입니다. 이를 아쉬워한 주위 사람들의 성화와 주지의 재촉에 못 이겨 그가 그린 쌍용 중 한 마리에 눈동자를 그려 넣자마자 갑자기 뇌성벽력이 치면서 벽화 속에 그려진 용 한 마리가 살아서 하늘로 날아오르고 말았습니다.

우리는 이 옛이야기에서 두 가지 교훈을 얻을 수 있습니다.

그 하나는, 무슨 일이든지 정성을 다할 때, 그 사람의 진가眞價가 발휘될 수 있다는 사실입니다. 요즈음 건축 공사장 주변을 지나다 보면 "혼을 담은 시공"이란 커다란 선전판을 흔히 볼 수 있습니다. 이 건물을 짓는 데 정성을 다하여 하나의 예술품으로 완성하겠다는 시공자의 의지를 드러내고, 자기 회사를 믿어 달라는 표현입니다. 예부터 지성이면 하늘도 감동한다고 했으니, 사람이 정성을 다하다 보면 자기도 알지 못할 놀라운 힘이 생기고 좋은 결과를 얻게 된다는 교훈을 일깨워 줍니다.

또 다른 하나는, 진정한 완성은 마무리에 있다는 것을 말해 줍니다. 특히 우리 국민의 가장 큰 취약점의 하나로 지적되고 있는 '대강주의' '적당주위'의 폐해, 다시 말하면, "시간이 없으니 일을 대강 해치우면 된다", "일을 적당히 해치우면 된다"는 그릇된 생각을 하루라도 빨리 불식하고, "깔끔하고 야무진 일의 뒤처리"가 정말 소중하다는 사실을 말해 줍니다.

우리가 국제무역에서 어려움을 격고 있는 일 중의 하나가 상품의 생산과정에서 이 마무리를 소홀히 하는 탓이고, 우리 사회에 불신풍조不信風潮가 만연하는 것도, 따지고 보면 이 마무리를 제대로 하지 않는 데서 오는 신뢰의 상실 때문입니다.

무슨 일을 하든지 처음 시작할 때의 마음가짐을 잊지 맙시다.

일을 할 때 혼신의 힘을 다 기울여 정성을 다하도록 합시다.

모든 일은 끝까지 야무지고 깔끔하게 마무리하도록 합시다.

이러한 마음가짐이야말로 자기가 맡은 일을 낭패 없이 해낼 수 있는 성공의 지름길이요, 남의 앞에 떳떳하게 설 수 있는 당당한 길이요, 밝고 즐거운 인생을 사는 큰길임을 명심합시다.

금옥여자고등학교 교지『금옥』제15호, 1998. 2. 1.

에필로그—나의 회한悔恨

이제 내 나이 팔십을 바라보고 있다. 그동안 그저 앞만 보고 걸어왔다. 잠시도 한눈 팔 겨를이 없었다. 지난 일들을 생각하면 생각할수록 후회가 인다. 입신양명하지 못해서가 아니다. 부자가 되지 못해서도 아니다. 이제 와서 그런 데에 미련은 하나도 없다. 그동안 차마 말 못하고 슬그머니 묻어 두었던 헤아릴 수 없는 후회가 꾸역꾸역 되살아난다.

주일미사를 앞두고 『수원주보』(2006. 6. 4.)를 펴는 순간, 윤혜영 바시리카 수녀님의 「살면서 돌이킬 수 없는 순간들」이란 글이 내 마음을 울린다.

그때 좀 더 참았을 것을…
그때 내가 먼저 양보했을 것을…
그때 그 일을 하지 말았을 것을…
그때 그 말을 하지 말았을 것을…
그때 그냥 모른 척할 것을….
그때 좀 더 정성을 다했을 것을…
그때 좀 더 솔직하게 말했을 것을…
그때 좀 더 생각을 깊게 했을 것을…

그때 좀 따뜻하게 대해 주었을 것을…
그때 내가 먼저 용서를 구했었을 것을…

사람의 일생을 기나긴 나그네 길에 비유한다면 이제는 집으로 돌아와 쉴 나이가 되어 비로소 철이 드는 것일까? 이루 헤아릴 수 없는 트라우마trauma가 내 가슴을 아프게 한다.

미숙함과 조급함에서 저지른 이루 셀 수 없는 실수失手.
미거해서 부모님 속을 시원하게 열어 드리지 못한 불효不孝.
아둔한 탓으로 아버지를 사경에서 구해 드리지 못한 불민不敏.
맏형으로서 동생 셋, 누이 둘을 제대로 뒷바라지 못한 무능無能.
자녀들에게 더 보드랍고 살가운 정으로 대해 주지 못한 완고頑固.
제자들에게 좀 더 따뜻하고 인간미 있게 대해 주지 못한 엄격성嚴格性.
이럴까 저럴까 망설이다가 그만 기회를 놓쳐 버린 우유부단優柔不斷.
초지일관하지 못하고 헤매다가 그 뜻을 다 펴지 못한 오서오기鼫鼠五技.
아내에게 좀 더 싹싹하고 다정하게 해 주지 못하고 그의 건강 하나 제대로 챙겨 주지 못한 채 하늘나라로 보내고 나서야 연연불망하는 뒤늦은 미련未練.
성당에 초대하시는 하느님 뜻을 진작 알아차리지 못하고 방황한 무지와 오만傲慢.

얼마 남지 않은 내 삶이나마 선종善終하는 그 순간까지라도 다시는 후회 없이 살 수 있다면 오죽이나 큰 행복이며 축복일까? 항상 기도하며 "이제라도 바른길 따라 선하고 의롭게 살자"고 다짐하고 또 다짐한다. 그래야 내 마음 속에 진정한 평화가 깃들고, 그런 내 삶을 보는 자손들에게도 좋은 본보기가 되리라고 믿기 때문이다.

이 글에는 나의 돌이킬 수 없는 회한에 대한 회개와 간절한 기도가 담겨 있다. 내 자녀들이나, 내 후손들은 물론이지만, 어쩌다 나를 잘 모르는 이웃이나 생면부지의 젊은이들이라도 나의 이 기도를 반면교사로 삼아 나와 같은 후회가 없기를 바란다.

스승은 내 마음의 등대

사람의 삶은 거친 파도를 헤쳐 가는 항해와 같다. 지쳐 힘이 빠질 때 부모님을 생각하면 가슴이 뜨거워지며 불끈 힘이 솟는다. 방향을 잃고 헤맬 때 존경하는 스승을 생각하면 잃었던 길을 찾게 된다. 누구에게나 이렇게 등대와 같이 삶의 길을 밝혀 주는 스승이 있을 것이다. 그런 스승이 없는 사람은 얼마나 불행할 것인가. 나에게는 다행히 그런 스승이 몇 분 계신다. 그 가운데서도 가장 가까이 계신 분이 바로 권재중 선생님이다. 벌써 정년퇴임하신 지 오래되셨지만, 오늘도 선생님은 내 마음속에서 삼십대의 젊은 모습으로 가르침을 주신다.

그 선생님께서 갑자기 전화를 주셨다. 교육자로서의 삶을 더듬어 한 권의 책을 쓰시기로 하였다는 것이다. 순간 나의 머릿속에 붕괴되어 가는 오늘의 교육 현장이 스쳤다. 아, 나의 존경하는 스승께서 내시는 책이 사막의 오아시스처럼 황폐한 교육에 주는 새로운 희망이 될 수는 없을까. 선생님은 그 책 속에 전에 쓴 나의 글을 실으면 좋겠다는 말씀을 하셨다. 너무 황송하여 그 글을 찾아보니 벌써 십오 년 전 내가 경기도지사로 일할 때 쓴 글이었다. 「달걀 한 꾸러미의 사랑」이라는 제목의 글인데, 우선 이를 그대로 옮긴 후 다시 나의 생각 몇 조각을 보태려 한다.

"짚 꾸러미에 가지런히 싸여 있는 달걀을 볼 때마다 자네가 생각나곤 하네."

선생님께서 그 말씀을 처음 들려 주셨을 때, 나는 웬 달걀인가 하고 의아해했다. 나중에 알고 보니, 중학교 졸업식 날, 우리 아버지께서 선물하신 짚 꾸러미 달걀을 선생님은 아직도 기억하고 계셨던 것이다. 당신께서 교직에 몸담고 있으면서 스승의 날이나 졸업식 등 여러 종류의 행사를 치르면서 많은 선물을 받아 보았지만, 그날 우리 아버지로부터 받은 달걀 한 꾸러미보다 더 정성과 사랑이 담긴 선물은 없었노라고 말씀하셨다. 아침 일찍 암탉이 알을 낳은 것을 한 알 한 알 모아서 짚 꾸러미에 채워 오신 그 달걀은 그 시간까지 온기가 남아 있는 듯 훈훈한 정을 느끼셨다고 하셨다.

그 당시에는 정말로 배불리 밥 먹는 것이 소원이었고, 월사금도 제때 못 내는 가난한 시절이었다. 그러니 닭장에 닭이 아무리 많아도 달걀은 그림의 떡일 뿐, 귀한 손님이 오시거나 명절 혹은 생일날쯤 되어야 맛볼 수 있었다. 그런데 선생님께서는 우리 집에서의 달걀 한 꾸러미 무게의 의미를 먼저 알고 계셨던 것이다.

그 선생님은 바로 현재 서울 금옥여고 교장선생님으로 재직 중이신 권재중權在重 선생님이시다. 선생님과 나의 첫 만남은 내가 논산중학교 학생일 때 이루어졌다. 그해 우리 학교에 전근해 오신 권 선생님은 당시 삼십대 초반의 젊은 분으로서 우리 반 담임선생님이 되셨다. 나는 학급 반장으로서 학급에서 일어나는 크고 작은 일들을 선생님께 보고하고 의논 드려야 할 위치에 있었다. 그런데 선생님은 매우 무뚝뚝하셨고 말씀이 별로 없으셨으니, 이름만큼이나 무거운 분이셨다. 나는 '이거 잘못 걸렸구나. 일 년 동안 엄청 힘들게 생겼는걸' 하고 걱정을 하기도 했다.

그런데 평소에 무뚝뚝해 보이는 것과는 달리 선생님은 수업 시간이 되면 영 딴 사람으로 변해 버렸다. 어디에서 저런 에너지가 분출될 수 있을까 싶을 정도로 열정적이고 힘이 넘쳐 보였다. 선생님은 일반사회와 역사 과목을 담당하고 계셨는데, 수업 시간은 정말 재미있고 흥미진진했다. 과거와 현재, 그리고 미래의 시간을 자유자재로 넘나들고 전 세계의 공간을 뛰어넘으며 여러 인물들을 만나게 되는 역사는 무엇보다 흥미 있었다. 생전 처음 알게 된 사상가와 정치가, 역사가들의 세계는 신비롭기까지 했다.

'선생님은 어떻게 저 많은 인물과 나라 이름, 그리고 연대를 줄줄 외우실 수 있을까?'

인류의 기원과 4대문명의 발상, 그리스와 로마의 형성과 발전, 분열된 중국을 통일하기 위해 등장한 제자백가들, 제갈공명을 세 번이나 찾아간 유비. 그 중에서도 세계 역사상 최대의 제국을 건설한 몽골의 칭기즈칸의 이야기는 어린 내 가슴을 오래도록 설레게 했다. 또한 일반사회 시간을 통해서 정치와 경제, 사회가 무엇인가 하는 것을 처음 이론화시키게 되었다. 사회를 올바로 지탱해 주는 정의正義가 무엇이고 자유란 무엇인가. 삼권분립의 필요, 경제가 사회에 미치는 영향 등 모두가 새로운 내용이었다. 이러한 선생님의 가르침을 받으면서 나는 선생님과 같은 교사가 되는 것을 꿈으로 키웠다.

권 선생님은 곧 우리 논산중학교에서 최고의 실력 있는 선생님으로 소문이 났다. 3학년 때에도 우리 학급을 담임하셨는데, 그해 졸업생들의 명문학교 진학률은 개교 이래 최고로 높았다. 거기에는 아무래도 권 선생님의 노력이 컸다고 생각한다. 내가 서울의 경복고등학교에 입학할 수 있었던 것도 모두 선생님의 덕분이라고 하겠다. 그 당시 나는 한 번도 고향을 떠나 보지 못한 충청도 깡 촌놈이었다. 그런 나에게 세계가 얼마나 넓고 방대하며, 미래를 위해 우리가 준비해야 할 일이 무궁무진하다는 사실을 선생님은 일깨워 주셨다. 선생님을 만나고서야 비로소 나의 실력에도 기초가 단단히 잡히기 시작했다. 그리고 세상을 바라보는 넓은 안목을 서서히 키워 나가게 되었다.

선생님을 처음 대했을 때의 무뚝뚝한 느낌은 날이 갈수록 자상하고 세심한 모습으로 바뀌어 갔다. 방과 후 선생님의 일을 도와 드리면서 선생님을 좀 더 가까이에서 잘 알 수 있게 되었다. 방과 후 선생님은 아침 자율 학습을 위해 철필로 원지에 시험 출제를 하셨고, 나는 늦도록 등사기로 전교생의 시험 문제지를 밀었다. 나는 그때 삼십 리 길을 기차로 통학을 하였다. 등사 일이 끝나고 시간이 남으면 선생님께서는 나를 선생님 댁으로 데리고 가셔서 저녁을 먹여 주셨다. '아, 그때 먹어 본 음식이란!' 지금 생각해도 사모님의 음식 솜씨는 이 세상에서 제일이었다. 음식의 종류가 많지는 않았지만 정갈하고 맛깔스런 음식이었다. 선생님 댁에서 먹어 본 음식 맛은 두고두고 잊을 수가 없다. 그런데 그 곱고 자상하시던 사모님께서 몇 년 전에 세상을 떠나시고 말았다.

서울 법대에 진학했을 때, 선생님은 당신의 일처럼 기뻐하셨다. 그리고 역사를 볼 줄 아는 안목을 가진 인물이 되라고 당부하셨다.

대학 시절, 책에서 중국 춘추시대 진秦나라의 손양孫陽과 구방고九方皐라는 사람의 이야기를 알게 되었다. 사람들은 손양이 하도 말의 상相을 잘 보기 때문에 천마天馬를 주관하는 별의 이름을 따서 그를 백락伯樂이라고 불렀다. 진나라의 목공穆公은 이 백락에게 천하 명마를 구해 달라고 하자, 백락은 자기나 자기 자식보다 구방고가 말의 상을 더 잘 본다며 구방고를 목공에게 천거했다. 목공의 부탁을 받은 구방고는 석 달을 찾아 헤맨 끝에 가까스로 천하의 명마를 구해 사구沙丘에 두고 와서 목공에게 그 사실을 알렸다.

목공은 궁금하여 구방고가 찾아낸 천하 명마가 수컷인지 암컷인지, 그 색깔이 어떤지 물어보았다. 구방고는 잘 기억이 나지 않아서 누런색의 암말이라고 적당히 대답했다. 목공이 다른 사람을 사구로 보내어 확인해 보니 그 천하 명마는 검정색 수말이었다. 목공은 몹시 언짢아서, 백락을 불러 말의 빛깔과 암수도 구별 못 하는 구방고의 무지를 지적하고 그가 찾아낸 천하 명마를 없었던 것으로 하자고 했다. 이 말에 백락은 깊은 한숨을 내쉬며 대답했다.

"구방고가 본 것은 하늘의 비밀(천기天機)이니, 그는 말의 정수精髓만을 보았지 그 외의 것은 보지 않았고, 말의 속은 살폈으되 그 외모는 잊은 것입니다. 즉 반드시 보아야 할 것만 보았고 보지 않아도 될 것은 안 본 것입니다."

나는 백락의 말을 듣는 순간, 불쑥 권 선생님을 머릿속에 떠올렸다. 그것은 나도 모르는 사이에 일어난 순전한 무의식적 작용이었다. 선생님은 나에게 세상을 보고 사물을 판단하는 기본적인 사유思惟의 틀을 주신 것이다. 그때 나는 이름 없는 위치에 있으면서도 천하 명마를 알아보는 구방고처럼 묵묵히 제 일을 다하는 사람이 되어야 하겠다는 다짐을 하였다.

대전지방법원 판사를 거쳐 변호사, 국회의원, 노동부 장관, 도지사 등 일생에 큰 획을 그어야 할 일이 있을 때마다 선생님은 이러저러한 모습으로 나의 든든한 버팀목이 되어 주셨다. 그리고 늘 말씀하신다.

당장의 이익에 급급하지 말고, 더 크고 더 넓게 세상을 보는 진짜 인재人材가 되라고 당부하신다. 권 선생님이야말로 스승의 권위가 땅에 떨어지고, 어른이 부재하는 이 시대를 살아가는 진정한 어른이시다.

존경스런 스승을 가졌다는 것은 참으로 행복한 일이고 큰 행운이다. 앞으로 선생님의 교육적 입지가 활짝 펴지기를 바라며, 부끄럽지 않은 제자가 될 것을 다시 한번 다짐해 본다.

이 글은 1997년 '인간과 자연사'에서 펴낸『나의 선생님: 성공적인 삶을 살아온 27인의 글 모음』(인간신서 1)에 수록되어 있다. 지금 읽어 보니 선생님의 진면목을 표현하는 데에도 너무 부족하고 부끄럽기 그지없는 글이다. 1997년 이후에 나는 질풍노도와 같은 삶을 살았다. 두 번의 대통령 선거에서 좌절을 맛보아야 했고, 세상으로부터 온갖 비난과 비판에 직면해야 했다. 지금 되돌아보아도 내가 어떻게 그런 무서운 결단을 내리고 불 같은 용기로 달려갈 수 있었는지 스스로 불가사의하다. 곰곰 생각해 보면, 내 마음의 세계는 스승님들의 가르침 때문이 아닌가 싶다. 요즘은 어찌된 일인지 학교가 무슨 지식을 습득하는 장소 정도로 치부되는 것 같다. 지식이라면 책이나 컴퓨터에 널려 있고 굳이 학교에 갈 필요도 없을 것이다. 학교는 스승을 만나러 가는 곳이다. 스승은 단순히 지식을 전수해 주는 분이 아니라, 우리의 인격을 다듬어 주고 세상을 바라보는 안목을 키워 주는 분이다. 학교를 떠나 거친 삶의 바다에 나왔을 때 스승의 가르침이 없다면 무엇에 의지해 안전한 항해를 할 수 있을까. 권재중 선생님은 따뜻한 가슴과 중후한 인품으로 나의 마음을 키워 주셨다. 언제나 긍정적인 눈으로 세상을 이해하고 흔들림 없이 목표를 세워 밀고 나갈 의지를 다듬어 주신 분도 바로 선생님이다. 앞으로도 선생님의 가르침을 따라 나는 올바른 길이라고 생각하면 주저 없이 행동하는 사람이 되려 한다. 윈스턴 처칠이 남긴 "결코 포기하지 말라"는 경구는 바로 선생님의 가르침이기도 하다.

2010년 지방선거 때, 선생님의 작은사위 이인재 군이 파주시장에 출마하니 와서 격려해 주면 좋겠다는 연락을 주셨다. 그는 내가 도지사 때 함께 일한 비전 넘치는 인재였다. 기꺼이 달려가 파주시민들에게 선생님과 나의 관계를 털어 놓고 지지를 호소한 일이 있다. 당선이 어려워 보였지만, 그는 당당히 승리하여 지금 아주 인기 있는 시장으로 일하고 있다. 평생을 인자하신 성품으로 제자를 키우신 선생님께 하늘이 내려 주신 복이 아닐까, 나는 그렇게 믿고 있다.

선생님께서 혼신의 열정으로 쓰시는 이 책이 우리 교육을 살리는 자양분이 되고, 길을 밝히는 등대가 되었으면 한다. 선생님은 필경 이 간절한 소망으로 힘든 작업을 하셨으리라. 선생님의 소망이 빨리 실현되면 얼마나 좋을까. 선생님은 언제나 내 마음속에 청년의 모습으로 말씀하고 계신다. '방향을 잃지 말라', '포기하지 말라'고 속삭이시면서….

2012년 3월
국회의원 이인제 李仁濟

권재중은 1934년 충남 금산 출생으로, 1953년 대전사범학교(5회) 졸업 후
교육계에 투신했다. 1953년 논산 부창초등학교 교사를 시작으로 서대전초등학교,
충남 강경중, 대전여중, 장항중, 면천중, 홍성중, 논산중, 대전중, 서울 용산여중
교사를 거쳐, 서울동부교육청 장학사, 중앙교육연구원 교육연구사, 동대문여자중학교
교감, 석관중학교 교장, 중앙교육연수원 지도과장(장학관), 중앙교육평가원
사회교과실장(장학관), 광장중학교 교장, 잠실중학교 교장, 서울서부교육청
학무국장(장학관), 서울학생교육원장(장학관), 압구정고등학교 교장을 지냈으며,
1999년 금옥여자고등학교 교장을 마지막으로 사십여 년 간의 교육자 생활을 마쳤다.
그 밖에 한국교육방송(EBS) 시청자 위원을 역임했고, 2000년부터 현재까지
십여 년 동안 서울중앙지방법원 민사조정위원으로 활동하고 있다. 국민포장 외
열네 차례의 표창을 받았고, 국민훈장 동백장을 수훈했다.

교육의 발견 教育의 發見
나의 자전적 수상록

권재중權在重

초판1쇄 발행 2012년 4월 1일
발행인 李起雄 **발행처** 悅話堂
경기도 파주시 문발동 520-10 파주출판도시
전화 031-955-7000 팩스 031-955-7010
www.youlhwadang.co.kr yhdp@youlhwadang.co.kr
등록번호 제10-74호 **등록일자** 1971년 7월 2일
편집 조윤형 백태남 **북디자인** 전용완
인쇄·제책 (주)상지사피앤비

* 값은 뒤표지에 있습니다.

ISBN 978-89-301-0420-3

Discovery of Education: My Autobiographical Essays ⓒ 2012 Kwon, Jae-Joong
Published by Youlhwadang Publishers. Printed in Korea.

이 도서의 국립중앙도서관 출판시도서목록(CIP)은 e-CIP홈페이지(http://www.nl.go.kr/ecip)와
국가자료공동목록시스템(http://www.nl.go.kr/kolisnet)에서 이용하실 수 있습니다.
(CIP제어번호: CIP2012001217)